W0336771

Stefan Leber

Der Schlaf und seine Bedeutung

STEFAN LEBER

Der Schlaf und seine Bedeutung

Geisteswissenschaftliche Dimensionen des Un- und Überbewußten

VERLAG FREIES GEISTESLEBEN

Die Deutsche Bibliothek – CIP-Einheitsaufnahme

Leber, Stefan:
Der Schlaf und seine Bedeutung:
geisteswissenschaftliche Dimensionen
des Un- und Überbewußten / Stefan Leber. –
Stuttgart: Verlag Freies Geistesleben, 1996

ISBN 3-7725-1584-3

1. Auflage 1996

Druck: WB Druck, Rieden

Inhalt

Vorwort 9

Teil 1: Die Schlafforschung und ihre Ergebnisse

1. Die Fragestellung 15
2. EEG und Weckreize 17
3. Stadium A und B (1) 20
4. Schlafphase C (2) 21
5. Schlafstadium D (3) 22
6. Schlafstadium E (4) und Schlafabnormitäten 23
7. Die Bedeutung der REM-Schlafphase 26
   Die Zeitgestalt des Schlafes in der Nacht 29
   Die Zeitgestalt des Schlafes im Lebenslauf 31
8. Schlafentzug und seine Bedeutung 32
9. Der Schlaf in seiner Bedeutung für Erleben und Gedächtnis . 38
10. Schlafstörung und Verunsicherung 41

Teil 2: Wirkungen des Schlafes – Phänomene und Fragen

1. Alltagserfahrungen 45
2. Die Trennung der Wesensglieder 50
   Methodische Bemerkung 51
   Geistige Welt und Wesenheiten 55
   Der Schlaf als einheitliches, aber differenziertes Phänomen 73
3. Aneignung und Lernen durch den Schlaf 81

4. Rückwärtserleben der Tagerlebnisse 85
5. Wesens-Begegnung 91
6. Die drei Schlafstadien oder -sphären und der REM-Schlaf .. 104
Die erste Schlaf-Sphäre – Ausweitung 105
Die zweite Schlaf-Sphäre 106
Das Gefühl der Zerrissenheit und Angst 106
Christusbegegnung und Karmasphäre 109
Die dritte Schlaf-Sphäre 111
Der REM-Schlaf 114
7. Moralische Impulsierung 123
8. Einige Besonderheiten des Schlafes in der Biographie 129
Der Schlaf bis zum 7. Jahr 129
Die Atmung zwischen dem 7. und 14. Jahr 133
9. Schlafunregelmäßigkeiten 142
Schlafstörungen 142
Schlafwandeln, Nachtsprechen 146
10. Der Traum – seine Bilder und Dramatik 149

Teil 3: Vom Zusammenhang des Tagerlebens mit den Schlafvorgängen

1. Die beiden Grenzen: Einschlafen und Aufwachen 168
Einschlafen 169
Das Erwachen 175
2. Menschheitliche Impulsierungen aus der Region des Schlafes 187
3. Die Wesensglieder im Schlafen und Wachen 192
Die Gestalt der Aura im Wachen und Schlafen 192
Das menschliche Ich 197
Das gespiegelte und das wirkliche Ich – eine Polarität 197
Das Verhältnis des Ich zum Leibe 200
Der Schlaf: Lösung des Ich aus dem Blutsystem und Untertauchen in den Leib 203
Exkurs: Das Nervensystem – Eintauchen des Ich in das Gangliensystem (Vegetativum) 211

Der Astralleib 222
Der Astralleib zwischen Seele und Leib 222
Der Astralleib in Beziehung zu den Leibesfunktionen 225
Die Doppelgesichtigkeit des Astralleibes – seine abbauende und aufbauende Wirkung 238
Die kosmische Seite des Astralleibes – Egoität und Moralität 244
Der Stickstoff als Mittler zwischen Seelischem und Leib 255
Der Ätherleib 259
Der Ätherleib und seine Beziehung zum Moralischen 263
Natur- und Kulturseite des Ätherleibes 266
Der Ätherleib als Gedankenströmung 270
Der physische Leib 276

4. Wie wirken Tageserlebnisse und Schlaf aufeinander? 280
Der Wahrnehmungs- und Verstehenspol 281
Somatische Vorgänge bei geistiger Tätigkeit 283
Auswirkungen geistiger Tätigkeit auf den Schlaf 296
Rückwirkungen für den nachfolgenden Wachzustand 303
Das Erleben 306
Eigentätigkeit 310
Exkurs: Über die Arbeit 313
Rückwirkungen der Eigentätigkeit auf den Schlafzustand 319
Die Eigentätigkeit und die Schlafstadien 324
Die erste Schlafphase 324
a) «Ausatmung» und «Schwimmen» 325
b) Weitung in die Umgebung 327
c) Rückwirkung auf den folgenden Tag 329
Die zweite Schlafphase 334
a) Planetarisches Erleben 334
b) Das Gefühl der Zerrissenheit und Angst 335
c) Arbeitsformen und Angst – Rückwirkungen auf den nachfolgenden Tag 338

Die dritte Schlafphase 344
a) Eintauchen in die Fixsternsphäre 344
b) Gliedmaßen-Stoffwechsel –
Ort geistiger Substanzbildung 346
c) Karma 350
d) Rückwirkungen auf das Tageserleben 355

Literaturverzeichnis 357

Anmerkungen 367

Vorwort

Anthroposophie vermittelt eine Erkenntnis des Menschenwesens. Damit sollte sie auch Aufklärung über ein Phänomen schaffen können, das sich gemeinhin dem Bewußtsein entzieht: über den Schlaf. Und sie vermag es tatsächlich in vielerlei Gestalt.

Für mich bildeten zwei überraschende Äußerungen Steiners in seinen pädagogischen Vorträgen den Anlaß, mich eingehender mit dem Phänomen des Schlafes zu beschäftigen. Er weist zu Beginn der *Allgemeinen Menschenkunde als Grundlage der Pädagogik* nicht nur auf die Rhythmik von Wachen und Schlafen hin, sondern auch darauf, daß das Kind dasjenige noch nicht könne, «was innerlich dem Schlafen und Wachen zugrunde liegt».[1] Dies überrascht deshalb, weil doch gerade das Kind ausgedehnt schläft. Also muß sein Schlaf von anderer Qualität als beim Erwachsenen sein. Aber wie? Was geschieht im Schlaf an Verarbeitung der Tageserlebnisse?

Dann ergänzt Steiner in *Menschenerkenntnis und Unterrichtsgestaltung*[2] zwei Jahre später diese Ausführungen und untersucht, welche Wirkung aus dem Unterricht auf den Schlaf ausgeübt und was aus diesem durch das Kind in die Schule mitgebracht wird. Beide Äußerungen sind von eigener Qualität, die eine ist sehr knapp gehalten, sie will lediglich das Bewußtsein für einen hochwirksamen Weltbereich, den wir eben verschlafen, wecken, die andere dagegen ist sehr differenziert, stellt aber an das Verständnis einige Anforderungen, weil darin Zusammenhänge aufgewiesen werden, die entgegen den allgemeinen Denkgewohnheiten verlaufen. Wie bei Steiner üblich, erwies sich dann bei genauerem Studium, daß die Darstellungen nur Hervorhebungen in einem vielfältigen, dichtgewobenen und viel umfassenderen geistigen Geflecht bilden. Dieses wollen wir in seinen Hauptmustern aus dem Werk Steiners heraus darstellen. Wir denken, daß dabei die wichtigsten Aussagen berücksichtigt wurden, doch sicher kann ich mir da keineswegs sein, weil einem erfahrungsgemäß immer wieder wichtige Aspekte entgehen.

Die Darstellung bringt eine nicht geringe Schwierigkeit mit sich, weil nämlich bei Steiner die ganze anthroposophische Terminologie benützt wird und diese keineswegs in den allgemeinen Sprachgebrauch übergegangen ist, so etwa die Bezeichnung der Wesensglieder des Menschen, der Karmabegriff, die Hierarchienlehre, die kosmologischen Vorstellungen von der planetarischen Entwicklung und das Verständnis von den Erkenntnisstufen. Zwar werden die zugehörigen Vorstellungen und Gedanken von Steiner systematisch entwickelt, vor allem in *Theosophie* (GA 9) und *Die Geheimwissenschaft im Umriß* (GA 13), aber das notwendige Studium kann für Leser, die etwas über den Schlaf erfahren wollen, nicht vorausgesetzt werden. So haben wir die entsprechenden Zusammenhänge jeweils, so gut es ging, an Ort und Stelle zu entwickeln versucht.

Im 1. Teil geben wir eine knappe Übersicht über die heutige empirische Schlafforschung; im 2. Teil beleuchten wir das Schlafphänomen in einem ersten Durchgang aus anthroposophischer Sicht; diese Betrachtung wird dann im 3. Teil vertieft, wo wir zuerst einzelne Schlaf-Elemente genauer analysieren, nämlich Einschlafen und Aufwachen, dann die Wesensglieder einzeln für die Thematik des Wachens und Schlafens genauer betrachten, um daran anschließend erneut eine bereits im 2. Teil behandelte Thematik aufzugreifen: die Schlaftätigkeit in Abhängigkeit vom vorangehenden Tag. Dies läßt den bei Steiner unausgesprochen anwesenden monistischen Gedanken hervortreten, daß Physisches Rückwirkungen auf den Geist hat und umgekehrt.[3] Hier erlauben wir uns auch ausführlicher und zusammenhängend zu zitieren.

Der Schlaf, der immerhin etwa ein Drittel unseres Lebens umfaßt, erweist seine Rätselhaftigkeit dadurch, daß wir nicht wissen, was in ihm vorgeht. Wenn er gestört wird oder zu kurz ausfällt, wird uns klar, wie wichtig er für unser Grundgefühl, unsere Gesundheit und die ‹Nerven› ist. Man könnte nun Ratschläge erwarten, was im Falle von Schlafstörungen zu tun sei, welche Übungen sich anbieten und so weiter. Das zu geben war nicht meine Absicht; die Phänomene wollen zunächst verstanden werden. Jedoch: «Diese Tatsachen, die sich da im Einschlafen und Aufwachen abspielen, ganz sachgemäß zu überschauen, gehört wiederum zu dem Schwersten geisteswissenschaftlicher Untersuchungen.»[4]

Ich hoffe, daß sich etwas von dem Interesse und Erstaunen, das mich bei der Beschäftigung mit den geisteswissenschaftlichen Erkenntnissen über das so wichtige menschliche Phänomen des Schlafes erfüllt hat, auch dem Leser mitteilt, kann es doch dazu beitragen, daß er sich selbst besser versteht.

Der Wechsel der Bewußtseinszustände, die Schlafen und Wachen mit sich bringen, stellt einen fundamentalen Lebensrhythmus des Menschen dar. Wird er gestört, führt das zu erheblichen Veränderungen in der Grunddisposition, und zwar sowohl seelisch als auch leiblich. Ursprünglich ist dieser Rhythmus des Menschen zugleich mit einem Weltenrhythmus, dem von Tag und Nacht, verknüpft; doch diese Verknüpfung ist locker und läßt sich sogar ganz lösen, wie die moderne Zivilisation zur Genüge aufgewiesen hat – allerdings auf Dauer nicht ohne gesundheitliche Folgen. Während wir über die Vorgänge im Wachzustand, auch wenn dieser bewußtseinsmäßig in hellere und dämmerigere Zustände gegliedert ist, durch unmittelbare Teilhabe – eben durch das Innewerden – aufgeklärt sind, stellt der Schlaf als Gegenpol des Wachens ein Rätsel dar: Wir wissen nicht, was in diesem Zustand geschieht. Zwar haben wir gelegentlich Erinnerungen an Träume, auch das Erlebnis ist bekannt, von weit her oder aus unendlicher Tiefe oder Ferne zu kommen – , doch wo wir waren, was wir ‹wirklich› durchmachten – davon wissen wir unmittelbar nichts. Das Reich, in dem Morpheus, der Gott des seligen Schlafes, regiert, ist eine dunkle Welt. Läßt sich diese rätselhafte Gegenwelt des Tages etwas mehr aufhellen oder zugänglich machen? Denn daß beide Reiche oder Bewußtseinswelten zutiefst miteinander zu tun haben, zeigt jede Schlafstörung. Wir stoßen damit auf eine Fragestellung, der sich sowohl die erst in diesem Jahrhundert entwickelte Schlafforschung als auch die Anthroposophie zugewandt haben.

Durch [ ] werden nicht wörtliche, sinngemäße Zusammenfassungen oder Erläuterungen in einem wörtlichen Zitat wiedergegeben, durch ... werden von mir vorgenommene Auslassungen gekennzeichnet.

Ostern 1995 *Stefan Leber*

TEIL 1

DIE SCHLAFFORSCHUNG UND IHRE ERGEBNISSE

1. Die Fragestellung

Die naturwissenschaftliche Forschung der Gegenwart wendet sich dem Phänomen des Schlafes mit der ihr eigenen Methodik zu: Sie erfaßt neben dem äußeren Erscheinungsbild vor allem auch Meßwerte, die Einsicht in physiologische Abläufe ermöglichen, insbesondere durch Ableitung von Gehirnstromkurven. Darüber hinaus beobachtet sie systematisch und kontinuierlich das Schlafverhalten allgemein und auch unter Laborbedingungen. Dabei sucht sie die ermittelten Daten und Beobachtungen in einen Bezug zu den diffusen Erlebnissen zu setzen, von denen der Schlafende berichten kann. So wurde inzwischen ein reiches Material von Forschungsbefunden zusammengetragen.

Was treibt die Naturwissenschaft dazu, den Schlaf zu erforschen? Da ist zunächst die Tatsache, daß der Mensch einen beträchtlichen Teil der Lebenszeit in diesem Zustand verbringt, die Gründe dafür aber nicht klar sind. Für die Erholung, die als Grund angeführt wird, müßte ein physiologisch nachweisbares Korrelat aufzuweisen sein. Ist das wirklich so, daß im Schlaf Entspannung und Aufbau herrschen? Dann ist da ein sich zunehmend ausbreitendes Phänomen zu beobachten: die Schlafstörungen. Könnte man die ‹Steuerungsmechanismen› finden, könnte Millionen von Menschen geholfen werden, die so auf Pharmaka mit mehr oder minder erheblichen Nebenwirkungen angewiesen sind. Durch die Arbeitsphysiologie ist bekannt, daß die Störung der tageszeitlichen (circadianen) Rhythmik zu gravierenden Gesundheitsproblemen führt. Dasselbe gilt für das Überfliegen von Zeitzonen. Die Folgen der Zeitverschiebung (time lag) führen zu Depressionen, zu nachfolgenden Schlafstörungen, gelegentlich zu diffusen Schmerzen, ja selbst zu bestimmten Formen der Epilepsie. Was sind die Gründe? Offenbar hängen Schlaf und Gesundheit intim zusammen. – Schließlich gibt es auch Zweckmäßigkeits- und Nützlichkeits-Überlegungen, die die Forschung vorantreiben: Könnte nicht an dieser scheinbar sinnlos durch Schlaf verbrachten Zeit gespart werden? «Eine detaillierte Erforschung des Schlafes mag vielleicht dazu führen, daß die Menschen in absehbarer Zeit in der Lage sein werden, den Wechsel zwischen Ruhe und Arbeit rationeller zu gestalten, indem unter Umständen die Schlafzeit verkürzt werden kann, indem der Mensch möglicherweise lernen wird, Schlaf unter bestimmten Voraussetzungen auch ohne Schlafmittel herbeizuführen und somit die Phase des Wachseins effektiver auszunutzen. Eine genauere Kenntnis des multifaktoriellen Problems Schlaf wird zwangsläufig auch helfen, die Ursachen der von vielen Menschen beklagten Schlafstörungen aufzudecken und therapeutisch anzugehen.»[5]

Bei dieser Forschung, die zentral auch nach physiologischen Substraten sucht – sei es der Mechanismus für Schlaf und Wachen, seien es ‹Schlafstoffe› –, welche den Schlaf im Organismus steuern oder durch die dieser von außen beeinflußt werden könnte, werden selbstverständlich neben Menschen auch Tiere zu Untersuchungsobjekten. Gerade bei ihnen läßt sich experimentell, was sich beim Menschen aus ethischen Gründen verbietet, durch Ausschaltung bestimmter Gehirnbezirke dem ‹Schlaf- bzw. Wachzentrum› näherkommen. Das inzwischen gewonnene Material ist gewaltig. Leicht besteht die Gefahr, daß über den zahllosen gewonnenen Fakten die Grundtatsache des Schlafes für den Menschen vergessen wird und damit seine Bedeutung für das menschliche Leben außer Sicht gerät. Obgleich der Schlaf nichts spezifisch Menschliches, sondern auch in der tierischen Welt ausgebreitet ist, «wissen wir nicht – abgesehen von einigen vielleicht vielversprechenden Hinweisen –, wozu das Phänomen des Schlafes dient, und damit entgeht uns immer noch der wichtigste Aspekt: die Rolle der Schlaffunktion.»[6]

Wir stellen hier die wichtigsten Einsichten dieser Forschung vor und greifen auf Einzelheiten später immer wieder zurück.[7]

2. EEG und Weckreize

Schon vor rund hundert Jahren konnte nachgewiesen werden, daß einer Reizung der Nerven ein meßbares elektrisches Potential parallel läuft. So lag es nahe, die Potentiale zu messen, indem an der Kopfhaut kleine Edelmetallblättchen befestigt werden, die zugleich den jeweiligen Arealen der darunterliegenden Hirnrinde entsprechen, und sie mit einem leistungsfähigen Verstärker zu verbinden. Damit lassen sich die an sich sehr geringen elektrischen Potentiale bis zu einigen 100 Mikrovolt (1 Mikrovolt = 1/1.000.000 Volt) hinunter registrieren. Spannungsschwankungen werden mit Hilfe eines Vielkanal-Registriergerätes aufgezeichnet. Dabei haben sich für den Schlafzustand fünf verschiedene Wellentypen und mindestens drei sogenannte Komplexe auffinden und typologisieren lassen. Die Einteilung erfolgt dabei nach dem zeitlichen Ablauf (Frequenz) und dem Ausschlag (Amplitude) der Wellen sowie der Spannung, die sehr schwach ist, indem sie nur zwischen 1 und 200 Mikrovolt beträgt.

Es ist allerdings bis heute unbekannt, was sich inhaltlich im Bewußtsein des Schlafenden ereignet, wenn die entsprechenden Wellen auftreten. Um das festzustellen, gibt es nur eine – letztlich unbefriedigende – Methode: Der Schläfer muß geweckt werden. Befragt man nach dem Wecken die Personen, an denen die Messungen vorgenommen wurden, sind die gemachten subjektiven Aussagen nur schwer in ein Verhältnis zu den Meßdaten zu bringen. «Der Vergleich der subjektiven Angaben von Versuchspersonen mit objektiv gemessenen Daten ist ... entmutigend. Es hat sich erwiesen, daß eine exakte Selbstbeobachtung im Schlaf praktisch unmöglich ist. Die Angaben der Versuchspersonen über ihren

Bewußtseinszustand im Schlaf stimmen selten mit den objektiv registrierten Daten überein ... Um derartige Informationen zu erhalten, muß die Versuchsperson aus dem Schlaf erweckt werden, was bereits einen unphysiologischen Eingriff in den physiologischen Schlafablauf darstellt.»[8] Immerhin läßt sich aus dem Schattenwurf, den das Elektroenzephalogramm aus dem Hirnstrombild vermittelt, so viel entnehmen, daß es insgesamt vier deutlich unterscheidbare Stadien des Schlafes gibt. Diese werden gewöhnlich in einen Bezug gesetzt zur Intensität des Weckreizes, der nötig ist, um den Schläfer zu wecken. In der Regel wird noch ein fünftes Stadium, das entspannte Wachsein, hinzugenommen, wo der Mensch mit geschlossenen Augen sich völlig ruhig verhält.

Gegenüber diesen Stadien wird das Wachsein – in seiner hohen Differenzierung der Wachheitsgrade – einheitlich von einem ganz anderen Wellentypus, dem der Alpha-Wellen, bestimmt. Diese sind sehr variabel, sie haben sinusförmige Rhythmen zwischen 8 und 13 Hz. Bei Steigerung der Aufmerksamkeit treten meist – doch unterschiedlich nach Person – Beta-Wellen von 13 bis 40 Hz auf.[9] Eine hohe Frequenz scheint mithin etwas von der Intensität und Wachheit der Seele abzuspiegeln, während die Frequenzabnahme auf Entspannung und Ruhe hinzudeuten scheint. Doch davon gibt es bei den sogenannten Komplexen, von denen noch die Rede sein wird, eine Ausnahme.

Folgt man dem zeitlichen Verlauf des Schlafes, so ergibt sich ungefähr die im Folgenden dargestellte Abfolge.

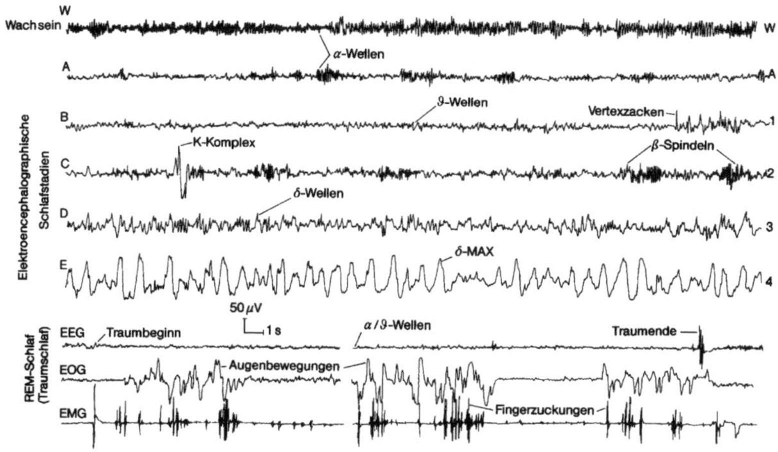

Ableitungen der Gehirnströme (nach Jovanovic 1988, S. 769). Bioelektrische Hirnaktivität im mnestischen Teil des Daseins (Wachsein), im amnestischen Anteil (Schlaf: A bis E) sowie im mnestisch-amnestischen Anteil (Traumphasen). S = Sägezahnwellen im EEG während einer REM-Phase. (Die Kurven sind zusammengesetzt aus einzelnen Stücken und können nicht als synchron angesehen werden. Die unteren vier Linien stammen nicht vom gleichen Probanden wie die oberen sechs.)

3. Stadium A und B (1)[10]

Nach heute allgemein gebräuchlicher Nomenklatur wird mit dem Stadium A das ‹entspannte Wachsein› bezeichnet. Es wird zumeist noch dem Wachzustand selbst zugeordnet, auch wenn die Alpha-Wellen als Zeichen der Wachheit schon weitgehend fehlen und statt dessen schnelle, aber niedrige Delta- und Theta-Aktivität auftreten (gemeint sind die sägezahnähnlichen Wellenformen des Strombildes zwischen 4 und 7 Hz, das heißt, der Rhythmus der Wellen sinkt gegenüber dem sonstigen, angespannten Wachzustand erheblich ab). Wird hierbei die Versuchsperson geweckt, so behauptet sie in der Regel, noch gar nicht geschlafen zu haben. Auch für das nachfolgende Stadium B (1) gilt, daß nach Weckung der Schläfer vielfach behauptet, er habe noch gar nicht geschlafen; deshalb wird in diesem Fall von einem ‹Leichtschlafstadium› gesprochen. Eine niedrige, aber starke Aktivität mit eigentümlichen Vertexzacken fällt auf. Diese Zacken werden als Zeichen des Einschlafens gedeutet. Sie haben eine Frequenz von 6 bis 8 Hz und eine erstaunliche Amplitude von 180 bis 300 Mikrovolt. Die Dauer ihrer Erscheinung beträgt aber nur 5 bis 7 Sekunden. In dieser Phase können Weckreize vom Schläfer nach ihrer räumlichen Herkunft noch recht genau geortet werden.

4. Schlafphase C (2)

In dieser Phase fallen niedrigamplitudige Wellen auf, die aber häufig durch sog. K-Komplexe und Spindeln unterbrochen werden. Im Alter nimmt der Anteil an diesem Schlafstadium zu. Der K-Komplex wird so interpretiert, «daß das Gehirn nach dem Einschlafen seine verschiedenen Formationen funktionell in Gang setzt ... Der K-Komplex verrät eine Aktivierung des oberen Hirnstammes».[11] Fällt ein Weckreiz in diesen Komplex, erfolgt sofort das Erwachen. Der K-Komplex soll einerseits den Schläfer davor schützen, den Schlaf allzusehr zu vertiefen, andererseits ihn vor dem zu frühen Aufwachen bewahren. Er bilde, so meint man, die Brücke zum Unbewußten.[12] Es fehlen nun jegliche Alpha-Wellen. In diesem Stadium kann Zähneknirschen auftreten, was angeblich einen stammesgeschichtlichen Überrest, der dem Schärfen der Zähne dienen soll, darstellt. Oft finden Körperbewegungen statt, doch kommen diese auch in anderen Stadien vor.

5. Schlafstadium D (3)

Es folgt – zeitlich gesehen – im Stadium D (3) sodann eine weitere Vertiefung des Schlafes. Er dokumentiert sich neben dem Hirnstrombild darin, daß ein deutlich stärkerer Weckreiz notwendig wird, um den Schläfer zum Erwachen zu bringen. Man spricht vom ‹mitteltiefen Schlaf›. In dieser Phase treten 10 bis 50 % der Wellen in Deltaform auf. Auch hier wird, wie in allen Schlafphasen, die psychische Aktivität aufrechterhalten. Das «Sprechen im Schlaf» fällt meist in diese Phase. Bei diesem Sprechen handelt es sich selten um zusammenhängende Satzfolgen, sondern meistens um einzelne Wörter oder Ausrufe. Wird der Schläfer geweckt, kann er meist nicht angeben, worum es sich handelt. Es scheint, als ob bestimmte Erlebnisfragmente nachvibrierten. Auch hier ist es so, daß das Phänomen in der Phase zwei auftritt, wenn sie bereits verlassen werden soll. Gelegentlich kann auch ein Wackeln mit dem Kopf beobachtet werden, ebenso kann es zum Knirschen mit den Zähnen kommen, wenngleich dies erst in der nächsten Stufe häufiger auftritt. Systematische Untersuchungen zeigen, daß sich die Versuchspersonen aktiv an einem ‹imaginären Schlaferleben› beteiligen.

6. Schlafstadium E (4) und Schlafabnormitäten

Schließlich tritt das tiefste, mit E (4) bezeichnete Stadium auf. Mehr als 50 % sind niedrigamplitudige Delta-Wellen (sie liegen um 100 Mikrovolt, mit weniger als 3 Hz). Die nötige Intensität des Weckreizes ist hier am größten.

Der Schlaf ist ein rhythmisches Phänomen. So wie er dem Wachen folgt und wiederum von diesem abgelöst wird, ist er selbst auch rhythmisch gegliedert, er hat eine Zeitgestalt. Diese Zeitgestalt variiert zwar individuell, dennoch weist sie einen allgemeinen Typus auf: Sehr rasch nach dem Einschlafen, meist schon nach zwanzig Minuten sind alle Schlafstadien durchlaufen, und das Tiefschlafstadium E oder 4 wird erreicht. Nach geraumer Zeit wird es in Richtung auf Schlafstadien geringerer Tiefen wieder verlassen (siehe weiter unten). Im Alter nimmt der Anteil des Tiefschlafstadiums bedeutend ab.

Im Tiefschlafstadium treten Besonderheiten auf: Das Schlafwandeln[13] ist vornehmlich an diese Stufe gebunden. Der Wandler steht als Schlafender auf und geht mit offenen Augen und starrem Blick durch das Zimmer, er bewegt sich zwischen enggestellten Möbeln hindurch, steigt auf Mauern und Dächer, es kommt vor, daß er aus dem Fenster springt. Er ist während des Wandelns gewöhnlich nicht weckbar, allenfalls über den Namen. Wird das Bett verlassen, nimmt die Amplitude der EEG-Wellen ab, es entstehen Alpha-Wellen wie bei wachen, aber ruhenden Menschen mit geschlossenen Augen. Öffnet der Schläfer die Augen, verschwinden die Alpha-Wellen. «Es scheint sich um eine ganz besondere Art des ‹Wachseins› zu handeln, nämlich weder um einen echten Wachzustand noch um einen echten Schlaf, sondern um einen Zustand, in dem die Wahrnehmung der Umgebung zwar deutlich reduziert ist,

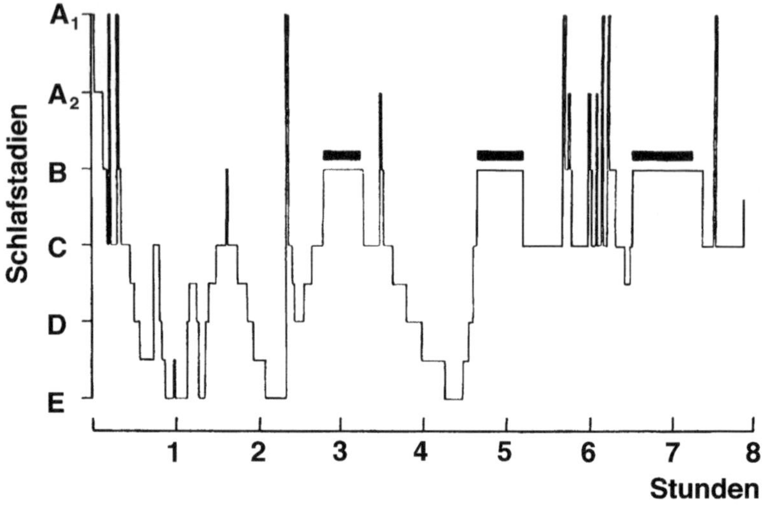

Schlaftiefenschwankungen beim Menschen innerhalb eines siebenstündigen Nachtschlafes.Die schwarzen Balken kennzeichnen die Traumstadien. (Nach Baust.)

aber trotzdem in dieser Umgebung komplexe Handlungen durchgeführt werden können. Die einströmenden Sinnesreize werden subcortical verarbeitet, und von hier wird die Motorik koordiniert.»[14] So wird von einem Wandler berichtet, der sich anzog, dann in einem nahegelegenen Fluß baden ging und sich danach wieder entkleidete und ins Bett legte; er schlief weiter, ohne erwacht zu sein und ein Bewußtsein von seinem Tun erlangt zu haben.[15] Auch Bettnässen tritt in dieser Phase am häufigsten auf.[16] Der Pavor nocturnus, das Aufsitzen eines Kindes mit heftigem Aufschreien und mit starr aufgerissenem Blick, bleichem schweißbedecktem Gesicht und schwerem Atem kommt im Alter zwischen drei und acht Jahren, fast nie nach der Pubertätszeit vor. Der Pavor fällt in die zum Erwachen führende Schlafphase, wo allerdings Wecken schwer möglich ist. Wird die Umwelt erkannt, schläft das Kind beruhigt weiter, Träume werden nicht berichtet. – Angstträume und Alpdrücke sind eine Angelegenheit von Erwachsenen. Der Schläfer schreit auf, zeigt Anzeichen großer Angst, ist schweißbedeckt, hat weite Pupillen und eine angestrengte, gepreßte Atmung. Es können Träume von bedrückenden Situationen berichtet werden. Diese Phasen treten im Übergang zum leichteren Schlaf hin auf, nicht im REM-Schlaf. Am Morgen weiß der Schläfer nichts mehr vom Vorgang.

7. Die Bedeutung der REM-Schlafphase

Es schließt dann in der zeitlichen Abfolge des Schlafverlaufs der paradoxe Schlaf an, der durch die schnelle Bewegung der Augenmuskulatur (R[apid] E[eys] M[ovement]) seinen Namen erhielt. Es ist dies ein Stadium, das zwar schon Aristoteles in der Form des Augenrollens im Schlaf beobachtet und beschrieben hat, das aber doch erst durch EEG-Ableitungen in das wissenschaftliche Bewußtsein eintrat. Diese Phase zeichnet sich durch zunehmende Muskelatonie, das heißt durch abnehmende Spannung der Willkürmuskeln – außer bei den Augen – aus. Das Aufwecken in dieser Phase ist nicht leicht; gelingt es aber, so berichten die Personen nahezu immer von sehr lebhaften Träumen. Am Beginn der REM-Phase sind die Bilder oft unlogisch, mosaikhaft.[17] Dabei labilisieren sich Herz- und Atemfrequenz, auch Ängstlichkeit infolge dieses Zustandes kann gelegentlich registriert werden. Die fehlende Muskelspannung wird als ursächlich für die häufig aus den Träumen berichtete Lähmung angesehen, die den Schläfer als Akteur in der Traumdramatik, als Mitspieler des Traumgeschehens befällt. Lageänderungen oder Körperbewegungen werden in dieser Phase kaum beobachtet, wenn auch die REM-Phase zumeist durch Änderung der Lage eingeleitet wird. Zahlreiche Einzelheiten der Vorgänge in den Nervenleitungen sind für dieses Stadium erforscht: «Die phasische motorische Aktivität ... geht mit sensorischer Hemmung in der Peripherie und sensorischer Aktivität im Zentrum einher.»[18]

Diese merkwürdige paradoxe oder REM-Schlafform wurde erst 1953 entdeckt. Aserinsky und Kleitman fiel bei der Untersuchung der periodischen Veränderungen des Schlafes kleiner Kinder auf, daß in bestimmten Stadien rasche, ruckartige, beidäugig symmetrische Augenbewegungen – dies selbstverständlich bei geschlossenen oder halbgeschlossenen Lidern – erfolgen. Der REM-Schlaf gilt als paradox, weil der Schlaf flach, der Tonus niedrig ist, bei völlig entspannten Gliedern jedoch die Augen bewegt sind. Zwar gibt es auch im Non-REM-Schlaf, also dem gewöhnlichen, Augenbewegungen – slow eye movement –, aber diese Bewegungen «sind verschieden langsame, oft nicht beidäugig synchron verlaufende, gleitende Abweichungen der Augen aus ihrer normalen Lage, die gewöhnlich zu Schlafbeginn und gleichzeitig mit größten Körperbewegungen während des Schlafes zu finden sind».[19]

Auffällig ist, daß während des REM-Schlafes eine gegenüber dem orthodoxen Schlaf erhöhte Kortexaktivität nachweisbar ist. Das drängt, den Grund hierfür genauer zu erforschen. Dabei fällt überraschend auf, daß diese Schlafform phylogenetisch, also entwicklungsgeschichtlich, bei allen homöothermen Lebewesen vorkommt, das sind jene Lebewesen, die in ihrer Entwicklung über den Fischen, Amphibien und Reptilien stehen und ihre Körperwärme – unabhängig von der Umgebung – selbst regulieren: die Vögel und Säugetiere. Die für die Schlafstadien wichtigen Steuerungszentren des Nervensystems wurden ebenso wie die beteiligten Neurotransmitter vielfältig untersucht, ohne daß sich schon ein sicheres Interpretationsmuster herausgebildet hätte.

Gewichtige Einsichten ergab der Vergleich zwischen Mensch und Tier, aber auch der innerhalb der Tiergruppen. So haben Beutetiere wie Mäuse kaum einen größeren Anteil am paradoxen Schlaf, gerade eben 15 bis 20 Minuten in 24 Stunden, während er bei den Jagd- oder Raubtieren wie den Katzen bis 200 Minuten dauert (beim Menschen etwa 100 Minuten).[20] Er kann auch schon im Embryonalzustand nachgewiesen werden. Das legt nahe, diese Schlafform damit in Verbindung zu bringen, welche «Sicherheit» dem jeweiligen Organismus eignet, denn durch die Atonie der Muskeln und die schwere Weckbarkeit im paradoxen Schlaf ist der Organismus gegen Angriffe besonders wehrlos.

Die Vielfalt der entdeckten Phänomene läßt die Frage nach der

Bedeutung dieses Schlafabschnittes, der wiederum mit dem Traum aufs engste verknüpft ist, noch drängender werden. (Jouvet setzt ihn sogar mit dem Traumschlaf gleich, wenn er im besonderen die Entfaltung des Traumes mit diesem Schlaf verknüpft, während er diffuse Vorformen auch dem orthodoxen Schlaf zuzubilligen scheint.)[21] Klarträume treten freilich vermehrt in dieser Phase auf, das sind Träume, bei denen der Schlafende weiß, daß er träumt.[22] Auffällig ist das Schlafverhalten in der REM-Phase. So ist eine erhöhte PGO-Aktivität[23] feststellbar, ehe die Katze die Augen öffnet und nach oben blickt, dann geht der Blick nach rechts und links, ähnlich dem visuellen Suchverhalten. Diese Beobachtung führte dazu, daß, um das Traumverhalten genauer analysieren zu können, ein Gehirnteil (Pons) gezielt geschädigt wurde (durch Läsionen). Der Eingriff blieb für das Tagesverhalten ohne Folgen, aber in der Traumphase wurde jetzt ein verändertes Verhalten sichtbar, weil durch den Eingriff der Tonusabfall im Muskelsystem gestoppt wurde. Damit, so war die Überlegung, könnte das Tier das, was es im «Traum» durchlebt, in Handlungen einfließen lassen. Kurzum: erstmalig könnte der Trauminhalt direkt am Verhalten beobachtet werden.

Was geschieht? Das Tier hebt plötzlich den Kopf, die Umgebung scheint visuell exploriert zu werden, die Katze scheint einem imaginären Objekt zu folgen, sieht aber dennoch nichts. Plötzlich richtet sie sich auf und beginnt zu gehen, faucht, macht Gebärden wie im Umgang mit gefangener Beute. Doch die Katze schläft weiterhin; man erkennt das daran, daß sie selbst bei Hunger ein dargebotenes Stück Fleisch nicht beachtet. Gelegentlich kommt es zum Angriffsverhalten oder zur Lauerstellung. Die Katze kann sich auch putzen oder lecken, dies geschieht aber im Traum niemals zielgerichtet. Klebt man ihr nämlich ein Pflaster aufs Fell, wird dies im Wachzustand durch Lecken zu beseitigen versucht, in der REM-Phase bleibt es selbst beim Lecken unbemerkt – ein Zeichen, daß das Seelische nicht mit den Sinnen verbunden ist. Durch diesen Versuch wird plötzlich der Trauminhalt, so meint Jouvet, sichtbar, er wird verhaltensmäßig ausagiert. Nun meint man dadurch sogar den Sinn des Traumverhaltens erschließen zu können: In ihm findet eine «iterative (wiederkehrende) genetische Programmierung ... in der Phase des paradoxen Schlafs, also im Traum, statt. Und wozu das alles? Schlicht zu dem Zweck, die Individuation [des Wesens] zu gewährleisten.»[24] Denn je nach Auffassung, ob das Verhalten und die Verarbeitungsformen der Sinneseindrücke überwiegend genetisch festliegen oder frei gestaltbar sind und nur dem individuellen Lebensverlauf zugehören, besteht zum Beispiel das Problem, daß Erinnerungen auch dann behalten werden, wenn, wie im Schlaf, das Bewußtsein ausgelöscht ist. Das legt für eine mittlere Interpretationslinie, wie sie Jouvet vertritt, nahe, zwar eine genetische Bestimmung anzunehmen, aber doch eine vielfältige Weiterentwicklung dadurch zuzulassen, daß im paradoxen Schlaf durch die erhöhte Gehirnaktivität eine neuerliche Programmierung oder Reprogrammierung erfolge. Doch ob es sinnvoll ist, neuronale und psychische Prozesse als Einheit zu sehen (Isomorphismus), bleibt strittig.

Die Zeitgestalt des Schlafes in der Nacht

Der REM-Schlaf wirft allerdings noch größere Fragen für das Verstehen auf als der normale. Weckt man Versuchspersonen während oder unmittelbar nach dem REM-Schlaf, so können über 85 % der Personen sich detailliert an einen Traum erinnern. Erfolgt das Wekken dagegen zehn Minuten nach der letzten REM-Phase, so sind die Traumberichte bei 5 % der Versuchspersonen schon fragmentarisch, und bei 95 % fehlen sie ganz, allenfalls wird noch ausgesagt, daß soeben etwas ‹Traumähnliches›, ‹Gedankliches› durchgemacht worden sei. Offenbar gibt es in allen Schlafstadien «irgendwelche Bewußtseinserscheinungen, nicht unbedingt Träume»,[25] aber keine

Phase scheint so eng mit der Traumwelt verbunden wie die des paradoxen REM-Schlafes. Wie vielfältig nachgewiesen wurde, dauert das Phänomen des REM-Schlafes zwischen 3 und 60 Minuten innerhalb des Gesamtschlafverlaufes, im Mittel etwa 20 Minuten. Jeder Mensch taucht während des Schlafes insgesamt drei- bis sechsmal in diese REM-Phase ein; zum Morgen hin werden die Verweilzeiten in dieser Phase länger, so daß sie in den späteren Nacht-(also Morgen-) Stunden bis zu 40 % der Schlafzeit einnehmen können.[26]

So wie der umgreifendere Rhythmus zwischen Wach- und Tiefschlafbewußtsein von einem herabgedämpften Traumbewußtsein durchsetzt wird, so offenbart sich der Schlaf selbst seinerseits wieder in verschiedenen Stadien des Traum- und völligen Tiefschlafbewußtseins, also umfassender Bewußtlosigkeit. Die Rhythmik verläuft in etwa anderthalbstündigem Wechsel. «So ergibt sich, daß wir Menschen entsprechend dem 24-Stunden-Tag oszillieren, mit zwei Dritteln der Zeit über der Bewußtseinsgrenze und einem Drittel darunter ... Zudem haben wir noch einen überlagerten Rhythmus, der der 16. harmonischen Schwingung oder der vierten Oktave entspricht. Diese ‹Oberschwingung› ist während des Schlafes sehr deutlich erkennbar ... [Verschiedene Autoren] nehmen an, daß diese 16. Harmonische auch während des Wachseins feststellbar ist; man spricht von einem eigentlichen 90-minutigen Ruhe-Aktivitäts-Zyklus.»[27]

So läßt sich also aufgrund der gegenwärtigen Einsichten der Schlafforschung von drei ‹normalen› und einem paradoxen Schlafstadium sprechen. Näher betrachtet erweist sich der Schlaf allerdings als ein höchst dynamisches Geschehen. Denn werden die Gehirnstromkurven einer Versuchsperson fortlaufend aufgezeichnet, so zeigt sich ein erstaunlich rhythmisches Bild: Auf die zunächst rasch durchlaufenen Stadien bis zum tiefsten Schlaf erfolgt dann nämlich nach etwa 90 Minuten etwas wie eine Umkehr, der Schlaf kehrt in flachere Stadien zurück. Diese flacheren Schlafstadien gehen dann gegen den Morgen zu in immer ausgedehntere Phasen des paradoxen Schlafes über, auf die dann wieder Phasen von Schlafvertiefung mit anschließender Rückkehr zu flacheren Stadien mit paradoxen Phasen folgen.

Die Zeitgestalt des Schlafes im Lebenslauf

Nun ist auffällig, daß der REM-Schlaf im Verlauf des Lebens sich in seiner zeitlichen Erstreckung im Rahmen der Gesamtschlafdauer stark verändert. So dauert beim Neugeborenen der tägliche Schlaf über 16 Stunden, wobei sich unmittelbar nach der Geburt keinerlei Rhythmik im Sinne von Tag-Nacht einstellt; diese muß erst langsam aufgebaut werden. Der Gesamtanteil des REM-Schlafes am 16stündigen Schlaf des Neugeborenen beträgt 50 %. Er ver-mindert sich dann zunehmend in seinem prozentualen Anteil an der abnehmenden Gesamtschlafdauer bis zum Schulalter und steigt mit der Pubertät wieder geringfügig an, um schließlich bei etwa 20 % Anteil an der Gesamtschlafdauer eine gewisse Konstanz zu erreichen, die erst im hohen Alter sich noch weiter vermindert (vgl. Darstellung S. 35).

8. Schlafentzug und seine Bedeutung

Durch die heutigen Meßmethoden konnten überraschende Einsichten in die Rhythmik der Schlafstruktur gewonnen werden. Doch welche Bedeutung haben die einzelnen Phasen, welche hat der Schlaf überhaupt? Eine Methode, um hier zu einer Einsicht zu kommen, besteht in der Korrelation der EEG-Ableitungen zu physiologischen Prozessen wie Harnfiltration, Leberaktivität und so weiter. Diese Zusammenhänge werden im 3. Teil weiter verfolgt. Einen Weg, um die Zusammenhänge zwischen Schlaf, Erleben und Somatik aufzuhellen, bildet die Methode des Schlafentzugs. Zahlreiche Experimente galten daher der Frage, was fehlender Schlaf bewirkt. Der längste Entzug betrug 11 Tage (264 Stunden). Ab der dritten Nacht kann keine Person mehr ihre Wachheit selbständig aufrechterhalten, besonders zwischen drei und fünf Uhr ist die ‹Gefahr› einzuschlafen am größten. Sehr häufig greifen REM- und Schlafepisoden bereits auf den ‹Wachzustand› über, es kommt zu Illusionen und Halluzinationen im optischen und akustischen Bereich; nach vier Tagen sind paranoide Wahnideen allgemein verbreitet. Die Folgen für die körperlichen Prozesse scheinen beim Schlafentzug geringer zu sein, wenn auch Konzentrations- und Aufmerksamkeitsstörungen schon nach nur geringem Schlafentzug auftreten, was jeder aus eigener Beobachtung kennt. Erstaunlicherweise lassen sich vegetative, also leibliche Veränderungen nur schwer als Folge des Schlafentzugs feststellen.

Eindeutige und rasch auftretende Folgen von Schlafentzug sind, wie erwähnt, psychische Veränderungen: «Instabilität, Unaufmerksamkeit, Gedächtnisstörungen, Illusionen und Halluzination ... in ihrer Symptomatik ähnlich derjenigen der Schizophrenie.»[28] Während der längere Zeit entzogene Schlaf physiologisch erstaunlich gut überstanden werden kann – auch wenn es zu körperlichen Symptomen wie Brennen der Augen, schweren Lidern oder Doppelsehen kommt –, sind die psychischen Folgen stets tiefgreifend, ja verheerend. Wird der Schlafentzug zeitlich stark ausgedehnt, dann kommt es beispielsweise nach etwa vier Tagen zu starken Wahrnehmungsstörungen und zu «schweren Depersonalisationserscheinungen ... in denen die Versuchsperson sich ihrer eigenen Identität nicht mehr sicher ist und nichts mehr mit der vertrauten Welt in Beziehung bringen kann».[29]

Wenn nun gezielt in den Versuchen der REM-Schlaf entzogen wird, dann steigt allgemein die Tendenz zu Angstzuständen und Reizbarkeit; und die Konzentrationsschwäche nimmt rasch zu. Die Versuchspersonen tendierten dann wohl auch zu nachfolgenden Halluzinationen während des Wachlebens. Diese ‹Ergebnisse› wurden allerdings aufgrund später durchgeführter Nachuntersuchungen eingeschränkt oder sogar bestritten.[30]

Von Interesse war und ist es, genauer zu untersuchen, wie chemische Substanzen den Schlaf zu beeinflussen vermögen. Hier geht es nicht um den Entzug des Schlafes, sondern vornehmlich um eine Hilfestellung, schlafgestörten Patienten zum fehlenden Schlaf medikamentös zu verhelfen. Als Ergebnis kann festgehalten werden, daß auch hier insbesondere Rückwirkungen auf den REM-Schlaf feststellbar sind. «Von größtem Interesse ist die Beobachtung, daß die meisten zentral [gemeint ist: auf das zentrale Nervensystem] wirkenden [chemischen] Substanzen den REM-Schlaf hemmen.»[31] Das heißt, der künstlich beeinflußte, also pharmakologisch induzierte Schlaf wirkt sich vor allem negativ auf die REM-Phase aus, insofern sie eingeschränkt oder unterdrückt wird, aber auch die übrige Schlafstruktur kommt mehr oder weniger durcheinander.[32]

Die Bedeutung, die dem Schlaf für den Aufbau und die Erhaltung des Organismus zukommt, entzieht sich offenbar nach den bisher referierten Ergebnissen einer schlichten Beobachtung und Einsicht. So wurden Hunde 500 Stunden wachgehalten, ohne daß eine

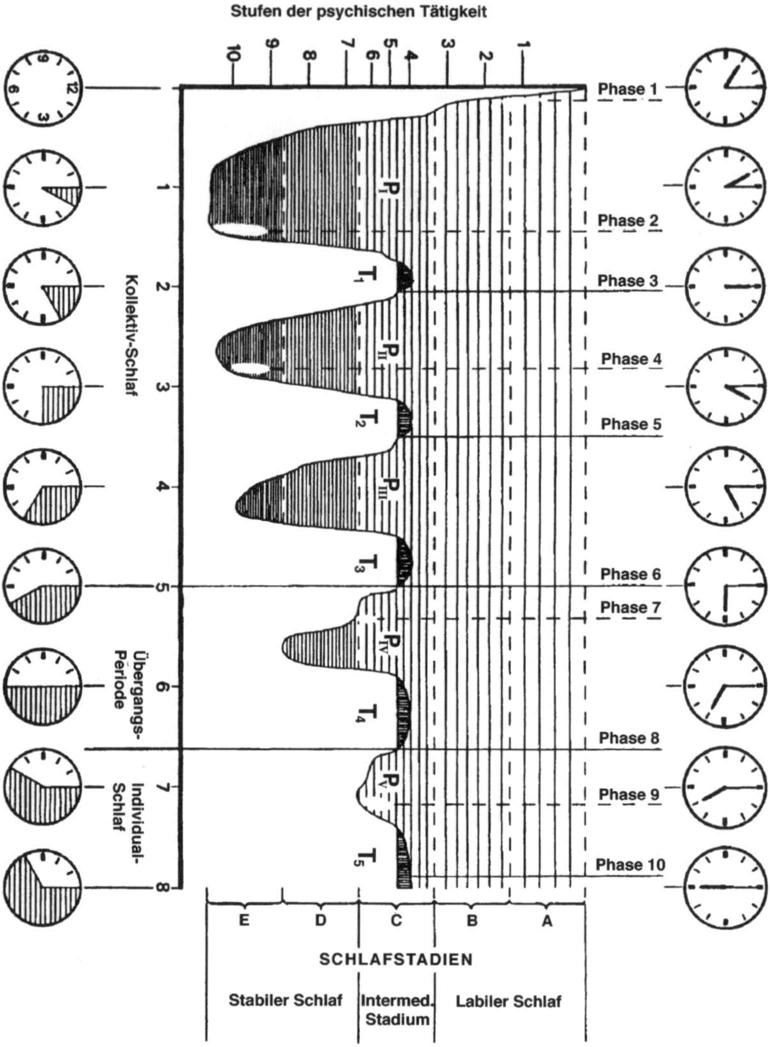

Schlafstadien mit Stufen der psychischen Aktivität, Schlaf-Perioden (P), Traumphasen (T) oder REM-Phasen sowie Uhrzeit (nach Jovanovic, S. 796).

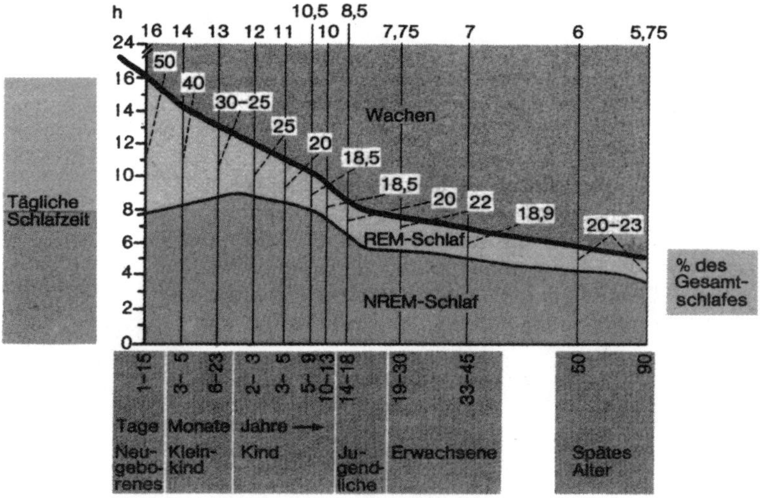

Wach- und Schlafzeiten während des menschlichen Lebens; Verhältnis der Schlafanteile Non-REM- und REM-Schlaf zueinander (aus: Schmidt/Thews, S. 151).

Störung in ihren vegetativen Funktionen aufgetreten wäre. Der Versuch, durch Vergleich mit Tieren dem Schlafphänomen beim Menschen näher zu kommen, hat nur ergeben, daß kleinere Organismen mehr Schlaf benötigen als größere, die Wach- und Schlafdauer sich jedoch schwer zum Menschen in Beziehung setzen läßt. Bei der Autopsie von Tieren, denen der Schlaf über extrem lange Zeiten entzogen wurde, konnten allerdings deutliche Abnormitäten im Gehirn festgestellt werden: Zellen waren geschrumpft, und es fehlte ihnen die Nisselsubstanz (oder auch: Tigroidsubstanz, was soviel wie gefleckt heißt). Dieses Ergastoplasma in der Nervenzelle ist granuliert und bildet ein kleines Organsystem innerhalb der Zelle, das mit der Eiweißbildung in ihr verbunden scheint. Fehlt diese Substanz, so dürfte das auf eine Schwächung des Eiweißprozesses innerhalb der Zelle hindeuten, so daß dauernder Schlafentzug die Eiweiß-Synthese in der Nervenzelle zu schwächen scheint. In der Nervenzelle wird der Proteingehalt zu 40 % des Trockengewichts innerhalb von 14 Tagen umgesetzt,[33] dieser Vorgang – und damit die Grundlage des wachen Seelenlebens – wird durch die Schlafstörung beeinträchtigt.

Beim erwachsenen Menschen beträgt die durchschnittliche Schlafdauer pro Tag etwa 33 %; dieser Wert läßt sich schwer in das Tierreich mit seinen Extremwerten einordnen. Phylogenetisch ältere Arten schlafen viel, Wiederkäuer wenig. Für ein Wesen wie den Menschen, der bis zum klaren, hellen Tagesbewußtsein gelangt, sind die Abbauvorgänge des Nerven-Sinnespols erheblich stärker als für ein auch im Wachbewußtsein mehr träumendes Wesen wie das Tier, was am extremen Kurzschläfer, der Kuh, deutlich wird, die sich immer in einem traumhaften Zustand zu befinden scheint.

Basierend auf Beobachtungen		Basierend auf EEG-Registrierung	
Kuh	3	Esel	13
Elefant	19	Meerschweinchen	25-50
Pferd	29	Ratte	50
Gorilla	70	Katze	55-70
Igel	75	Kaninchen	60
Fledermaus	83	Opossum	80

Schlafzeit (% des 24-Stunden-Tages) verschiedener Tiere[34]

In den Erholungsnächten nach länger fehlendem Schlaf wird zunächst der tiefere, zu späterer Zeit dann erst der REM-Schlaf nachgeholt. Wurde allerdings gezielt der REM-Schlaf entzogen, dann dient der nachfolgende Schlaf vor allem der Ausdehnung des REM-Schlafs. REM-Schlaf-Entzug führt zu erhöhter Erregbarkeit und Reizbarkeit, hat aber keine erhöhte Entladung im Antriebsverhalten zur Folge.

Der REM-Schlaf scheint besonders mit den Ernährungs- und Aufbaufunktionen verbunden zu sein. Bei körperlichem Übergewicht nimmt der REM-Anteil zu, der Fettsäurespiegel im Blut erhöht sich mit einem REM-Schlaf-Anstieg, während entsprechend die Menge der aufgenommenen Nahrung am Folgetag sinkt, wenn die Nacht zuvor der REM-Schlaf-Anteil verringert war.[35]

Es besteht ein eindeutiger Zusammenhang zwischen der Schlafzeit und der Stoffwechselrate sowie der Körpertemperatur. Der Schlaf, besonders der Non-REM-Schlaf, hat eine energieerhaltende Funktion. Personen mit erhöhter Schilddrüsenfunktion (Hyperthyreose) und damit erhöhtem Stoffwechsel haben ein vermehrtes Schlafbedürfnis, während bei Unterfunktion und bei Hunger Schlafverkürzung und -störung auftreten.

9. Der Schlaf in seiner Bedeutung für Erleben und Gedächtnis

Es läßt sich fragen, ob es für die physiologisch ermittelten Schlafstadien auch ein entsprechendes Korrelat im psychischen, unmittelbar zugänglichen Erleben gibt. Zunächst scheint der Unterschied zwischen Schlaf und paradoxem Schlaf eindeutig zu sein: Nach dem Wecken aus dem REM-Schlaf konnten die Personen von lebhaften und visuell wie emotional sehr bewegten Träumen berichten (80 bis 90 %), während in den anderen Schlafphasen zwar auch zu 70 % von Träumen berichtet wurde, diese aber abstrakt, gedankenartig waren und sich schwer in Worte bringen ließen; die Träume scheinen weniger bildhaft, dafür realer zu sein, da sie Gerüche, Töne, Vorgänge umfassen. Doch auch in bezug auf den REM-Schlaf sind die Berichte zwischen erster und zweiter Nachthälfte verschieden: In der ersten Hälfte sind die Träume realitätshaltiger, beziehen sich stark auf die Ereignisse des vorangegangenen Tages, in der zweiten Nachthälfte werden sie ungewöhnlicher, bizarrer, emotional intensiver, aber auch irrealer.[36] Es scheint, daß die ersten REM-Phasen stark unter dem Einfluß der vorhergehenden Tagerlebnisse stehen, die späteren dagegen eine eigene Qualität entwickeln.

Erinnert werden lediglich die jeweils letzten Träume vor dem Aufwachen beziehungsweise bei Weckung 5 Minuten nach Beginn der REM-Phase. Da im Experiment die Schlafphasen, die sonst unmittelbar ineinander übergehen, nur durch Wecken des Schläfers unterbrochen werden können, werden wohl deshalb die etwas wilderen, also dramatischeren Traumgestaltungen erinnert.

In der REM-Phase scheinen ideale Bedingungen für die Verarbeitung der Tagerlebnisse gegeben zu sein. Der Organismus ist von äußerer Reizzufuhr der Sinne abgeschirmt, die absteigenden Impulse des Nervensystems sind gehemmt, es besteht eine ausgeprägte Nerven- und damit auch Muskelatonie; im zentralen Nervensystem hingegen herrscht eine erhöhte Aktivierung vor – so wird ein ungestörtes Verarbeiten der Erlebnisse ohne neue sensomotorische Einflüsse möglich. Das legt nahe, den REM-Schlaf als für die Gedächtnisbildung bedeutsam anzusehen, indem wichtige Inhalte angeeignet, überflüssige hingegen ausgeschieden werden. Eine genaue Zuordnung der Gedächtnisbildung zur REM-Phase ist zwar auf rein empirischem Wege methodisch nicht abzusichern; es kann allerdings nachgewiesen werden, daß in der REM-Schlaf-Phase tatsächlich eine erhöhte RNS- und DNS-Synthese stattfindet – das sind eindeutig aufbauende Prozesse. Nun wird von der Gedächtnispsychologie als Korrelat für das Gedächtnis zumeist das Einprägen während der Eiweißsynthese angesehen.[37] Dementsprechend wäre die REM-Phase auch im Zusammenhang mit der Gedächtnisbildung bedeutsam.

Bei den bisherigen Untersuchungen zur Bedeutung der Gedächtnisbildung für den Schlaf wurde meistens das sogenannte episodische Gedächtnis befragt. Das Gedächtnis gilt als eine hypothetische Instanz des Gehirns, die das Erzählbare festhält, zum Beispiel das, was am vorigen Sonntagmittag auf dem Eßtisch stand. Eine neue Fragestellung richtet sich nunmehr darauf, zu untersuchen, wie Tätigkeiten, etwa Klavierspielen oder Maschinenschreiben, durch wiederholtes Einüben zum eigenen Besitz, das heißt zur Fähigkeit werden. Es handelt sich um eine instrumentelle Gedächtnisform. Bisher hatte man angenommen, daß diese Form sich kontinuierlich mit dem Üben selbst ausbilde. Träfe dies zu, dann müßte sich unmittelbar nach jeder Etüde ein Lernerfolg einstellen. Was die Selbstwahrnehmung auch lehren kann, zeigte sich an sechs jungen Erwachsenen, die jeweils erst Stunden nach einer Übung auch eine Verbesserung der eingeübten Fertigkeiten aufwiesen.[38]

Es wurde der Einfluß des Schlafes auf das Lernen untersucht. Als Schlafzeit, die für die Konsolidierung des instrumentellen Gedächtnisses am wichtigsten ist, stellte sich die REM-Schlaf-Phase heraus: Wenn man die Schläfer während einer REM-Phase weckt, dann bleiben die Verbesserungen der vor dem Schlafengehen erlernten Techniken aus. Eine Unterbrechung anderer Schlafphasen dagegen läßt die Fortschritte durchaus weiterbestehen.

Der REM-Schlaf beherrscht die Schlafgestalt in der Frühzeit der Biographie, also in jener Zeit, die von Wachstum, Leibgestaltung und tiefgreifenden instrumentellen Gedächtnisleistungen bestimmt wird. Wird der Schlaf gestört (Deprivation), so wirkt dies über die DNS-Synthese «besonders destruktiv auf kognitive Funktionen, Körper- und Gehirnwachstum».[39]

10. Schlafstörung und Verunsicherung

Schlafstörungen sind weit verbreitet. Allerdings kann der Schlafende sich infolge des gedämpften Bewußtseinszustandes dabei selbst schlecht beobachten. So berichten Personen, die im Stadium C geweckt wurden, daß sie nicht geschlafen, sondern über ein Problem nachgedacht hätten. Träume wurden von ihnen als Wachsein aufgefaßt. Auch wenn Patienten mit scheinbarer Schlafstörung, die objektiv schliefen, behaupten, nicht geschlafen zu haben, so ist das selbst dann irrig, wenn sie sich matt und abgeschlagen fühlen. Sie befanden sich objektiv in einem leichten Schlaf, erreichten allerdings nicht die tieferen Stufen. Dieser leichte Schlaf genügt «offensichtlich nicht zur vollständigen Restitution des Organismus, wie sie uns ein tiefer Schlaf beschert».[40]

Daß der Schlaf auf das psychische Befinden Einfluß hat, weiß jeder aus eigener Erfahrung. Deshalb liegt es nahe, psychisch offenkundig Erkrankte im Hinblick auf die Schlafstruktur zu untersuchen. So konnte bei psychischen Erkrankungen folgender Zusammenhang nachgewiesen werden:

1. Bei Depressiven ist Stadium E immer vermindert, während
2. bei Schizophrenen die REM-Dauer vergrößert zu sein scheint.[41]

Zusammengeschaut sind dies keineswegs schon allzu aufregende Ergebnisse. Doch man kann es auch so sehen, daß für krankhafte psychische Störungen die Ursachen nicht primär im Bereich des Schlafes liegen.

Allerdings wurde jüngst auch entdeckt, daß es bei Menschen, die nach übermächtig wirkenden Erlebnissen, zum Beispiel nach Gewalttaten, Unglücksfällen, Suizid, unter einem seelischen Schock stehen und Traumata mit sich herumtragen, zu schreckhaftem Schlaf und erheblichen seelischen wie gesundheitlichen Beeinträchtigungen kommt. Eine besondere Hilfe können sie dadurch erfahren, daß der Therapeut, welcher diesen Komplex zu behandeln hat, nicht nur die Inhalte mit dem betroffenen Patienten durchgeht und bearbeitet, sondern zugleich beidseitig seine Hände seitlich neben den Augen des Patienten bewegt, wodurch dessen Blick veranlaßt wird, rollende Bewegungen durchzuführen – ähnlich der Augenbewegungen im REM-Schlaf. Das führt tatsächlich dazu, daß im nachfolgenden nächtlichen Schlaf während der REM-Phase die «Verarbeitungssperre» aufgehoben wird und der Patient dann das Geschehen «verarbeitet», so daß sich eine deutliche und rasche Besserung des Zustandes einstellt.

Auffällig ist allerdings, daß Personen mit Insomnia (Schlafstörungen) ängstlicher sind als normale Schläfer.[42] Sie sind auch schlechter hypnotisierbar. Generell unterschätzen Schlafgestörte die verbrachte Schlafzeit und überschätzen die «Einschlafzeit, sie neigen eher zu interner Streßbewältigung (Nachdenken, ‹Ärger schlucken›) als zu handlungsorientierter Bewältigung».[43]

Eine gewisse Grundstimmung der Ängstigung, diffuser Unsicherheit, gelegentlich des Bedrohtseins geht von längerem Schlafentzug oder längerer Insomnie aus. Eindeutig ist auch, daß nach verkürztem oder gestörtem Schlaf Wahrnehmungsverzerrungen, Empfindlichkeit sich selbst gegenüber und eine deutliche Abnahme der Vigilanz, der Daueraufmerksamkeit, auftreten.[44]

Gleichwohl gilt: «Trotz allen Fortschritts [der Schlafforschung] blieb die Bedeutung der einzelnen Schlafphasen bis heute offen.»[45]

TEIL 2

WIRKUNGEN DES SCHLAFES – PHÄNOMENE UND FRAGEN

1. Alltagserfahrungen

Es ist keineswegs leicht, aus den vielfältigen Ergebnissen der Schlafforschung unmittelbar eine tiefere Einsicht in die wirkliche Bedeutung des Schlafes zu gewinnen – außer vielleicht der grundlegenden Einsicht, daß Schlafentzug zu psychischen Veränderungen, zu «Instabilität, Unaufmerksamkeit, Gedächtnisstörungen, Illusionen und Halluzination» führen kann, daß der Schlaf mithin für das Identitäts- oder Selbsterleben des Menschen von grundlegender Bedeutung ist.[46] Es scheint begrifflich besondere Anforderungen zu stellen, die Bedeutung des Schlafes zu verstehen. Das Wort selbst ist sprechend: Schlaf hängt etymologisch mit schlapp, schlaff zusammen. Diesen dem Schlaf voranliegenden Zustand kennt jeder, und zum Schlaf hat jeder Mensch – in der Selbsterfahrung – einen unmittelbaren Zugang.

Wenn man auf das eigene Leben zurückblickt, dann tauchen in der Erinnerung ausschließlich die Inhalte des Tagbewußtseins auf; was hingegen während des Schlafes geschah, bleibt für die Erinnerung völlig ausgeblendet, und zwar so gründlich, daß sogar die Tatsache des Schlafes selbst häufig völlig übersehen und vergessen wird. Der Schlafzustand in seiner Unbewußtheit bildet etwas wie ein schwarzes Loch, das die Inhalte verschluckt. Doch er läßt sich auch als eine Hintergrundfolie verstehen, die gleichsam als Kontrast zu den Erinnerungsbildern etwas ganz Besonderes zur Erscheinung zu bringen vermag, nämlich das Selbsterleben. Es ist gerade der vergessene Zustand des Schlafes, der die «Veranlassung» für die eigene Ich-Wahrnehmung und das Selbstgefühl bildet – so interpretiert Steiner die Bedeutung des Schlafzustandes für den wachenden Menschen.[47] Das Ich benötigt zur Aufrechterhaltung seiner Wirksamkeit und des Sich-selbst-Wissens offenbar nicht nur den Wechsel von schaffendem, hingebendem Tun und zurückhaltender Betrachtung, sondern bedarf einer noch größeren Rhythmik: der Verankerung im Tagesgeschehen durch das Bewußtsein einerseits und des Versinkens und der Hingabe an die Welt der Nacht, an den Kosmos durch den bewußtlosen Schlaf andererseits.

Durch die Gehirnstrombilder wird es fast unbegreiflich, wieso es den Schlaf überhaupt gibt; denn es ist keineswegs so, daß, wie leicht angenommen werden könnte, die psychischen und die Körperfunktionen in diesem Zustand reduziert sind. Vielmehr stellt sich ein «verwirrendes und doch geordnetes Nebeneinander von verminderter und erhöhter Aktivität [dar]. Schlaf, insgesamt gesehen, unterscheidet sich vom Wachsein nicht so sehr in der Quantität, sondern mehr in der Qualität; d.h. die durchschnittliche Aktivität aller Körper- und psychischen Funktionen ist im Schlaf wahrscheinlich nicht wesentlich, wenn überhaupt, niedriger als im Wachsein; aber sie ist im Vergleich zu letzterem anders verteilt.»[48] Dennoch gilt, daß der Schlaf «entmüdet».[49] Kurz, die Eigenerfahrung scheint nach wie vor einer der wichtigsten Zugänge zu dem dunklen Gebiet des Schlafes zu sein.

Vergegenwärtigen wir uns einige der teilweise widersprüchlichen Alltagserfahrungen als Ausgangsort, um uns dem Wesen des Schlafes und seiner Bedeutung für die menschliche Existenz tiefer zu nähern:

Die wichtigste Erfahrung besteht eben darin, daß man nach gutem und/oder tiefem Schlaf sich erfrischt, wie erneuert, ‹ausgeschlafen› und gekräftigt fühlt. Der Ermüdung, Ermattung und Schwäche, dem Abbau stehen, durch den Schlaf vermittelt, Frische, Regeneration, Aufbau, Erholung, Kräftigung gegenüber – insgesamt eine veränderte Befindlichkeit.[50] Dann gibt es auch die Erfahrung, daß man bei einiger Müdigkeit eigentlich gut schlafen müßte, aber das Gegenteil der Fall ist: Statt aufgebaut oder regeneriert, erwacht man völlig zerschlagen, fühlt sich geradezu ‹gerädert›.[51] Wiederum ist es in Krankheitsfällen so, daß ausgiebiger und tiefer

Schlaf die Heilung fördert. Es ist jedem Patienten irgendwann nach längerer Krankheit plötzlich durch den Schlaf deutlich, ob es nun aufwärts geht oder nicht; es ist, als ob der Schlaf der Wächter der Gesundheit sei. – «Ein gutes Gewissen ist ein sanftes Ruhekissen», sagt ein Sprichwort. Damit wird auf den Tatbestand aufmerksam gemacht, daß, wer von bestimmten Tageserlebnissen seelisch umgetrieben wird, es schwer hat, Schlaf zu finden; wer dagegen mit geordneten Erlebnissen die Sphäre des Schlafes betritt, ruht demnach gut. Widersprüchlich scheint zu sein, daß ‹robustere› Gemüter, denen feinere Regungen fremd zu sein scheinen, durchaus einen guten Schlaf haben können – wie oft werden schlafende Einbrecher überrascht.[52]

Verweilen wir bei den Innenerlebnissen. Wenn einen bestimmte Erlebnisse aufwühlen, weil sie einen ‹betroffen› haben, kann das dazu führen, diese im Nachsinnen zu klären, etwa indem man dem verursachenden Partner oder Kontrahenten in dessen Abwesenheit – sei es im inneren Zwiegespräch oder sogar schriftlich – darlegt, wie sein auslösendes Verhalten ‹eigentlich› im ‹Lichte der Wahrheit› zu sehen sei. Im Nachsinnen und Bearbeiten ergibt sich eine zunehmende Klarheit für einen selbst. Vielleicht gelingt manch schöne zugeschliffene Formulierung. Läßt man dann die gelungene Klärung liegen, um sie anderntags zu vervollkommnen und zu beendigen, schläft man also eine Nacht ‹darüber›, dann wird, wenn der Blick morgens auf das Schriftstück fällt, flugs die Zielbestimmung geändert. Statt an den Adressaten gelangt es – oft ohne nochmals eines näheren Blickes gewürdigt zu werden – in den Papierkorb. Eine erstaunliche Wirkung des Schlafes.[53]

Auch weniger aufgewühlt Fühlende erfahren durch den Schlaf eine Wandlung. Die Seele ist abends vielleicht stimmungsvoll erregt; in innerer Zwiesprache werden etwa einige Gedankensplitter, gar ein Gedicht zu Papier gebracht. An der einen oder anderen Stelle wird gefeilt, dann heißt es Schlafengehen. Nahezu 24 Stunden später hat man endlich Zeit, das Begonnene fortzusetzen, man nimmt seine Betrachtungen wieder vor, liest, was da steht – und tut sich schwer, die in der Erinnerung vorhandene Fülle, den damals vorhandenen Reichtum in der kargen Aufzeichnung auch nur in Spuren wiederzuerkennen, alles nimmt sich wie abgemagert aus, verarmt.

Aber auch das Gegenteil kann eintreten. Ein Problem, mit dem man am Vortag rang, in das man sich verstrickte, wo der Durchblick fehlte, wird nach dem Schlaf erneut aufgegriffen; nun hat es sich geklärt, wird transparent; vielleicht tritt eine Ahnung auf, wie es zu bearbeiten oder endgültig zu klären sei. Es hat in einem selbst offenbar weitergearbeitet, gerade in jener Zeit, wo sich das Wachbewußtsein gar nicht darauf richten konnte.[54] – Eine ähnliche Erfahrung besteht darin, daß alles, was die Seele als tiefere Frage intensiv bewegt und in den Schlaf nimmt, durch diesen etwas wie eine inspirierte Antwort erfahren kann.[55] Allerdings läßt sich das nicht erzwingen; denn wer meint, es ließe sich herbeipressen, wird enttäuscht. Wer in der offenen Frage verharrt, kann Antworten oder Korrekturen seiner Fragestellung erfahren – aus sich selbst heraus, keine äußere Stimme spricht, er hat keinen Traum, aber er ‹weiß› einfach, wie es sich verhält.

Auch in Entscheidungsfragen, mit denen man länger lebt und bei denen man zunächst nicht weiß, was das Richtige für einen ist, kann die Erfahrung gemacht werden, daß das mehrmalige Überschlafen dazu führt, allmählich die Richtung für das herauszufinden, was getan werden sollte. Dies geschieht um so sicherer, je weniger die wohlerwogenen Gründe und Gegengründe für die eine oder andere Alternative sprechen.

Diese formal gesehen durchaus heterogenen und keineswegs erschöpfenden Erfahrungen erweisen zumindest eines: daß der Schlaf eine Macht von erstaunlicher Wirksamkeit darstellt. Mit Sicherheit kann der Schlaf nicht als bloßer Leerraum, in dem nichts weiter geschieht, betrachtet werden; sondern er bildet, auch wenn wir bewußt nichts darüber wissen, eine Zeit, die, polar zum Wachen, doch aufs intimste mit Verarbeitungsprozessen der Seele zu tun hat. Was bewirkt der Schlaf genauer? Schon aus den geschilderten Tatbeständen ergibt sich, daß der Schlaf ein mehrgesichtiges Antlitz trägt: Einerseits hat man es mit mehr körperbezogenen Empfindungen zu tun, mit Erfrischung, Regeneration, andererseits mit mehr innerlichen Veränderungen, einem veränderten Blick auf die Tageserlebnisse, mit Klärungen und inneren Reifungsvorgängen, durch die der Mensch mehr zu dem wird, was er ist oder sein sollte. Woher kommen diese unterschiedlichen Wirkungen, und was verbindet die offenkundig recht verschiedenen Erscheinungen?

2. Die Trennung der Wesensglieder

Der Grundrhythmus des menschlichen Lebens von Wachen und Schlafen wird durch zwei jedermann zugängliche Erfahrungen – an den Grenzübergängen des einen Zustandes in den anderen – gekennzeichnet: Am Ende der Wachperiode steht die Ermüdung, am Ende des Schlafs die Erholung und Regeneration. Steiner deutet dieses Phänomen und diese Erfahrung so: «Man versteht die Natur des Schlafes erst, wenn man weiß, daß die innere Seelentätigkeit des Wachens im gegenwärtigen Menschheitszyklus eine Art Zerstörung feiner Strukturen des Nervensystems darstellt. Mit jedem Gedanken, mit jedem Willensimpuls, den wir auf Anregung der Außenwelt machen, zerstören wir während des ganzen wachen Lebens feinere Gehirnstrukturen.»[56] Der Schlaf wirkt zu dem Abbau des Wachlebens ergänzend, das heißt aufbauend. «Es arbeiten in der Tat während unseres Schlafens in uns Kräfte, die sonst nicht zutage treten, nicht irgendwie bewußt werden. Es arbeiten Kräfte an der Wiederherstellung der während des wachen Lebens zerstörten feineren Nervenstrukturen unseres Gehirns ... Es wird die Kraft, die sonst das Bewußtsein erzeugt, verbraucht zum Aufbau.»[57] Hier wird auf den grundlegenden Gegensatz aufmerksam gemacht, der zwischen Wachheit und Zerstörung am Organismus einerseits und dem Schlaf mit seinem Aufbau sowie seiner Unbewußtheit andererseits besteht. Leben und Aufbau sind an das Unbewußte gebunden, Wachheit dagegen ist mit partiellem Sterben, mit Abbau und Zerstörung erkauft. Diesem Zusammenhang begegnete Steiner zuerst in der Psychologie Fortlages, worauf er selbst hingewiesen hat. «Das Gehirn macht hier dadurch eine Ausnahme, daß dieses Leben der Ernährung, dieses Schlafleben, bei ihm in den Pausen des Wachens überwogen wird von dem Leben der Verzehrung. In diesen Pausen steht das Gehirn einer überwiegenden Verzehrung preisgegeben und gerät folglich in einen Zustand, welcher, wenn er sich auf die übrigen Organe mit erstreckte, die absolute Entkräftung des Leibes oder den Tod zuwege bringen würde.»[58] Steiner greift diesen Gedanken auf, indem er alle Bewußtseinsvorgänge physiologisch mit Abbauprozessen (Verzehren) in Verbindung bringt. Gelegentlich spricht er auch vom Todespol innerhalb der Lebensprozesse.[59] Wenn aber richtig ist, daß physiologisch jeder Bewußtseinsakt dadurch errungen wird, daß leiblich ein Abbau, ein partieller Tod stattfindet, dann müßte in dem Augenblick, wo der große Tod, also die völlige Zerstörung der Leibprozesse anfängt, das Bewußtsein sich ins Unendliche steigern, also zu einem allumfassenden oder universellen Bewußtsein erwachen.

Steiners eigene Leistung besteht darin, diese Einsicht in den weitgespannten Zusammenhang seines Menschen- und Weltverständnisses eingegliedert und von da aus durchdrungen zu haben.

Methodische Bemerkung

Für das anthroposophische Weltverständnis liegt nicht nur hinter der Erscheinung des Menschen, sondern auch hinter den sinnlichen Erscheinungen überhaupt das verborgen Wesenhafte, gleichsam der Sinnhorizont der Dinge. Platon sprach von den Urbildern (eidos) der Welterscheinungen. Einen Menschen kann ich zwar sehen, aber verstehen kann ich ihn nur, wenn ich sein inneres Wesen kenne, seine Absichten, Strebungen, Überlegungen, seine Geschichte, seine Biographie. So ist es auch bei allen Vorgängen in der Natur, der Physiologie, Anatomie: In allem drückt sich ein Tieferes, aber auch Verborgenes, Sinnhaftes aus. Dieser Sinnzusammenhang kann durch das menschliche Erkennen verstanden werden, wenn die Erscheinungen mit dem verstehenden Denken durchdrungen werden. Hinter alle dem, was wirksam ist, sieht die Anthroposophie, wie auch jede andere Wissenschaft, entsprechende Kräfte; allerdings begreift sie diese Kräfte nicht nur mechanisch, sondern von ihrem Ursprung her, hervorgegangen aus göttlicher Schöpfung. Der methodische Unterschied zwischen gegenwärtiger Naturwissenschaft und Anthroposophie ist darin zu sehen, daß die Anthroposophie diese Kräfte nicht auf dem Weg der Reduktion konstatiert, sondern als Ausdruck von Wesenhaftem begreift. In der Naturwissenschaft werden die Naturkräfte nur als mechanisch und aus dem Zufallsprinzip (big bang) heraus entstanden gedacht. Für den Vorstellungshorizont der Anthroposophie sind sie stets mit wirkmächtigen Wesenheiten verbunden. Je berechenbarer die mechanisch-physikalischen Kräfte sind, desto mehr sind sie Ausdruck dafür, daß sie einer fernen, ältesten Schöpfung entstammen, gleichsam Grundlage bildend für das gegenwärtige Wirken geistiger Wesen, das sich in Lebensvorgängen mit ihren Formen, in Empfindungen und in Absichten noch immer schöpferisch vollzieht. So wie sich der Mensch selbst als eigenes, über die Möglichkeit der Freiheit verfügendes Wesen erlebt, obwohl er an eine Leiblichkeit gebunden ist, die ihrerseits von Naturkräften beherrscht wird, so ist auch die Natur, die Erde, der ganze Kosmos durchzogen von Kräften der Natur und von Wesenheiten. Das gibt Anlaß, die ganze Schöpfung stufenweise aufgebaut zu denken, wie es in der abendländischen Tradition zunächst Platon, später Plotin und andere getan haben.[60]

Auf einer unteren Ebene sind die geistigen Wesen elementarer Natur, sie sind mit den Naturprozessen verbunden. Darüber gibt es eine Welt hochdifferenzierter Wesen seelischer, dann solche geistiger Art. Im Mittelalter wurde von Intelligenzen gesprochen, die die Welt durchwirken. In der Heiligen Schrift wird die Vorstellung erkennbar, daß diese Wesen zu Hierarchien geordnet sind, wenn zum Beispiel von Engeln, Erzengeln, Archai, Exusiai, Dynameis, Kyriotetes – letztere bei Luther als ‹Obrigkeiten, Fürstentümer und Herrschaften› übersetzt – und von Thronen, Seraphim, Cherubim gesprochen wird.[61] Systematisch entwarf die Hierarchienlehre bereits Dionysios der Areopagite.[62] An ihn knüpft Steiner in der Nomenklatur an; in der Darstellung der Wirksamkeit geht er jedoch, wie die nachfolgende Darstellung zeigen wird, sehr konkret von eigener geistiger Anschauung aus. Damit wird die Frage nach einer selbständigen geistigen Anschauung, die als eidos, theoria, anschauende Urteilskraft oder intellektuale Anschauung die Philosophiegeschichte von Platon bis zu Goethe, Schelling und Hegel beschäftigt, von Steiner erneut aufgeworfen. Bereits in seiner Dissertation drückt er seine Überzeugung aus:

«Das Resultat dieser Untersuchungen ist, daß die Wahrheit nicht, wie man gewöhnlich annimmt, die ideelle Abspiegelung von irgendeinem Realen ist, sondern ein *freies* Erzeugnis des Menschengeistes, das überhaupt nirgends existierte, wenn wir es nicht selbst hervorbrächten. Die Aufgabe der Erkenntnis ist nicht: etwas schon anderwärts Vorhandenes in begrifflicher Form zu *wiederholen*, sondern die: ein ganz neues Gebiet zu *schaffen*, das mit der sinnenfällig gegebenen Welt zusammen erst die volle Wirklichkeit ergibt. Damit ist die höchste Tätigkeit des Menschen, sein geistiges Schaffen, organisch dem allgemeinen Weltgeschehen eingegliedert. Ohne diese Tätigkeit wäre das Weltgeschehen gar nicht als in sich abgeschlossene Ganzheit zu denken. Der Mensch ist dem Weltlauf gegenüber nicht ein müßiger Zuschauer, der innerhalb seines Geistes *das* bildlich wiederholt, was sich ohne sein Zutun im Kosmos vollzieht, sondern der tätige Mitschöpfer des Weltprozesses; und das Erkennen ist das vollendetste Glied im Organismus des Universums.»[63]

Später differenziert Steiner die Stufen höherer Erkenntnis, auf die er sich für die unmittelbare übersinnliche Wahrnehmung bezieht, weiter aus und unterscheidet voneinander:

- Imagination, durch die in der inneren Erfahrung gewonnene geistige Einsichten in Gestalt von Bildern, Symbolen gleich, ausgesprochen werden. In den Bildern, die sich bekannter äuße-

rer Elemente bedienen, wird auf die Wahrheit und das geistig Wesenhafte dadurch verwiesen, daß es auf die den Bildern innewohnende Gestik zu achten gilt, die über sich hinaus auf die höhere, geistig schaffende Wirklichkeit verweist.
- Inspiration, wo das Wesen selbst unmittelbar berührt wird. In Musik und Wort geschieht nicht nur ein Verweis auf ein anderes, dahinter Wirkendes, sondern darin spricht sich schon die wirkende und gestaltende geistige Kraft selbst aus.
- Intuition, in der das Wesen selbst durch Begegnung und Einigung erfahren wird. Schon die Erfassung des Ideengehaltes im Begriff geschieht durch Intuition. «Das Gewahrwerden der Idee in der Wirklichkeit ist die wahre Kommunion des Menschen.»[64] In der *Philosophie der Freiheit* wird mit Intuition das Auftreten eines «Gedankeninhaltes» bezeichnet.[65] Sie ist «das im rein Geistigen verlaufende bewußte Erleben eines rein geistigen Inhaltes».[66] An anderer Stelle wird sie als das Gegenstück zur Empfindung auf geistigem Gebiet begriffen. «In dem gleichen Sinne, wie die Offenbarung des Körperlichen Empfindung heißt, sei die Offenbarung des Geistigen Intuition genannt.»[67] Soll aus dem Erfahrenen Erkenntnis werden, bedarf es der Einkleidung der Erfahrung in Begriffe.

Im Unterschied zur naturwissenschaftlichen Erkenntnis tritt bei diesen Formen geistiger Erkenntnis das Problem der ‹Objektivierbarkeit› und der ‹Falsifikation› in eigener Form auf. Denn bestreitbar sind innere oder persönliche Erfahrungen, die von denen anderer Menschen abweichen, keineswegs. Äußeren Tatbeständen gegenüber wird durch Reproduktion der Ergebnisse die Irrtumsfreiheit sichergestellt. Wie soll das inneren Tatbeständen gegenüber geschehen? Daß die Wahrnehmungsfähigkeit unterschiedlich ist, lehrt schon der Alltag. Wie das Gewahrte jeweils gedeutet wird, entscheidet über die soziale Wirkung. Hier hat die Moderne das Rationalismus-Konzept entwickelt: Eine Einsicht gilt dann als wissenschaftlich gültig, wenn die Erkenntnis unter gleichen Bedingungen wiederholt werden kann, wenn sie unabhängig von der forschenden Person, deren Eigenschaften und Werteinstellungen sich vollzieht und wenn die Ergebnisse intersubjektiv darstellbar sind. Ferner wird die Vorläufigkeit der Einsicht gefordert, sie muß sich als falsifikationsresistent erweisen.

Im Falle von Intuitionen ist es wie bei jedem psychischen Vorgang oder sonstigen geisteswissenschaftlichen Erkenntnissen[68] so, daß die Wahrnehmung und Begriffsbildung zwar vom Forscher abhängen, gleichwohl aber der Intersubjektivität durch die Begrifflichkeit zugänglich bleiben. Nur wenn das gelingt, also Aussagen aus höheren Erkenntnisstufen dem Verständnis und dem Mitvollzug offen bleiben und in Hinsicht auf die Stimmigkeit und innere Logik überprüft werden können, können sie, über das bloße Meinen hinausgehend, als dem wissenschaftlichen Diskurs zugänglich erachtet werden. Voraussetzung ist dann zunächst, sich durch das eigene Denken auf die Begriffe einzulassen – eine Hürde und Sperre, die bei allem Neuen, Eigenartigen, Fremden nicht leicht zu überwinden ist, wie zum Beispiel die Rezeption der Relativitätstheorie, die von äußeren Phänomenen handelt, zeigt. Genau in diesem Sinne will Steiner seine Erkenntnisse verstanden wissen.

Geistige Welt und Wesenheiten

So lautet denn eine anthroposophische Aussage über den Schlaf folgendermaßen: «Die geistig führenden Mächte der Welt haben in das menschliche Dasein wahrhaftig nicht umsonst eingefügt den Schlafzustand. Vom Einschlafen bis zum Aufwachen geschieht außerordentlich viel mit dem Menschen. Und zwar von demjenigen, was der Geist durch den Menschen zu tun hat im irdischen Dasein, geschieht sogar das allermeiste während des Schlafzustandes … Während des Schlafzustandes geschieht in der menschlichen Entwickelung alles dasjenige, was geistige höhere Wesen mit der Menschenseele vornehmen, um den Menschen zu seiner Gesamtentwickelung innerhalb des irdischen Daseins zu bringen ... [Im Schlafe kommt der Mensch] in eine gewisse Verbindung mit dem gesamten Kosmos.»[69] An dieser Aussage wird sogleich erlebbar, daß ein fundamentaler Zusammenhang zwischen Mensch und Welt oder Kosmos nicht nur auf der Ebene der physikalischen Kräfte angenommen wird, sondern auch auf der Ebene des Geistigen. Das Geistige wird als Kraft des Bewußtseins gefaßt, des Bewußtseins, das sowohl den Schlaf (unbewußt) als auch den Zustand der Wachheit als auch den der gesteigerten Wachheit (überbewußt) umgreift. Im Überbewußten lebt das Bewußtsein gleichsam im Licht und kann in der Überhelle und in der Blendung oft ebensowenig erfassen wie in der völligen Dunkelheit, dem Unbewußten. Nur im Reich dazwischen, zwischen Helligkeit und Dunkelheit – es ist dies die Welt der Farben –, kann sich zunächst das verstehende menschliche Bewußtsein entfalten. Doch es kann sich weiten, um in den Bereich einzudringen, wo tatsächlich Wichtiges für die Existenz bewirkt wird.

Um den Schlaf, das Unbewußte, zu verstehen, kann von der Erfahrung der beiden polaren Bewußtseinszustände ausgegangen werden: von Wachen und Schlafen selbst. Dieser Gegensatz stellt das Rätsel dar, denn im einen Zustand wissen wir von uns, im anderen wissen wir nichts. Gleichzeitig kann auffallen, daß der Schlafzustand, nämlich das Nichtwissen, fände er im Tagwachen – gleichsam am falschen Platze – statt, tief beunruhigend sein müßte, weil er die eigene Identität berührte. Diesen Zustand ertragen wir ohne Schmerz und Bitternis, ja ohne Verwirrung, wenn er als Schlaf auftritt. Denn dann raubt er uns nicht die Identität, sondern festigt sie, während Schlaflosigkeit zur Unterhöhlung des eigenen Selbsterlebens und zur Verunsicherung führt. Kurz: Der Schlaf bildet eine rätselvolle Tatsache. Um ihr nahezukommen, müssen wir in einem ersten Schritt die menschliche Wesenheit so begreifen, daß sie, obwohl eine Einheit, in sich deutlich gegliedert ist. Da ist zunächst der Leib mit seiner Haut, räumlich von Stoff erfüllt; die

Sinnesorgane durchsetzen seine Peripherie und vermitteln über seine Grenzen hinaus Beziehungen zu der umgebenden Welt. Diese Konstitution nennen wir *physischen Körper.* Er wird innerhalb seiner Grenzen gleichzeitig von den Lebensprozessen durchzogen, vom Stoffwechsel, geprägt durch Wachstum, vom Werden und Altern. Die Gesamtheit der Lebensprozesse kann wie ein zweiter Mensch im physischen angesehen werden. Die Eigenschaften des Lebens bilden eine eigene Qualität gegenüber Stoff und Form, dem Gewordenen; sie werden daher mit dem Begriff *Lebens- oder Ätherleib* zusammengefaßt. Doch damit ist noch keineswegs schon das beschrieben, was dem Menschen als besonders bedeutsam gilt: seine Empfindungsfähigkeit, seine Subjektivität, welche die genannten Leiblichkeiten durchwirkt. Diese Empfindungsfähigkeit bildet etwas wie einen dritten Menschen, der das Seelische (Reizbarkeit, Begehrung, Emotionen, Gefühle) umgreift; seine spezifischen Eigenschaften werden in der Anthroposophie mit dem Begriff *Empfindungs- oder Astralleib* zusammengefaßt. Die Wesenheit des Menschen selbst verfügt allerdings noch über ihre eigene Identität; es ist dies die *Ich-Organisation.* Somit haben wir:

Wachzustand

Ich-Organisation *Empfindungs- oder Astralleib* *Lebens- oder Ätherleib* *Physischer Körper*

Diese vier Eigenschaften oder Glieder des einen menschlichen Wesens stehen in Wachen und Schlafen in je verschiedener Beziehung zueinander. Im Schlaf trennt sich dieses während des Wachbewußtseins ineinander wirkende Daseinsgefüge der Wesensglieder dergestalt voneinander, daß der physische Leib und die Lebensprozesse, also der Ätherleib, durch ihren engen, unauflösbaren Zusammenhang gleichsam im Bette liegenbleiben, während der Empfindungsleib und die Ich-Organisation – ihrerseits wieder in einem engeren Zusammenhang stehend – sich aus der Leiblichkeit herauslösen und in eine andere Welt, die seelisch-geistige, eintreten.

Schlafzustand

Ich-Organisation *Empfindungs- oder Astralleib*

Lebens- oder Ätherleib *Physischer Körper*

Freilich bleibt auch weiterhin zwischen beiden Wesensgliedergruppen eine – wenn auch gelockerte – Verbindung bestehen; würde diese unterbrochen, träte der Tod ein. Die fortbestehende Verbindung zwischen physischem und Lebensleib einerseits und Empfindungsleib und Ich andererseits ist auch im Schlafe seelisch tingiert, das heißt, wozu das innere Wesen eine besondere subjektive Beziehung am Tage hat, das wirkt auch in den Schlaf wie weckend hinein. Eine Mutter wird durch ihr unruhiges oder schreiendes Neugeborenes leichter geweckt als durch einen vielfach stärkeren Straßenlärm.

Es gibt ein einfaches Phänomen, das über den Vorgang des Schlafes in dieser Hinsicht eine wichtige und tiefere Einsicht zu vermitteln vermag. Physiologisch läuft nämlich während des Schlafes beispielsweise im Ohr genau dasselbe ab wie am Tage: Klänge, Töne, Geräusche dringen über die Luftwellen von außen als Reize an das Ohr und versetzen dort zunächst das Trommelfell in Schwingung. Vom Trommelfell werden die kleinsten Knöchelchen, die der Mensch besitzt, Hammer, Amboß und Steigbügel, ‹bewegt›, sie modulieren die empfangenen Schwingungen und geben sie an das eigentliche Hörorgan weiter: an das Innenohr mit seinen Sinnesrezeptoren. Vom Cortischen Organ gehen die afferenten Nerven zum primären akustischen Bereich des Gehirns. Bis hierhin besteht auch im Schlaf kein Unterschied zum Wachzustand. Doch während des Schlafes finden keine weiteren kortikalen Abläufe statt, wie sie sonst während des Wachzustandes vonstatten gehen, nämlich die Analyse des Gehörten und so weiter unter Einbezug weiterer Gehirnareale – der sekundären und tertiären Felder –, sondern der weitere Ablauf bleibt ‹stumm›.[70]

Warum ist das so? Generell kann gesagt werden, daß die Prozesse zwischen Sinnesorgan und den primären Zentren des Kortex ähnlich, wenn auch abgeschwächt, wie am Tage beim Wachzustand verlaufen, allerdings mit dem bedeutenden Unterschied, daß während des Schlafes kein Wesen oder Subjekt der Reize inne wird; niemand antwortet darauf mit Empfindungen. Man könnte sagen, der Hörende, das Subjekt, sei abwesend. Dieses Wesen – während des Tages in die höheren Felder des Gehirns eingegliedert – ist ‹anderswo› tätig: in der seelisch-geistigen Welt. Während sich das erlebende Subjekt (Empfindungsleib und Ich) im Wachzustande dem über die Sinne zufließenden Angebot an Reizen zuwendet und dadurch spezifische Empfindungen ausbildet oder erstehen läßt, fehlt dieses Bemerken der Sinnesangebote im Schlaf, weil das empfindende Wesen nicht in den Sinnen wirkt, sondern ‹woanders› ist, im Reich des Schlafes, hingegeben an übersinnliche Eindrücke. Dieses andere Reich, in dem wir während des Schlafes leben, ist die geistige Welt, die «Geistwelt, die wir auch durchmachen vor der Geburt, die wir durchmachen nach dem Tode».[71]

Es ist mithin vornehmlich die Empfindungsfähigkeit, auf welche sich der Wechsel der Bewußtseinszustände von Wachen und Schlafen zurückführen läßt. «Handeln und Denken schwinden dahin im Schlafe, aller Schmerz, alle Lust versinken für das bewußte Leben. Wie aus verborgenen, geheimnisvollen Brunnen steigen beim Erwachen des Menschen bewußte Kräfte aus der Bewußtlosigkeit des Schlafes auf. Es ist dasselbe Bewußtsein, das beim Einschlafen hinuntersinkt in die dunklen Tiefen und das beim Aufwachen wieder heraufsteigt. Dasjenige, was das Leben immer wieder aus dem

Zustand der Bewußtlosigkeit erweckt»[72] – das ist der Empfindungs- oder Astralleib. Er ist der Träger des Bewußtseins, eine eigene übersinnliche Organisation im Menschenwesen. Dieser Empfindungsleib ist während des Wachens leibverhaftet, indem er eng in die Sinnesorganisation eingebunden bleibt; durch ihn werden die Empfindungen der Seele ermöglicht. Seiner Natur nach ist er aber auch aufs engste mit dem Seelischen verwandt; denn in der einzelnen Empfindungsqualität, die wahrgenommen wird, ist das eigene Wesen wirksam, die Subjektivität. In allem Seelischen waltet Intensität, nicht Raum und Zeit. Man könnte bei dieser Doppelbenennung von Empfindungs- und Astralleib an ein janusköpfiges Wesen mit zwei Gesichtern denken: einem Tagesgesicht, wo aus der Hingabe an die Sinneswelt Empfindungen erstehen, und einem Nachtgesicht, wo aus der Hingabe an die Harmonien der Sternenwelt (Astra = der Stern) während des Schlafes die Verarbeitung der vorhergehenden Tageserlebnisse geschieht. Die leibverhaftete Seite heißt Empfindungsleib, die stärker seelenverwandte Seite, die während des Schlafes hervortritt, Astralleib. «Mit dem Ausdruck Astralleib wird dabei ... das bezeichnet, was Seelenleib [das Leibgebundene des Empfindungswesens] und Empfindungsseele [das auf Eindrücke Antwortende] zusammen sind.»[73]

Der astralische Leib ist demnach stark in den Sinnesorganismus eingebunden.[74] Das weist auf seine Eigenschaft hin: sich an die Außenwelt und die Eindrücke hinzugeben. Er ist eingesenkt in die Sinnesorgane, die gleichsam von der physischen Welt her ihre Gestaltung empfangen. Dadurch ist dann der astralische Leib selbst nahezu – dies ist nicht bei allen Sinnen gleichgeartet – in der Außenwelt tätig. «Wenn Sie Ihre Augen zu haben [und nachsinnen], dann zieht sich auch Ihr astralischer Leib mehr in das Innere des Kopfes zurück, er gehört mehr Ihnen selbst an. Wenn Sie ordentlich nach außen gucken, dann zieht sich der astralische Leib in das Auge hinein und nimmt an der Außenwelt teil. Geht er ganz heraus aus Ihrem Organismus, so schlafen Sie. Sinnliches Hingegebensein an die Außenwelt ist nämlich nicht das, was man gewöhnlich meint, sondern ist eigentlich eine Etappe auf dem Wege zum Einschlafen in bezug auf die Charakteristik des Bewußtseins.»[75]

Der Wechsel in der Art des Wesensgefüges im Schlaf hat tiefere Gründe. Durch das sinnengebundene Wachleben – dieses ist an die Verkörperung gebunden – wird der Astralleib aus seiner ursprünglichen Welt herausgerissen; ähnlich wie ein Tropfen durch einen Schwamm aus einer Wassermasse aufgesogen wird, so saugen ihn physischer und ätherischer Leib auf. Diese enthalten die Sinnesorgane, jener muß aus seiner Welt, der Seelenwelt, sich herausscheiden, um zu sinnlich-gegenständlichen Wahrnehmungen der äußeren Welt zu kommen. Dies fügt ihm etwas zu, wodurch er abbauend auf den Leib einwirkt. Im Schlafe regeneriert sich dann die Leiblichkeit, sie bedarf allerdings, damit der Aufbau auch gestaltet verläuft, bestimmter Formkräfte. Diese vermittelt wiederum der Astralleib dem Ätherleib, indem er in der Nacht in die Welt der Urbilder eintaucht. «Aus dieser seiner Welt aber kann er nur die Vorbilder erhalten, welche er für den Ätherleib braucht. – Wie dem physischen Leibe zum Beispiel die Nahrungsmittel aus seiner Umgebung zukommen, so kommen dem Astralleib während des Schlafzustandes die *Bilder*[76] der ihn umgebenden Welt zu. Er lebt da in der Tat außerhalb des physischen und des Ätherleibes im Weltall.[77] In demselben Weltall, aus dem heraus der ganze Mensch geboren ist. In diesem Weltall ist die Quelle der Bilder, durch die der Mensch seine Gestalt erhält.[78] Er ist harmonisch diesem Weltall eingegliedert. Und er hebt sich während des Wachens heraus aus dieser umfassenden Harmonie, um zu der äußeren Wahrnehmung zu kommen. Im Schlaf kehrt sein Astralleib in diese Harmonie des Weltalls zurück. Er führt beim Erwachen aus dieser so viel Kraft in seine Leiber ein, daß er das Verweilen in der Harmonie für einige Zeit entbehren kann. Der Astralleib kehrt während des Schlafes in seine Heimat zurück und bringt sich beim Erwachen neugestärkte Kräfte in das Leben mit ... [es ist] Erquickung, welche ein gesunder Schlaf verleiht.»[79]

In der Vergangenheit war der Mensch streng an die Rhythmen der Sonne und der Sterne sowie an den Tages- und Jahreslauf gebunden. Er war in der Zeit, in welcher die Sonne den betreffenden Erdenort nicht beschien, mit seinem Ich und astralischen Leib «den Sternen hingegeben ... Dadurch nahm er auch nicht die physischen Sterne bloß wahr, sondern er nahm wahr dasjenige, was geistig zu den physischen Sternen gehört.»[80] Dieses geistige Korrelat der Sterne sind in anthroposophischer Sicht die hierarchischen Wesenheiten. Denn die äußere Erscheinung ist nur Ausdruck eines geistig Wesenhaften. Und die geistigen Wesen, die ihren Wirkensort in den Sternen haben, werden in Anknüpfung an die christliche Tradition gemäß der Hierarchienlehre als Engel, Erzengel, Archai (Urkräfte); Exusiai (Gewalten, Formgeister), Dynameis (Geister der Bewegung), Kyriotetes (Geister der Weisheit); Throne (Geister des Willens), Cherubim (Geister der Harmonie) und Seraphim (Geister der Liebe) bezeichnet.[81]

Der anthroposophische Kerngedanke im Hinblick auf den Schlaf besteht nun darin, daß sich Ich und Empfindungsleib vom physischen Leib und den ihn durchziehenden Lebensprozessen (Ätherleib) während der Nacht trennen. Die früheste mir bekannte Ausführung Steiners stammt vom 29.12.1903; sie lautet im verkürzt überlieferten Wortlaut: «Ohne daß der Astralkörper in Tätigkeit versetzt wird, ist es unmöglich zu sehen. Ebenso ist es beim Denken. Der Astralkörper ist das eigentlich Tätige.» Dies ist gleichsam die einleitende Vorbemerkung, dann wendet sich Steiner dem speziellen Fall, nämlich der übersinnlichen Wahrnehmung zu: «Wenn Sie sich vorstellen, wie es beim Seher ist, dann sind es nicht Eindrücke, die durch das Ohr, durch das Auge kommen, sondern es ist durch seine astrale Organisation selbst ohne Vermittlung des physischen Gehirns und des Nervenzentrums.» Auch hierfür muß es eigene Wahrnehmungsorgane geben; der Vorgang wird folgendermaßen beschrieben: «Das [die übersinnliche Wahrnehmung] tritt auf, wenn Chakrams (Lotusblumen) in Bewegung kommen. [Sie sind die Wahrnehmungsorgane des Empfindungsleibes.] Das bedeutet, daß er [der Astralkörper] selbst ein Organismus ist, der Sinnesorgane hat. Wenn der Mensch im gewöhnlichen Zustand des

Schlafens ist, so ist in der Regel der Astralkörper außer dem physischen Körper. Je höher der Mensch entwickelt ist, desto weiter kann sich der Astralkörper entfernen. Die vollständige psychische Entwicklung besteht darin, daß man den Körper zurückläßt und im Astralen frei herumspaziert ... Das Höchste ist, wenn Sie sowohl im Schlafe als auch im physischen Leibe sich des astralen Bewußtseins bewußt sind [dies bildet gewöhnlicherweise einen Ausnahmezustand] ... Wenn Sie einen solchen Astralleib sehen, so haben Sie an ihm einen Ort: den physischen Körper mit seinen Nervenzentren, der für das physische Auge so aussieht, wie er bei Tage aussieht, und Sie haben irgendwo den Astralkörper mit seinen Sinnesorganen. So daß Sie sehen können: zu diesem Zentrum gehört der Sehnerv und zu diesem der Hörnerv.»[82] Später wird der Vorgang genauer dargestellt: Diese Trennung bezieht sich nur darauf, daß sich Ich und astralischer Leib «außerhalb des Hauptes», also außerhalb des zentralen Nervensystems befinden. «Alles das, was im Menschen nicht Haupt ist, sondern andere menschliche Organisation, steht gerade während des Schlafzustandes, in dem gewissermaßen Ich und astralischer Leib von außen auf den Menschen wirken, unter einem viel stärkeren Einflusse» dieser Glieder.[83] Am Tage sind der Empfindungsleib und das Ich in der Gegenstandswelt, sind an die Sinneserscheinungen und deren Verarbeitung hingegeben. Das Bewußtsein ist auf die Erscheinungen hin zentriert. Im Schlaf erfolgt die Hingabe an den Umkreis, das Bewußtsein wird peripher, umkreishaft, nahezu unendlich geweitet.

Während des Wachens schaut der Mensch in die Welt und sucht sie zu verstehen. Schaut er bewußt in sich, so stößt er auf die Erinnerungen; schaut er unterbewußt in sich, so kann er nichts fassen, er schläft.[84]

Daß Bewußtsein und Wachheit sich bilden, hat zur Voraussetzung, daß sich das Seelenleben spiegeln, also reflektieren kann; nur dadurch kommt es zu sich selbst und wird seiner selbst inne. Der Unterschied zwischen Schlaf und Tod besteht darin, daß die Trennung von Ich und Astralleib einerseits und von physischem und ätherischem Leib andererseits im Schlaf partiell und vorübergehend, im Tod dagegen endgültig und irreversibel ist. Zu Recht gilt mithin der Schlaf als der kleine Bruder des Todes.[85]

In der Anthroposophie wird aufgewiesen, wie sich das wache Bewußtsein systematisch zu höheren Stufen der Wachheit zu steigern vermag.[86] Wir referieren und zitieren nachfolgend eine eingehende und zugleich im Werk sehr spät gegebene Darstellung Steiners über die Vorgänge beim Einschlafen, wie sie sich der übersinnlichen Erkenntnis darstellen. Steiner macht darauf aufmerksam, daß sie dem inspirierten Bewußtsein entstamme, wenn sie auch auf weiten Strecken bildhafte Züge aufweist. Wird der einschlafende Mensch mit diesem höheren Bewußtsein betrachtet, dann zeigt sich, daß Astralleib und Ich sich nicht gänzlich vom Leibe trennen, sondern lediglich vom Haupte des Menschen und den damit verbundenen Funktionen, die sich natürlich über den ganzen Leib erstrecken, wie dies mit den Sinnes- und Nervenprozessen der Fall ist. Bei den Nervenprozessen, aus denen sich diese Wesensglieder lösen, handelt es sich um jene Funktionen der Sensomotorik, in die unser Bewußtsein eingreifen kann. Die genannten Wesensglieder «gehen durch das Haupt des Menschen und eigentlich durch alles das, was Sinnessystem des Menschen ist, also in gewissem Sinn schon aus dem ganzen Körper [heraus] ... Der astralische Leib verläßt beim Einschlafen den Menschen durch das Haupt. Eigentlich verläßt er ihn durch alles, was Sinnesorgan ist.»[87] Der entgegengesetzte Vorgang geschieht beim Erwachen:

«Wenn wir den aufwachenden Menschen betrachten, so finden wir, daß der astralische Leib zunächst durch die Gliedmaßen, und zwar zuerst durch die Fingerspitzen und Zehenspitzen an den Menschen herankommt, und in dieser Weise durch die Gliedmaßen nach und nach sich im Menschen ausbreitet. Also gerade von der anderen Seite kommt er her. Auch das Ich kommt von der anderen Seite, nur daß das Ich jetzt nicht so den astralischen Leib umschließt, sondern indem es zurückkommt, mehr eingeschlossen ist von dem astralischen Leib (blau).

Vorgänge beim Einschlafen und Aufwachen (aus Steiner, GA 236).

Wir wachen auf, und indem wir aufwachen, strömen der astralische Leib und das Ich durch die Fingerspitzen, durch die Zehenspitzen in uns ein. Sie brauchen, um den Menschen ganz wiederum bis zum Haupte zu erfüllen, eigentlich den ganzen Tag; und wenn sie beim Haupte angelangt sind, dann ist eigentlich auch schon wiederum der Moment vorhanden, wo sie den Menschen verlassen. Daraus ersehen Sie, daß Ich und astralischer Leib eigentlich immer strömend sind.

Nun können Sie eine Frage aufwerfen: Ja, dann aber haben wir, wenn wir gerade eine halbe Stunde nach dem Aufwachen sind, unseren astralischen Leib, und ich meine jetzt immer auch das Ich mit, doch nur das Stückchen bis hierher (zu den Handgelenken) – wir sind noch nicht weiter damit gekommen – und unten bis zu den Knöcheln des Fußes. Das ist auch so ... Und so geht es langsam bis abends ...

Wir haben doch das Gefühl, wir sind sogleich als ganzer Mensch aufgewacht ... [Dieser scheinbare Widerspruch zwischen vollem Erwachen und noch nicht völligem Durchdrungensein mit Astralleib und Ich rührt daher,] daß im Geistigen eben andere Gesetze herrschen als in der physischen Welt. In der physischen Welt ist ein Körper nur da, wo er eben ist. Das ist in der geistigen Welt nicht der Fall. In der geistigen Welt ist es so, daß, wenn unser Astralleib auch erst die Zehenspitzen und die Fingerspitzen eingenommen hat, er doch schon in dem Raum des ganzen Körpers wirkt. Das ist das Merkwürdige. Spüren kann man ihn schon; wenn er überhaupt nur ankommt, kann man ihn schon im ganzen Körper spüren. Aber seine Realität, seine eigentliche Substanz breitet sich erst langsam aus.»[88]

Die Wach- und Schlafzustände gehen rhythmisch ineinander über, wie sie auch in sich rhythmisch pulsieren. Beim Einschlafen ziehen Astralleib und Ich vom Kopf über die Sinne aus dem Leib heraus, dabei beschreiben sie eine Art Kreisbahn, die immer größer wird; und am Morgen kommen sie über die Glieder, durch die Finger und Zehen, wieder zurück. Erst allmählich erfüllen Astralleib und Ich wieder den ätherischen und physischen Leib. Das Erwachen läßt sich damit vergleichen, daß eine Lokomotive den Wagen auf den Gleisen anschiebt, so daß er dann weiterrollt. So schiebt sich das Wesensgefüge fortrollend ineinander. Deshalb sind wir mit einem Ruck wach.

Der geschilderten Bewegung läuft gleichsam ein zurückgehender, «ergänzender» Kreislauf entgegen, der vor allem in der Nacht sich entfaltet. In dieser gegenläufigen Strömung sind wir prophetisch, kehren die Erlebnisse um. Es ist der Strom, den man in der «geistigen Welt durchschwimmt zwischen dem Einschlafen und dem Aufwachen, aber man erlebt darinnen auch. Nur ist eben das gewöhnliche Bewußtsein nicht geeignet, das zu wissen, was man da erlebt; es wird im Unbewußten erlebt. Man erlebt aber auch da, und man erlebt sogar da auf eine ähnliche Weise, wie man bei Tag erlebt, nur auf eine viel markantere Weise, auf eine viel intensivere Weise.»[89]

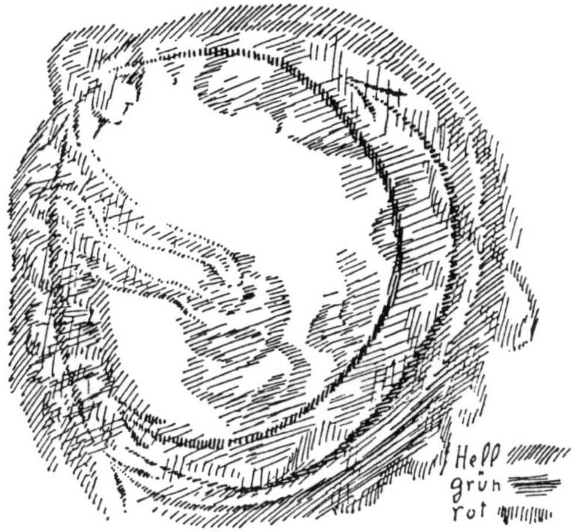

Erwachen und Einschlafen: zwei Zeitströme (aus Steiner, GA 239).

Worin unterscheiden sich die beiden Ströme? Auch im wachen Seelenleben können wir zwei Bereiche unterscheiden: die Augenblickseindrücke durch die Sinne und die Erinnerungsvorstellungen aus dem schon vergangenen Leben, auch wenn sie ineinanderspielen. Letztere haben manches Unklare an sich, während, genau wahrgenommen, Sinneseindrücke scharf konturiert sind. «Zwei solche verschiedenen Ströme des inneren Lebens sind nun auch während des Schlafes vorhanden. Es setzt sich nämlich während des Schlafes dasjenige fort, was hauptsächlich beim Einschlafen da ist, und dem strömt gewissermaßen fortwährend entgegen, so daß es des Morgens beim Aufwachen uns ganz entwischt, weil es gegen den Kopf hinströmt, was wir erleben beim Aufwachen.»[90]

Daß es nicht nur eine einzige Qualität der Zeit gibt, wie man sich dies gemeinhin durch die entsprechende Bewegung der Uhrzeiger vorstellt – in Richtung auf die Zukunft, wobei der gegenwärtige Augenblick bewußt dargestellt wird und das Vergangene als ewig Unverrückbares bleibt –, wird Steiner schon früh bewußt. Denn das Erleben zeigt beispielsweise eine andere Struktur, als uns die Uhr glauben macht: In ihm kann sich Zeit, wenn das Bewußtsein von einem Inhalt ergriffen wird, zum Außerzeitlich-Ewigen dehnen, man ist in eine andere Zeitsphäre aufgehoben; entsprechend vermag sich im Falle geringer innerer Berührung die Zeit zur Langeweile zu dehnen. Auch ein vergleichender Blick auf die Tierwelt erweist, daß es im Bauplan der Organismen sowohl evolutiv vorausgreifende als auch retardierend zurückverweisende Bildungen bei ein und derselben Art geben kann. Ebenso kann menschliche Geschichte nur verstanden werden – sei es die einzelne Biographie oder die Menschheitsgeschichte –, wenn man von zwei Zeitströmungen ausgeht, einem Doppelstrom der Zeit.[91] Denn schiebt sich in die Gegenwart nicht stets ein Doppeltes als Gestaltungskraft hinein, Impulse aus der Vergangenheit, Bewahrendes, und zugleich solche aus der Zukunft, die Neues, noch nicht Dagewesenes erzeugen wollen? Das aus der Vergangenheit Herrührende kann als Schicksal und Bestimmung, das aus der Zukunft Drängende als Aufforderung verstanden werden. Für beides gebraucht Steiner den Oberbegriff Karma; gelegentlich differenziert er vergangenes und werdendes Karma. – Und in der Tat: Hat der Mensch nicht auch in seiner Seele diese Doppelheit immer zugleich: in Vorstellen und Wollen, in Erinnerung und Gedächtnis einerseits, Absichten und Begehrungen andererseits?[92]

Von diesem Ansatz aus entfaltet Steiner nun im bereits zitierten Vortrag[93] das Erleben vom Einschlafen bis zum Erwachen: Im einen Strom, dem künftigen – künftig, weil sich daraus Neues bilden wird –, klingen rücklaufend die Tageserlebnisse nach, ein Tatbestand auf den wir weiter unten noch genauer einzugehen haben. Bei dem Vergangenheitsstrom hat man es mit Tatbeständen zu tun, die verhindern, daß der Schlaf seine regenerative Kraft zu entfalten vermag, wie er es gewöhnlicherweise tut.[94] Dieser Strom, der zu den Sinnen hinströmt, hängt mit der karmischen Vergangenheit des Menschen zusammen.

«Diese andere [Strömung], die hat etwas ganz Gigantisches. Man erlebt sie beim Aufwachen ... Nur hat sie etwas Beschwerliches, das man in den Tag hineinträgt und erst nach und nach überwindet; dann wird man davon frei. Wenn das mit Initiations-Anschauung ganz durchschaut wird, dann steckt in dieser zweiten Strömung das ganze menschliche Karma. Die ganze karmische Vergangenheit, sie zieht mit jedem Schlafe an dem Menschen vorüber. Während der Mensch vorzugsweise in dem, was er erleben kann beim Einschlafen, einen kleinen Vorgeschmack hat von dem werdenden Karma, das sich da ausbildet für die Zukunft, hat er, wenn er aufwacht in diesem Gefühl, das ich beschrieben habe, eine leise, allerdings eine sehr leise Empfindung von dem Karma, das er trägt ... Das wird allerdings aufgefangen durch alles das, durch das der astralische Leib und das Ich hindurchstrahlen, wenn sie sich von den Fingerspitzen und den Zehenspitzen aus in den Menschen hinein verbreiten. Aber es ist doch so, daß ein sehr beschwerliches Karma, ein Karma, an dem man stark trägt, die Eigentümlichkeit hat, daß es einem gewissermaßen in den Kopf hinaufstrahlt alles dasjenige, was ungesunde abgelagerte Stoffe sind, während ein gutes Karma eigentlich die guten abgelagerten Stoffe hinaufstrahlt. Und da ist es, wo Geistiges und Natürliches sich berühren. Das Gute im Karma des Menschen strahlt die gesunden Zustände des Organismus am Morgen in den Kopf hinauf, macht den Kopf frei; es dünstet nicht so viel Krankhaftes in den Kopf hinauf vom guten Karma. Vom bösen Karma, von dem Nachgebliebenen alles dessen, was wir im bösen Sinne vollbracht haben, werden alle möglichen ungesunden Ablagerungen im menschlichen Organismus zu einer Art Hinaufdünsten in den Kopf gebracht. Man spürt dann den Kopf brummig und dumpf von dem, was das böse Karma ist. Man kann schon gerade an den Zuständen, die man da am Morgen hat, bis ins Physische hinein das Walten und Weben des Karma empfinden. Und das Karma bildet sich ja aus in der Wechselwirkung von Schlafen und Wachen. Geradeso wie das werdende Karma, das sich so zusammensetzt aus dem, was wir jeden Tag bis ans Lebensende vollbracht haben, wie dieses ganze bis zum Lebensende ausgearbeitete Karma uns für die Nacht dasselbe bedeutet, wie die augenblicklich gestalteten Gedanken für den Tag, so bedeutet jenes ganz Gigantische, was uns da entgegenströmt, was wir antreffen, wenn wir sozusagen vom Abend bis zum Morgen eingeschlafen sind, die Welterinnerungen an unser vergangenes Karma ... Da kommen uns entgegen die Erinnerungen an die verschiedenen Erdenleben, die wir durchgemacht haben. Bald nach dem Einschlafen kann entgegenkommen dem, der solches durch die Initiations-Weisheit, Initiations-Einsichten aufzufassen weiß, das letzte, das vorletzte Erdenleben, und so hinauf bis zu jenen Erdenleben, die unbestimmt werden, weil der Mensch selber noch mit einem unbestimmten, traumhaften, pflanzenhaften Bewußtsein damals im All lebte. So daß der Schlaf wirklich das Fenster ist, durch das der Mensch hineinschaut in sein Karma.»[95]

Das Tagesbewußtsein wird stark durch die Sinne angeregt, ja geradezu aufgeweckt. Nun stellt sich die Frage, ob nicht in der Nacht die astralische Welt über eine Art geistiger oder astraler Sinne beeindruckend wirke, so daß eine Ausweitung der Wahrnehmung in den Bereich von Seele und Geist möglich würde. Wenn dem so wäre, dann müßte schon der Schlaf ein Bewußtsein ermöglichen, das gewöhnlich erst nach dem Tod besteht. Denn auch während des Schlafes ist ja die Seele vom Leib gelöst, sie müßte demnach mit den ihr eigenen ‹Sinnen› ihre astralische Umgebung wahrnehmen können. Man könnte also annehmen, daß im Schlaf durchaus ein ähnliches Bewußtsein erreichbar sein müsse, wie dies nach dem Tode vorhanden ist – nämlich ein Universal- oder Allbewußtsein.[96] Doch dies ist nicht der Fall, weil der «Astralleib und das Ich zwar aus dem physischen Leib und dem Ätherleibe heraustreten, aber doch mit diesen letzteren durch ein breites Band verbunden bleiben. Durch dieses Band gehen Kräfte hin und her während des Schlafzustandes. Und diese Kräfte paralysieren im gewöhnlichen Schlafe die astralen Sinne.»[97] Auch hierzu zitieren wir eine sehr frühe, recht bildkräftige Darstellung Steiners:

«Nun entsteht die Frage: Was besteht für eine Verbindung zwi-

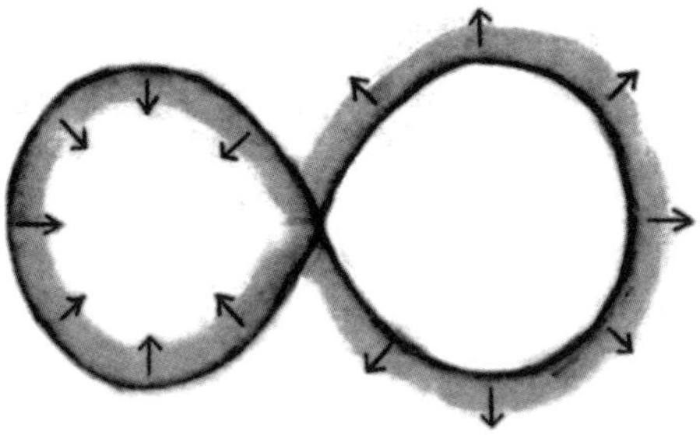

Umkreis und Innenwelt: Lemniskate

schen dem Astralleib und dem physischen Leib, was kettet das astrale Ohr an das physische Ohr? Und warum kehrt der Astralkörper wieder zurück? ... Also, was verbindet den astralischen Leib mit dem physischen Leib und seinen Organen, und was führt ihn wieder zurück? Da besteht eine Art von Band, eine Verbindung, die eine Zwischenmaterie ist zwischen physischer und astraler Materie. Und das nennt man das Kundalinifeuer. Wenn Sie einen schlafenden Menschen haben, so können Sie im Astralen immer den Astralkörper verfolgen. Sie haben einen leuchtenden Streifen bis dahin, wo der Astralkörper ist. Es ist immer der Ort aufzufinden. Wenn sich der Astralkörper entfernt, dann wird in demselben Maße das Kundalinifeuer dünner und dünner. Eine immer dünnere und dünnere Spur ist es. Es wird immer mehr wie ein dünner Nebel. Wenn Sie nun dieses Kundalinifeuer genau ansehen, dann ist es nicht gleichförmig. Es werden in demselben gewisse Stellen leuchtender und dichter sein. Das sind die Stellen, welche das Astrale wieder zu dem Physischen hinführen. Der Sehnerv ist also durch ein dichteres Kundalinifeuer verbunden mit einem astralen Nerven.»[98]

Der Seelenleib ist gewöhnlicherweise also auch im Schlafe mit dem Ätherleib, der im Bette bleibt, verbunden.[99] Nach dem Tode

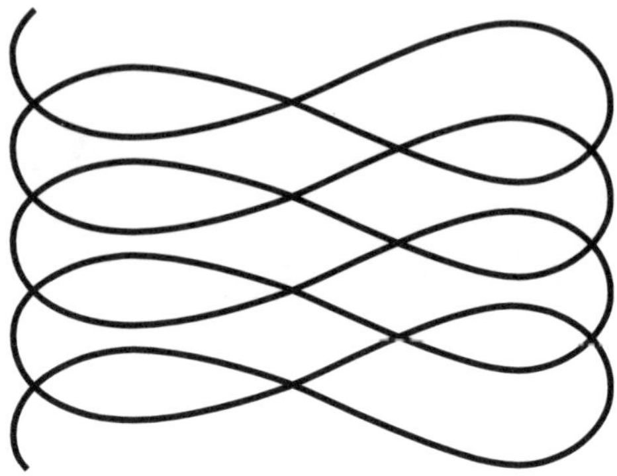

Fortschreitende lemniskatische Bewegung (nach Steiner, GA 201)

ist das grundlegend anders: Da erwacht oder stülpt sich das Gegenstandsbewußtsein zu einem ausgebreiteten, peripheren, universellen um. Die Umstülpung der Bewußtseinszustände zwischen Wachen und Schlafen läßt sich in ein Bild kleiden, das der Lemniskate: Beide Zustände werden durch einen Nullpunkt, den Umschlagspunkt getrennt und zugleich verbunden; auf der Tag-Schleife ist das Bewußtsein nach innen, auf die Gegenstände und auf sich zentriert, auf der Nacht-Schleife hingegen ist es nach außen gewendet, in den Umkreis des unendlich Fernen. Allerdings bildet die Lemniskate diese Vorgänge nur unzureichend ab. Denn wir verarbeiten jeden Tag andere Erlebnisse, und dadurch schreiten wir fort, werden jeweils andere. Es handelt sich also nicht nur um Wiederholung desselben. Darum haben wir sachgerecht eine fortschreitende Lemniskatenfolge zu zeichnen.[100]

Der Schlaf als einheitliches, aber differenziertes Phänomen

Bevor die naturwissenschaftliche Schlafforschung in den dreißiger Jahren mit Hilfe des EEG einsetzte und ganz neue Einsichten in die Schlafstruktur gewann, unterschied Steiner seinerseits bereits drei Schlafstadien. Diese Stadien werden von ihm innerhalb seines Werkes aus verschiedener Blickrichtung gewonnen und auch geschildert. Eine dieser Sichtweisen referieren wir nachstehend.

Ein erster Zugang, das komplexe Phänomen des Schlafes zu gliedern, läßt sich dadurch gewinnen, daß man von den drei zentralen Seelenkräften des Menschen, von Denken, Fühlen und Wollen ausgeht. Wird nun nicht auf deren unterschiedliche Bewußtseinseigenschaften geachtet, sondern darauf, inwieweit zwischen diesen Seelenkräften und der umgebenden Welt eine Beziehung besteht, so ergibt sich ein vielversprechender Ausblick in das Reich des Unbewußten. Methodologisch wird dabei an eine uralte Einsicht angeknüpft, daß nämlich zwischen dem Menschen als Mikrokosmos und der ihn umgebenden Welt, dem Makrokosmos, eine derartige Beziehung bestehe, daß im Mikrokosmos das Abbild des makrokosmischen Urbilds erscheine. Die Kräfte im Menschen sind ganz individuell, sie haben aber im Makrokosmos ein allgemeines Komplement. Dementsprechend stellen Denken, Fühlen und Wollen ein Abbild von viel universelleren kosmischen Kräften dar.

Die Eigenschaften nun, welche ganz umfassend die Welt makrokosmisch konstituieren, konstituieren im kleinen auch den Menschen. Während des Schlafes weilt die Seele jeweils in jener Welt, welche das Urbild der die Seele konstituierenden Kräfte bildet. Nur sind die Kräfte dort viel ausgebreiteter und gewaltiger als in der Seele, darum können sie auch erneuernd und aufbauend, impulsierend und anregend auf die Seele zurückwirken. Genau diese Überlegung stellt Steiner 1910 an, um zu einer differenzierten Einsicht in die Vorgänge der Welt des Schlafes zu kommen. Denn in der Nacht lebt sich der Mensch in die Weltgedanken, in das Weltenfühlen und das Weltenwollen ein; und das ist «etwas, was ohne unser Zutun uns zuströmt vom Einschlafen bis zum Aufwachen».[101]

Die seelischen Kräfte des Menschen tauchen während des Schlafes gleichsam in drei verschiedene Reiche des Makrokosmos ein: in das Reich des Wollens, des Fühlens und des Denkens. Auch im Makrokosmos stellen «Weisheit, Schönheit und Gewalt», Reflexion und Besinnen, Empfinden und Einfühlung sowie Mitschwingen, Tätigkeit und kraftvolles Hervorbringen verschiedene Entitäten dar, die verschiedenen Reichen zugehören. Indem die Seele in diese drei Reiche eintaucht, erhält sie in ihren drei Kräften Anregungen und erneuert sich, sie wird ernährt aus der Ursubstanz.

Wenn nun die Seele, die sich im Schlaf gleichsam vollgesogen hat mit den kraftenden Anregungen der Willenswelt, schließlich wieder untertaucht in ihre «eigene Leiblichkeit, merken wir, daß sich diese Grundkräfte verwandeln und ein anderes Gesicht bekommen. Und zwar merken wir, daß sich dasjenige, was wir in einem schwachen Abbilde als Willen unserer Seele kennen, was wir uns aber mitbringen aus einem viel Größeren heraus, aus einem unendlichen Maß von Weltenwillen, daß sich das im Einströmen verwandelt», denn dadurch wird es möglich, daß nun das Seelische unmittelbar auf den Leib wirkt. Was seiner Natur nach seelisch ist, wirkt nun so, daß es uns möglich wird, «überhaupt bewegliche Wesen zu sein, die aus ihrem Inneren heraus die Fähigkeit haben, die Glieder zu bewegen ... Es wird dasjenige, was Weltenwille ist, in uns als Kraft, als innere, uns erfüllende Kraft zum Vorschein kommen ... Jetzt wird es für uns eine Wahrheit, daß der Wille der Welt uns durchströmt und daß wir nur dadurch bewegliche Menschen sind ... daß wir diesen Weltenwillen, der in uns einströmt am Morgen, während des Tages verbrauchen.»[102] Die Möglichkeit, daß wir arbeiten können, ist diesem Erneuerungs- und Umwandlungsvorgang zu verdanken.

Wir tauchen in ein zweites Reich unter, wodurch sich die Kraft unseres Fühlens erneuert und vertieft. Das individuelle Fühlen «haben wir aus einem gleichsam unendlichen Reservoir von Weltenfühlen herausgesogen ... Das [nächtlich] einströmende Weltengefühl wird Licht in uns, inneres Licht.» Damit strömen die den Astralleib in seiner Substanz bildenden Kräfte in uns ein.[103]

Schließlich durchleben wir ein weiteres Reich, wodurch sich die Kraft des Denkens erneuert und verstärkt. Durch das Denken verfügen wir über etwas wie einen «Ordner», einen «Regulator», der «wirkt zwischen dem, was uns als Kraft der Bewegung und was uns als inneres Licht zuströmt». Wir könnten nicht «das richtige Verhältnis zwischen innerem Licht und Tätigkeitsdrang» finden, wenn wir nicht im Schlafzustand in der unsichtbaren Welt die allwaltende Weltenharmonie, die sich im Denken erweisen kann, aufnehmen könnten.[104] Aus dieser Einsicht in die differenzierte Natur des Schlafes kann sich ein unendliches Dankgefühl gegenüber dem Dasein herausbilden.

Mit dieser ersten Darstellung Steiners der gegliederten Natur der Schlafenszeit ist für die übersinnliche Einsicht, daß sich im Schlaf ein dreifaches, in drei Sphären sich abspielendes Geschehen vollziehen muß, ein Erkenntnisweg bereitet. Dieser gleiche Ansatz, von der Bedeutung des Denkens, Fühlens und Wollens für den Schlaf auszugehen, wird dann ab 1922 von ihm vielfältig ausdifferenziert, was wir weiter unten darstellen. Zunächst nur soviel: «Geradeso, wie das Tagesbewußtsein diese drei Zustände hat, Denken, Fühlen und Wollen, so hat auch das Nachtbewußtsein ... drei Zustände. Man schläft nicht vom Einschlafen bis zum Aufwachen immer in demselben Zustande, geradeso, wie man nicht immer in demselben Zustand wacht ... In drei Zuständen kann man wachen, ebenso kann man in drei Zuständen schlafen.»[105]

Es stellt sich nun methodisch die Frage, wie sich diese verschiedenen Fähigkeiten, diese Bewußtseinsqualitäten von Denken, Fühlen und Wollen, jeweils als solche steigern und erhöhen lassen, um zu tieferen geistigen Einsichten zu führen. Im Denken ist die Analyse und klare Beschreibung des Vorliegenden eine höchste Errungenschaft. Sie kann zum zusammenschauenden, integrierenden, synthetisierenden Denken gesteigert werden. Bewußtseinsmäßig liegt dann der Zustand der Imagination vor. Eine ähnliche Beziehung besteht im Gefühl: Da spricht das Innere, intensiv, aber – gemessen am Denken – undeutlich. Wenn diese Gefühlssprache (von innen) zur Aussage der Dinge (außer mir) über sich selbst wird, kann von Inspiration gesprochen werden. Im Willen ist es nicht möglich, sich gegenüberzustehen, will man ihn nicht verlieren. Man muß etwas tun, eine Tätigkeit ausführen, mit ihr einswerden, wenn sie gelingen soll. Bewußtseinsmäßig sind wir allerdings außerhalb dessen, was geschieht, weil wir eins mit dem Vorgang sind. So ist es auch bei der Steigerung des Willens, der Intuition: In ihr werden wir erkennend eins mit den Welterscheinungen.[106] Steiner stellt nun einen Bezug her zwischen den gesteigerten Bewußtseinszuständen der Imagination, Inspiration und Intuition, zu denen der Mensch veranlagt ist, und dem Schlaf. So ergibt sich dann nochmals ein neuer Blick auf den Schlaf und seine dreifache Differenzierung. – Es sei hier eine Darstellung Rudolf Steiners ausführlich zitiert:

«Daß derjenige, der ein imaginatives Bewußtsein hat, die Weltenbildekräfte, die Bildekräfte der Welt schaut, das kommt ja nur davon her, daß er sich ein Bewußtsein davon erworben hat, eine Erkenntnis. Aber jeder Mensch schläft in diese Bildekräfte der Welt hinein, in die Weltgedanken. So wahr Sie, wenn Sie ins Wasser springen, untertauchen, so wahr tauchen Sie, wenn Sie einschlafen, zunächst unter in die Bildekräfte der Welt. Aber außer diesem Leben in den Bildekräften der Welt gibt es für den Schlafzustand ebenso noch zwei andere Zustände, wie es für das Wachen außer dem Denken noch Fühlen und Wollen gibt. Wenn wir das Denken betrachten, das Haben von Gedanken, so entspricht dem im Schlafe das Leben in den Bildekräften der Welt … Es ist, wie wenn Sie das Weltenall von einem Ende zu dem anderen durchschwimmen würden, indem Sie durch Gedanken, die aber Kräfte sind, sich strömend bewegen. Das ist der leiseste Schlaf …

Es gibt aber einen tieferen Schlaf … von dem tieferen Schlaf kann nur derjenige etwas wissen, der es zum inspirierten Bewußtsein bringt … Während die Bilder regsamer werden und wiederum vergehen, tritt etwas auf, was man Sphärenharmonie nennen kann, tritt eine Art Weltenmusik auf, aber eine solche Weltenmusik, die nicht etwa bloß in Melodie und Harmonie lebt, sondern die die Taten und Handlungen jener Wesenheiten darstellt, die die geistige Welt bewohnen, die Taten der Engel, der Erzengel, der Urkräfte und so weiter. Man sieht gewissermaßen auf dem wogenden Bildermeere die Wesen sich bewegen, welche aus dem Geiste heraus die Welt dirigieren. Es ist das die Welt, die durch Inspiration wahrgenommen wird, die zweite Welt … Und diese Welt, diese Erscheinungswelt der geistigen Weltenwesen ist ebenso das zweite Element des Schlafens, wie das Fühlen das zweite Element des Wachens ist …

Daß es noch eine dritte Gattung des Schlafes gibt, das ist etwas, was den Menschen höchstens dadurch zum Bewußtsein kommt, daß sie beim Aufwachen fühlen: es ist etwas ganz Schweres in ihnen gewesen während des Schlafes, es ist etwas, das sie erst überwinden müssen in den ersten Stunden, in denen sie wiederum wachen … Das weist dann auf eine dritte Gattung des Schlafes hin. Und diese dritte Gattung des Schlafes, die hat überhaupt für den Menschen eine große Bedeutung.

Wenn der Mensch im leisesten Schlaf ist, da macht er eigentlich sehr vieles von dem mit, was er sonst im Wachzustande durchmacht. Er nimmt noch, wenn auch in anderer Weise, an seiner Atmung teil. Er nimmt noch teil, wenn auch nicht von innen, so von außen, an seiner Blutzirkulation und an den anderen Vorgängen des Körpers. Wenn der Mensch in der zweiten Gattung des Schlafes ist, dann nimmt er zwar nicht mehr an dem körperlichen Leben teil, aber man könnte sagen, er nimmt teil an einer Welt, die gemeinsam ist seinem Körper und seiner Seele. Es spielt noch etwas hinüber von dem Körper in die Seele. Es spielt so etwas hinüber, wie vom Lichte in die Pflanze spielt, wenn die Pflanze am Tage sich im Lichte entwickelt. Wenn nun aber der Mensch in der dritten Gattung des Schlafes ist, dann ist etwas in ihm, was – wenn ich so sagen darf – wie Mineral geworden ist. Die Salze in seinem Leibe lagern sich besonders stark ab. Starke Salzablagerungen sind während dieser dritten Gattung des Schlafes im physischen Leibe des Menschen. Dafür aber ist der Mensch mit seiner Seele im Innern der mineralischen Welt …

Die dritte Gattung des Schlafes ist etwas, was den Menschen nun ganz herausbringt aus seinem Leibe, was den Menschen ganz hineinstellt in die geistige Welt … Aber diese dritte Gattung des Schlafes, die hat für den Menschen noch eine besondere Bedeutung.

Wenn Sie zunächst die zweite Gattung des Schlafes nehmen, dann finden Sie darinnen, wie ich gesagt habe, auf den erscheinenden, verschwindenden, wogenden Bildern die Weltenwesen der Engel, der Erzengel und so weiter, aber Sie finden sich selber auch. Sie finden sich selber als Seele darinnen, nur nicht wie Sie jetzt sind, sondern wie Sie vor Ihrer Geburt beziehungsweise vor der Empfängnis waren. Sie lernen sich kennen, wie Sie gelebt haben zwischen dem Tode und einer neuen Geburt. Das gehört dieser zweiten Welt an. Und jedesmal, wenn wir traumlos schlafen, leben wir in derselben Welt, in der wir gelebt haben, bevor wir heruntergestiegen sind und einen physischen Leib angenommen haben.

Aber wenn Sie in die dritte Gattung des Schlafens kommen, und wenn Sie da aufwachen könnten – das intuitive Bewußtsein wacht auf – … dann erleben Sie Ihr Schicksal, Ihr Karma. Dann wissen Sie, warum Sie in diesem Leben besondere Fähigkeiten haben, aus der Beschaffenheit Ihrer vorhergehenden Leben. Dann wissen Sie, warum Sie in diesem Leben mit diesen oder jenen Persönlichkeiten zusammengeführt werden …

Diese dritte Gattung des Schlafes, die hat aber doch noch etwas ganz Besonderes. Sehen Sie, die Menschen vor dem Mysterium von Golgatha – und wir waren es ja alle selber in unseren früheren Erdenleben –, die Menschen in der Zeitentwickelung vor dem Erscheinen des Christus auf der Erde, die kamen schon sehr häufig in diese dritte Gattung des Schlafes. Aber noch bevor sie, ich möchte sagen, hinuntersanken in diese dritte Gattung des Schlafes, erschien ihr Engel und holte sie wieder herauf. Denn das ist das Eigentümliche: Man kann sich aus der ersten und aus der zweiten Gattung des Schlafes als Mensch immer selbst herausholen, aus der dritten aber nicht mehr. In der dritten Gattung des Schlafes hätte ein Mensch vor der Erscheinung des Christus auf Erden sterben müssen, wenn er nicht von Engel- oder anderen Wesenheiten herausgeholt worden wäre. Seit der Erscheinung des Christus ist die Christus-Kraft, wie ich oft betont habe, mit der Erde verbunden, und jedesmal, wenn der Mensch aufwachen muß aus dieser dritten Gattung des Schlafes, dann muß ihm die Christus-Kraft, die durch das Mysterium von Golgatha sich mit der Erde vereinigt hat, zu Hilfe kommen. Der Mensch könnte ohne die Christus-Kraft nicht mehr aufwachen aus dieser dritten Gattung des Schlafes.»[107]

«Und in diesen Welten, und zwar in der Devachanwelt [der geistigen Welt im Unterschied zur seelischen], nimmt die Seele in sich auf die Welt der Töne. Der Mensch ist tatsächlich beim Erwachen jeden Morgen durchgegangen durch ein Musikalisches, durch ein Meer von Tönen ... Das musikalische Wohlgefühl beruht in nichts anderem als in dem richtigen Zusammenstimmen der Harmonien, die er von drüben gebracht, mit den Tönen und Melodien von hier.»[108]

Es liegt mithin nahe, die bereits beschriebenen Stadien C (2) bis E (4) mit den drei von Steiner aufgewiesenen Stadien in einem direkten Zusammenhang zu sehen. Die Leichtschlafstadien können für diese Betrachtung als Dämmerungszeit zwischen Wachen und Schlafen unberücksichtigt bleiben. Dementsprechend ergibt sich dann eine ziemlich genaue Entsprechung der drei wirklichen Schlafstadien. Die Beziehung zwischen den drei durch das EEG gewonnenen Stadien und den drei von Steiner geschilderten ist insofern naheliegend, als Steiner auch davon spricht, daß der tiefste Schlaf zumeist verhältnismäßig schnell nach dem Einschlafen erreicht wird; nach Erhebungen der Schlafforschung tritt die größte Schlaftiefe im Stadium E (4) nach ungefähr einer halben Stunde ein. Auch wenn Steiner keine ausgesprochene rhythmische Binnengestaltung des Schlafes erwähnt, ist der Schlaf für das anthroposophische Verständnis Teil des Lebensgeschehens. Alles Leben, sei es die Atmung, sei es der Stoffwechsel, verläuft immer rhythmisch – am Tage wie in der Nacht –, wie sollte davon der Schlaf ausgenommen sein? Es ist verständlich, daß er als makrorhythmisches Lebensgeschehen in sich rhythmisch gegliedert ist.

Bei aller Differenzierung des Phänomens Schlaf gilt es festzuhalten, daß er als Ganzes doch ein einheitliches Gesamtphänomen darstellt. Denn es ist dabei so, daß, wenn der Mensch eine Sphäre oder ein Stadium des Schlafes durchlaufen hat und in die nächste Sphäre oder in das nächste Stadium eintritt, «die Dinge des ersten Stadiums», mit denen er kurz nach dem Einschlafen in Berührung kommt,[109] immer vorhanden bleiben, «nur kommen die Erlebnisse des nächsten Stadiums hinzu»,[110] so daß also das erste Stadium im Grunde nicht verlassen wird, vielmehr konzentriert sich die Aufmerksamkeit auf ein jeweils anderes Geschehen. «Er verläßt die erste [Sphäre] dabei nicht, die bleibt ihm für seine Herzenswahrnehmung.»[111]

Ein eigenes Problem stellt die REM-Schlafphase dar, die weiter unten gesondert behandelt wird.

3. Aneignung und Lernen durch den Schlaf

Es ist eine Erfahrung, die jeder zu machen vermag, wenn er sich mit einem Problem, einer Aufgabenstellung, einem Werkstück beschäftigt – sei es mit dem Lernen eines Gedichts, eines Liedes, sei es mit einer neuen Bewegungsabfolge –, daß es im und durch das Tun zu einer Annäherung an das Beabsichtigte kommt. Allerdings wird man auch bemerken, daß das erreichte Niveau selbst bei fortgesetztem Üben nicht kontinuierlich überstiegen werden kann, sondern daß man irgendwie stehen bleibt. Wird nach dem Schlaf derselbe Übvorgang erneut aufgegriffen, kann man bemerken, daß unmittelbar nach Beginn des neuerlichen Übens eine andere, ‹erhöhte› Stufe als Ausgangsposition erscheint. Der Schlaf wirkt offenbar so, daß in ihm der Tagesvorgang nachklingt. Offenbar gilt: «Der Herr gibt's den Seinen im Schlaf.» Man muß wohl hinzufügen: allerdings nur jenen, die zuvor etwas getan haben.

So können wir sagen, daß eines der wichtigsten Ereignisse des persönlichen Lebens, nämlich das Lernen, durch das der Mensch geistig wächst und sich bereichert, aufs engste mit dem Schlafzustand verbunden ist (wie auch die gegenwärtige Schlafforschung aufweist, vgl. S. 39). Die Tatsache, daß wir nicht nur in ein anderes, gleichsam abgeklärteres Verhältnis zu den Erscheinungen treten, sondern auch in ein innigeres, wird offenkundig gleichfalls vom Schlaf bewirkt. Doch diese stärkere Verbundenheit ist eine zarte Erscheinung, wenig auffällig, aber doch real. Es ist der Schlaf, der das Erlebnis der Aneignung gleichsam überdeckt oder wie auslöscht, und dennoch vollzieht sich gerade in ihm der aktive Vorgang des Lernens, der die Beherrschung eines zuvor Geübten ermöglicht. «Wenn wir uns vorstellen, wie sich diese Erlebnisse des

Erlernens umwandeln in Fähigkeiten, in Können, dann müssen wir blicken auf den Schlafzustand, der es allein möglich macht, daß sich Erlebnisse umwandeln in der menschlichen Seele zu Fähigkeiten, zu Kräften ... Und dasjenige, was uns alle diese von Tag zu Tag verlaufenden Erlebnisse umgewandelt hat ... das sitzt im Grunde in unserer Seele, kann aber nur wirken in der richtigen Weise, wenn wir sozusagen nicht dabei sind. Daraus können wir schon schließen, daß in unserer Seele etwas ist, was höher ist als all unser bewußtes Leben.»[112] Es ist in der Tat recht eigentümlich, daß es der Schlaf ist, bei dem wir doch bewußtseinsmäßig ‹abwesend› sind, der uns bereichert, vollkommener und fähiger macht.

So kann gesagt werden: Damit wir überhaupt etwas lernen und uns aneignen können, ist notwendig, daß wir ins Leben einfügen die Schlafzustände. Die Seele hat es nötig, «sich von Zeit zu Zeit dem Leibe zu entziehen, um sich Kraft aus einem Gebiete zu holen, das nicht innerhalb des Leibes ist, weil innerhalb des Leiblichen die entsprechenden Kräfte gerade abgenutzt werden ... Wenn wir morgens aus dem Schlafe erwachen, so haben wir uns ... Stärkung mitgebracht, um Fähigkeiten zu entwickeln, die wir nicht entwickeln könnten, wenn wir immer nur an den Leib gefesselt wären.»[113] Fähigkeiten instrumenteller Art hängen damit zusammen, daß wir tiefer, wie von innen, den Leib beherrschen. Wir müssen nicht mehr die Abfolge des Tuns zuvor überlegen, sondern greifen sicher impulsierend in den Ablauf ein, ohne zu wissen, wie es mit der Sache im einzelnen bestellt ist. Damit hängt das Paradoxon zusammen, daß man der eigenen Fähigkeiten meist erst dann inne wird, wenn sie für die Lösung von Aufgaben eingesetzt werden müssen. Einerseits erweisen sie sich als unbewußt, andererseits als Befähigung des eigenen Wesens zu geschicktem, angemessenem Handeln. Darin wirkt ein Höheres, unser Wesen selbst, der eigene Geist selbst, das Geistselbst[114] – etwas Überbewußtes. «Diese höheren Kräfte treten in Tätigkeit, wenn wir im unterbewußten Zustand sind. In diesem Zustand des nächtlichen Lebens werden Erlebnisse zu Fähigkeiten umgewandelt, und die Seele wird immer reifer und reifer gemacht. So arbeitet ein tieferes Wesen in uns an unserer Fortentwickelung.»[115] Es ist eine bekannte Erfahrung, daß etwa ein auswendig gelerntes Gedicht, nach dem Schlaf erneut geübt, besser und fester haftet. Was tagsüber Erlebnis war, wird in der Nacht verarbeitet, zu geistiger Kraft der Person selbst transformiert und so wiederum in der Befähigung in die physische Welt zurückgebracht.

Doch diese Entwicklung hat Grenzen, denn unser physischer Leib und Ätherleib sind evolutiv ‹älter› als Astralleib und Ich. Damit sind sie einerseits ‹reifer›, andererseits aber weniger bildsam. Während die gewordene Schöpfung aus der Vergangenheit vor allem durch die berechenbaren Gesetze beherrscht wird, gestalten sich die Absichten von der Zukunft her, und diese ist immer vielgestaltig. Dies hängt mit dem hierarchischen Stufenbau zusammen. Dementsprechend durchlaufen Astralleib und Ich in der Nacht eine Entwicklung, die der physische Leib und Ätherleib nicht in gleicher Weise absolvieren konnten. So finden die geistigen Glieder bei jedem Erwachen die leiblichen so vor, daß sie über diese zunächst wenig vermögen. Ein seelisch erregender Eindruck oder Vorgang kann sich zwar unmittelbar im Mienenspiel offenbaren; aber um physiognomischer Grundzug zu werden, um sich als Lebensrune einzuprägen, bedarf es doch langer Zeit, und dann wird eben die Grundrichtung des Lebens, nicht die vielgestaltigen Einzelheiten eingeprägt. Deshalb erfolgt die Umwandlung in den Wesensgliedern im allgemeinen nur sehr langsam: Wenn die geistigen Glieder sich wie der Minutenzeiger verhalten, so die leiblichen wie der Stundenzeiger. Daß dies so ist, kann der vergleichende Blick in die Physiognomie eines Menschen lehren.

«Es gibt jedoch eine Grenze für diese Transformation der Kräfte … Es ist die Grenze, welche unser physischer Leib den von uns erworbenen Fähigkeiten setzt. Manches können wir ja bis in die Leiblichkeit hinein transformieren, aber nicht alles … Alle diese Fähigkeiten, die sich nicht manifestieren können, all diese Sehnsucht, die am ungeschmeidigen Körper abprallt, sammelt sich nun im Laufe des Lebens an … die Summe derjenigen Kräfte, die in die Leiblichkeit nicht haben eindringen können und der Entfaltung warten … bilden etwas wie eine Opposition zur äußeren Leiblichkeit und wirken als Gegenkraft auf sie ein. Es ist dies die wichtigste Kraft, die nicht in Harmonie steht zu unserem Leben im physischen Körper. Sie löst ihn allmählich auf und läßt ihn hinsiechen und sucht ihn abzustreifen wie eine lästige Fessel.»[116] Der Tod ist Ausdruck dieser Spannung zwischen den Wesensgliedern und der Art, wie sie jeweils unterschiedlich die Nacht durchleben, salopp gesagt: im Bett und in einer anderen Welt.

Mit diesen Hinweisen haben wir die aneignende Wirkung des Schlafes aufgehellt. Doch wie ist die gegenteilige Erscheinung, nämlich Vorgänge und Erlebnisse nach dem Schlaf distanzierter betrachten zu können, damit vereinbar? Wie kommt es zu diesem Tatbestand?

4. Rückwärtserleben der Tagerlebnisse

Es ist gegenüber dieser gegensätzlichen Erfahrung, die wir offenkundig aus der Welt des Schlafes mitbringen, für die Erkenntnisgewinnung fruchtbar, zunächst von dem auszugehen, was Steiner einmal «ätherisches Vorstadium» des Schlafes nannte.[117] So wie der Tag von der Nacht durch den Dämmerungszustand getrennt und zugleich mit ihr verbunden wird, so scheint auch der Schlaf durch sein Vorstadium als Dämmerungsbogen mit dem Wacherleben verbunden zu sein. Läßt sich dieses Vorstadium dem REM-Schlaf gleichsetzen? Wir beschreiben hier zunächst den stattfindenden Vorgang und kommen erst später auf den REM-Schlaf zu sprechen.

«Wenn wir einschlafen, dann gehen wir mit unserem Ich und mit unserem astralischen Leib aus unserem physischen und Ätherleib heraus in die geistige Welt hinein. Da bleibt noch die Nachwirkung dessen, was wir bei Tag durchgemacht haben. Aber es bleiben nicht die Gedanken in der Form, wie wir sie denken, auch nicht in der Form von Worten. Alles das bleibt nicht. Ich möchte sagen, es hängt nur wie Reste noch daran an diesem astralischen Leib, wenn er da hinausgeht.»[118]

«Und so erlebt der Mensch zwischen dem Einschlafen und dem Aufwachen tatsächlich eine Art von rückwärtiger Wiederholung desjenigen, was er während des Tages verrichtet hat. Es ist nicht bloß, daß der Mensch vom Einschlafen bis zum Aufwachen – der Schlaf kann auch kurz sein, dann schieben sich eben die Dinge zusammen –, es ist nicht nur so, daß der Mensch zwischen dem Einschlafen und dem Aufwachen etwa einen Rückblick hat auf seine Tageserlebnisse, einen unbewußten Rückblick – es müßte ja natürlich ein unbewußter Rückblick [weil im Schlaf stattfindend] sein –, nein, wenn die Seele wirklich hellseherisch wird während des Schlafes oder wenn sie sich hellseherisch rückerinnert an dasjenige, was sie erlebt hat zwischen dem Einschlafen und dem Aufwachen, da zeigt sich, daß der Mensch wirklich das rückwärtslaufend erlebt, was er erlebt hat seit dem letzten Aufwachen ... Das letzte Ereignis spielt sich ab unmittelbar nach dem Einschlafen und so fort. Der ganze Schlaf wirkt dabei eben merkwürdig ausgleichend ... Wenn Sie eine Viertelstunde schlafen, so weiß gewissermaßen der Anfang des Schlafes, wann das Ende sein wird. Und Sie erleben in der einen Viertelstunde auch das zurück, was Sie seit dem letzten Aufwachen vollbracht haben. Es verteilt sich ganz ordentlich, so wunderbar einem das erscheint. Und dieses Zurückerleben, das ist, ich möchte sagen, etwas, was zwischen der vollen Wirklichkeit und zwischen dem Schein liegt.»[119]

«Es ist nämlich so, daß in dem Momente, wo der Mensch eingeschlafen ist, auch nur für den kürzesten Schlaf, der ganze Schlaf eine Einheit ist, und der astralische Leib ist ein unbewußter Prophet, überschaut den ganzen Schlaf bis zum Aufwachen hin, natürlich perspektivisch.»[120]

Es versteht sich, daß die erkenntnismäßige Untersuchung der Vorgänge während des unbewußten Schlafes beim Forschenden eines gesteigerten Bewußtseins bedarf, weil sie sich sonst seinem Bewußtsein ebenso wie dem des Schläfers selbst entziehen müßten. Diese Steigerung der Wachheit im Bewußtsein, die durch Schulung möglich wird, erfolgt stufenweise durch Imagination, Inspiration und Intuition. Schon der Alltag zeigt, daß es innerhalb des Wachens Grade verschiedener Bewußtheit gibt; schon im gewöhnlichen Leben treten immer wieder Augenblicke erhöhter Wachheit auf, sei es in Gefahrensituationen, sei es nach Leiderfahrung, sei es durch ‹Gnade›. Die Schulungsmethoden, wodurch diese Steigerung systematischer geschehen kann, hat Steiner vielfältig dargestellt.[121] Mindestens das inspirierte und intuitive Bewußtsein sind nötig, um übersinnliche Beobachtungen auf dem Gebiet des Schlafes anzustellen.[122] Aus dieser Sphäre stammen Steiners in immer neuen Blicken auf den Schlaf gewonnene Einsichten in dessen Natur. Dennoch gehört es «zu dem Schwersten geisteswissenschaftlicher Untersuchungen,» die Tatsachen zwischen Einschlafen und Aufwachen zu durchdringen und zu überschauen.[123] Daher wird auch verständlich, daß sich eine Erkenntnis des Schlafes nur allmählich fortschreitend entfalten kann. Es gibt aus Steiners Feder keine schriftliche systematische Darstellung des Gesamtphänomens des Schlafes, gleichwohl mündlich immer wieder erstaunlich systematische Umrisse zu dieser Thematik, in die sich die einzelnen zerstreuten Aussagen dann wie passende Mosaiksteine zu einem Gesamtbild einfügen.

Die Rückschau, die beim Schlaf eintritt, hat zunächst die Erlebnisse des Vortags zum Inhalt. Während wir am Tage die Ereignisse mehr von der intellektuellen Seite her durchleben, erleben wir im Schlafe «alles zurück, aber mit moralischer Nuancierung. Da leben die moralisch-religiösen Impulse darin, da durchleben wir die Sache so, daß wir ein jedes Ereignis werten danach, wie wertvoll oder unwertvoll es uns als Mensch macht ... da werten wir die Ereignisse des Tages in bezug auf unser Menschtum.»[124] Aber zugleich hat dieser Rückblick noch eine weitere Dimension, eine Unterströmung, die viel weiter zurückreicht, nämlich über die gegenwärtige Existenz hinaus in frühere Leben. Zunächst gehen wir bei jeder Rückschau nicht nur in die Tageserlebnisse hinein, sondern auch in das gesamte bisherige Leben, ja noch darüber hinaus. Während des Schlafes gehen wir nämlich zurück zum «Anfange unseres Erdendaseins», ja sogar in das vorirdische Leben.[125]

Neben den konkreten Bildern des Vortags spielt in die Schlafwirklichkeit hinein sogar die Wirksamkeit der früheren Leben: «Dann aber beginnt, wenn man weiter den Schlaf führt, das Untertauchen des Menschen zunächst in diejenigen Erlebnisse, die einem vorigen Erdenleben angehören, dann weiter, die einem zweitletzten Erdenleben angehören, dann weiter einem drittletzten und so weiter.»[126]

Dieser Vorgang vollzieht sich im Schlaf deshalb, weil die Tagesrealität von Ich und Astralleib sich als eine nur scheinbare darstellt, die

Nachtexistenz dagegen als ganz reale. Die Wirklichkeit von Astralleib und Ich umfaßt mehr, als was im Alltag innerhalb des Bewußtseins vergegenwärtigt werden kann. Diese Wirklichkeit kann man sich verdeutlichen wenn man sich vergegenwärtigt, daß Ich und Astralleib gewissermaßen am Anfang des Erdenlebens stehenbleiben. Sie machen die irdische Entwicklung nur geistig mit, sie bleiben ihrer Realität nach im Außerirdischen. Das kann daran abgelesen werden, daß nur der physische Leib alt wird, während allein der Ätherleib den Lebensanfang jeweils mit dem Punkte verbindet, wo wir gerade in unserer Entwicklung stehen. Im Schlaf begegnen wir dem überzeitlichen Wesen des Ich und der Seele. Am Morgen müssen wir uns dann mit dem Eintauchen in den Leib dem realen Alter anpassen, diesen Vorgang vollzieht der Ätherleib. Er ist es auch, der die Verbindung herstellt zu der ganzen Vergangenheit des Menschen. Der physische Leib spiegelt das Alter dem Ätherleib: Dieses Spiegelbild nennen wir im Alltag unser Ich. Das wahre Ich und der Astralleib selbst bleiben beim Erdenanfang stehen.[127]

Wenden wir uns nun dem Nachterlebnis selbst zu. Es verläuft als Rückwärtserleben schneller als das Tageserleben, weil wir ja nur kürzere Zeit im Schlaf zubringen. So verdichtet sich gleichsam der Ablauf. Dabei kommt es aber noch zu einem weiteren, geradezu paradoxen Vorgang: Wenn der Mensch beispielsweise am 22. 12. abends ins Bett geht, durchläuft er die Zeit rückläufig bis zum Morgen des 22.; dort ist er genau dann angekommen, wenn er am 23.12. erwacht. Damit ergibt sich zwischen der Erlebensrealität des Rückblicks und der Zeitrealität des Erwachens eine Schere, die sich am Morgen am weitesten öffnet. Wie wird dieser Realitätssprung für das Erleben überbrückt? Im Moment des Erwachens ist der Astralleib genötigt, seine eigene Zeitsphäre zu verlassen und wie durch einen Ruck die Zeitgestalt der physischen Welt anzunehmen. «Sie schieben innerhalb der Zeit Ihr Seelenwesen vorwärts. Das ist eine Verdichtung der Zeit, oder eigentlich genauer gesagt desjenigen, was in der Zeit lebt. Und durch diesen Vorgang wird unser Seelisches, unser astralischer Leib innerhalb der Zeit so verdichtet, daß er die Eindrücke der Außenwelt ... als bleibendes Gedächtnis trägt ... so bekommt Ihr astralischer Leib die starke Kraft der Erinnerung.»[128] Es ist mithin der Rückstau im Erleben der Grund für eine ganz fundamentale menschliche Eigenschaft: die Erinnerungsfähigkeit, mit der das eigene Identitätserleben aufs innigste verbunden ist.

Diese Rückschau innerhalb des Alltags vorzunehmen, bietet auch für das gewöhnliche Leben eine sehr gute Willensübung, um aus dem Trott und den selbstlaufenden Geschehnisketten des Erlebens herauszutreten und zu innerer Selbständigkeit zu gelangen.[129] Läßt man sich auf den Gedanken des umgekehrten, das heißt rückwärtsgerichteten Verlaufs der Tagerlebnisse während des Schlafes ein, dann werden die eingangs geschilderten Erfahrungen am Schlaf, die man schon in seinem gewöhnlichen Erleben machen kann, auf weiten Strecken verständlich. Eine Beobachtung kann darüber aufklären: Während eines Vortrags auf einer Tagung spielte ein Musiker auf dem Flügel eine Melodie und fragte das Publikum – etwa 350 Menschen – zur Erheiterung: Kennen Sie das? Alle lachten, es war die Melodie von «Hänschen klein ...» Darauf spielte er neuerlich dreimal eine Melodie und fragte ebenso wie zuvor. Unter den Zuhörern meldeten sich fünf, die das Gehörte erkannten. Es war erneut «Hänschen klein ...» – diesmal aber rückwärts gespielt und damit für die Hörgewohnheit völlig verfremdet! Es erschien der überwältigenden Zahl der Hörer völlig unbekannt. Die Umkehrung des Gewohnten verändert alles, bricht die Gewohnheit auf. – Wenn man sich einmal vorstellt, daß man eine Treppe hinaufgeht, und dann versucht, den Vorgang umzukehren und genau rückläufig zu gehen, dabei statt des Abdrückens sich das Auffangen mit dem Ballen vorzustellen, bemerkt man, welche Anstrengung schon für die «Umkehrung» der Vorstellung nötig ist. Gelingt es einem, so bemerkt man weiter, daß ein verändertes Verhältnis sich zum ursprünglichen Vorgang einstellt: Man sieht ihn dadurch mit «Abstand», ist nunmehr mit ihm weniger verbunden, weil «weniger drin». Man gewinnt gegenüber dem Vorgang, in dem man zuvor drinnensteckte, eine freiere, ja souveränere Haltung; die Intensität der Verbindung mit dem Vorgang löst sich.

So werden der «fremde» Blick auf das eigene Tun beim neuerlichen Erwachen und die ausgleichende Wirkung des Schlafes unmittelbar einsichtig. Wenn sich die Erlebnisse tatsächlich umkehren, wird verständlich, daß die Vorgänge, mit denen man tags tief verbunden war, nach dem guten Schlaf weniger nah wirken und man ihnen nun als Erlebnissen des Vortags ‹gelassen(er)› gegenübersteht.

Durch die Einsicht in das Wesen der Rückschau wird eine wichtige Tatsache des Schlaferlebens erfaßt, die gerade erst verständlich macht, inwiefern es nach dem Schlaf zu dem ‹veränderten Blick› auf die vorliegenden Tatbestände und Erlebnisse kommt. Die alltäglichen Erfahrungen machen dieses Phänomen allein noch nicht verstehbar.

Nicht verständlich bleibt damit aber nach wie vor, wieso es nach dem Schlaf zu einer frischen Leibesverfassung kommt und worauf das gelegentliche Phänomen der inspirierenden Bereicherung der Seele nach dem Schlaf beruht. Dafür müssen noch andere Vorgänge verantwortlich sein. Wir wenden uns deshalb noch weiteren, gleichsam innerseelischen Schlaferfahrungen zu, welche die geisteswissenschaftliche Forschung einsichtig macht.[130]

5. Wesens-Begegnung

Der Mensch hat während des Lebens immer wieder durch seine Lebensumstände Begegnungen einer besonderen Art, nämlich mit den eigenen auf die Zukunft gerichteten Anlagen seines Wesens. Wäre das nicht so, gäbe es keine Entwicklung. Jede Biographie zeigt zumindest im Jugendalter unübersehbar, aber gewöhnlich auch durch das ganze Leben hindurch ein Streben über das Erreichte hinaus, also auf die Gestaltung der Zukunft, den aus der Zukunft kommenden Zeitstrom. Die geistige Wesenheit des Menschen ist noch unvollkommen, sie entwickelt sich, strebt, wie noch Hegel formulierte, nach Perfektibilität – solange sie noch nicht ermattet und erschöpft ist. Das geistige Wesen ist auf Wachstum und Entfaltung hin veranlagt. Dieser Zukunftsmensch, der die treibende Kraft in der Entwicklung bildet, wird in der Anthroposophie Geistselbst, Lebensgeist und Geistmensch genannt.[131] Damit sind die Zukunftsanlagen bezeichnet, die sich dreifach differenzieren lassen: als Fähigkeiten und Entfaltungswillen mit dem Bewußtsein seiner selbst (Geistselbst), als Lebenssubstanz und Erfahrung sowie als die Fülle menschlicher Reife (Lebensgeist) und als die eigene geistige Gestalt, deren Wachstum und Identität (Geistmensch). Es handelt sich bei diesen Anlagen um etwas, was bereits keimhaft und höchst real anwesend ist, aber nur im Wechselspiel mit den bereits ausgestalteten seelischen und geistigen sowie den leiblichen und karmischen Gegebenheiten sich zu entwickeln vermag.

In diesem Wechselspiel zwischen Leib, Seele und Geist gibt es täglich eine Art Innehalten, eine Zwischensumme in der Form einer wesentlichen, wenn auch unbewußten Begegnung. Diese findet allnächtlich während des Schlafes zwischen dem Alltagswesen des

Menschen und seinem Zukunftswesen statt. «Nun vergleichen wir mit dem, was da in uns arbeitet, dasjenige, was sozusagen schon unser eigen ist, was wir in der Seele erarbeitet haben ... Namentlich tritt uns deutlich vor Augen im Momente des Aufwachens, wieviel wir unterlassen haben, uns anzueignen in bezug auf starken Willen, auf eine wirkliche Intelligenz des Denkens, auf ein richtiges und angemessenes Fühlen.»[132]

Unmittelbar mit dem Einschlafen tritt der Mensch in den Makrokosmos ein, in ein Umkreisbewußtsein – wenn auch unbewußt. «Unter alledem, was da der Mensch vor sich hat, ist auch er ein objektiver Anblick von sich selber. Jetzt kann der Mensch vergleichen, wie unvollkommen er ist im Verhältnis zu alledem, was da in der Welt enthalten ist, in die er hineinwachsen soll, wieviele Eigenschaften er hat, durch die er nicht gewachsen ist dieser makrokosmischen Welt. Da ist wiederum reichlich Gelegenheit, daß der Mensch sein Selbstvertrauen, seine Selbstsicherheit verliert.»[133] Aus diesen so erfahrenen Mängeln, die ertragen werden müssen, bildet sich einerseits der Wille, den Unzulänglichkeiten zu trotzen, und andererseits der Impuls, was immer in der makrokosmischen Welt geschehen mag, durch sie hindurchzukommen. Das gibt Selbststärke. Dennoch bleiben aus diesen Erlebnissen des Unzulänglichen Reste.[134] Aus diesen Resten wird an einer eigenen Wesenheit gewoben, dem Doppelgänger.[135] Dieser bildet einen ‹zweiten, verborgenen Menschen›,[136] den Schatten.[137] Die zitierten Wendungen gebraucht Steiner so, daß sie auf das verborgene Geistige des Menschen verweisen, dabei ist die Benennung allerdings nicht durchgängig festgelegt, sondern schwankt: Der «zweite Mensch» wird häufig im Sinne des künftigen, noch unentfalteten Menschen gebraucht, im Sinne des künftigen Karma oder der sich entfaltenden geistigen Wesensglieder, die Wendung «Schatten» oder «Doppelgänger» eher im Sinne des durch vergangene Taten gebildeten unvollkommenen, aber gleichwohl wirksamen Menschen.

Das Ich zusammen mit dem Astralleib (als Alltagswesen) begegnet dem eigenen höheren Wesen, dem vor dem Erdenanfang, also vor der Verkörperung, in der geistigen Welt stehengebliebenen höheren eigenen Selbst, dem Geistselbst.[138] In einer Art unbewußter Zwiesprache von Ich und Geistselbst vollzieht sich eine Bewertung des Tagesgeschehens im Hinblick auf dessen schicksalsmäßige Bedeutung für den betreffenden Menschen. Es ist das Geistselbst oder das höhere Selbst des Menschen, sein Genius,[139] der seinerseits noch in Verbindung und unter der Obhut eines hierarchischen Wesens steht, nämlich unter den Fittichen seines Angelos oder Schutzengels. «Dieses konkrete Anschauen [des Genius] war in einer nicht so fern zurückliegenden Vergangenheit so stark noch, daß die Menschen es beschreiben konnten in aller Konkretheit[140] ... Dieser Genius ist nichts anderes als das werdende Geistselbst, getragen allerdings von einem Wesen aus der Hierarchie der Angeloi ... Der Mensch muß wirklich von Zeit zu Zeit eine innigere Gemeinschaft mit seinem Geistselbst eingehen ... Wann geschieht dies? Es geschieht einfach jedesmal ungefähr beim normalen Schlafe in der Mitte zwischen Einschlafen und Aufwachen.»[141]

Bei dieser Begegnung in der Nacht geschieht es auch, daß der Mensch «jedesmal auf die Ereignisse des kommenden Tages blickt, aber so, daß er diese Ereignisse des kommenden Tages nicht immer braucht im vollen Tagesbewußtsein zu haben. Der es hat, das ist sein Angelos. Also, was in einer Nacht erlebt wird in der Gemeinschaft mit dem Wesen, das wir als Engel bezeichnen, ist eine Vorschau auf den kommenden Tag.»[142] Seit dem 15. Jahrhundert erlangt diese Tatsache eine wachsende Bedeutung für die Menschheit. Der Mensch kann sich ganz konkret vorstellen: Wenn er zu einer Zeit des Tages etwas Bestimmtes verrichten soll, dann war das, was er da tun soll, schon Gegenstand der Verhandlung zwischen ihm und seinem Angelos in der vorhergehenden Nacht.[143] Vor diesem Hintergrund ändert sich das Verhältnis zu den eigenen Entschlüssen. Es wird aber auch verständlich, daß im alltäglichen Leben immer wieder etwas durch das Bewußtsein huscht, was so beschrieben werden kann: Denjenigen, den du gerade triffst, hast du doch schon irgendwie am Morgen in deinem Erleben, wie in einer

Erinnerung, anwesend gehabt. Ein déjà-vu-Erlebnis geht mithin in vielen Fällen auf den vorhergehenden Schlaf zurück.

Beim Erwachen verbinden wir uns mit der Sinneswelt und ihren Reichen, mit Mineral, Pflanze und Tier; beim Einschlafen dagegen mit einer Welt «jenseits der Sinneswelt, [wir werden] zunächst versetzt in dasjenige Gebiet, in dem die erste über den Menschen gelagerte Wesensstufe der Angeloi, der Engel ist. Und wir stehen vom Einschlafen bis zum Aufwachen zunächst mit jenem Wesen, das dem Menschen zugeordnet ist als sein Engelwesen, so in Verbindung, wie wir durch unsere Augen und Ohren mit den drei Reichen der Natur hier in der Sinneswelt in Verbindung stehen ... In dasjenige, was unser astralischer Leib ist, reicht diese Verbindung hinein.»[144]

Das Gelingen dieser Verbindung und Begegnung hängt nun davon ab, welche Gedanken der Mensch im Tagesbewußtsein bewegt. Ihre Qualität hat auch Rückwirkungen auf den Schlaf. Ob er vor allem Vorstellungen des Nützlichen, des materiellen Interesses, des für ihn Vorteilhaften bewegt oder vornehmlich sittliche Ideale oder Gedanken der Frommheit und Menschenliebe hegt – davon hängt die Wirkung ab. Allein Gedanken, die über das materielle Außenleben hinausreichen, vermögen es, den Menschen in eine innige Beziehung zu seinem Engel zu bringen; selbstbezogene Gedanken dagegen lassen die Begegnung verfehlen.[145]

Der Mensch wirkt also während des Schlafes an seiner eigenen karmischen Zukunft, indem er nächtlich mit seiner höheren Wesenheit kommuniziert. Was sich daraus an Bewertung ergibt, gestaltet sich dann auch schon zu künftigen Schicksalsfäden. «Der Mensch kommt aus dem Schlafe, wenn er aufwacht, so heraus, daß er geistigen Wesen begegnet ist und die Nachwirkung dieser Begegnung, wenn es ihm auch unbewußt bleibt, in das äußere physische Leben hineinträgt.»[146] Aus dieser Nachwirkung erwachsen Kräfte, die vergleichbar sind den Keimeskräften der Pflanze für das kommende Jahr, nur sind sie beim Menschen Kräfte für die weitere Zukunft. Das Schicksal oder Karma hat einen großen Atem: Es kann dazu führen, daß Korrekturen vorhergehender Handlungen schon bald oder erst in fernen künftigen Zeit- und Erdenläufen erfolgen. «Im Schlafe arbeitet der Mensch an seinen Keimen für die nächste Inkarnation, [er arbeitet] überhaupt in die Zukunft hinüber. So daß der Mensch, wenn er schläft, schon in der Zukunft ist ... Es ist mit der nächsten Inkarnation so, wie es mit dem Wissen des nächsten Tages ist ... [Das bleibt, wie die Erfahrung zeigt, im Ungefähren]. So ist die Seele zwar ein Prophet im Schlafe, aber wie ein Prophet, der nur auf das Große, Kosmische sieht, und nicht auf das Wetter.»[147]

Der Vorgang hat auch eine historische Dimension; denn in zurückliegenden Zeiten war das Alltagswesen, das Ich, noch keineswegs in derselben Weise so autonom und selbständig wie heute. Vielmehr wirkten damals die den Menschen behütenden hierarchischen Mächte viel unmittelbarer in das Tagesleben hinein. Umgekehrt gab sich das menschliche Wesen «hin dem, was der Engel dachte, dem, was der Erzengel fühlte, dem, was der Arché wollte». Denn das Geistselbst und das Ich lebten im Schoße dieser Wesenheiten.[148] Inzwischen ist der Mensch aus dieser unmittelbaren Bindung entlassen, er «wurde verlassen von diesen Engeln», wurde zu einer unabhängigen, autonomen Wesenheit.[149] Eine Begegnung kann heutzutage nur noch im Schlaf stattfinden, also völlig unbewußt.

Eine weitere Perspektive zeigt auf, daß in den ersten nachatlantischen, das heißt nacheiszeitlichen Perioden eine Menschheit auf Erden lebte, deren Bewußtsein noch nicht die drei deutlich unterschiedenen Stufen von Wach-, Traum- und Schlafbewußtsein umfaßte. Das wache, konturierte Alltags- oder Gegenstandsbewußtsein war noch nicht in der heutigen Form ausgebildet. Statt dessen war aber das Traumbewußtsein so geartet, daß die Menschen den Eindruck hatten, aus einer «Welt der Wirklichkeit» zu kommen, aus einer Welt, wo sie unmittelbaren «Umgang hatten mit Geistwesen».[150] In den Mythen von Baumgeistern, Quellnymphen und so weiter lebt diese Erfahrung später noch nach, und sie ist in mythischen Erzählungen schließlich auf uns gekommen. Hinwiederum war der Bewußtseinszustand gerade im letzten Teil des Schlafes in den vergangenen Zeiten so, daß es den Menschen die Evolution ihres Karma erschloß, und zwar weit bewußter, als dies heute der Fall sein kann.[151]

Allgemein ist es heute nun so, «daß während des Schlafzustandes der Mensch in dem inneren Erleben das wirklich in sich, innerhalb seines Ich und seines astralischen Leibes erlebt, also in sich erlebt, was wir dritte Hierarchie nennen, die Hierarchie der Angeloi, der Archangeloi und Archai.»[152] Die dritte Hierarchie umfaßt jene Wesenheiten, die als Schutzgeist hinter dem einzelnen stehen (Engel), als Sprach- oder Volksgeister hinter großen und größten Gemeinschaften (Erzengel) oder die Geistigkeit einer ganzen Epoche bestimmen (Archai). «Während des Wachzustandes erlebt der Mensch diesen innigen Zusammenhang, in dem er eigentlich sein ganzes Leben hindurch steht ... nicht. Und darinnen besteht eben für den Wachzustand die Täuschung, daß es bleibt bei dem abstrakten Ich, das der Mensch erlebt, und bei den schattenhaften Vorstellungen und Gedanken, die des Menschen Seele erfüllen ... [Im Wachzustand kann er sich] nicht bewußt werden ... daß in sein Ich hereinwirken die Wesenheiten der dritten Hierarchie. In dem Augenblicke, wo der Mensch wirklich im Schlafe aufwachen würde ... würde er nicht eine äußere Natur um sich herum haben, aber er würde in sich erfühlen die Wesenheiten der Engel, Erzengel und der Zeitgeister ... Würde in unser Ich und in unseren astralischen Leib nicht die Hierarchie der Angeloi hereinwirken, so würden wir uns nicht als Persönlichkeit fühlen können ... als freie Persönlichkeit. Dadurch, daß die Hierarchie der Archangeloi hereinwirkt, fühlen wir uns als Angehörige der ganzen Menschheit ... Und dadurch, daß die Wesenheit der Archai, der Zeitgeister, in unser Wesen hereinpulsiert, es intuitiert, fühlen wir uns als Erdenwesen, das heißt als Angehörige nicht nur der gegenwärtigen Menschheit, sondern als Angehörige der ganzen Erdenmenschheit vom Anfange des Erdenwerdens bis zum Ende des Erdenwerdens.»[153]

Der Vorgang der nächtlichen Wesensbegegnung des Alltags- und des Zukunftsmenschen mit den Hierarchien findet – differenzierter betrachtet – so statt, daß all seine Gedanken, Gefühle und Taten gleichsam im Gespräch mit den hierarchischen Wesen, mit den Wesen der dritten Hierarchie erörtert werden.

Allerdings sind die intimen Erlebnisse des Menschen mit den Erzengeln jahreszeitlich an die Weihnachtszeit, diejenigen mit den Archai an die Zeit zwischen dem achtundzwanzigsten und zweiundvierzigsten Lebensjahr geknüpft. Zu diesen Zeiten finden sie am intensivsten statt und ziehen die ‹schlafende Aufmerksamkeit› am stärksten auf sich. Abschattungen dieser zeitlich hervorgehobenen Ereignisse mit Wesenheiten der dritten Hierarchie finden aber auch allnächtlich statt.

Doch von all diesen Vorgängen weiß der Mensch nichts. «Während des Schlafes gehen in der Seele immer die umfassendsten, die intensivsten Prozesse vor. Der Mensch merkt nichts davon, denn er ist während des Schlafes bewußtlos.»[154] In der Bewußtlosigkeit für die Seele und den Geist unterscheidet sich allerdings der Schlafzustand vom Zustand nach dem Tode: Im Schlaf herrscht Bewußtlosigkeit, nach dem Tode erlangen Seele und Geist eine Wachheit, die höher ist als die des Tagesbewußtseins, eine Überbewußtheit, eine «Art Erzengelbewußtsein».[155] «Es schweigt das Vorstellen, das Sprechen und Tun. Da sehen wir allerdings, wie der Mensch, indem das Denken schweigt, wenn wir einschlafen, in demselben Maße, in dem seine Gedanken aus seinem Bewußtsein schwinden, in die Nähe der Angeloi kommt, und wie er, wenn die Sprechfähigkeit aufhört, in die Nähe der Archangeloi-Wesenheiten kommt. In dem Maße, wie der Mensch vollständiger Ruhe hingegeben ist, kommt er durch Stillegung seines Tuns in die Nähe der Archai-Wesen, der Urkräfte.»[156] Wie die Beziehung sich jeweils gestaltet, ist davon abhängig, welche ‹Würde› im Denken, Sprechen und Tun am Tage gewaltet hat. Der Mensch bestimmt mithin schon während des Tages die Wesensbeziehung zu den höheren Mächten im Schlafe.

Während die Begegnung mit dem Genius, dem Engel, einen Rückblick zum Inhalt hat, kommt es durch die Begegnung mit den anderen Wesen der dritten Hierarchie zu einer Vorschau auf den kommenden Tag.

Die Begegnungen differenzieren sich: Die Erzengel vermitteln ein individuelles Erlebnis des Menschen mit den Sprach- und Volksgeistern. Seine intensivste Entfaltung geschieht in den Nächten des Tiefwinters. Doch auch allnächtlich findet diese Begegnung statt. Da ist es dann so, daß der Mensch gerade während des Tages vom Aufwachen bis zum Einschlafen dasjenige, «was die Volksseele ist, was sie entwickelt an Kräften und Betätigungen», hineinergießt in den physischen Leib und den Ätherleib, und zwar das «Rassenmäßige» mehr in den physischen, das Volksmäßige in den ätherischen Leib.[157]

Für diese Begegnung mit dem Sprachgenius ist das erreichte Lebensalter von Wichtigkeit, denn Kindheit und Erwachsenenalter unterscheiden sich da grundlegend. «Nach dem vierzehnten Lebensjahre ... tritt für die schlafende Seele des Menschen die Notwendigkeit ein, sich in dem, was da als Nachklang der Sprache im Schlafe weiterlebt, mit Wesen der geistigen Welt zu verständigen.»[158] Der Mensch muß den Umgang mit den Erzengeln pflegen, und er kann dies nur, indem er in seinen Sprachgebrauch Ideales und Bildhaft-Konkretes hineinwirkt.[159] Andernfalls bleibt diese inspirierende Begegnung aus. Bei aller Sprachverkümmerung, die im Jugendalter mit dem Pubertätsbeginn beobachtbar wird, fällt doch auch immer wieder die bildschaffende Kraft in der Jugendsprache auf.[160]

Auffällig kann allerdings auch die Umkehrung sein, welche sich für die Erzengelsphäre insoweit ergibt, als der Mensch zwar zu einer Begegnung mit dem Kreis der Erzengel kommt – wofür der pflegliche Gebrauch der Muttersprache von Bedeutung ist, sie bildet gleichsam den Schlüssel zum Eintritt in diese Region –, im Verweilen in dieser Region sich die Verhältnisse dann aber geradezu umgekehrt darstellen. «Der Mensch ist vom Einschlafen bis zum Aufwachen nicht zusammen mit den Kräften, die unmittelbar aus seiner Volksseele herauskommen, denn die können nur hineingeschickt werden in den physischen und Ätherleib allein ... Während man nämlich, sobald man hineinschlüpft in seinen physischen Leib und damit auch in seinen Ätherleib, mit seinem Volksgeiste zusammen ist, so ist man ... beim Schlafen ... außerhalb der eigenen Volksseele; aber man ist [dann] ... mit allen andern Volksseelen zusammen.»[161] Im Schlaf tauscht man mit dem Reigen aller anderen Volksseelen die Kräfte aus – es sei denn, man entwickelt Haß gegen eine Volksseele, dann ist man im Schlaf gerade an diese gebannt.[162] Dies ist eine tiefe und zugleich fundamentale Einsicht der Geisteswissenschaft: Wer Antipathie oder Haß gegen eine Auffassung oder andere Gemeinschaft oder Rasse entwickelt, schafft im Schlafzustand eine besondere Anziehung zu den Zusammenhängen, die er gerade im Wachzustand zu negieren oder abzulehnen bestrebt ist. Die Anziehung kann im Unbewußten so weit gehen, daß in bezug auf Gemeinschaften oder Rassen in einer späteren Verkörperung sogar eine Leiblichkeit dieser Art gesucht wird.

Wie verhält es sich nun mit der Region der Archai, der Zeitgeister? Sie wird von den Taten des Menschen her mitgestaltet. Denn das Ich im Schlafzustand verhält sich anders als der Astralleib, der mit den Atemgeschehnissen verbunden ist. Es ist tagsüber an das Gliedmaßensystem gebunden. In allem, was der Mensch mit seinen Gliedern ausführt, in jeder Finger- und Handbewegung, jedem Schritt, wirkt das Ich. Das Seelisch-Geistige des individuellen Menschen ist in die Tätigkeit der Glieder hineinverwoben. Das ganze Handlungsgewebe, soweit es vom Leibe während des Tages ausgeführt wurde, wird vom Ich im Schlafe mit in die geistige Welt genommen. Mit dieser seiner Tätigkeit des Tages ist das Ich während des Tages «unbewußt zufrieden oder unzufrieden». Es erfolgt da eine Beurteilung der ausgeführten Tätigkeiten durch das Ich. «Das ist das Geistig-Seelische, das das Ich hinzusetzt zu dem, was es aus den Gliedmaßen des Menschen hinausnimmt in den schlafenden Zustand.» Durch diesen Nachklang der täglichen Verrichtungen wird das Ich «herangetragen an die Hierarchie der Urkräfte, der Archai, der Urbeginne. Aus diesen Urbeginnen kommt uns dann die Kraft ... den physischen Leib in der richtigen Weise zu durchdringen, so daß wir nicht nur das Gute wollen, sondern bis zu einem gewissen Grade auch imstande sind, die Triebe des physischen Leibes soweit zu beherrschen, daß wir kein Hindernis haben an unserem physischen Leib, um dasjenige zu tun, was wir in der Freiheit des Gedankens uns als Pflicht oder als Ziel vorsetzen.»[163]

Was in uns unbewußt bleibt, der Arché nimmt es bewußt auf, insbesondere dann, wenn während des Wachzustandes wahre, echte Menschenliebe, offenes Interesse für jeden Menschen die Seele durchzieht. Während wir im Schoße der Archai weilen und Zufriedenheit oder Unzufriedenheit als Urteil über die Handlungen der eigenen Glieder sich bildet, wird das Karma ausgearbeitet im Zusammenhang mit den Urkräften. Hier sieht man in den Zusammenhang des Ich mit dem Schicksal. Das Karma wird nicht an Gedanken – seien es freie oder unfreie – gebildet, sondern an «Gemüt und Willen».[164] In der Kindheit zeigen sich dann die Kräfte aus dem vergangenen Erdenleben in der Art des Aufrichtens, des Gehenlernens, aber auch bis in die Art der Drüsentätigkeit.[165]

Mit dem Nachklang der Sprache im leibbefreiten Astralleib fühlen sich die Erzengel verwandt. Wie die Menschen den Sauerstoff beim Atmen wohltätig empfinden, so die Erzengel die Nachklänge der Sprache in den Astralleibern; sie atmen dasjenige ein, «was ihnen der Mensch aus der Sprache entgegenträgt, wenn er einschläft».[166]

Der Zugang des Menschen zu den Erzengeln erfolgt über das Idealistische, über Bildhaftigkeit, über den idealistisch-sprirituellen Gehalt, welcher im Wort mitschwingt. Diese Qualitäten sind notwendig, damit eine Ordnung in die Begegnung zwischen Seele und Archangeloi hineinkommt. Durch die Veräußerlichung der Sprache, durch ihre Reduktion auf ausschließlich äußere Gegebenheiten kann der Anschluß an das Erzengelwesen versäumt werden. Das schwächt dann vor allem die nachtodliche Entwicklung des Menschen.

So kann zusammenfassend gesagt werden: Wenn das tagbewußte Denken durch Eintritt des Schlafzustandes aufhört, dann pflegen die Engel die Kraft der Gedanken weiter; wenn das Sprechen einschläft, dann pflegen die Archangeloi die Kraft des Sprechens weiter; und wenn die Kraft der Bewegung durch den Schlaf erlischt, pflegen diese Kraft die Archai während des Schlafes fort.[167]

Im Wachen ist der Mensch mit dem Astralleib, dem Träger der Empfindungen, in die Sinne eingeschaltet. Dadurch nimmt er die Welt wahr, aber er nimmt nicht wahr, was in den Sinnen selbst geschieht. Würde er diese Vorgänge wahrnehmen, könnte er nicht die äußere Welt wahrnehmen, denn dann würden die Augen, die Ohren selbst zu ‹sprechen› beginnen. Nur dadurch sind wir in der Lage, die Welt kennenzulernen, daß wir in unserer Sinnestätigkeit uns selbst unbekannt und unerkannt bleiben. Im Wahrnehmungsvorgang hat das Organ zu schweigen. Es ist bekannt, «daß ein Sinneseindruck in den Sinnen nachwirkt». Auf dieser Nachwirkung von 1/16 Sekunde im Auge beruht die Tatsache, daß wir eine Bildfolge von 16 oder mehr Bildern je Sekunde im Film als kontinuierlichen Bewegungsfluß erleben. Aber auch dann, wenn die Seele sich innerlich regt, ist es so, «daß die Sinne auch immer mittun».[168] Dies macht darauf aufmerksam, daß den Sinnen selbst eine starke Regsamkeit innewohnt. Wenn diese nun erfaßt wird – und das ist mit der imaginativen Erkenntnis des Nachklangs der Tätigkeit in den Sinnen durchaus möglich –, dann werden wir desjenigen gewahr, was bisher unbewußt war. Wir werden des Atmungsprozesses gewahr. «Wenn wir einatmen, geht zum Beispiel die eingeatmete Luft bis in die feinsten Verzweigungen der Sinne. Und in diesen feinsten Verzweigungen der Sinne begegnet sich der Atmungsrhythmus mit dem ... astralischen Leib des Menschen ... Das, was in den Sinnen vorgeht, beruht darauf, daß der astralische Leib des Menschen den Atmungsrhythmus spürt. Hören Sie also einen Ton, so geschieht das, weil in Ihrem Gehörorgan der astralische Leib mit der schwingenden Luft in eine Berührung kommen kann.»[169] Das geschieht nur in den Sinnen in dieser Art und Weise, und zwar in jedem einzelnen Sinnesorgan, aber sonst nicht in den übrigen Organen. Man hat den Menschen nicht bloß als festes leibliches Gebilde aufzufassen, zumal er überwiegend aus Wasser besteht, sondern auch als Luftorganismus. «Und dieser Luftorganismus, der ein Webend-Lebendes darstellt, begegnet sich in dem Sinnesorgan mit dem astralischen Leib des Menschen. Das geschieht allerdings in den Sinnesorganen in der mannigfaltigsten Weise, aber im allgemeinen kann man sagen, daß diese Begegnung das Wesentliche des Sinnesvorganges ist.»[170] In diesem Vorgang der Sinneswahrnehmung weben auch die Angeloi. Es ist so, «daß in dem unbewußten Vorgang, der sich im sinnlichen Wahrnehmen abspielt, diese Welt übersinnlicher Wesen webt und lebt, gewissermaßen durch die Tore unserer Sinne aus- und eingeht. Hören wir oder sehen wir, so ist das ein Prozeß, der sich nicht nur durch unsere Willkür abspielt, sondern der auch der objektiven Welt angehört.»[171] Und diese Sinnesvorgänge werden im Schlaf, unter der Einwirkung der Angeloi nochmals gerafft, rückläufig durchlebt. Diese Einsicht wird durch die imaginative Erkenntnis ermöglicht.

Damit wird auch verstehbar, daß der Schlaf der sinnlichen Wahrnehmung gar nicht so entrückt ist; vielmehr kann schon im Sinnesvorgang ein ständiger Wechsel wie bei Aus- und Einatmung oder bei Wachen und Schlafen beobachtet werden. Hätten wir nur die Wahrnehmung, an die wir uns hingeben, so wäre das Bewußtsein davon beeinträchtigt, wenn nicht rasch eine Abwendung von dem Eindruck erfolgen würde, ehe neuerlich eine Zuwendung an den Eindruck erfolgt. «Daß unser Bewußtsein in Ordnung ist in bezug auf die Sinneseindrücke, beruht darauf, daß wir immer diese Sinne auch zurückziehen können von ihren Eindrücken, daß wir eigentlich fortwährend in kurzen Wechselzuständen das sinnliche Wahrnehmen ausüben. Das üben wir für längere Strecken unseres Erlebens aus, indem wir im Verlauf von vierundzwanzig Stunden immer wechseln zwischen Wachen und Schlafen.»[172] Der Wechsel, der im Sinnesvorgang liegt, ist derselbe, der als großer Wechsel dem Schlafen und Wachen zugrunde liegt. Beide Rhythmen, der im Wahrnehmungsvorgang und der der Bewußtseinszustände, sind durch die innere, rhythmische Natur des Astralleibes vermittelt. Der Astralleib

steht «zwischen Einschlafen und Aufwachen zu der äußeren Welt in Beziehung, während er zwischen dem Aufwachen und Einschlafen nur mit dem in Beziehung war, was innerhalb des menschlichen Leibes vor sich geht».[173] Die Begegnung mit der geistigen Welt im Schlaf ist Begegnung mit dem Geistselbst – ist deshalb auch «Selbstverständnis, Selbstauffassung».[174]
Die Begegnung mit dem Angelos in der Nacht setzt sich in einer zarten Weise auch während des wachen Sinnesprozesses fort, insofern diese hierarchische Sphäre in dem atmenden Wahrnehmungsvorgang wirksam ist. So kann man durchaus von der Heiligkeit des Schlafes sprechen und sich sagen: «Ich schlafe ein. Bis zum Aufwachen wird meine Seele in der geistigen Welt sein. Da wird sie der führenden Wesensmacht meines Erdenlebens begegnen, die in der geistigen Welt vorhanden ist, die mein Haupt umschwebt, da wird sie dem Genius begegnen.»[175]

Erst aus dieser Tatsache der Begegnung mit dem eigenen, höheren, zukünftigen Wesen wird verständlich oder wenigstens ahnbar, wieso es unmittelbar beim Aufwachen oder einige Zeit danach zu so etwas wie einer inneren Korrektur auf Fragestellungen kommen kann. Aber auch die immer wieder beobachtbaren Inspirationen werden verständlich, die die Seele empfängt im Hinblick auf Geschehnisse, Probleme, Rätsel, mit denen sie sich zuvor eingehend beschäftigt hat. So können als Nachwirkung dieser Begegnungen in der Nacht am folgenden Tag Inspirationen in das Leben einströmen – oder auch nicht. Es ist der Quell hierfür zwar ein verborgener, aber nichts der Seele Fremdes; sondern das eigene, aber verborgene Zukunftswesen beginnt zu sprechen. In diesem Vorgang liegt sogar der eigentliche Grund für den Schlaf. Er kommt nicht allein infolge der Ermüdung zustande, sondern deshalb, weil wir diese Begegnungen innerlich benötigen. Durch die Sinneseindrücke kommt die Seele in die Lage, die Welt und das Leben zu genießen, durch den Schlaf richtet sich der Mensch auf sich selbst. «Im Wachen genießen wir die äußere Welt, im Schlafen genießen wir uns selbst.»[176]

6. Die drei Schlafstadien oder -sphären und der REM-Schlaf

Was die Schlafforschung aufgedeckt hat, daß nämlich der Mensch drei unterschiedliche Stadien der Schlaftiefe durchlaufe, findet sich auch bei Steiner. Nur wird in seiner Beschreibung zugleich verdeutlicht, was der Mensch während dieser drei Stadien des Schlafes an unterschiedlichen Erlebnissen und Eindrücken durchmacht. Die Darstellungen finden sich bei Steiner wiederholt und in immer neuer differenzierter Beschreibung.[177] Wir skizzieren hier einen ersten Umriß der Schlafvorgänge, um damit einen Überblick zu gewinnen, in den sich weitere Gesichtspunkte einfügen lassen.

Dadurch daß sich Astralleib und Ich im Schlaf von ätherischem und physischem Leib trennen, kommt der Mensch – so die anthroposophische Sichtweise – durch diese seine höheren Wesensglieder in Beziehung zum ganzen Kosmos. Der Astralleib und das Ich öffnen sich für die planetarischen, die astralischen Intelligenzen. Dennoch heißt diese Öffnung nun nicht, daß der Astralleib jede Nacht die Größe des ganzen Kosmos annehmen würde,[178] aber der Mensch wächst während des Schlafes in den Kosmos und dessen Wirksamkeit hinein. Wie wir im Wachen mit den Tieren, den Pflanzen und Mineralien zusammenhängen, so im Schlaf mit den Planeten und ihren Konstellationen sowie der Fixsternwelt. Der Sternenhimmel wird zu unserer Welt, wie dies während des Wachens die Erde mit ihren Reichen ist.

Die erste Schlaf-Sphäre – Ausweitung

In der ersten Sphäre, die der Mensch beim Einschlafen sogleich mit astralischem Leib und Ich betritt, fühlen sich Astralleib und Ich vergrößert wie in einem weit ausgebreiteten Nebel. «Nun tritt aber zugleich in dem schlafenden Menschen das auf, was man nennen könnte ein tiefes Bedürfnis, in der göttlichen Wesenheit der Welt zu ruhen ... ‹in Gott zu ruhen›.»[179] Vorhanden ist in der Seele eine «Gottessehnsucht».[180] Die Seele in diesem Stadium des Schlafes sagt zu sich etwa folgendes: «Der Weltennebel hat mich aufgenommen. Es ist wirklich etwas gleich dem Selbst-so-Dünnwerden wie der Weltennebel, und ein Schwimmen als Weltennebelwolke in dem Weltennebel drinnen.» Zugleich entsteht in der Seele ein «Gefühl der Ängstlichkeit». Als nächstes Erlebnis fühlt die Seele – vergleichsweise gesprochen, denn die Erlebnisse sind unbewußt wie die der Embryonalzeit – etwas, «was man nennen könnte die Hingabe an das die Welt durchschwebende Göttliche». Zwei Grundempfindungen durchziehen die Seele: «Ich bin in dem Weltennebel, und ich möchte ruhen im Schoße der Gottheit, um gegen das Aufgelöstwerden im Weltennebel gesichert zu sein.»[181] In diesen Zustand können sich Träume entweder in der Form symbolischer Bilder äußeren Erlebens oder von Körperzuständen einmischen. Bewußtseinsmäßig ist der erste Schlafzustand vergleichbar dem Zustand der ersten Kindeszeit, dem des Neugeborenen. Der Mensch «fühlt sich wie im allgemeinen Weltenäther lebend ... Er fühlt sich gewissermaßen ausgedehnt in den ganzen Kosmos ... Ein allgemeines Miterleben mit dem Weben und Treiben des Kosmos tritt da zunächst ein. Das ist damit verbunden, daß man sich gewissermaßen als Seele im Bodenlosen erlebt. Bei diesem Erleben im Bodenlosen tritt ein starker Trieb der Seele ein, göttlich gestützt zu sein, so daß wir eigentlich jeden Tag beim Einschlafen das religiöse Bedürfnis ... erleben, die ganze Welt durchsetzt und durchwellt zu haben mit einem Göttlich-Geistigen.»[182] Der Nachklang dieses unbewußten Erlebens kommt am folgenden Tage dadurch in das Erleben, daß sich eine Auffrischung der religiösen Bedürfnisse zeigt.

Wenn das Tages- oder Gegenstandsbewußtsein mit allen möglichen Schattierungen als das angesehen werden kann, in dem wir tagwach sind, dann kann die erste Schlafstufe als vergleichbar dem tierischen Traumbewußtsein angesehen werden; es hat die Klarheit, die das Tier beim Verdauen hat.[183] Die Entsprechung im Überbewußten wäre das Bewußtsein der Imagination.[184]

Die zweite Schlaf-Sphäre

Die zweite Sphäre wird nicht mit dem Astralleib wahrgenommen, der dem Herzen zugrunde liegt, sondern mit dem Sonnengeflecht und dem Gliedmaßenwesen. Sie stellt sich einige Zeit nach dem Durchleben des ersten Zustandes ein. Die Seele fühlt den Kosmos in sich und schaut von dort zurück auf ein Objektives, nämlich auf ihren ätherischen Leib und physischen Leib.[185]

Das Gefühl der Zerrissenheit und Angst

Die erste – unbewußte – Erfahrung, die in dieser Sphäre gemacht wird, führt real zum Gefühl eines Zersplittertseins. Das innere Erleben der Seele ist so wie «ein Verteiltsein der Seele auf viele Einzelheiten einer Mannigfaltigkeit».[186] In diesen Wahrnehmungsvorgang mischen sich gewisse Empfindungen einer spirituellen Art von Ängstlichkeit.[187] Sie rührt davon her, daß für die Seele besondere Strahlen oder Töne aus verschiedenen Richtungen wahrnehmbar werden.[188] Die Seele erlebt sich ausgeweitet und hingegeben an viele Reize, das macht, daß sie sich als Vielheit erlebt. Der Vorgang bewirkt als Zustand der Seele «eine die Seele durchsetzende Ängstlichkeit ... Angst».[189]

Wie der Mensch am Tag dumpf Herz, Lunge, Leber erlebt, so erlebt er nun im Schlaf den ihn umgebenden kosmischen Inhalt in sich, dieses Erlebnis wird ausgelöst durch eine innere Nachbildung des planetarischen Kosmos.[190] So wandert der Mensch mit Ich und astralischem Leib durch den Schlaf hindurch. Er gelangt unmittelbar nach dem Einschlafen in diese kosmische Wirkenssphäre – in Verbindung mit den Bewegungen der Planetenwelt.[191] Der Mensch fühlt die Kräfte der Bewegung der Planetenwelt. Nach dem Erwachen trägt er etwas wie ein Abbild dieser durchlebten planetarischen Bewegungen in sich. Beim Durchgang durch diese Stufe fühlt sich der Mensch deshalb wie zersplittert, weil er sich in seiner Wesenheit aufgeteilt erlebt über das ganze Weltall. Das löst in der Seele die genannte Ängstlichkeit aus.

Diese – zweite – Stufe des Schlafes kann zu dem Irrtum führen, sie sei die erste und letzte, die im Schlafe erreicht zu werden vermag. Dann verweilt die Seele allein – gewissermaßen auf Dauer – im Status der Zerrissenheit; sie schreitet nicht weiter zur nächsten Schlafsphäre. Dadurch erleidet sie einen Identitätsverlust. Sie weiß dann gleichsam nicht mehr, wo sie hingehört. Das ist die tiefere Ursache für das Gefühl der Angst.

Da die Seele diese Stadien mehrfach in der Nacht durchläuft, also von eins nach drei und dann wiederum von drei über zwei nach eins zurück, kann allerdings auch die Situation eintreten, daß beim erneuten Durchgang durch das zweite Schlafstadium die Seele neuerlich von der Zerrissenheit und dem daraus resultierenden Gefühl der Angst überwältigt wird. Neben den anderen Stadien dominiert dann das zweite Stadium. In beiden Fällen schlagen die Nachterlebnisse so in das Tagesgeschehen der Seele hinein, daß das Grundgefühl der Angst daseinsbestimmend wird.

Es ist unverkennbar, daß die Impulsierung von Kreislauf und Atem und die Angst eng miteinander zusammenhängen. Atmung und Angst bilden gewissermaßen zwei Pole derselben leiblich-seelischen Funktion. Im einen Fall, bei der Impulsierung, handelt es sich um eine Steigerung der dem Menschen im Seelischen gewährten Freiheit; denn er kommt in die Lage, die Schwingung, die Amplitude des seelischen Rhythmus, zu weiten und damit auch das eigene seelische Erleben. Bei der Angst, dem Gegentypus, tritt statt dessen Verengung ein. In Angst steckt die ‹Enge›, die Beklemmung. Sie lokalisiert sich in der Brust- und Herzgegend und wirkt immer bedrückend. Bei gesunder Rhythmik ist dem Ich das Spiel von Spannung und Entspannung, von Enge und Weite möglich. Es herrscht hier einigermaßen frei über die Vorgänge und Erlebnisse. Bei der Angst dagegen dominiert eine einzige Grundstimmung, die der Enge, der unklaren, diffusen Bedrückung und Überwältigung. Impulsierung des rhythmischen Systems wie Beengung des Brustraums durch Angst haben eine gemeinsame Ursache, die offenbar tief mit den Lebensprozessen und dem Lebenssinn verbunden ist.

Bei jedem Menschen ist es anders, wie das, was zwischen den Planeten vorgeht, in seinem Astralleib nacherlebt wird.[192] Diese Bewegungen der Planeten strahlen vom Aufwachen bis zum Einschlafen in den physischen und ätherischen Organismus. Wenn wir das Atmungssystem, das Blutsystem, die ganze rhythmische Organisation durchschauen, so leben da drinnen «Reize, Impulse, welche in das wache Leben hereinwirken» aus dem planetarischen Erleben während des Schlafes.[193]

Die Wahrnehmung dieser Vorgänge im Astralleib geschieht durch jenen Teil, der während des Wachens ins Herz eingegliedert ist; er wird zu einem Wahrnehmungsorgan, dem «Herzauge». Die dadurch empfangenen Impulse kommen als Bilder in den Ätherleib hinein, wenn der Astralleib beim Erwachen in den Ätherleib untertaucht und dieser die Erinnerung an das Leben im Kosmos bewahrt. Darin spiegeln sich die menschlichen Fähigkeiten ab; «denn die sind nicht von der Erde, die sind aus dem Kosmos heraus».[194]

Am Tage zeigt sich die Ängstlichkeit darin, daß sich das Blut zurückzieht, daß wir blaß werden. Entsprechend gibt es während des Schlafes einen «objektiven Vorgang im Astralleib ... Er wird tatsächlich jede Nacht aufgeteilt an die Sternenwelt. Ein Teil unseres Wesens strebt hin nach dem Merkur, ein anderer Teil des Wesens nach dem Jupiter und so weiter.»[195] Dieses Aufgeteiltwerden an die Sterne geschieht nicht wirklich, sondern lediglich gegenüber deren Nachbildern. Was von diesem Erlebnis in den Ätherleib durch den darin hineintauchenden Astralleib mitgenommen wird, bewahrt die im Stoffwechsel aufgenommenen Substanzen davor, einen ganz irdischen Charakter anzunehmen.[196] Eine gewisse Verjüngungskraft geht davon aus. Aus der Überschau, wie die Planeten durch ihre Bewegung in einem Verhältnis zueinander stehen, wie das, was sich in den verschiedenen Umlaufverhältnissen der Planeten zueinander an Kräften und Klängen in der Astralsubstanz ergibt, zusammenströmt, aus dieser Überschau erhält das Seelisch-Geistige jene Impulse, die dann bis in das Leibesleben nachvibrieren, insbesondere in den gesamten rhythmischen Menschen, in Blutkreislauf und Atembewegung.

«Wie Sie mit dem Kosmos zusammenhängen, so sind Sie begabt, so sind Sie ... zu Gutem oder Bösem wenigstens geneigt.»[197]

Der Bewußtseinszustand, welcher der zweiten Schlafsphäre entspricht, kann verglichen werden etwa mit dem der Pflanzen oder unserer organischen Willensvollzüge. Die Entsprechung im Überbewußten wäre die Inspiration.[198]

Christus-Begegnung und Karmasphäre

In dieser die Seele gefährdenden Schlafstufe gibt es eine Rettung, einen Helfer. Es ist der Christus, der dem Menschen als ein ihn festigender, als ein ihn konsolidierender Geist erscheint. Ein am Tage entwickeltes religiöses Gefühl, insbesondere eines, das eine «innere Verbindung» zum Christus schafft, wirkt helfend in das Schlafleben hinein.[199] In einer Darstellung ordnet Steiner die im Schlaf erfolgende Christus-Begegnung der Planetensphäre zu, in einer anderen der Tierkreisregion. (Das ist insofern kein Widerspruch, als die Sonne das Zentrum des Planetensystems ist, als selbststrahlender Fixstern aber zugleich den Tierkreis repräsentiert.) In der planetarischen (zweiten Schlaf-) Sphäre ist es die führende Macht des Christus, «durch welche wir jene die Seele bedrückende Ängstlichkeit überwinden».[200]In der ergänzenden Darstellung heißt es, daß der Christus dann auftritt, wenn wir etwa eine halbe Stunde nach dem Einschlafen – beim einen früher, beim anderen später – uns in allen zwölf Fixsternregionen ausgegossen und aufgehoben erleben. Es sei erinnert, daß beim normalen Schlaf nach etwa einer halben Stunde bereits die dritte Schlaftiefe erreicht wird. Die dabei vorhandenen Erlebnisse sind hoch kompliziert. Es ist schwer, darüber zur Klarheit zu gelangen, was der Mensch «in zwölffach komplizierter Weise während der Nacht erlebt».[201] Wenn sich der Mensch am Tag Gedanken macht über das, was im Mysterium von Golgatha der Erde eingefügt wurde, dann bringt das «auf dem Umwege durch den physischen und durch den Ätherleib in den astralischen Leib eine solche Tingierung, eine solche Tinktur hinein, daß der Christus der Führer wird in dem Tierkreis» während des Schlafes. Die bange Frage der Seele lautet zunächst: «Soll ich denn in der Zahl der Sterne und in ihren Ereignissen untergehen?» In der Überwucht der Ereignisse tritt Christus als «eine Art Führer zum Ordnen der verwirrenden Ereignisse dieser Sphäre» auf.[202] Christus ordnet als «geistige Sonne» die Wirrnisse zu einem harmonischen Verständnis. Er leitet den Menschen als Führer vom Widder durch Stier, Zwillinge und so weiter in der Nacht, so daß wir «wieder Kraft bekommen für das Tagesleben».[203] Vor unser Sonnenauge tritt unser Karma. «Alle Menschen nehmen ihr Karma wahr, aber nur im Schlafzustande.»[204]

In dieser Sphäre erscheint also dem Menschen auch die moralische Weltenordnung.[205] Die Seele, die ein «deutliches Erleben von all den Beziehungen zu Menschenseelen, die sie jemals in den verschiedenen Erdenleben gehabt hat»,[206] bewahrt, trägt davon ein Zeichen in sich. Das Schicksal oder Karma stellt sich vor die Seele hin. Die Erfahrung des Glücks, der Frische oder der Ermattung sind Nachwirkungen der Begegnung mit der moralischen Weltordnung. Allerdings hat sich das Bewußtsein von der übersinnlichen Welt derart gewandelt, daß der Mensch sie verträumt. «Und das Karmabewußtsein verschläft er vollständig.»[207]

Die dritte Schlaf-Sphäre

Das dritte Stadium oder die dritte Sphäre ist dadurch zu charakterisieren, daß das Erleben übergeht in eines der Fixsternwelt; der planetarische Kosmos wird für das Erleben verlassen. Das Innere der Seele erlebt eine «Art Nachbildung» der Fixsternsphäre.[208] In dem Stadium des tiefsten Schlafes, etwa «eine halbe Stunde nach dem Einschlafen»,[209] weitet sich das Innenleben der Seele so, daß es vom planetarischen Kosmos sich dehnt zur Fixsternwelt. Es werden durch den Astralleib die Kräfte erfühlt, die aus dem Tierkreis, das heißt von den Wesenheiten kommen, die hinter den Fixsternkonstellationen wirken. Ein Teil der empfangenen Wirksamkeit wird direkt aus den Tierkreisbildern kommend erlebt, der andere Teil wird so erlebt, als ob er durch die Erde hindurch zur Seele käme; das hängt davon ab, ob die Tierkreisbilder oberhalb oder unter der Erde sind.[210]

Die Nachwirkung dieses Erlebnisses der tiefsten Schlafsphäre ist eine doppelte. Zum einen wird durch sie «im wesentlichen die Konstitutionsart der menschlichen Gesundheit, der Gesamtheit der Gesundheit und der Frische des menschlichen Leibes» hervorgerufen; zum andern tritt eine «religiöse Sehnsucht», ein «religiöses Tageserfühlen» auf.[211] Beides wird durch den eintauchenden astralischen Leib vermittelt. Die Seele erlebt in dieser Sphäre Nachbildungen nicht bloß der äußeren Fixsternkonstellationen, sondern der hinter der sinnlichen Erscheinungswelt stehenden geistigen Wesenheiten selbst; innerhalb dieser Wesenheiten lebt die Seele.

Dieses Erleben kommt als Wahrnehmung dadurch zustande, daß nunmehr regsam ist der Teil des «astralischen Leibes, der bei Tag, beim Wachen eingegliedert ist in das menschliche Sonnengeflecht, eingegliedert ist namentlich auch in die gesamte Gliedmaßenorganisation des Menschen. Sonnengeflecht und Gliedmaßenorganisation des Menschen, dasjenige vom astralischen Leib, was den Solarplexus durchsetzt und Arme und Beine durchsetzt, nimmt während der Nacht das wahr, was in der [Tierkreis-]Sphäre ist.»[212] Die Seele fühlt «Nachbilder der Sternkonstellationen, das heißt aber eigentlich der Verhältnisse, welche zwischen den Betätigungen der geistigen Sternwesen bestehen».[213] Es ist wie ein Zusammenwirken mit geistigen Wesenheiten in einem geistig gegliederten Kosmos. Dadurch fühlt der Mensch in seinem astralischen Leibe die Kräfte, die von den Tierkreisbildern kommen. Diese Kräfte empfängt der Mensch in zweifacher Art: Die eine Form der Kräfte kommt direkt zu ihm, die andere wirkt durch die Erde hindurch. Der von der Erde verdeckte, unsichtbare Bogen der Ekliptik wirkt dennoch durch den Erdenkörper hindurch. Es ist das «Sonnenauge» des Solarplexus, welches, indem es sich auf den eigenen Ätherleib und physischen Leib richtet, von diesen das Bild des Kosmos zurückgespiegelt bekommt. Dadurch gewahrt der Mensch unbewußt «sein ganzes Verhältnis zum Tierkreis ... und zur Planetenbewegung».[214]

Das Bilderleben erweitert sich, und die Erlebnisse mit den Fixsternen werden «außerordentlich kompliziert ... Sie könnten die wichtigsten Gegenden der Erde als ein Weltreisender absolviert haben, Sie würden die Summe von Erlebnissen nicht haben, die Sie jede Nacht von einem einzigen Sternbilde des Tierkreises für Ihr Sonnenauge haben.»[215]

In diesem dritten Stadium des Schlafes lebt der Mensch «ein gottdurchtränktes Leben».[216] Dies ermöglicht ihm, daß sich als «Nachwirkung» der Fixsternerlebnisse während der Nacht das bildet, was er in seinen «Vorstellungs- und Empfindungskräften während des Tagwachens als Initiativkräfte tragen kann».[217] Während die

«Kombinations-, Weisheits- und Klugheitskräfte» sich als Nachwirkung der planetarischen Erlebnisse bilden, schafft erst das Fixsternerleben die Kraft der Initiative. Initiative (von initium = der Anfang) hängt aber zutiefst mit dem Wesenskern, dem eigentlichen Geistwesen des Menschen, zusammen. Die Initiativkräfte sind eine «Nachwirkung des Fixsternerlebnissses während der Nacht ... Dasjenige, was da aus dem Kosmos von nächtlichem Erleben hereinstrahlt in das Tagesleben, das muß durchaus auf dem Umweg des Körpers kommen. Das Fixsternerlebnis zuckt in unser Tagesleben herein auf dem Umwege durch die Umwandlung der Nahrungsmittel. Unsere Nahrungsmittel würden nicht so in das Gehirn kommen, daß sie uns befähigen würden, Initiativkräfte zu entwickeln, wenn nicht dieser ganze Prozeß angefeuert würde durch dasjenige, was wir nächtlich erleben durch das Sternerlebnis.»[218]

Dieser Zustand des tiefsten Schlafes hat noch weitere Rückwirkungen auf das Tagesgeschehen und das menschliche Bewußtsein. Denn dadurch wird dem Menschen die Kraft vermittelt, «jederzeit seinen physischen Organismus von der Seele aus zu beherrschen und zu beleben».[219]

Erst das Nachterlebnis dieser Phase ist es, das den Menschen zum Herrn seines Leibes werden läßt: Er wird ermächtigt, in den Stoffwechselvorgang des Leibes unbewußt einzugreifen und aus ihm das an Willen zu entbinden, was seinen Zielsetzungen bis in die leiblichen Bewegungsvollzüge hinein entspricht.

Nach diesen Erlebnissen ist es die Mondenwirksamkeit, die uns wieder zum Erwachen in die Erdenleiblichkeit zurückführt.[220] Aus dem letzten, dritten Stadium kehrt der Mensch, indem er die angeführten Sphären «in umgekehrter Reihenfolge» durchläuft, wiederum zum wachen Tagesbewußtsein zurück.[221] Es sind die Mondenkräfte, die den Astralleib und das Ich an den physischen Leib und Ätherleib binden. – So bringt sich also der Mensch aus der geistigen Welt heraus Kräfte der Harmonie mit, indem er mit «starker Innerlichkeit» untertaucht in die Kräfte des physischen Leibes. Dadurch «kommt immer neue Ordnung ... eine Wiedergeburt der Kräfte in diesen physischen Leib hinein».[222] Ohne diese Erneuerung würde der physische Leib zerfallen.

Das auf dieser Stufe waltende Bewußtsein entspricht dem mineralischen Tiefschlafbewußtsein, der Trance; die überbewußte Entsprechung ist die Intuition.[223]

Die Schlafstruktur ändert sich im Lauf der Geschichte. Es «bröckelt ab dasjenige, was der heutige Schlaf ist». Dafür werden Stufen des Überbewußten errungen werden.[224]

Der vorstehende Aufriß kennzeichnet die drei Schlafstadien, von denen Steiner ausgeht. Die Entsprechungen mit den drei Stufen, welche die Schlafforschung aufdeckt, sind frappant. Der paradoxe Schlaf, der REM-Schlaf fehlt allerdings in dieser Darstellung noch; ihn gilt es jetzt zu interpretieren.

Der REM-Schlaf

Während die von Steiner geschilderten drei Schlafstadien sehr schön mit den von der empirischen Schlafforschung aufgewiesenen Phasen zusammenstimmen – sieht man von den verschiedenen Einschlaf- oder Leichtschlafstadien ab –, gilt dies nicht für den erst seit Mitte der dreißiger Jahre des 20. Jahrhunderts wieder bekanntgewordenen REM-Schlaf; schon Aristoteles hatte das Rollen der Augen im Schlaf bemerkt und beschrieben. Was liegt beim REM-Schlaf vor? Zunächst erinnern wir nochmals an die wichtigsten Phänomene dieser Schlafform – auch wenn diese teilweise widersprechend beschrieben werden:

- Diese Schlafform tritt während des Schlafes mehrfach in der Nacht (vier- bis fünfmal) auf, und zwar stets am Grenzsaum zwischen der ersten Phase und dem Erwachen.
- Der REM-Schlaf zeichnet sich durch ein Höchstmaß an Mus-

kelatonie aus, das heißt, es hat den Anschein, daß das den Leib durchdringende Seelische sich weitgehend aus dem Gliedmaßenwesen zurückzieht, indem es keine Bereitschaft mehr zeigt, die Willkürmuskulatur zu impulsieren, nicht einmal mehr auf dem üblichen Schlafniveau.

- Hingegen instabilisieren sich Atem und Kreislauf: Der Herzschlag beschleunigt sich, ebenso die Atmung, sie wird zugleich flacher; oft kommt es zur Erregung der Genitalorganisation, alles Zeichen gesteigerter Lebensabläufe.
- In der Kindheit, wo die Wachstumskräfte vorherrschen, ist diese Schlafform zeitlich besonders lange ausgedehnt im Vergleich mit dem übrigen Schlaf.
- Die REM-Phase wird von Traumgeschehnissen durchzogen wie keine andere.
- Zu Beginn der REM-Phase positioniert sich der Schläfer meist neu, häufig in Rückenlage; er nimmt eine ‹Zuschauerlage› ein, als ob er mit geschlossenen Lidern einem Geschehnis mit den Augen zu folgen hätte.
- Es fällt schwer, den Schläfer in dieser Phase zu wecken.
- Bei gezieltem REM-Schlaf-Entzug kommt es zu Erscheinungen der Depersonalisation; Identitätsstörungen, Gedächtnisschwund, Halluzinationen sind die Folge.
- Schlafmittel auf der Grundlage von Barbituraten und Phenothiazinen sowie Weckmittel wie Amphetamine und Anti-Depressiva verkürzen diese Phase.

Wir geben einige Interpretationen zum Verständnis des Phänomens des paradoxen Schlafes.

1. Die geschilderten Tatbestände legen es nahe, den REM-Schlaf als einen Vorgang zu betrachten, bei dem sich die während des Schlafes getrennten Wesensglieder auf dem Wege zu einer lockeren neuerlichen Berührung befinden: «Astralleib und Ätherleib begegnen sich, ohne daß der physische Leib schon direkt davon berührt wird.»[225]

2. Es kann diese REM-Phase in einen Zusammenhang mit dem von Steiner genannten «ätherischen Vorstadium» gebracht werden,[226] in welches einerseits die nachfolgenden Stadien des Schlafes, andererseits die Erinnerungs-Reminiszenzen des Vortages traumhaft ungeordnet hereinspielen. Es ist wie der Grenzsaum der Dämmerung. Dieses Stadium geht dem planetarischen und Tierkreisstadium voraus. Dabei bleibt es als Geschehen während des ganzen Schlafes immer anwesend, allerdings erlangen mit zunehmender Schlaftiefe andere Geschehnisse ihr eigenes Gewicht, «nur kommen die Erlebnisse des nächsten Stadiums» jeweils hinzu.[227] Wenig von dem, was in dieser Phase durchlebt wird, kommt als Traumerinnerung in das Tagesbewußtsein herein. Und wenn etwas sich so weit verdichtet, daß es als Traum erinnert werden kann, läßt sich feststellen, daß der Traum einen Auslöser, gewissermaßen eine Quelle hat, der er entstammt. Es können dies ebenso Sinneswahrnehmungen sein wie auch innere, vom Leib ausgehende Reize oder Impulse. So hat schon Aristoteles von einer im Schlaf gesteigerten Innenwahrnehmung gewußt, die bei wachem Bewußtsein verschüttet bleibt, aber zu gewissen Zeiten wahrnehmbar wird wie etwa das Rauschen eines Baches in der Nacht, das während des Tages überhört wurde. Verfolgt man den sich an diesen Auslöser anschließenden Traum, so erscheint er zumeist als «Hüter des Schlafes, indem er schlafgefährdende, quälende Tagesgedanken mildtätig beschwichtigend umträumt! Wieder greift er ... in seiner Szenerie auf Vorfälle am Traum-Tage zurück, wieder macht er Konfliktsituationen des Vortages ungeschehen, überkompensiert er die Sorgen des Vortages ... Der Traum steht also zumindest auf zwei Beinen, mit dem einen in der Gegenwart, mit dem anderen in der Vergangenheit ... Wir sehen: Nicht die aktuelle Situation verleiht dem Traum seine Dynamik, sondern erst die aus der Vergangenheit in jedem von uns bereitliegende Problematik, also etwas Unerledigtes, Unverarbeitetes, Unerlöstes; mag es sich dabei um Ansprüche triebhafter Art oder um sublimste Bedürf-

nisse handeln. Der gegenwärtigen Situation kommt kaum mehr als die Funktion eines Auslösers zu.»[228]

3. Der Ruhe, der Zurücknahme aller Lebensvorgänge verdankt das tagwache Bewußtsein seine Entstehung. Durch die Sinneseindrücke wird das ohnehin an Lebenskräften schon geschwächte nervöse System weiter geschwächt, so daß es seinerseits einer Erneuerung bedarf. Dies geschieht im Schlafe dadurch, daß es nunmehr in die den übrigen Menschen durchziehenden aufbauenden Lebensprozesse – in derselben Weise wie sonst die inneren Organe, die Muskulatur und so weiter – einbezogen wird. Diesem Aufbauvorgang steht im Schlafe zugleich eine Schwächung, das heißt Ablähmung des Bewußtseins gegenüber. Was in dieser Schlafenszeit von den Prozessen innerhalb des Nervensystems erfaßt werden kann, läßt sich allenfalls im Schattenwurf von Träumen fassen. Diese leibbezogenen Träume bilden sich dadurch, daß sich während der REM-Phase der Astralleib mit dem ätherischen Leib im Aufbau innerhalb des Nervensystems berührt. Was an diesem Vorgang träumend bewußt wird, geht auf den Empfindungsleib zurück; was an Inhalten des Traumes aufleuchtet, gehört der Regentschaft des Ätherleibes an. Was vermittelt er? Es sind zum einen Bilder, Imaginationen, die sich auf die Leibgestaltung und auf deren Werden bis in die Organplastik hinein beziehen, also auf das Werdende des Organismus; zum anderen sind es aber auch Bilder dessen, was das Seelisch-Geistige in seiner Verkörperung erlebt hat: die Summe seiner Erinnerungen. Sofern sich die Bildgestaltungen auf das Werden des Leibes beziehen, sind sie von großartiger Eindrücklichkeit und entsprechen in ihrem Gehalt der Bildwelt der Mythen und Märchen. Sind es diese Bilder, die durch das sich synchron rasch bewegende Auge verfolgt werden? Dann wiese die Dynamik der Augen auf die innere Dynamik der ätherischen Bildervielfalt hin. Bewegen sich die Augen in dieser paradoxen Schlafphase deshalb, weil es hier um das innere Verfolgen jener Gestaltungen (Imaginationen) geht, die eng mit der Tätigkeit des Auges zusammenhän-

gen, nämlich über die ätherischen Fangarme die innere Erscheinungswelt in ihren Farben und Formen zu ‹begreifen›, also als Bild? Kein anderes Sinnesorgan vermittelt wie das Auge Bildliches, kein anderes ist so beweglich wie gerade das Auge. In diesem Sinne muß jedes andere Sinnesorgan – von der Qualität des Wahrzunehmenden ebenso wie von der Dynamik des Wahrgenommenen her – gegenüber dem Auge zurücktreten oder gar ausscheiden. Deshalb findet man im REM-Schlaf wohl auch keine vergleichbaren Vorgänge etwa in anderen Sinnesorganen, wie es durchaus etwa für das Riechen (Schnüffeln) denkbar wäre. Farb- und Formbilder vermitteln immer zugleich im Nachklang eine besondere Tiefe des Erlebens. Das unterscheidet sie vom abstrakt-gedanklichen Vorstellungsbild. Dafür fehlt ihnen die Qualität des Ichhaften, nämlich die Ordnung in einem festen Bezugssystem von Zeit und Raum, nicht aber der Sinngehalt und die Tiefe der Empfindung, die einerseits an den Ätherleib, andererseits an die Berührung mit dem Astralleib geknüpft ist.

4. Im REM-Schlaf sehen wir in den Bereich des ätherischen Leibes hinein. Dieser hat zwei für unsere Betrachtung relevante Dimensionen: Zum einen bezieht er sich auf die Leibgestaltung, das heißt, er ist in die Leibesorganisation eingebunden; zum anderen gibt er, als ‹freies› Kräftegefüge, dem Menschen die Grundlage des erkenntnismäßigen Verstehens. Die Bilder des Traumes in der REM-Phase, so ist unsere Vermutung, hängen allein mit dem gebundenen Ätherleib und seiner Tätigkeit zusammen. Andere, zweifellos auch vorhandene Traumbilder, die tiefere Bedeutung haben können, rühren unseres Erachtens aus anderen Schlafstufen her.
5. Es ist der Astralleib, der den ätherischen mit Bildern durchdringt, mit Bildern, die als Vorlage für die Leibgestaltung dienen. Der Ätherleib regelt das Wachstum, an der Gestaltung wirkt der Astralleib mit. In den Zeiten des REM-Schlafes «greift der Astralleib mit großer Energie in den Abbildvorrat [der Erinnerungen] des Menschen ein, den er dem Ätherleib

vermittelt hat. Durch diese Abbilder hat der Mensch seine Spannungen und Widerstände in sich aufgenommen. Sie werden im Traum an die Grenze des Bewußtseins herangeführt und verlieren dadurch ihre belastende Kraft ... Durch das Beseitigen der Abbilder verschafft sich der Astralleib den Zugang zum Ätherleib aufs neue.»[229] In diesem Sinne wird der Astralleib zum «Beweger» der Augen, wenn er an den ätherischen Leib herankommt.[230] «Während des Schlafeslebens wirkt das Auge mit seiner Umgebung, namentlich mit seiner Nerven- und Blutumgebung zurück auf den physischen Organismus, insofern dieser der Stoffwechsel-Gliedmaßenorganismus ist, und es wirken zum Beispiel während des Schlafes die Kräfte des geschlossenen Auges auf das Nierensystem des Menschen und prägen dem Nierensystem das kosmische Bild ein.»[231]

6. Wenden wir uns nun dem Phänomen der schnellen Augenbewegung selbst zu, der eine höchstmögliche Erschlaffung der Gliedmaßenmuskulatur gegenübersteht. Ausgehend von der Tatsache, daß das Auge anatomisch als Kugelgelenk angesehen werden kann, das von jeweils sechs Muskeln gehalten wird, läßt sich der Blick und damit der Sehstrahl als ein ätherisches Greiforgan, als übersinnliche «Fangarme»[232] verstehen. Es sind nicht von ungefähr zwölf Muskeln, die beide Augen beim Sehvorgang im Raum führen und die unter allen Muskeln zuerst dem Säugling willkürlich gehorchen.[233] In dem Moment, wo die Beherrschung dieser Bewegung gelingt, bricht das erste Lächeln durch. Der Mensch hat zwei Lider; ein drittes Lid, das Nickhäutchen (Palpebra tertia) begrenzt den Augapfel nasenwärts und liegt unterhalb der beiden anderen Lider, mit denen wir am Schlaf-Wach-Rhythmus teilnehmen. Dieses dritte Lid ist der ‹Schleier der Seligkeit›. Es ist das Organ, welches das Auge beim Erleben der Liebe erglänzen läßt und es beim sinnlichen Lustgefühl verschleiert. Moralisch berechtigter und moralisch unberechtigter Genuß können dasselbe Phänomen hervorrufen: den Schleier. «Das dritte Lid kann unabhängig von den anderen bei-

den geöffnet oder geschlossen werden. Also selbst wenn die beiden physischen Lider geschlossen sind, kann im Moment der Seligkeit das vermutlich ätherische dritte Lid offen oder geschlossen sein. In dem beschriebenen Zustand erleben wir rechtmäßig oder unrechtmäßig noch einen Rest vom Paradies, aus dem wir einst vertrieben worden sind, als uns die Augen aufgetan wurden und unser Nickhäutchen verkümmerte.»[234] Gerade der Sturz in das nur sinnlich Wahrnehmbare, der Sündenfall, vollzieht sich über die Öffnung der Augen. Das Wissen von Gut und Böse ist bei geschlossenen Augen ausgeschaltet – wie wir auch im Traum moralisch blind sind. Die paradiesische Lichtwelt ist mit der Öffnung der Augen verloren gegangen. Während des Träumens verbindet sich der Astralleib mit dem ätherischen Leib. In Urzeiten der Menschheit konnte im Schlaf eine Welt erlebt werden, die nicht chaotisch und unbestimmt war wie in unseren Träumen. Die Taten der Götter in der Welt der Natur wurden in früheren Zeiten real wahrgenommen. Dieses Geschehen wurde im griechischen Mythos vom Raub der Persephoneia durch den Unterweltsgott Pluto zum Lehrinhalt der Mysterien: «Die Wirksamkeit des Pluto im Vereine mit Persephoneia, die untergetaucht ist in den physischen und Ätherleib während des Schlafes ... erlebte der schlafende Zögling.» Nachdem ihm durch den Priester-Lehrer «der Einzug der Kore durch die Tore der Augen klargemacht worden war», erlebte er nun im Schlafe die Taten des Pluto und der Persephoneia.[235] «Das ist das Walten im unterbewußten Seelenleben, welches durch die geschwinden Augenbewegungen äußerlich gekennzeichnet ist. Was soll nun durch diese bewirkt werden? Wir wissen aus der Anthroposophie, daß die Kräfte des hellseherischen Bewußtseins und des einstmals so großen Erinnerungsvermögens geopfert werden mußten. Ist wohl diese Tätigkeit der Augen ein Zeichen des aktiven Vergessens? Des Vergessens unserer unterbewußten Triebe und Leidenschaften, unserer Traumerlebnisse, aber auch vieler Tageseindrücke und unseres vorgeburtlichen Lebens? ... Es scheint also, daß mit den Bewegungen der Augen bei Tage vieles aufgegriffen wird, was dann nachts wieder fortgegeben werden kann, und nur das Hilfreiche und Wesentliche werden beibehalten ... Das Auge ist aber das physische Organ, an dem sich diese rhythmisch abwechselnden Tätigkeiten offenbaren. Ihr Wirkungsfeld ist jedoch nicht vorwiegend auf dem physischen Plan, sondern eine Funktion der höheren Wesensglieder.»[236]

7. Nimmt man die Phänomene zusammen, so wird das Bild, das der REM-Schlaf zeichnet, sprechend. In der Zeit der größten körperlichen Entwicklung, des Wachstums und der Leibgestaltung – also von der Embryonalzeit über das Säuglingsstadium, die Phase des Kleinkindes, des ersten Gestaltwandels vor der Schulreife bis hin zur Pubertät – nimmt die Gesamtschlafdauer bedeutend ab: Von über 16 Stunden beim Neugeborenen sinkt sie schließlich auf 10 bis 12 Stunden beim Pubertierenden. Erst in der Jugendzeit pendelt sich das Verhältnis von Wachen und Schlafen auf das des Erwachsenen ein: zwei Drittel Wachen, ein Drittel Schlafen. In derselben Zeit nimmt auch die Dauer des REM-Schlafes sowohl absolut wie relativ ab: Von 50 % beim Kleinkind sinkt er schließlich auf 20 % in der Pubertätszeit ab. Deutet sich nicht darin an, daß diese paradoxe Schlafform gerade an Vorgänge des Wachstums, des Aufbaus und später der Restitution, der Revitalisierung, der Erfrischung gebunden ist?

Der Mensch durchläuft gewissermaßen zwischen Einschlafen und Aufwachen drei Sphären oder Stadien, zuerst aufsteigend und dann wieder absteigend. Wie die naturwissenschaftliche Schlafforschung zeigt, wiederholt sich dieser Vorgang rhythmisch. Auf die erste Phase mit den rücklaufenden Erlebnissen folgt das Erlebnis der Ausbreitung und der Gottessehnsucht. Beide Phasen, die Rückschau und die Ausdehnung, bilden ein «ätherisches Vorstadium», dem dann ein astral-planetarisches Stadium folgt und schließlich ein geistiges Fixstern-Stadium. Dabei bleiben «immer die Dinge des ersten Stadiums, nur kommen die Erlebnisse des nächsten Stadiums hinzu,»[237] so daß für alle drei Erlebnisbereiche – für das Ätherische, das Astralische (das ist soviel wie das Planetarische) und das Ichlich-Geistige (Fixsternhafte) – gleichermaßen ein rückwärtslaufendes Erlebnis der Tagesgeschehnisse vorhanden ist. Der Schlaf wirkt anders als die Kausalwelt: Die verschiedenen Erlebnisschichten bleiben stets gleichzeitig gegenwärtig, mit der Dominanz des Erlebens in je einem Bereich. Im Wachbewußtsein folgen die Erlebnisse nacheinander, im Schlaf sind sie gleichzeitig. Während in einem ersten ätherischen Vorstadium in stärkerer Form Erinnerungsbilder auftauchen, wird im Astralischen stärker das Gemüt-Gefühlhafte angesprochen, wobei aber zunehmend «Objektives» – als Planetenbewegung – aufstrahlt; erst recht gilt dies für die Fixsternnachbilder, die weitgehend das dritte Stadium überstrahlen. Dabei muß der Zeitverlauf als Intensität und nicht linear als Prozeß verstanden werden. «Wenn Sie eine Viertelstunde schlafen, so weiß gewissermaßen der Anfang des Schlafes, wann das Ende sein wird. Und Sie erleben in der einen Viertelstunde auch das zurück, was Sie seit dem letzten Aufwachen vollbracht haben. Es verteilt sich ganz ordentlich, so wunderbar einem das erscheint.»[238]

7. Moralische Impulsierung

In die nächtliche Rückschau mischen sich, außer der rückläufigen Anschauung der vorhergehenden Tageserlebnisse, moralische Bewertungen hinein. Moralische Impulse kommen nicht aus dem Leibe, denn dieser folgt den ihm eigenen Bedürfnissen. Variabel zwar in der Anpassung an die Lebensumstände, aber doch immer festgelegt auf seine Erhaltungsnotwendigkeiten, fehlt dem Leibe, was Moralität erst ermöglicht: frei zu werden für höhere Einsichten und Notwendigkeiten. Erst wenn die freie Einsicht auftritt, kann auch Moral sich entfalten. Hierin betätigen sich Seele und Geist. «Eine wirklich moralische Tat ist diejenige, zu der der Leib zwar zur Hilfe gerufen wird, damit man eine Vorstellung von der moralischen Tat bekommt, aber der Impuls, der Antrieb zu der moralischen Tat liegt im Geistig-Seelischen, das wirklich unabhängig vom Leiblichen ist ... Der Mensch geht ... in den Schlafzustand ein ... Wir gehen in die übersinnlichen Welten mit unserem Ich und Astralleib hinein. Haben wir am Tage, während unseres Wachzustandes, einen moralischen Impuls gehabt, eine moralische Tat vollbracht, dann besteht das Folgende: Wir müssen mit unserem Ich und Astralleib aufgenommen werden von den Geistern der nächsthöheren Hierarchien, von den Geistern, die wir zu der Hierarchie der Angeloi, der Archangeloi und so weiter rechnen. Diese müssen uns aufnehmen, in sie gehen wir gleichsam hinein im Schlafzustand ... Wenn wir nun eine moralische Tat vollbracht, einen moralischen Impuls gehabt haben, so besteht für die Wesenheiten der nächsthöheren Hierarchien die Möglichkeit, nach spirituellen kosmischen Gesetzen unser Ich und unseren Astralleib mit unseren moralischen Impulsen ... aufzunehmen. Haben wir eine unmoralische

Handlung begangen oder einen unmoralischen Impuls gehabt, so können wir während des Schlafes mit diesem, mit dem Rest, mit dem, was sich durch den unmoralischen Impuls in uns gebildet hat, nicht in die Wesenheiten der höheren Hierarchien während des Schlafes eingehen. Es bleibt wirklich das zurück, wird zurückgestoßen, was in uns unmoralisch ist, es wird wieder hinabgestoßen in die Leiblichkeit.»[239] Das wirkt dann im ätherischen und physischen Leib. Wir nennen es Schuld, es wird den niederen Wesensgliedern eingeprägt. Dieser Tatbestand wird vom Sprachgenius eingefangen im Wort von den Gewissensbissen. Was durch den Menschen im Schlaf an Moralischem in die nächste Hierarchie hinaufgetragen wird, macht auf diese hierarchischen Wesen einen Eindruck, und sie bilden daraus eine Substanz, die als Befruchtungskeime für die künftige Erdenevolution dient, insbesondere als Inspirationen für das erfinderische Denken. Unmoralität dagegen führt zum Absterben dieser künftigen Lebenskeime.

Der physische Leib und der Ätherleib sind gegenüber Gut und Böse neutral – so wie die Pflanzen. Moralität ist demnach wesensgemäß an Ich und Astralleib gebunden. Mit dem Untertauchen von Astralleib und Ich in den physischen Leib und Ätherleib beim Aufwachen wird das «Ganze der moralischen Menschheitsverfassung» wiederum in die menschliche Wesenheit hineingebracht.[240]

Moralität ist eine Angelegenheit des Irdischen und wird realisiert durch den Menschen. Naturwesen folgen ihrer Natur, Geistwesen ihrem Geist, sie sind per se moralisch. Der Himmel ist gut, wie die Erde Natur in reiner Gestalt ist. Der Mensch als Wesen zwischen Natur und Himmel beziehungsweise Engel[241] ist zur Sittlichkeit, zum Guten, Wahren und Schönen begabt, nur ihm obliegt es, auszubilden, was er noch nicht hat, aber erringen kann. Es sind im anthroposophischen Verständnis die beiden höheren Wesensglieder, welche die moralischen Impulse aus der Welt schöpfen, in der sie sich vom Einschlafen bis zum Aufwachen befinden. «Wenn der Mensch mit dem Einschlafen seinen physischen Leib und Ätherleib verläßt, so tritt er, allerdings unbewußt, vor die geistigen

Wesenheiten der Welt hin, bringt vor diese Wesenheiten alles das, was er bewußt innerhalb des physischen und des Ätherleibes an moralischer Seelenverfassung ausgebildet hat.»[242] Und umgekehrt gilt: Ich und astralischer Leib «bringen für den Menschen aus dieser geistigen Welt die moralische Seelenverfassung mit».[243] So wie der Mensch während des Tages Sinneseindrücke hat, so hat er im Schlaf willensmäßige Beziehungen zu geistigen Wesen. «Alles, was der Mensch als Böses in seiner Seelenverfassung hat vom Einschlafen bis zum Aufwachen … [läßt] das willensmäßige Ich bei dieser Berührung mit den Kräften der geistigen Wesenheiten verkümmern, während das Gute, das in der Seelenverfassung liegt, dem willensmäßigen Ich gestattet, sich frei zu entfalten.»[244]

Das Ich nimmt sogar eine entsprechend seiner moralischen Verfassung konfigurierte Geistgestalt an, wenn es die geistige Welt während des Schlafes betritt. Dies gilt in entsprechend abgewandelter Weise auch für den Astralleib, denn gemäß unseren moralischen Erwägungen sind wir gefühlsmäßig gestimmt, wobei es sich um innere Befriedigung oder um Selbstvorwürfe handeln kann. Auch dieses Gefühlsgebiet tritt durch die im Schlaf vom Leib befreite Seele in ein Verhältnis zur umfassenden Seelenwelt (Astralplan); da findet eine Wechselwirkung zwischen individueller Seele und Weltenastralität statt. Diese Wechselwirkung hat Rückwirkungen auf den individuellen Astralleib, indem dieser im Sinne einer Gestaltung gefurcht wird; man kann auch von einer Tingierung oder musikalischen Durchtönung sprechen.[245] Die Sprache kann nur bildhaft ausdrücken, was hier geschieht.

Diesem gestaltenden Impuls in der Seelenwelt verstehend näherzukommen, kann es verschiedene Ansätze geben. Einen davon charakterisiert Steiner so: «Wenn man nun versucht, darauf zu kommen, was man eigentlich in dem hat, was da vom Einschlafen bis zum Aufwachen als Ich und astralischer Leib gestaltet, tingiert außerhalb des Menschen ist, so kommt man zuletzt zu folgendem. Man lernt verstehen: Gegenüber jener vollkommenen Form des Menschen, die er vom Aufwachen bis zum Einschlafen ist, die er ist, wenn ineinandergefügt sind Ich, astralischer Leib, Ätherleib und physischer Leib – gegenüber dieser vollkommenen Wesenheit, die mit einer bestimmten Intensität des Bewußtseins auftritt, die mit unserem intellektualistischen, gefühlsmäßigen, willensmäßigen Bewußtsein auftritt, gegenüber dem hat das, was da außerhalb des Menschen im Schlafe ist, etwas Infantiles, etwas Kindhaftes. Wir gedenken des dumpfen Bewußtseins des Kindes und kommen höchstens diesem Zustande nahe, wenn er von Träumen durchsetzt ist. Wir müssen noch weiter ins Unvollkommene zurückgehend uns das dumpfe Bewußtsein des Kindes denken, wenn wir uns zur Ähnlichkeit dieses außerhalb des Menschen befindlichen Wesenhaften während des Schlafes wenden. Ich möchte sagen: Noch infantiler ist dasjenige, was da draußen im Menschen lebt, als das, was geistig-seelisch im Kinde ist.»[246] Infantil in dem gebrauchten Sinne heißt aber auch: unerfahren, unberührt, rein, keusch und damit moralisch im reinen, noch vollkommener. Dieses Wesen steht mit der umgebenden Weltenseelenhaftigkeit in Beziehung.

In einem weiteren Angang desselben Themas richtet Steiner den Blick auf das geistig Bestimmende für dasjenige, was im Schlafe außerhalb des Leibes weilt. Da hat sich die Aufmerksamkeit mehr auf das Ich selbst zu richten; dieses Wesen lebt, seelisch gesehen, vornehmlich im Willen. Die Beziehung des «willensmäßigen Ich zu den höheren Wesen der geistigen Welt» ist realer noch als diejenige, welche der physische Leib zur materiellen Umwelt eingeht.[247] Dieses willenshafte Ich ist auch während des Schlafes intensiv im Leibe wirksam, und zwar im Gliedmaßen-Stoffwechselmenschen. Tritt das Ich als geistig willensmäßige Ich-Gestalt in Wechselwirkung mit geistigen Wesenheiten, dann wird es «ganz nach der moralischen Seelenverfassung gestaltet».[248] Bildhaft betrachtet, furcht sich die Gestalt des Ich. Man bekommt das Gefühl, daß man es mit dem menschlichen Gehirn zu tun hat. Das ist paradox; denn es ist nicht das gegenwärtige Gehirn. Sondern man erkennt, «daß dasjenige, was heute der Mensch ist, abgesehen von seinem Kopfe, die Kräfte enthält, die sein Haupt, sein Kopf im nächsten Erdenleben haben wird. Aber infantil, kindhaft ausgebildet und sogar ins Negativ verkehrt, sehen wir das schon in dem, was der Mensch vom Einschlafen bis zum Aufwachen aus sich heraussetzt. Tatsächlich haben wir in dem, was der Mensch vom Einschlafen bis zum Aufwachen aus sich heraussetzt, das Bildhafte von dem, was dann physisch verkörpert im menschlichen Haupte im nächsten Erdenleben zutage tritt. Das ist ein außerordentlich wichtiger Zusammenhang. Und wenn wir darauf zurückblicken, daß es eigentlich die moralische Seelenverfassung ist, welche das Bestimmende für diese Gestaltung, für diese Tingierung abgibt, so werden wir im nächsten Erdenleben die Einkörperung, die Verleiblichung der moralischen Seelenverfassung in den Kräften des menschlichen Hauptes zu suchen haben. Und indem sich dann diese Kräfte des menschlichen Hauptes als unser Denkvermögen, als unser Vorstellungsvermögen ausdrücken, haben wir dieses Denkvermögen, dieses Vorstellungsvermögen als die Wirkung unserer moralischen Seelenverfassung von diesem Leben. Das alles aber ist bildhaft vorhanden in dem, was der Mensch beim Einschlafen aus sich heraussetzt.»[249]

Der Mensch stellt jede Nacht, wenn er schläft, an die geistig-seelische Welt tatsächlich «eine ganz bestimmte Anfrage. Er stellt sie natürlich nicht bewußt, aber er stellt sie mit dem Teil seines Wesens, der dann heraustritt aus seinem physischen und aus seinem Ätherleib. Er stellt die Anfrage an die geistige Welt: Wie nimmt sich vor den Wesen der geistigen Welt meine moralische Seelenverfassung aus? Und es wird ihm die Antwort gegeben. Sie wird ihm dadurch geben, daß er, je nachdem wie seine moralische Seelengestaltung ist, die Furchengestaltung und die Tingierung bekommt. Jeden Morgen, wenn der Mensch aufwacht, tritt er in die physische und ätherische Körperlichkeit hinein mit einer Antwort aus der geistig-seelischen Welt. Jedes Einschafen ist eine Fragestellung, eine unbewußte Fragestellung an die geistige Welt, jedes Aufwachen ist ein unbewußtes Antwortgeben aus der geistigen Welt.»[250] So haben wir also einen doppelten Vorgang. Die höheren Wesensglieder tragen fragend etwas an die geistige Welt heran und tragen die empfangene Antwort zurück in die Leiblichkeit. Ein Teil der Wirksamkeit verbleibt übersinnlich mit dem Wesen verbunden, gleichsam potentialiter im Wartestand, und realisiert sich als formende Kraft erst in einer nächsten Leibgestaltung bei der Formung des Gehirnes.

«Sie tragen das, was die geistige Welt an Ihnen gestaltet, herein in Ihr physisches und Ihr ätherisches Dasein. Damit tragen Sie die Stimme des Gewissens herein. Im wachen Leben verwandelt sich das, was man als Antwort bekommt in Gestaltung und Tingierung, in die Stimme des Gewissens. Überhaupt alles, was unsere innerliche moralische Stimmung ist, müssen wir aus solchen Erkenntnissen heraus auf den Schlafzustand beziehen.»[251]

8. Einige Besonderheiten des Schlafes in der Biographie

Der Schlaf bis zum 7. Jahr

Der Anfang des Lebens ist in Schlaf und Traum gehüllt. Gehen, Sprechen und Denken sind die urmenschlichen Eigenschaften. Als Fähigkeiten sind sie nicht angeboren, sie erbilden sich also nicht instinktgesteuert oder genetisch bestimmt von selbst. Vielmehr beruhen sie auf Lernleistungen, sie sind erworben. Diese Lernleistungen, diese «für das Dasein wichtigsten Taten,»[252] vollbringt der Mensch in so früher Zeit, daß sie nicht selbständig erbracht werden können, sondern noch einer höheren Führung bedürfen. Denn dieses Lernen ist mit der gleichzeitigen Formung des Leibes verbunden. «Wenn der Mensch geboren wird, ist zum Beispiel sein physisches Gehirn noch ein sehr unvollkommenes Werkzeug. Es muß nun des Menschen Seele in dieses Werkzeug erst die feineren Gliederungen hineinarbeiten, die es zum Vermittler alles dessen machen, wessen die Seele fähig ist. In der Tat arbeitet die Menschenseele, bevor sie vollbewußt ist, an dem Gehirn so, daß dieses ein solches Werkzeug werden kann, wie es gebraucht wird zum Ausleben all der Fähigkeiten, Anlagen, Eigenschaften und so weiter, welche der Seele eignen als Ergebnisse ihrer früheren Erdenleben.»[253] Dies alles ist ein Wirken in höchster Weisheit. Dieses frühe Lernen findet noch unter der Anleitung der Hierarchien statt.[254] Das Lernen kann nur gelingen, weil der Mensch in den ersten Jahren seines Lebens noch mit seiner ganzen Wesenheit «viel mehr angeschlossen ist an die geistigen Welten der höheren Hierarchien». Die «kindliche Aura, der eigentliche höhere Teil des Menschen, [der] überall seine Fortsetzung in die geistige Welt hinein hat», umschwebt «in den ersten Lebensjahren wie eine wunderbare, menschlich-übermenschliche Macht das Kind».[255] Es sind die Archai, die in die Lebensdynamik des Kindes herübertragen ein Abbild geistiger Tätigkeit, die dann das Gehen hervorruft. Die Archangeloi bringen das herüber, was der Mensch nach dem Tode als Offenbarung erlebt, und sie bewirken, daß sich das Kind die Sprache aneignet. Die Angeloi verfolgen jene Tätigkeit, die dann zum Denken des Kindes führt.[256]

Nach dem dritten Jahr findet ein erster tieferer Einschnitt in der kindlichen Entwicklung statt, weil sich die Aura des Kindes nunmehr aus dem Umkreis mehr ins Innere des Menschen hineinzieht. Der Mensch kann sich später bis zu diesem Zeitpunkt im eigenen Leben zurückerinnern, zugleich aber ziehen sich von nun an die geistigen Wesen mit ihrer Weisheit immer mehr von ihm zurück: Die Selbständigkeit beginnt.

So dürfte auch ein erster Einschnitt für die Änderung in der Artung des Schlafes etwa im dritten Jahre liegen, in der Zeit, wo Gehen, Sprechen und Denken in einem allerersten Durchgang veranlagt werden, um sich dann lebenslang weiter auszubilden. «Das Denken des Kindes, unmittelbar nachdem es denken gelernt hat, ist voller Geistigkeit. Es ist wunderbar zu sehen, wie bis zu der Zeit, wo sie angefressen werden vom Materialismus, Kinder im Schlafe geradezu wie im Fluge ihren Angeloiwesen entgegengehen, wie sie verbunden werden mit den Engelwesen während des Schlafes.»[257] Die darauf folgende zarte Wende zum Dinglich-Konkreten meint Steiner hier wohl mit dem Begriff des ‹Materialismus›. Dennoch lebt das Kind noch in einer Sphäre der Unschuld, der «Sündenlosigkeit». Für die frühe Kindheit gilt ausdrücklich, daß die verführerischen – luziferischen und ahrimanischen – Kräfte «nur geringen Einfluß auf das Menschenwesen» haben.[258]

Geisteswissenschaftlich kann man «beobachten, wie das Kind in einer gewissen Weise noch anders schläft als der Mensch, der dann aus dem Kinde wird nach dem Zahnwechsel. Zwar ist der Unterschied nicht so augenfällig, aber er ist da. Das Kind kann nämlich bis zu seinem siebenten Jahre in seinen Schlafzustand ... noch nicht mit derselben Kraft dasjenige hineinsenden, was es später als seelische Kräfte hineinsendet; denn diese Kräfte haben noch zu tun mit Körperlichem, eben mit dem leiblichen Organismus. Daher sendet das Kind noch nicht die scharf konturierten Begriffe in den Schlafzustand hinein ... noch wenig scharf umrissene Vorstellungen; aber diese weniger scharf umrissenen Vorstellungen haben die Eigentümlichkeit, daß sie das seelisch-geistig Reale in einer besseren Weise umfassen können als die scharf umrissenen Vorstellungen.»[259] Hierbei fällt auf, daß Steiner den Blick auf das kindliche Vorstellungsleben richtet und darauf, was aus dessen Betätigung als Nachwirkung in die Schlafeswelt mitgenommen werden kann. Das kindliche Gedankenleben vor dem Zahnwechsel ist noch gänzlich anders geartet als danach, nämlich bildhaft, bewegt, fließend – wie der Wechsel der Erscheinungen selbst –, weder fixierend noch analytisch oder distanziert verfahrend. Schon vorgeburtlich gibt es ein Gedankenweben höchst lebendiger Art, das mit der Geburt in die Leiblichkeit gestaltend einzuwirken beginnt. «Die Kräfte dieser lebendigen Gedanken [vor der Geburt] sind es, die von unserem physischen Organismus bei der Erdenverkörperung Besitz ergreifen. Die Kraft dieser lebendigen vorirdischen Gedanken ist es, die uns wachsen macht, die unsere Organe formt ... selbst in dem, was im Kinde tobt, [sehen wir] noch die lebendige Kraft des vorirdischen Denkens ... Und wir werden gewahr, worauf es beruht, daß das Kind eigentlich noch traumhaft schlummert und erst später anfängt, Gedanken zu haben. Das beruht darauf, daß in der ersten Lebenszeit des kleinen Kindes ... sein ganzer Organismus von Gedanken erfaßt wird. Wenn aber der Organismus allmählich sich in sich verfestigt, dann wird nicht mehr im Organismus das Erdige und Wäßrige stark vom Gedanken erfaßt, sondern nur noch das Luftförmige und das Feuerartige, das Wärmeartige ... Und nur wenn wir schlafen ... macht sich auch noch die Fortsetzung der vorirdischen Gedankenkraft geltend.»[260]

Das Kind schläft viel mehr als der Mensch im späteren Lebensalter. «Aber das, was innerlich dem Schlafen und Wachen zugrunde liegt, das kann es noch nicht ... Es kann nicht das, was es auf dem physischen Plan erlebt, hineintragen in die geistige Welt und dort verarbeiten und das Ergebnis der Arbeit wieder zurücktragen auf den physischen Plan. Sein Schlaf ist gerade dadurch charakterisiert, daß er ein anderer Schlaf ist als der Schlaf der Erwachsenen.»[261] Das, was innerlich dem Schlaf zugrunde liegt, was die nächtliche Verarbeitung der Tageserlebnisse ausmacht, ist gebunden an die Vorstellungstätigkeit und die Beurteilung des Tuns – eben dies vermag das Kind noch nicht selbständig zu vollziehen. Bis zum Zahnwechsel gegen das siebente Jahr hin ist alles, «was da vom Einschlafen bis zum Aufwachen in der schlafenden Kindesseele nachklingt, außerordentlich stark abhängig von der menschlichen Umgebung. Was Vater und Mutter, was die andere menschliche Umgebung als Gefühls-, Willens- und Denkleben in den Worten auslebt, die das Kind hört, das klingt nach ... viel inniger verbinden sich da Gefühle und Willensimpulse und Gedanken mit den Lauten [der Sprache] ... Schon weniger ist das der Fall in dem zweiten menschlichen Lebensalter vom siebenten bis zum vierzehnten Jahre.»[262] Da das Kind für sein Vorstellungs-, Gefühls- und Handlungsleben am Tage nur sehr bedingt verantwortlich sein kann, vermag es vor allem eines nicht: sein Tun moralisch bewerten, Zwiesprache mit seinem eigenen Wesen halten. Denn es steht noch ganz in der Hut höherer Wesen.

Die Veränderung vollzieht sich in Verbindung mit den ausreifenden Vorstellungskräften. Bis zum siebten Jahre strahlen diese Vorstellungskräfte, mit denen wir in das irdische Leben gekommen sind, aus dem Geistigen herein in unser Haupt und von da aus auf den übrigen Organismus aus, ja gestalten an ihm. Durch die Leibgestaltung, vor allem durch die Ausgestaltung des Gehirns und seine Ausreifung wird hinwiederum erreicht, daß sich «das Vorstellungsleben konsolidiert».[263] Damit vollziehen sich auch tiefgreifende Wandlungen in der Schlafstruktur.

Die entwicklungspsychologischen Veränderungen um den Zahnwechsel herum prägen sich auch in der Struktur des Schlafes aus. Nach der empirischen Schlafforschung sinkt die Gesamtschlafdauer von etwa 16 Stunden im ersten Lebensjahr allmählich auf 12 bis 10 Stunden in der Zeit des Zahnwechsels ab; der REM-Schlaf-Anteil erniedrigt sich von 50 % auf 18,5 %. Er steigt dann mit der Geschlechtsreife wieder auf 20 % an, während zu Beginn des Jugendalters die Gesamtschlafdauer auf 9 Stunden absinkt.[264]

Die Atmung zwischen dem 7. und 14. Jahr

Nach dem Zahnwechsel, dem ersten Gestaltwandel oder der ‹Geburt des ätherischen Leibes›, wachsen der Seele neue Kräfte zu. Wenn dann nämlich durch die Reifung des Gehirns neue formale Vorstellungsoperationen möglich werden, wandelt sich die ganze Seelenkonstitution. Jetzt metamorphosiert sich das menschliche Wesen grundlegend. Durch die Geburt des Ätherleibes bilden sich ein freies Vorstellungsvermögen (Gedächtnis) sowie neue Intelligenzkräfte; der ganze Zusammenhang von Gewohnheiten, Neigungen, Charakter, Temperament und Gewissen entsteht.[265] Es tritt nun die Fähigkeit auf, konturiertere Begriffe zu bilden.[266] Diese Fähigkeit war bis dahin im Organismus als leibgestaltende Kraft wirksam. Ein Teil dieser bisher am Leib arbeitenden Kräfte, kurz zusammengefaßt als Ätherleib bezeichnet, wird nun frei für seelische Betätigung.

Mit zunehmender Einsichtsfähigkeit des Kindes wachsen allerdings auch die Kräfte des Begehrens und damit die Verstrickungs- und Verführungsmöglichkeiten. Zwischen dem 9. und 12. Jahre wird dieser von innen kommende Hang zum Irdischen und Materiellen durchaus schon offenkundig, etwa in der Hinwendung zu modischer Kleidung, in der Pflege der Frisuren, in der Vorliebe für bestimmte Speisen und so weiter. Dies dürfte wohl im Zusammenhang mit der nun zu behandelnden Atementwicklung stehen, die innig mit dem Astralleib, dem Begehrungswesen des Menschen, zusammenhängt. Dieses Begehrungsvermögen, die wachsende Neigung und Fähigkeit zu urteilen, zu lieben und zu hassen, reift allmählich in der Zeit unmittelbar vor der Geschlechtsreife heran.[267]

Die den astralischen Leib konstituierenden Kräfte wie Empfindungsfähigkeit, Reizbarkeit, Begehren, ja auch das Willenshafte, Intentionale, dann Sympathie und Antipathie, Urteilsvermögen und Phantasie – in ihrer Spannweite ein geradezu musikalisches Phänomen – sind schon mit der Geburt veranlagt, aber unausgebildet, unreif, ohne Tiefe und Intensität. Es braucht in der Entwicklung eine Vorbereitungszeit, bis all diese widersprüchlichen Kräfte mit der Pubertät in aller Heftigkeit, noch ungeordnet und unbeherrscht, aber doch elementar aufbrechen. Das Ereignis wirft seine Schatten voraus, hat gleichsam eine lange Inkubationszeit, die im 9./10. Jahr schon deutlich bemerkt werden kann. Auch der Pavor nocturnus, das Aufsetzen eines Kindes mit heftigem Aufschreien und mit starr aufgerissenem Blick, bleichem, schweißbedecktem Gesicht und schwerem Atem, im wesentlichen im Alter zwischen drei und acht Jahren auftretend, erstreckt sich noch in das zweite Lebensjahrsiebt hinein; er kommt nach der Pubertätszeit fast nicht mehr vor.[268]

«In jenen interessanten Zuständen, die sich abspielen beim Kinde vom Zahnwechsel bis zur Geschlechtsreife, da sehen wir, wie eigentlich in dem werdenden Menschen in starkem Maße ein Kampf vorhanden ist. Es kämpft gewissermaßen in diesem Lebensabschnitte der ätherische Leib, der ja seine besonderen Organisationen durchmacht bis zur Geschlechtsreife, gegen den astralischen Leib. Es ist ein wirklicher Kampfzustand, der in dem Kinde stattfindet. Und wenn wir das physische Korrelat ins Auge fassen, das diesem Kampfzustande entspricht, so können wir sagen: Es ist in diesem Lebensabschnitte des Kindes in ausgesprochenem Maße vorhanden ein Kampf zwischen den Wachstumskräften und denjenigen Kräften, die in uns hereinspielen durch die physische Inspiration, durch die Atmung. – Das ist ein sehr bedeutsamer Prozeß im menschlichen Inneren, ein Prozeß, der, um den Menschen zu kennen, immer mehr und mehr wird studiert werden müssen. Denn das, was zum Teil seelisch frei wird durch den Zahnwechsel, das sind ja die Wachstumskräfte. Es bleibt natürlich ein beträchtlicher Teil dieser Wachstumskräfte noch im Leiblichen zurück und besorgt da das Wachstum; es wird ein Teil frei beim Zahnwechsel, und der tritt als seelische Kräfte auf.

Dasjenige aber, was da als Wachstumskräfte weiter funktioniert im Kinde, das stemmt sich gegen etwas, was in dem Kinde nun im wesentlichen durch den Atmungsprozeß auftritt. Was da durch den Atmungsprozeß auftritt, das konnte früher nicht auftreten. Der Atmungsprozeß ist gewiß beim Kinde auch vorhanden, aber solange das Kind in seinem leiblichen Wachsen und leiblichen Organisieren überhaupt die Kräfte hat, die dann beim Zahnwechsel herauskommen, so lange findet im Organismus des Kindes nichts statt von dem, was eigentlich der Atmungsprozeß im menschlichen Leibe so auffällig, so bedeutsam später bewirkt. Denn ein großer Teil dessen, was wir an Entwickelung durchmachen, hängt ja an diesem Atmungsprozesse. Daher jene orientalischen Übungen, die sich besonders an den Atmungsprozeß halten, weil man mit diesem Einleben in den Atmungsprozeß, das gegeben ist durch diese Übungen, mit etwas in Berührung kommt, was den Menschen durchorganisiert, was den Menschen leiblich in innere Beweglichkeit bringt. Bevor der Zahnwechsel eingetreten ist, kann das, was eigentlich das Atmen mit uns will, nicht zur Tätigkeit kommen im menschlichen Organismus … Denn das erste große Bedeutsame, das in leiblicher Beziehung als eine Folge des Atmungsprozesses auftritt, das ist die Geschlechtsreife … Wir atmen eigentlich dasjenige ein, was uns geschlechtsreif macht.» Im Atmungsprozeß liegt wie in jedem Naturprozeß ein Geistig-Seelisches. Dieses dringt in den Organismus ein, aber erst, «wenn die Kräfte seelisch geworden sind, die vorher im Organismus gewirkt haben und die mit dem Zahnwechsel aufhören, im Organismus zu wirken».[269]

Der Atemprozeß wird in dieser Überlegung als das begriffen, was er von seiner Innenseite her darstellt: als ein Seelenvorgang. Äußerlich betrachtet regt der Atemvorgang die Lebensvorgänge an, da der Sauerstoff im Blut so wirkt, daß er überall die Verbrennung im Lebensgeschehen entfacht und damit den Stoffwechsel in Gang bringt. Im Kohlendioxid wird der Restteil des Verbrennungsprozesses nach außen an die umgebende Welt abgegeben. Der zugrunde liegende seelische Vorgang kann in den mit der Atmung auftretenden Empfindungskräften gesehen werden. Nicht nur, daß auch sie kommen und gehen wie Ein- und Ausatmung, sondern auch deshalb, weil es keine Empfindung gibt, die sich nicht in der Atemgestalt selbst ausdrücken würde, sei es der Zorn im gestauten Atem, die Andacht in seiner Tiefe, die Freude im Überwiegen der Ausatmung und so weiter. So sind auch die tiefsten mit dem Leib verbundenen seelischen Kräfte der Begierde, sei es des Stoffwechsels oder der Fortpflanzung, aufs innigste mit der Seele, und zwar mit dem Teil des Empfindungs- oder Astralleibes verbunden, der eng der Verdauungs- und Genitalorganisation einverwoben ist. Zwar wirkt schon im ersten Atemzug das Empfindungswesen des Menschen; zur vollen Reife gelangt es aber erst, wenn es den ganzen Leib einschließlich der tiefsten Lebensfunktionen durchdrungen hat; das wird mit der Geschlechtsreife erreicht.

Den astralen Atemkräften wirkt entgegen, was aus den Wachstumskräften des Ätherleibes kommt, die im Stoffwechsel ihr Widerlager haben. Die Verbindung mit den Lebenskräften ist kein einfaches Geschehen. Beide Kräfte – die ätherischen und astralischen – kämpfen zwischen dem 7. und 14. Lebensjahr miteinander, von 7 bis 9 finden Scharmützel statt, zwischen 9 und 10 der Hauptkampf. Wird bei diesem Geschehen wiederum auf die Innenseite geachtet, dann kann man bemerken, wie sich dieser Kampf und die fortschreitende Eingliederung der Empfindungskräfte in den Lebensprozeß als wachsende Verselbständigung und allmähliche Trennung von Ich und Außenwelt ausdrückt. Das Seelische des

Kindes wird immer weniger mit der Umgebung mitschwingen, vielmehr bildet es immer mehr einen selbständigen Innenraum, der vom menschlich-sozialen Zusammenhang sich insofern ablöst, als sich das Kind als ein ganz Eigenes erlebt, mit den Gefühlen der Einsamkeit, des Nichtverstandenwerdens.[270] Die Art dieser Betrachtung schaut innerhalb der kindlichen Entwicklung auf die Vorgänge zunehmenden ‹Erwachens›, also auf den Tag und die dabei stattfindenden leiblich-seelischen Prozesse.

Was hingegen den Schlaf betrifft, so finden wir in diesem Lebensalter, daß durch den veränderten Atmungsprozeß «so recht eine wirkliche Loslösung des Ich und des astralischen Leibes vom ätherischen Leib und vom physischen Leib … stattfindet. Das Kind ist, namentlich mit seinem Ich, sehr innig verbunden mit seinem physischen und mit seinem ätherischen Leib, auch wenn es schläft. Aber von diesem Zeitpunkte [9./10. Jahr] an beginnt das Ich wie ein selbständiges Wesen aufzuleuchten, wenn eben Ich und astralischer Leib nicht an den Funktionen des Ätherleibes und des physischen Leibes teilnehmen», das heißt im Schlaf.[271]

Den oben geschilderten Kampf beschreibt Steiner auch als einen solchen zwischen den im Haupte wirkenden Vorstellungs- und den im Stoffwechsel wirkenden Willenskräften, die bestrebt sind, von unten nach oben in das Haupt zu strömen, sich aber zuvor stauen. Auf diesem Wege müssen sie zunächst «haltmachen, bevor sie genügend filtriert, genügend verdünnt, verseelt sind, um im Haupte sich geltend machen zu können. Und diese Etappe machen diese Kräfte durch am Ende des zweiten Lebensjahrsiebents, wenn sich die Kräfte des Willens in der Kehlkopforganisation stauen … daß sie sich sogar … in der Umwandelung der Stimme geltend machen. Das sind die Willenskräfte, die, bevor sie zum Haupte schießen, Halt machen … [Nach der Geschlechtsreife können im Haupte zusammenwirken] Vorstellung und Wille.»[272]

Solange der astralische Leib noch an den physischen und ätherischen Leib gebunden ist, also in der Zeit vor der Geschlechtsreife, kann das Kind die Verarbeitung der Tageseindrücke noch nicht selbständig vornehmen; ihm fehlen Verantwortlichkeit und Urteilskraft. Dadurch gibt es auch keine Verschuldung, wie auch die Rechtsfähigkeit noch eingeschränkt ist; der Seele haftet häufig noch etwas vom paradiesischen Unschuldszustand an. Geht man in der Betrachtung bis an die Schwelle des Todes, dann zeigt sich folgendes. «Wenn der Mensch vor der Geschlechtsreife stirbt, dann ist in ihm nur die Tendenz vorhanden, daß sich dasjenige, was er hier auf der Erde getan hat, [in ihm] karmisch weitervererbt. Es kann sich einzelnes, auch wenn Kinder vor der Geschlechtsreife sterben, dem Karma einverleiben, aber es hat das immer etwas Unbestimmtes und Schillerndes.»[273] Es ist nicht unbedingt für das künftige Leben bestimmend. Die Geschlechtsreife bildet gewissermaßen eine Grenze für die Eigenverantwortung.

Am Beginn des Lebens sieht es ganz anders aus: Das Kind schläft ausgedehnt. Gemessen am Zustand der Erwachsenen schläft das Kind gleichsam selbst dann, wenn es wacht. Dieses allgemeine Schlafen geht so lange, wie der Mensch in späterer Zeit nicht vermag, sich zurückzuerinnern. «Aber was entwickelt sich gerade aus diesem Schlafzustande im Beginne des menschlichen Erdenlebens?» Es sind die urmenschlichen Fähigkeiten des Gehens, Sprechens und Denkens! Arme und Hände werden «wunderbare Ausdrucksmittel für sein [des Menschen] Seelisches und die Träger seiner Weltenarbeit».[274]

Beim Sprechen ist das ganze Wesen beteiligt: der physische Leib mit seinen Organen, der ätherische Leib in seiner Beweglichkeit und die fühlende Seele mit den im Gesprochenen wirkenden Gefühlen. Dadurch wird der Astralleib stark am Sprechvorgang beteiligt. Beobachtet man beim sprechenlernenden Kind den Astralleib im Schlaf, so kann man verfolgen, wie er die Kräfte enthält, die mit dem Sprechenlernen zusammenhängen. Der Astralleib trägt das Geistig-Seelische, das in den Worten liegt, hinaus aus dem physischen und ätherischen Leib. Verfolgt man, wie im Stimmklang, in der Art des Sprechens, der Mensch die Kraft seiner Überzeugung in die Worte legt, so können wir verfolgen, wie er beim Einschlafen den Astralleib aus dem physischen und Ätherleib herausnimmt und wie er in der geistigen Welt die Sprache wie ein Nachschwingen enthält. «Sie können die Wortbildungen, die Lautnuancierungen, die Überzeugungskraft, die der Mensch in die Worte hineinzulegen vermag, auch an dem schlafenden astralischen Leibe verfolgen.»[275] Alles, was seelisch in die Worte hineingelegt wird, das vibriert – rückwärtslaufend – im Schlafzustande nach, freilich nicht so, daß die «Worte wirklich zurück so erklängen, wie sie beim Tage durch unseren Mund erklingen, sondern es ist mehr dasjenige, was in dem Worte an auf- und absteigendem Gefühl liegt, was in die Worte an Willensimpulsen hineingeflossen ist, was von Lustigkeit, von Traurigkeit, von Freude und Schmerz in der Kolorierung des Sprachlichen sich ausdrückt und offenbart.»[276] Namentlich die Gefühlsnuance des Gesprochenen wird von der Kindheit an das ganze Leben durch den Menschen in die geistige Welt hinausgetragen. «Nach dem vierzehnten Lebensjahre, nach dem Einsetzen des Geschlechtslebens, tritt für die schlafende Seele des Menschen die Notwendigkeit ein, sich in dem, was da als Nachklang der Sprache im Schlafen weiterlebt, mit Wesen der geistigen Welt zu verständigen.»[277] Der Mensch muß den Umgang mit Engeln und Erzengeln pflegen.[278] Durch den Idealismus in der Seele und in der Sprache kann dies geschehen. In unserer Zeit gibt es aber immer mehr Menschen, die diese notwendige Verständigung nicht erreichen.

Der Mensch gestaltet mit der Geburt des Astralleibes zunehmend selbst sein eigenes Leben. Die Wirkungen, die von ihm ausgehen, hat er nun immer mehr selbst zu verantworten. Erst wenn eine handlungsmächtige und urteilsfähige Seele auf eine andere einwirkt, kann die von ihr ausgehende Wirkung eine zu verantwortende sein. Was so am Tag geschieht, erfährt jeweils nächtlich seine Bearbeitung und durch die Begegnung mit dem Genius des Menschen auch seine Beurteilung. Die Summe der so allnächtlich stattfindenden Selbstbeurteilungen, des Zwiegesprächs mit seinem höheren ewigen Wesen, das sich nur großer Aufmerksamkeit erschließt, dürfte dann ansichtig werden, wenn nach dem Tode für

Seele und Geist des Menschen die volle Wirklichkeit dieser Beurteilungen eintritt.[279] Es handelt sich hier nur um einen Zeitabschnitt in der nachtodlichen Existenz. Dieser Zustand wird als «brennende Entbehrung» bezeichnet.[280] In der christlichen Tradition heißt dieser Vorgang im Nachtodlichen «Fegefeuer». Wird dieser Rückblick auf das verflossene Leben als Perspektive eingenommen, wie das Steiner wiederholt tut, dann ergibt sich eigentümlicherweise ein signifikanter Unterschied, entsprechend dem Wandel der Schlaferlebnisse zwischen Kindheit und Pubertätszeit. «Nehmen wir an ... wir verfolgen die Seele eines elf-, zwölf-, dreizehnjährigen Mädchens oder Knaben ... durch die Pforte des Todes ... Wenn wir eine solche Seele verfolgen, so finden wir sie in der geistigen Welt in einer bestimmten Zeit zwischen Tod und einer neuen Geburt verhältnismäßig sehr bald in einer, ich möchte sagen, höchst bemerkenswerten Gesellschaft: Wir finden sie mitten unter denjenigen Seelen, die sich vorbereiten für ein nächstes Leben so, daß sie schon bald auf diese Erde herunterkommen müssen, also unter Seelen, die sich bald verkörpern.»[281] Daraus läßt sich ablesen, daß eine Schicksalsbildung, die zu unverarbeiteten und ungeklärten Verhältnissen mit anderen Menschen geführt hätte, nur in sehr geringem Umfang stattfand. Das jüngere Kind ist von der Umwelt noch wenig geschieden, so daß es sehr einheitlich mit dieser Welt lebt, sich von ihr wenig abhebt. Dies ändert sich im 9. /10. Jahr, so daß dann beginnt «das Ich wie ein selbständiges Wesen aufzuleuchten, wenn [im Schlaf] Ich und astralischer Leib nicht an den Funktionen des Ätherleibes und des physischen Leibes teilnehmen. Daher ist es auch so, daß Kinder, die vor diesem Zeitpunkte sterben, im Grunde genommen in dem Leben, das sie bis zum fünften, sechsten, siebenten, selbst noch bis zum achten, neunten Lebensjahre durchmachen, etwas haben, was sie noch wenig getrennt hat von jener geistig-seelischen Welt, die zwischen dem Tod und einer neuen Geburt durchgemacht wird; so daß die Kinder verhältnismäßig leicht wiederum zurückgerissen werden in diese geistig-seelische Welt, daß sie gewissermaßen nur etwas anstückeln an das Leben, das sie vollendet haben mit der Empfängnis oder mit der Geburt, daß ein eigentliches Abschnüren eines neuen Lebens, wenn wir dieses Sterben in Betracht ziehen, eigentlich erst da ist, wenn die Kinder nach diesem Zeitpunkt sterben ... Von diesem Zeitpunkt [neuntes, zehntes Jahr] ab bekümmert sich das Geistig-Seelische im Menschen weniger um das Leibliche, als es sich vorher bekümmert hat.»[282] Damit wird auf die innersten Gründe hingewiesen, die in das Wert- und Urteilssystem mit eingehen: die eigene Schicksalsbildung, für welche der Jugendliche zunehmend und dann der Erwachsene ausschließlich verantwortlich wird. Man hat nun für die eigenen Taten einzustehen, nicht im rechtlichen, sondern im moralischen Sinne. Eine Erfahrung davon macht der Mensch nun im Schlaf und dessen «geheimer Verarbeitung», die allnächtlich erfolgt, durch – freilich zunächst meist recht unbewußt, aber dennoch sehr real.

Deshalb gilt ganz allgemein: «Wir sollten immer einen Sinn dafür haben, was aus dem, was wir an die Kinder heranbringen, nicht unmittelbar wird, sondern erst am nächsten Tag geworden ist, wenn das Ich und der astralische Leib durch den Nachtzustand gegangen ist. Da macht eigentlich das Kind erst das Richtige aus dem, was wir ihm bei Tage beibringen. Wir müssen unsere Pädagogik und Didaktik auf das hin einrichten.»[283]

9. Schlafunregelmäßigkeiten

Schlafstörungen

Der gute Schlaf gilt als Segen. Wenn es zu gelegentlichen oder auch – wie es heute immer öfter der Fall ist – zu dauernden Störungen kommt, empfindet der Mensch das als eine rechte Plage. Die erhebliche Beeinträchtigung der Schlafzeit hat zur Folge, daß auch die Wachzeit gestört, gelähmt wird durch Mattigkeit, Reizbarkeit und so weiter. Die Ursachen können vielfältig sein, ebenso wie das Erscheinungsbild der Störung. Es kann sich um Einschlafschwierigkeiten handeln oder auch um ein schnelles Einschlafen, gefolgt von einem baldigen Wiedererwachen mit anschließendem langem Wachliegen, ferner um ein häufiges Erwachen während der Nacht, gefolgt von neuerlichem Einschlafen, aber mit geringer Tiefe. Eine mehr äußerliche, aber durchaus besondere Bedeutung für den Schlaf hat die Atemluft. Denn in die Atemluft spielen die ganzen Erdenvorgänge hinein. «In der Atemluft sind ungeheuer viel Substanzen in einem sehr, sehr fein verteilten Zustande. Allein gerade in diesem fein verteilten Zustande wirken sie, wenn sie durch die Atemluft aufgenommen werden in den menschlichen Organismus, außerordentlich bedeutungsvoll. Und ebenso wie bewußt in den Menschen hineinkommt, was er wahrnimmt durch seine Sinne, ebenso kommt unterbewußt schon während des Wachens Zahlreiches in den Menschen … mehr substantiell hinein als durch den abstrakt-ideellen Zustand des Wahrnehmens und Denkens.»[284]

Die Atmung muß sich im Schlaf verstetigen, sie hat ‹ruhig› zu werden, wenn der Mensch schlafen soll, weil er nur dann nicht mehr erlebend jedem Eindruck der Sinne oder seinen inneren Regungen folgt – eine wichtige Voraussetzung für den ruhigen Schlaf.

Dieser Tatbestand verdeutlicht, daß das erlebende Wesen des Menschen, das astralische Gefüge, eng an die Atmung gebunden ist. Der Atemorganismus des Menschen ist das feine Reagens des Erlebens. Tritt eine Änderung im Verhältnis von Stickstoff (79,90 Vol %) und Sauerstoff (19,90 Vol %) innerhalb der Atemluft ein, so ist eine Schlafstörung die Folge.[285] Dasselbe kann bei ‹schlechter› Luft, die mit Duftstoffen und Spurenelementen angereichert ist, eintreten.

Einschlafschwierigkeiten hängen auch damit zusammen, daß der Astralleib zu eng mit physischem und Ätherleib verbunden bleibt; dadurch erfahren die inneren Organe dann keine Ablähmung. Man spricht in diesen Fällen von Nervosität. «Alles dasjenige, was in einer gewissen Weise auf ein unwillkürliches Funktionieren des Organismus hinzeigt, das ist Begleitung eines mangelhaften Einschlafens. Also jedes unwillkürliche Zucken mit den Lippen, jedes unwillkürliche Zwinkern mit den Augenlidern, jedes zu starke Bewegen der Finger ... also alles Zappelhafte am Menschen ist eine Wachbegleiterscheinung des mangelhaften Einschlafens.»[286] Um das Problem zu überwinden, hat Steiner eine Reihe elementarer Übungen angegeben, die vor allem darauf hinauslaufen, daß sich die Aufmerksamkeit nicht diffus auf alles und jedes richtet, sondern immer wieder während des Tages stark auf einen besonderen Vorgang oder Lebensinhalt konzentriert.[287] So sollte man etwa am Abend die Armbanduhr jeweils an einem anderen Ort ablegen, sich aber im Moment des Niederlegens der Uhr bewußt die Lage und zugehörige Umgebung einprägen. Dadurch zentriert sich das Bewußtsein, das Erinnern fällt dann leichter – wie sich im übrigen das ganze Alltagsleben ordnet.

Diesem Vorgang ist ein anderer, stärker physiologisch bedingter verwandt. Wenn nämlich das Ich über den Phosphorprozeß zu stark innerhalb des Leibes eingreift – dies ist der Fall, wenn die roten Blutkörperchen angegriffen werden –, dann kommt es zu Kopfschmerzen. «Daher werden Sie bei einem zu starken Phosphorisieren Zustände der Schlaflosigkeit auftreten haben, die einfach darauf beruhen, daß ein zu starkes Hinstreben von astralischem Leib und Ich [in den Organismus] stattfindet.»[288] Es handelt sich um einen Vorgang, der gleichsam das Gegenbild zum erhöhten Schlafbedürfnis in zu großer Höhenlage darstellt. Da die Luftzusammensetzung auch bei abnehmendem Luftdruck – er nimmt, bezogen auf Meereshöhe, bei ca. 5500 m auf die Hälfte ab, die höchste menschliche Dauersiedlung liegt in den Anden bei 5800 m – dieselbe bleibt, kommt es bei Höhenumstellung zur Akklimatisierung mit arterieller Hypoxie, das heißt, die roten Blutkörperchen vermehren sich.[289] Geschieht der Vorgang zu schnell, kann es zum Höhenrausch kommen.

Der subjektive Eindruck, überhaupt nicht schlafen zu können oder geschlafen zu haben, trügt. Denn ständige Schlaflosigkeit müßte zur beschleunigten Zerstörung des Gehirns führen, läuft doch Wachheit immer mit Abbauprozessen parallel. Bei aller Täuschung, der Schlafgestörte über die Dauer ihrer Schlaflosigkeit unterliegen, verläuft der Abbau des Nervensystems gleichsam kontinuierlich gebremst ab, weil sich die Vererbungskräfte dagegen anstemmen. Dieser Tatbestand kann an Helen Keller abgelesen werden, die trotz stark gestörter Wahrnehmungsleistung, auf welche der Abbau und die Ermüdung wesentlich zurückgehen, doch zu einer außergewöhnlichen Intelligenz und damit auch Ausbildung ihres Gehirnes kommen konnte: Bei ihr wirken die Vererbungkräfte besonders stark.[290]

Menschen, die sagen, sie hätten nicht schlafen können, täuschen sich leicht, sie sind nur oft erwacht oder schliefen unregelmäßig.[291] «Die Zeit, die manche Menschen angeben, in der sie nicht geschlafen hätten, ist so groß, daß sie längst tot sein müßten, wenn es wahr wäre.»[292] Woher kommt aber der Eindruck dauernder Schlaflosigkeit? Der Schläfer bewegt sich lange im Bereich des Einschlafens, in den Stadien A und B; es besteht schon ein Zustand verringerter Gehirnaktivität, den die Schlafforschung bereits dem Schlaf zuzählt, aber es ist kein Schlaf im Sinne tieferer Schlafstufen, sondern ein Verweilen nahe der Wachheit, denn jedes Geräusch wird gehört und noch geortet. Der subjektive Eindruck, nicht geschlafen zu haben, ist richtig, läßt aber übersehen, daß dann doch ein – verspäteter – Übergang in die Schlafsphären 1 und 2 oder gar bis 3 stattgefunden hat, wenn auch verkürzt. Die innere Schlafgestalt ist höchst verschieden. So gibt es Menschen, die als ausgesprochene Kurzschläfer – diesen Typus gibt es ebenso wie den der Langschläfer – äußerst kurz in der Stufe drei verweilen und sich nach geraumer Zeit völlig regeneriert fühlen. Napoleon, der über Jahre hin nicht länger als zwei Stunden geschlafen haben soll, war in der Zeit seines Schlafes auch nicht durch neben ihm abgefeuerte Kanonenkugeln zu wecken – ein Zeichen für das Verweilen im größten Tiefschlaf. Erwachte er, war er ‹voll da›. Um seine Wachheit noch zu erhöhen, nahm er vor wichtigen Entscheidungen oder vor großen Schlachten überheiße Bäder, wo er sich förmlich abbrühte, um seinen Organismus und sein Ich zu Hochleistungen anzufeuern.[293]

Der Schlafrhythmus mit seinem Hindurchgehen durch die verschiedenen Stadien in etwa ein bis zwei Stunden kann dazu führen, daß bereits nach dem ersten oder zweiten Zyklus ein «Auftauchen» nicht bloß bis in die REM-Phase stattfindet, sondern ein wirkliches Erwachen folgt, wobei dann eine Phase des Wachliegens anschließt. Dieses Geschehen zeichnet häufig den Schlaf im Alter aus. Der Schlaf ist oberflächlicher und zeigt ein verlängertes Einschlafen sowie mangelnde Schlaftiefe. Die langsamen Wellen sind flacher und unregelmäßiger. Man kann von Durchschlafstörungen sprechen. – Der Altersschlaf weist kürzere REM-Phasen auf. Am Tag kommt es häufiger zu einem Nickerchen. Schon nach dem 50. Lebensjahr sind bei 50 % der Bevölkerung arteriosklerotische Veränderungen nachgewiesen, wodurch die Durchflußgeschwindigkeit des Blutes vermindert wird und der Gehirnkreislauf leidet. Die Sauerstoff- und Glukoseaufnahme ist dann vermindert.[294]

Schlafwandeln, Nachtsprechen

Wie die Schlafforschung zeigt,[295] treten die pathologischen Zustände des Schlafwandelns und Nachtsprechens oder Zähneknirschens alle in den tieferen Schlafstadien auf, allerdings in diesen Phasen nur dann, wenn diese in Richtung des Aufwachens, also hin zu einer geringeren Schlaftiefe verlassen werden. Wird der Schläfer im entsprechenden Vorgang geweckt – es kann im Falle der Schlafwandler sehr schwer sein –, berichtet er von Träumen, die in ihrer Struktur durchgängig den Aufwachträumen zugeordnet werden können. Das Phänomen der abnormen Zustände bringt die Geisteswissenschaft mit der Tatsache in Verbindung, daß Ich und Astralleib nur ‹halb› aus dem physischem und Ätherleib heraußen oder schon wieder mit dem Leibe verbunden sind. Es ist dies ein Zustand, in dem sich gewöhnlich auch die Träume bilden.

Das Schlafwandeln wird von Steiner in ein Bild gebracht: Es ist, als ob eine Kugel geworfen würde, die auch dann noch weiterrollt, wenn der Spieler sich bereits wieder etwas anderem zugewandt hat.

«Ein Nachtwandler ist kein Mensch, sondern ein Automat. Und einer, der aus dem Schlaf spricht, spricht auch nichts Menschliches. Versuchen Sie es nur einmal: Sie können, wenn einer aus dem Schlafe spricht, die dümmsten Sachen hören, weil er ein Automat wird und sein Ich und seine Seele nicht in seinem Leibe drinnen sind. Aber wenn das halb der Fall ist, wenn der Mensch nur halb ein Automat ist – das Hineinrücken geschieht nämlich von hinten aus, also so, daß der Mensch von dem hinteren Teil des Gehirnes aus nach vorne hineinrückt –, wenn da der Mensch nur halb hereinrückt, so kann er die Augen schließen, und dann nimmt er, weil da hinten die Sehnerven sind, etwas wahr, was aber phantastisch ist … er sieht nicht, sondern er bekommt da Bilder. [Im Gehirn sitzen die Zentren der Sprache, des Gehörs, der ganzen Sensorik im rückwärtigen Teil, in den Okzipitiallappen; diese Region wird schon von der Seele berührt, bevor sie in die Sinnesorganisation eindringt.]

Die Medien reden daher, aber sie sind nicht in der Welt drinnen. Daher ist gar nichts auf dasjenige zu geben, was die Medien sagen, weil sie [nur] halb in ihrem physischen Leibe sind ... Dasjenige, was die Medien sagen, das ist eben nur das, was der Mensch ... in seiner Eselhaftigkeit wahrnimmt ... Ja, ich habe aber auch schon von Medien gehört, die wirklich großartige Dinge sagen. Das ist auch wahr, die Medien sagen auch großartige Dinge; aber das braucht einen gar nicht zu verwundern. Denn, sehen Sie, wenn zum Beispiel irgendwo ein starkes Erdbeben ausbricht, dann wandern zunächst die Tiere aus ... Die Tiere sind von vornherein prophetisch, weil der Verstand überall ist; sie haben den Verstand noch nicht in sich hineingeschoppt. So ist das Medium etwas, was bis zum Tier heruntersteigt.»[296]

Somnambule und Schlafwandler sind in ihrem Tun verwandt. So kommt es vor, daß ein Somnambuler in der Nacht aufsteht, sich eine Kerze anzündet und zu schreiben beginnt. Ein Beobachter kann das Zimmer hell erleuchten, der Betreffende schreibt ruhig weiter. Wird aber seine kleine Kerzenflamme ausgelöscht, bricht er das Schreiben ab, weil es für ihn jetzt bei unverminderter Helligkeit finster geworden ist. Er vermag nicht, seine Sinnesorgane von innen gleichmäßig zu beleben und etwas entgegenzustellen, was die Wahrnehmungen in Vorstellungen verwandelt, durch die sie dann für uns bewußt sind.

«Im gewöhnlichen Leben ist es unser Ich, unser helles, waches Tagesbewußtsein, welches von sich aus, gleichsam von innen der Außenwelt das entgegenstellt, was wir brauchen, um die Eindrücke herauszuheben und zu unseren Bewußtseinseindrücken zu machen.»[297] Bei Somnambulen ist das Bewußtsein ausgelöscht. Ätherischer und physischer Leib werden vom Astralleib berührt, aber nicht durchdrungen.

Nun ist der «innere Mensch» im Schlaf jeweils drei deutlich voneinander unterschiedenen Einflüssen ausgesetzt; diese sind immer da. Welche Qualität der Schlaf annimmt, ob er als Tiefschlaf, traumerfüllter Schlaf oder beispielsweise als Nachtwandeln auftritt, hängt davon ab, welcher Einfluß jeweils überwiegt. Steiner bringt diese Wirkungen mit den Seelengliedern des Menschen in Verbindung. Wenn dieser «in den traumlosen ruhigen Schlaf versetzt wird, dann geschieht aus der Welt heraus, in die er eintritt, ein Einfluß auf seine Empfindungsseele. Wenn der Mensch seinen Schlaf durchsetzt erhält mit den Bildern der Traumwelt, dann geschieht ein Einfluß auf seine Verstandes- oder Gemütsseele, und wenn er gar anfängt, in der Nacht zu sprechen oder aus dem Schlafe heraus zu handeln, dann geschieht ein Einfluß auf seine Bewußtseinsseele.»[298]

10. Der Traum – seine Bilder und Dramatik

Über den Traum können wir einen Weg zum Un- oder Halbbewußten finden. Dies ist ein Zugang, über den wohl jeder, wenn auch nicht willkürlich, zumindest gelegentlich verfügt. Denn gerade an der Darstellung des Traumes läßt sich etwas von der Steinerschen Methode verdeutlichen, die sich zu der analytischen Deutungsart fast antithetisch, polar verhält. Wir folgen zunächst einer einprägsamen Darstellung, die I. H. Fichte gab, um die Vielfalt der Erscheinung von banalen Bildern bis zu Wahrträumen zu ordnen.[299]

«Als Traum haben, um eine begriffliche Klarheit in einem diffusen Gebiet herzustellen, alle jene Bewußtseinszustände zu gelten, in denen, ohne jede unmittelbare Sinneserregung, dennoch in Form sinnlicher Anschaulichkeit dem Menschen Bilder vor das Bewußtsein treten, gleichviel ob sein Urteil und die begleitende Reflexion ihnen Objektivität beilegt (wie im Schlaftraum) oder nicht.»[300] Doch rasch stellt sich drängend die Frage: Was hat am Traum subjektiven, was objektiven Ursprung? Diese Frage und die Zuordnung zum Bereich des Subjektiven oder Objektiven ist nur durch Vergleichung, durch Analogie, zu lösen. Zunächst dürfte es in die Irre führen, wollte man den Traum deshalb ausschließlich als nur subjektiv ansehen, weil er in einer Bildersprache spricht. Denn gerade diese Bilder enthalten etwas – darin ähnlich den Vorstellungsbildern –, was von dem Wesen desjenigen kündet, das ihnen an objektiven Erregungen zugrunde liegt. Traumbilder sind bildliche Einkleidungen eines höchst realen Kerns. Was sind aber die objektiven Quellen des Traumbewußtseins und des sich darin darstellenden Gehaltes?

Für die Beantwortung dieser Frage findet Fichte nach Studium zahlreicher Traumberichte eine originelle Lösung, denn er läßt die «träumende Seele» sich gleichsam nach zwei Richtungen hinwenden: einerseits an das wache Sinnenbewußtsein, gewissermaßen zurück zum Tageserleben, wo sie mit den Sinneseindrücken empfindend verknüpft war, und andererseits an den Geist, den Fichte zumindest zum Teil als verbunden mit der Nachtseite des Daseins versteht. Geist als eine individuelle Substanz ist für Fichte keineswegs mit Bewußtsein gleichzusetzen. Er hat zwar durchaus Bewußtseinseigenschaften, und der menschliche Geist ist sogar auf Selbstbewußtsein angelegt,[301] aber er besitzt auch eine ursprüngliche, vorempirische Anlage, deren Wirkung im Bewußtseinsprozeß nur gelegentlich hervortritt. Diese Seite hängt mit der Nachtseite der Seele zusammen, sie dürfe aber nicht unterschlagen werden, denn «der Mensch seinem eigentlichen Wesen nach [ist] unendlich reicher und tiefgegründeter, als in seiner der Welt zugekehrten Bewußtseinsform jemals zur Erscheinung kommt».[302] Es gibt Schöpfertaten des Geistes, die einer Quelle des Vorbewußten entstammen, worüber das Bewußtsein sich keine Rechenschaft abzulegen vermag. «Der Traum wendet die innere, gewöhnlich uns verborgene Seite des Geistes dem Lichte des Bewußtseins zu, und so ist die einzige Form, in der die andere Hälfte seines Daseins, der Hintergrund auch seines wachbewußten Lebens, in vorübergehenden Fulgurationen [Blitzschlägen] sich abzuspiegeln vermag.»[303]

So lassen sich denn auch zwei Formen des Traumes unterscheiden: eine den Sinnen zugewandte und eine dem Geist zugewandte oder die des Schlafes und die des Tages (Vision). Damit ist zu unterscheiden:

1. Der gewöhnliche Traum als Nachwirkung von im Wachen eingelebten Vorstellungen oder als Effekt von Empfindungen, die während des Schlafes in das Bewußtsein eintreten; sie regen den Traum in seiner Phantasietätigkeit zu sinnbildlicher Darstellung an. Im Unterschied zum Tage schafft der Traum keine Gedächtnisbilder, sondern symbolisiert künstlerisch namentlich das Bildlose,

Unanschauliche, die inneren Stimmungen und Gefühle in Bewegungen und Symbolen.

Anders ist es beim vergleichbaren

1a. *Tagtraumgegenstück*, da haben wir es mit Halluzinationen, mit Sinnestäuschungen zu tun. Ähnlich dem Traum wissen wir sie nicht auf die Wirklichkeit zu beziehen. Ohne Reizung der Sinnesnerven wird dieser Zustand ausgelöst, er beruht auf Seelenregungen, freilich unwillkürlicher Art, die einen der Empfindung ähnlichen Zustand auslösen. Der Zustand ist nur flüchtig.

2. Die Träume der zweiten Stufe spiegeln unser Inneres im symbolischen Bilde, wir ahnen voraus, haben wahrsagende Träume, der reale Kern – etwa eine kommende Krankheit, ein Unglück – wird von einer Phantasiehülle symbolisch umkleidet. Darin bildet sich wie im Spiegel der verborgene eigene Gesamtzustand ab. Aber auch innere, im wachen Bewußtsein nicht zur Verwirklichung kommende Anlagen des Geistes können sich im Traum auf diese Weise Platz schaffen. So korrigieren sie unsere Einseitigkeiten. Sie dienen der Wiederherstellung und Integration des Geistes, der die unwillkürlichen Einseitigkeiten des Wachens ausgleicht, indem er unterdrückten Richtungen ihr Recht gibt.

2a. Bei Aufregung des Geistes können innere Stimmungen auch während des wachen Bewußtseins aus dem bildlosen Gefühl heraus auftreten und zu einer Art Wachtraum werden; sie grenzen an das Wahnbild oder die fixe Idee. Zwischen Geistesstörung und leichter unwillkürlicher Einbildung bestehen unmerkliche Übergänge. – Auf den genannten Stufen handelt es sich im Traum um Nachklänge diesseitiger Erfahrungen, diese Nachklänge bilden den Erklärungsgrund.

3. Das wird anders bei der dritten Stufe. Es machen sich «objektive Beziehungen unseres Inneren (von seiner organischen oder seiner gegenseitigen Seite her) geltend, welche im wachen Zustande durchaus bewußtlos bleiben, für ihn demnach als ‹jenseitige› zu bezeichnen sind.»[304] Diese Träume allein haben den Charakter objektiver Wahrsage. Es ragt in diesen Fällen das vorbewußte Seelen-

wesen sporadisch in das bewußte hinein. Diese Träume können magisch genannt werden. Es ist «darunter alles dasjenige Vernehmen oder Wirken, welches nicht durch die gewohnte sinnliche Vermittlung stattfindet, sondern wo eine andere ... unserem gewöhnlichen Bewußtsein unbekannte Art der Perzeption und der Wirkung anzunehmen ist. Auch bei diesen Erscheinungen ist, dem allgemeinen Charakter der Traumbildung gemäß, das phantasiemäßige, symbolische Beiwerk wohl zu unterscheiden von dem innern, objektiven Kerne, der auf Bedeutung, manchmal sogar auf tiefe Wahrheit Anspruch zu machen hat.»[305] Verborgene, vorbewußte Beziehungen anderer Körper zu unserem Organismus treten ins Bewußtsein und können sich zum Bilde steigern (Heilträume und Fernfühlen gehören hierher).

3a. Aus dem Gebiete der Ideen senkt sich ins Bewußtsein ein geistiger Gehalt ein. Es handelt sich um ideale Offenbarungen, «aber nicht in der Form eines klaren Schauens, einer vom unterscheidenden Denken durchdrungenen Evidenz, sondern mit intensivster unwillkürlicher Macht den Geist ergreifend und eben damit seine bewußte Freiheit völlig in Beschlag nehmend.»[306]

In verwandter Weise ordnet Steiner das Traumgeschehen. Da sind zunächst die Sinnesreiz-Träume: Eine Pendeluhr wird in ihrem Tick-Tack für den Schläfer zu einem Pferdegetrappel symbolisiert; auch innere Wahrnehmungen können in Bilder umgesetzt werden, zum Beispiel Fieber in dramatische Feuersbrünste und Löschaktionen.[307] Steiner generalisiert dann, indem er darstellt, daß durch den Traum «ein Oszillieren, ein Hin- und Herschwingen von Stimmungen» stattfindet «und – wie die Uhr hin- und herpendelt – ein Hin- und Herpendeln zwischen Spannung und Entspannung, zwischen Ängstlichkeit und Lustigkeit und so weiter. Immer ist für die Gliederung der Traumvorstellungen maßgebend das, was im Gefühlsleben des Menschen das hervorragend Bedeutsame ist. Nach diesem Gesichtspunkt: gewisse Spannungen in der Seele zu überwinden, wird der Traum gestaltet. Aus dieser Notwendigkeit, Spannung in Entspannung, Entspannung in Spannung überzuführen, wird erst dasjenige, was als Vorstellung gar nicht besonders bedeutsam ist, geboren. Die Seele zaubert sich etwas vor, was ein Imaginatives sein kann für das, worauf es eigentlich ankommt. Wenn man das Traumleben in seiner ganzen Breite verfolgt, so findet man zwei Eigentümlichkeiten, die besonders ins Auge gefaßt werden müssen. Die eine ist, daß im Traumleben dasjenige schweigt, was wir im Leben gewöhnlich als Logik bezeichnen … Auch das moralische Urteil schweigt im Traum.»[308]

Zweifellos handelt es sich bei den geschilderten Arten des Traums um seelische Wirklichkeit. Doch wie wird der Inhalt wahrgenommen, welche Organe stehen zur Verfügung? Es muß sich, zumindest bei der vielleicht seltenen, aber doch verbürgten dritten Art, wo es um genaue Vorausschau geht, um mehr als reine Innenerlebnisse handeln. Die Voraussetzung dafür ist die unmittelbare Einwirkung (Einsprache) des einen Geistes in den anderen. Nötigt das aber nicht zur Annahme einer «verborgenen Geistergemeinschaft, hinter dem Rücken unseres gewöhnlichen Bewußtseins»?[309] Ist nicht ein Teil unseres Geistes vom sinnlichen Bewußtsein abgekehrt? – Von hier aus nimmt Fichte den Ausgangspunkt zu umfangreichen anthropologischen und psychologischen Untersuchungen, die wir nicht weiterverfolgen, deren Ziel er aber in seiner *Anthropologie* so angibt: «So vermag endlich die Anthropologie an sich selbst nur in Theosophie ihren letzten Abschluß und Halt zu finden.»[310]

Damit ist die Problematik durchaus zureichend gekennzeichnet, um deren Auflösung es in unserem Zusammenhang geht: Es gibt eine Wirklichkeitsschicht, real, aber den Sinnen entzogen, die für die menschliche Existenz Bedeutung hat. Wie ist die «Einschau in das Übersinnliche»[311] ins Bewußtsein hereinzubekommen, da sie sich doch «hinter dem Rücken unseres gewöhnlichen Bewußtseins» vollzieht? Auf die Zufälligkeiten des Traums kann dabei sicher nicht gebaut werden. Aber worauf dann? Könnte ein Bewußtseinszustand erreicht werden, wo einerseits Bewußtheit herrscht, andererseits aber weder Sinneseindrücke noch Erinnerungen daran den Inhalt bilden? Ein solcher gesteigerter Bewußtseinszustand wäre der notwendige Ausnahmezustand.[312] Steiner zitiert einmal einen von ihm in seinem Erkenntnisringen geschätzten Philosophen, Gideon Spiker (1840–1912), der das Problem und seine Lösung scharf benannte: «Zu welcher Philosophie man sich bekenne: ob zur dogmatischen oder skeptischen, empirischen oder transzendentalen, kritischen oder eklektischen: alle ohne Ausnahme gehen von einem unbewiesenen und unbeweisbaren Satz aus, nämlich von der *Notwendigkeit des Denkens.* Hinter diese Notwendigkeit kommt keine Untersuchung, so tief sie auch schürfen mag, jemals zurück. Sie muß unbedingt angenommen werden und läßt sich durch nichts begründen. Jeder Versuch, ihre Richtigkeit beweisen zu wollen, setzt sie immer schon voraus. Unter ihr gähnt ein bodenloser Abgrund, eine schauerliche, von keinem Lichtstrahl erhellte Finsternis. Wir wissen also nicht, woher sie kommt, noch wohin sie führt. Ob ein gnädiger Gott oder ein böser Dämon sie in die Vernunft gelegt, beides ist ungewiß.»[313]

Wir können nun also die erste Frage: Worum handelt es sich bei dem übersinnlich Gewahrten, und um welche Wahrnehmungsorgane handelt es sich? – im Steinerschen Sinne beantworten. Es handelt sich um Gedankensubstanz oder um Gedankenbewegungen und um das Denken als Organ der übersinnlichen Wirklichkeit. Steiner wird dieser Vorgang schon Ende der achtziger Jahre des letzten Jahrhunderts im Zusammenhang mit seinen erkenntniswissenschaftlichen Forschungen durchschaubar, sie ziehen sich durch sein Werk. So betont er, daß gerade die Seele sich dieses Zusammenhangs des Denkens mit einer übersinnlichen Wirklichkeit gewöhnlich deshalb nicht bewußt werde, weil sie ihre Gedankenfähigkeit zunächst ausschließlich zur Durchdringung der eigenen Gedankenwelt heranzuziehen gewohnt ist. Diese wird allerdings im Tagesbewußtsein von den Sinnestatsachen bestimmt, das heißt von den sinnlich bestimmten Vorstellungen. «Die Gegenstände und Vorgänge, welche die Sinne wahrnehmen, sind im Raume. Aber ebenso wie dieser Raum außer dem Menschen ist, so befindet sich im Innern eine Art Seelenraum, der der Schauplatz geistiger Wesenheiten und Vorgänge ist.»[314] In den Gedanken, die sich der Mensch macht, sieht Steiner nicht Abbilder oder Spiegelungen der Dinge, sondern Offenbarungen einer geistigen Welt auf dem Seelenschauplatz.[315]

«Woher kommen nun die Bilder, die den Traumablauf ausmachen? Nun, das ist so: Während derjenige, der wirklich leibfrei im geistigen Erleben drinnensteht, die geistige Welt mit ihren Tatsachen und Wesenheiten vor sich hat, hat der Träumende sein Bewußtsein noch nicht so weit auferweckt, daß er diese volle geistige Welt vor sich haben könnte. Dadurch stellt sich seine Seele ein auf die Reminiszenzen des gewöhnlichen Lebens, und dann entsteht der Traum, wenn die Seele heranschlägt an das Leibliche. Der Traum wird nicht im Leibe erlebt, aber er wird durch das Heranschlagen der Seele an das Leibliche verursacht. Daher stellen sich vor den Traumerleber diejenigen Dinge, die seinem Lebenslaufe zugrunde liegen, aber so gruppiert, daß sie jene innerlichen Tendenzen, die ich charakterisiert habe, zum Ausdruck bringen. Es ist also, wenn man charakterisieren will, was der Traum eigentlich ist, ein Erleben des seelisch-geistigen Eigenwesens des Menschen. Aber was erlebt wird, ist nicht das Ewige, es ist das Zeitliche. Das Ewige ist es, was am Traum bewußt tätig ist. Das aber, was diese Tätigkeit vermittelt, das ist das Vorübergehende, das ist das Vergängliche. Das ist das Wesentliche, worauf es ankommt, daß das Ewige im Traume als Erlebnis gerade das Zeitliche, das Vergängliche hat, dasjenige, was sonst Inhalt des Lebens ist.»[316]

Wir gehen nun auf das Traumleben weiter ein, ohne es in seiner Vielgestaltigkeit darzustellen; vielmehr geben wir nur einige charakteristische Momente wieder.

Im Schlaf sind wir deshalb bewußtlos, weil sich das Seelenleben nicht am Leibe zu spiegeln vermag und deshalb seiner selbst nicht bewußt wird. Freilich, auch da findet Seelenleben statt. Nun denkt man in Bildern, unabhängig vom Gehirn. Um hier zu einem

Bewußtsein zu kommen, müßte man sich eines anderen Spiegels als dem des Leibes bedienen. Diese Fähigkeit tatsächlich auszubilden ist möglich, aber außergewöhnlich mühsam. Gewöhnlich ist es so, daß das Seelenleben in Zwischenzuständen nicht in den physischen, sondern den Ätherleib, den Träger unbeachteter Vorstellungen, eindringt und sich an ihm spiegelt. «Das sind dann die Träume, die deshalb, weil der Mensch dabei in einer ganz ungewohnten Lage ist, jene Regellosigkeit zeigen ... Während der physische Leib der Spiegler des Seelenlebens ist und unsere Tagesinteressen sich daran auswirken, hängen wir durch unseren Ätherleib oft in der abgelegensten Art mit Erlebnissen zusammen, die lange hinter uns sind und die uns, weil das Tagesleben stark auf uns wirkt, nur schwach zum Bewußtsein kommen.»[317]

Das Traumleben «ist im Leben eine Macht, die den Menschen in die denkbar größte Illusion hineinversetzen kann». Darum ist es auch schwierig, von Seiten der höheren Erkenntnis in dieses Wirken verstehend einzudringen.[318]

Die huschenden Bilder des Traumes zeigen bei nüchterner Beobachtung, «daß doch in den meisten Fällen diese Traumvorstellungen in irgendeiner Weise zusammenhängen mit dem äußeren Leben, wie wir es verbringen auf dem physischen Plane. Gewiß, es gibt Menschen, die leichten Herzens in den Träumen gleich etwas Hohes, etwas Wunderbares, ja, Offenbarungen von höheren Welten sehen wollen ... In den weitaus meisten Fällen wird man sich hierin täuschen, wenn man einen solchen Traum so auffaßt; man wird einfach sozusagen aus Flüchtigkeit nicht bemerken, wie in das Traumgewebe und -gewoge doch irgendwelche Erlebnisse hineinragen, die wir vor mehr oder weniger kurzer Zeit oder sogar vor vielen Jahren äußerlich auf dem physischen Plan erlebt haben.»[319] In diesem Sinne sind Träume überwiegend Nachbilder des äußeren Lebens, wobei die Bildelemente sich halb- oder unbewußt einschleichen.

Dennoch wird man bei sorgfältiger Untersuchung der Träume Elemente auftauchen sehen, die nicht aus diesem Erdenleben stammen können. So vermeint man sich manchmal an zurückliegende Träume zu erinnern, die etwas wie eine Antwort auf Rätselfragen, welche die Seele beschäftigten, darstellen. Beispielsweise kann man einem bitteren Erlebnis gegenüber, das einen Jahre beschäftigte, nun die Empfindung haben, daß man «mit allerhöchster Sympathie dazumal sich hindrängte», obwohl es im Alltagsbewußtsein unsympathisch erschien. In die Reminiszenzen müßte sich Bitterkeit mischen, aber das ist nicht der Fall. «Man hat da Offenbarungen aus Regionen bekommen, in die unser Alltagsbewußtsein nicht hineinkommen kann.» Es ist ein träumender Mensch in uns. Diese Welt ist ähnlich der Traumregion, aber ihnen liegen «Erlebnisse realer Art der anderen, geistigen Welten» zugrunde.[320] So bemerken wir, daß sowohl an der Grenze von Wachen und Schlafen als auch innerhalb des Taglebens eine verwandte Region besteht, aus der etwas wie traumhaft aufzusteigen vermag. Könnten wir die Tages- und Erinnerungsreminiszenzen ausschließen, dann könnten wir Erlebnisse der realen Welten haben. Doch Nachbilder des alltäglichen Lebens überlagern den Zugang zu dieser Region in ihrer wahren Substanz. Wodurch kommt das? Weil wir «das allergrößte Interesse haben an dem, was gerade uns betrifft, an unseren eigenen äußeren Erlebnissen ... Der Mensch hängt tatsächlich einmal an den Sympathien und Antipathien des alltäglichen Lebens.»[321] – «Hinter diesem tagwachen Bewußtsein liegt eine andere Schicht des Bewußtseins. In diesem anderen sind für das alltägliche Erleben die Träume drinnen ... Aber es ist nicht bloß das Traumbewußtsein. Traumbewußtsein wird es nur dadurch, daß wir vom täglichen Bewußtsein dasjenige hineintragen, was wir in diesem täglichen Bewußtsein erleben. Wenn wir das nicht tun, wenn wir es von diesen Erlebnissen leer machen, dann können aus den höheren Welten Erlebnisse in diese Region unseres Seelenlebens hineinkommen.»[322] Man kann dann zukünftige Schicksalsgestaltung, tiefere Gründe der eigenen Existenz erfahren. Ist jedoch der Wille schwach und das Selbst nicht genug erkraftet, sucht man den willkürlichen Zugang zu dieser Region zu meiden.

Ich und Astralleib sind im Schlaf auch in Berührung mit früheren Erdenleben, so können Bilder aus diesen Zusammenhängen in den Traum einfließen. Die Gedanken gehen im Ätherleib weiter im Schlaf, die seelischen Stimmungen sind im Astralleib; beim Untertauchen in physischen und ätherischen Leib entwickelt sich dadurch eine Dramatik des Geschehens, die sprechender ist als die Bildwelt selbst. Die Traumwelt protestiert gegen die Naturgesetze.[323]

Bezieht man diese beiden Tatsachen nunmehr auf das Geschehnis des paradoxen Schlafes, so kann man vermuten, daß durch das Zurücksinken in das ätherische Vorstadium innerhalb der Schlafenszeit diese beiden Faktoren wirksam sind: einer, der auf das Ätherische, und einer, der auf das Astralische der Leiblichkeit zurückgeht. Die Traumbilder entstehen, «weil der astralische Leib in den Ätherleib untertaucht». Was in den Traumbildern «innerliche Beweglichkeit» ist, haben sie «von der planetarischen Bewegung, in die sich aber hineinsetzen die Bilder aus dem Leben, die im Grunde genommen eben nur hineinkommen in diese eigentlich von der Planetenbewegung abhängigen Träume». Die Dynamik des Traumgeschehens wird den Erlebnissen des Astralleibes verdankt, die Bildgestaltung, welche aus Komponenten des Tagerlebens sich zusammensetzt, dem Ätherleib, welcher «die Erinnerung an das Leben bewahrt».[324]

Die traumbildende Kraft ist eine Kraft der Seele. Die Bilder sind unterschiedlich, wichtiger ist die Dramatik; an ihr sehen wir, wie die Seele aufwachend und einschlafend webt. Eine innere seelische Kraft stellt die Bilder vor die Seele hin. Diese Kraft ergießt sich beim Erwachen in die physischen Organe, taucht hinunter in die Blutzirkulation, in die Muskelspannungen und -lösungen. Sie taucht in den Ätherleib ein und wird dadurch verstärkt. Allein ist sie schwach und ohnmächtig. Es huschen die Bilder nur so dahin. Eingeschaltet in Ätherleib und physischen Leib erhält sie Stärke. Wird sie stark, bildet sie das Gedächtnis. «Erinnerung, Gedächtnis ist nichts anderes als die im physischen und Ätherleib verkörperte traumbildende Kraft.»[325] Gäbe es keine Bindungen des Astralleibes an andere Wesensglieder, wie sie auch im Schlafe immer vorliegen, würde die traumbildende Kraft als «majestätische Bilderwelt» erlebt.[326]

Der Traum kommt dadurch zustande, daß der Astralleib und das Ich noch nicht ganz aus dem physischen und ätherischen Leib gelöst oder noch nicht wieder mit ihnen verbunden sind. «Eigentlich träumt man nur beim Einschlafen und beim Aufwachen.»[327] Beim Einschlafen bleibt die Geschichte verwirrt, beim Aufwachen eher schon geordnet. «Wenn Sie hereingehen in Ihren physischen Leib, dann drehen Sie sich gewissermaßen um und gucken aus Ihren Augen heraus. Wenn Sie aber noch halb draußen sind, gehen Sie durch Ihre Augen hindurch, schlüpfen so durch Ihre Augen durch, und da sehen Sie alles undeutlich. Da knüpfen Sie allerlei verwirrte Phantasievorstellungen an ... Der Körper ist es, der es macht, daß wir das Leben ordentlich sehen können,» er vermittelt Raum und Zeit.[328] Der Traum verläuft in eigener Gesetzmäßigkeit, er steht in engem Zusammenhang mit dem Menschen. «Es ist tatsächlich so, daß viele Träume eigentlich Abspiegelungen sogar des körperlichen menschlichen Inneren sind.»[329] Das Hauptsächlichste des Traumes spielt sich während des Aufwachens und Einschlafens ab.

Es ist «ein gewaltiger Unterschied zwischen den Traumerlebnissen und den Erlebnissen des Alltags vorhanden. Mit den Traumerlebnissen ist der Träumende isoliert ... Die Welt, in welcher der Mensch träumend lebt, ist auch eine wirkliche Welt. Nur hängt sie durch ihre Bilder mit denjenigen Dingen zusammen, die den Menschen als einzelne menschliche Persönlichkeit ganz allein angehen.»[330] Die Bilder freilich sind Einkleidungen des Traumes. Es kommt auf die hinter den Bildern sich abspielende Dramatik an. «Im Traume brauchen wir nicht mit anderen Menschen in einer besonderen Kommunikation ... zu stehen, denn im Traume arbeiten wir im Grunde genommen an unserem fortströmenden Ich ... Im Traume arbeiten wir an unserem Karma ... Hinter diesen Bildern arbeitet seine [des Menschen] Seele, sein Ich an dem Karma.»[331]

Dabei sind die Bilder des Traumes meist so beschaffen, daß nur ein Teil des gemeinten Ganzen erscheint. Gerade der Traumforschung fällt auf, daß das «Bildmaterial» des Traumes sehr frei genutzt wird. So können sich bestimmte reale Geschehnisse im Traum nur um Nuancen verschieben, aber auch in ihr Gegenteil verkehren. Es können bestimmte Bilder, Metaphern oder Allegorien für ein mehr Inneres, Seelisches, Empfindendes stehen, das in sich wiederum vieldeutig ist; und es können Szenen aus frühester Kindheit, die im Wachbewußtsein nicht mehr erinnert werden, mit Gegenwarts- oder gar Zukunftserlebnissen zusammengeschlossen auftreten. Vom Material her scheint im Traum nichts aus der Biographie verlorenzugehen. Er erscheint dann oft als das bessere, tiefere Gedächtnis als das im Wachbewußtsein verfügbare. Der Traum gestaltet außerräumlich und außerzeitlich, wie es nur im Medium des Bildes möglich ist. Bei Träumen jeder Art ergibt sich unabweislich, «daß derjenige, der sich bei (einem) Traum mit der Feststellung einer inneren Zustandsschilderung begnügt, ebenso zu eng und einseitig urteilt wie der, der nur mittels Assoziationen zum Traum die Beziehung zur aktuellen Realität sieht oder der nach dem historisch-biographisch-pathogenetischen Kindheitsbezug fahndet oder der durch Forschen nach dem prospektiven nur den finalen Sinngehalt im Traum zu erkennen sucht. Alle vier sehen nur eine Teilwahrheit.»[332] Der Traum ist stets mehrdimensional in seinem Sinngehalt und in seinem Bezug und seiner Erscheinung stets außerräumlich und außerzeitlich; das heißt, die für das Wachbewußtsein geltenden Gesetze sind aufgehoben. Er hat andere als sinnlich-physische Qualität. Wir nennen sie ätherisch.

Nun kann auffallen, daß in den Träumen oft eine moralisch leere Welt vorkommt, indem sich im Wachbewußtsein abgewiesene «unsittliche» Triebregungen ausleben. Dies hängt einerseits mit der Abwesenheit des Persönlichkeitskernes zusammen, der zugleich das sittliche Zentrum ist, andererseits aber auch mit dem Spiegelcharakter des Traumes, indem das «eigentlich Gemeinte paradoxerweise im manifesten Traum durch sein Gegenteil dargestellt wird ... Sollte es sich dabei nur um die ... Tatsache handeln, daß infolge des Wunscherfüllungscharakters des Traumes ein real vorhandenes Unerwünschtes im späteren Traum durch das Gegenteil dargestellt wird?»

Zugleich scheint der Traum oft in frühere Entwicklungsstufen der psychischen Existenz zurückzuführen. «Aber bietet sich uns dafür ‹dort› nicht wieder die ganze Fülle der noch ungelebten Entwicklungsmöglichkeiten an, die wir ‹hier› bereits aus der Hand gegeben, gleichsam ‹abgelebt› haben, dadurch nämlich, daß wir uns entwickeln, immer ‹festgelegter› wurden, indem jeder Schritt, den wir ‹diesseits› in eine bestimmte Entwicklungsrichtung hin einmal vollzogen haben, unwiederbringlich den Verzicht auf alle anderen, ebenfalls ursprünglich vorhanden gewesenen, entgegenstehenden Möglichkeiten bedeutet? So wie die zum Spiel aufgestellten Schachfiguren vor Beginn der Partei noch potentiell alle Milliarden von theoretischen möglichen Spielverläufen in sich bergen? Nach Beginn des Spieles schrumpft deren Zahl jedoch mit jedem Zug in geometrischer Regression schnell zusammen, bis zum Schluß sich sogar umgekehrt ein fataler Zugzwang als Folge der bereits vorausgegangenen Spielentwicklung einstellt.»[333] Der Traum ist eine rudimentäre, absterbende Funktion unseres Lebens. Die Art der Weltwahrnehmung, die sich in ihm in sehr frühen Zeiten aussprach, klingt noch in Mythen und Legenden nach. In ihnen erscheint die reale Welt in astraler Vision.[334]

Aus der Traumforschung, auf die wir weiter nicht detailliert eingehen wollen, ergibt sich, daß der Traum eine stimmige und sinnvolle Bildgestaltung für den Träumenden darstellt, wenn er in den gesamten biographischen Zusammenhang hineingestellt und in seinem Bildwert analysiert wird.[335] Wir haben es mit Qualitäten zu tun, die dem Ätherischen zukommen, sowohl auf der Ebene der Leibgestaltung als auch in den Prozessen des Nerven-Sinnes-Systems, wo der Mensch frei darüber verfügt. Der Traum geht mit beiden Elementen, den leibbezogenen wie den intellektualen und erinnerungsmäßigen, frei um, schöpft daraus Bilder, die symbolisieren oder Erinnerungsreminiszenzen darstellen, wobei diese Bilder dem nicht in die Sinnesorganisation eingegliederten astralischen Leib halb, das heißt traumhaft, bewußt werden. Da das Ich abwesend ist, fehlen die Kategorien des moralisch Verantwortlichen. Zugleich wird aber auch jenes Element sichtbar, daß Astralleib und Ich mit umfassenderen Möglichkeiten und Intentionen in die Begrenztheit des physischen und ätherischen Leibes eingreifen müssen, wobei der Astralleib am ätherischen Leib gespiegelt erhält, was an ursprünglichen Absichten ihm eignet; er wird gewissermaßen hierbei in der Begegnung mit seinen eigenen Absichten zu wohltätigem Ausgleich gebracht und kann seinerseits wieder impulsierend auf den Ätherleib zurückwirken. Ein Teil davon bildet sich im Traumgeschehen ab. Es sei noch angemerkt, daß das wieder auf die Funktion des Ätherleibes hinweist, indem während des REM-Schlafes erwiesenermaßen eine Konsolidierung von Gedächtnismaterial, vor allem des Langzeitgedächtnisses, erfolgt.

Es fällt auf, daß Träume, die in ihrem inneren Ablauf an Reminiszenzen des Tages erinnern – also etwa, wenn im Traum mühselige Arbeit geleistet werden muß, wie es der physisch-sinnlichen Tatsächlichkeit entsprechen könnte –, dazu führen, daß der Träumer mit schweren Gliedern erwacht und den ganzen Tag in ermüdeter Stimmung bleibt. Sind die Traumbilder dagegen «unwirklich«, wie im Flug-Traum und so weiter, so erwacht man frisch und munter. «Wird der Traum solch ein Naturalist, dann wirkt er auf das wache Leben ungesund ein. Er wirkt Krankheit erzeugend. Wenn man also das gewöhnliche Sinnesleben im Traume herausträgt in den Schlaf hinein, so wirkt es krankmachend, ungesund zurück. Und auf der anderen Seite, wenn man dasjenige, was nicht real ist in der physisch-sinnlichen Welt, was der steife Philister für Phantastisches hält, für ein Mystisches, für ein Zeug, das ein vernünftiger Mensch, ein richtiger Intellektualist nicht geistig auffassen möchte – wenn das im Traume auftritt, so ist es gerade dasjenige, was einen dann munter, frisch und gesund macht«.[336] Das zeigt, daß während des Schlafes etwas mit dem Menschen geschieht, was unabhängig von der Leiblichkeit ist, «denn es drückt sich in seiner Wirkung in der Leiblichkeit aus, während der Mensch schläft. Und der Traum ist dasjenige, was zunächst für das gewöhnliche Bewußtsein zur Verwunderung und zum Erstaunen hereinspielt, dasjenige, was da der Mensch ... unbewußt durchmacht».[337] – «Der traumerfüllte Schlaf ist dann vorhanden, wenn der Astralleib zwar schon ganz seine Verbindung mit dem physischen Leib gelöst hat, gleichsam seine Fühlfäden aus dem physischen Leib herausgezogen hat, aber noch mit dem ätherischen Leib verbunden ist. Dann wird das Blickfeld des Menschen von jenen Bildern durchzogen, die wir die Träume nennen.»[338] Was in den Traumbildern lebt, ist eine zusammengesetzte Erscheinung. Es bildet wie eine Art Keim, aus dem etwas hervorgeht. «Was in die Traumbilder eingewickelt ... in der menschlichen Seele aus der Dumpfheit des Schlafes heraustritt, das ist ... geistig-seelisch die Grundlage für dasjenige, was durch die Pforte des Todes geht ... Aber es ist ein schwacher geistig-seelischer Keim, es ist ein so schwacher geistig-seelischer Keim, daß er aus seinen eigenen ihm innewohnenden Kräften nicht zu einem seelischen Inhalte kommt. Daher kommt er nur zu dem Inhalte, der sich aus Reminiszenzen, aus Anklängen an die durchlebte Welt ... knüpft.»[339] Darum steckt im Glauben, Träume seien prophetisch, gleichzeitig etwas Wahres und Abergläubisches. Substantiell lebt die Seele so, wie sie sich in Zukunft entwickeln wird, die Bilder sind aber keineswegs immer auch Vorahnung.

Damit sind wir zur systematischen Analyse des Traumes durch I. H. Fichte, wie wir sie am Anfang des Kapitels gegeben haben, zurückgekehrt. Im nächsten Teil unserer Arbeit wollen wir uns dem Phänomen des Schlafes noch in einer weiteren Form nähern.

TEIL 3

VOM ZUSAMMENHANG DES TAGERLEBENS MIT DEN SCHLAFVORGÄNGEN

Im nun folgenden 3. Teil sollen einige Gesichtspunkte zur Bedeutung des menschlichen Schlafes eingehender dargestellt werden:

1. der Vorgang des Einschlafens und Aufwachens;

2. die Einwirkung geistiger Wesen auf die geschichtliche Entwicklung im Schlafzustand;

3. die Geschehnisse innerhalb der Wesensglieder im einzelnen und im Zusammenhang;

4. die Wirkung der Tageserlebnisse auf den Schlaf und des Schlafes auf die nachfolgenden Tagesgeschehnisse.

Die Behandlung all dieser Themen geht von der geisteswissenschaftlichen Einsicht aus, daß das Geistige und die Leiblichkeit nicht dualistisch betrachtet, sondern einheitlich gesehen werden sollten. Es ist der Geist, der sich den Körper baut. «Es ist nämlich einerlei, ob man den Menschen in bezug auf sein Physisch-Körperliches betrachtet ... oder in bezug auf sein Geistig-Seelisches.»[340]

Für diese Betrachtungen wird ein Zusammenhang nicht eigens ausgeführt, daß nämlich der Schlaf der kleine Bruder des Todes ist, so daß in ihm ein Abbild des Lebens zwischen Tod und neuer Geburt als seines Urbildes gesehen werden kann. Wir beziehen beide Daseinszustände also nicht aufeinander, obschon das Steiner selbst immer wieder unternimmt, sondern begrenzen uns auf den Schlaf allein.

1. Die beiden Grenzen: Einschlafen und Aufwachen

Wir wollen uns nun im speziellen den beiden herausgehobenen Momenten im Zyklus von Wachen und Schlafen zuwenden, den beiden Übergangsstellen, gleichsam dem jeweiligen Nullpunkt, wo der eine Bewußtseinszustand in den anderen umschlägt. Diese Grenze, die der Erfahrung noch am ehesten zugänglich ist, soll etwas genauer ausgeleuchtet werden, obschon die so vorgenommene Analyse im Grunde gegenüber dem Schlafvorgang etwas Künstliches darstellt. Das Einschlafen ist eigentlich nicht ohne den Gegenpol des Aufwachens und umgekehrt darstellbar. Wie beim Atemvorgang die Einatmung von der Ausatmung gefolgt wird und umgekehrt, wobei beide Abläufe durch einen kurzen Moment der Ruhe, des Umschlags getrennt sind, so ist es auch beim Schlaf-Wach-Zyklus mit dem Einschlafen und Aufwachen als Umschlagspunkten. Dennoch wollen wir versuchen, die Aufmerksamkeit verstärkt auf den jeweiligen Ruhe- oder Umschlagspol zu richten.

Wir vergegenwärtigen uns das Wechselspiel von Tag und Nacht. Die Sonne bewegt sich – für die Wahrnehmung – in einem Tages- und einem Nachtbogen um die Erde. Steht sie hinter der Erde, wird es dunkel, bescheint sie die Erde unmittelbar, wird es – in Abhängigkeit von der Wolkenbedeckung – unterschiedlich hell. Beide Bögen sind an den Saumstellen, genaugenommen vor dem Auf- und nach dem Untergang, durch die Dämmerung mit ihrem reichen Farbenspiel ausgezeichnet und zugleich vermittelt. Sowohl der Auf- wie auch der Abstieg der Sonne und damit auch die Dämmerungsdauer und Farbengluten sind jahreszeitlich verschieden. Äquatorial ist der Bogen steil, die Dämmerung sehr kurz, polwärts ist das Gegenteil der Fall. Da sich die Sonnenbahn nord-südwärts im Jahresgang verschiebt, ist im Nordsommer die Dämmerung mehr von den Polkräften bestimmt, die Dämmerungsdauer nimmt zu, im Winter ist es umgekehrt.

Gilt dieses ungeheure Wechselspiel auch für die beiden innerseelischen Vorgänge des Wechsels vom Wach- zum Schlafbewußtsein und umgekehrt? Zeigen auch die beiden seelischen Grenzerlebnisse einen ähnlichen Reichtum und eine ähnliche Vielfalt der Verläufe?

Einschlafen

Ein Charakteristikum des Schlafes ist die ganz anders geartete Haltung des schlafenden Menschen gegenüber dem wachenden: Der Mensch liegt. Für den wachenden Menschen bildet die angemessene Haltung die sitzende, stehende oder gehende – sie ist die urmenschliche Haltung. «Die Gestalt des Menschen ist aufrecht; er ist hierin einzig auf der Erde.»[341] Nur im Aufrichten vermag er sich dem Schwerefeld zu entziehen und dadurch die Hände zur sinnvoll gerichteten Tätigkeit freizubekommen. Während er in dieser Haltung – in der Senkrechten – sich ständig aktiv zu halten genötigt ist, sinkt er im Schlaf – typischerweise – in die Horizontale. «Unsere Haltung beim Schlafen ist die denkbar hilfloseste, weil dabei die Gliedmaßen nicht auf den Boden gerichtet sind. In ihr spricht sich eine rückhaltlose Hingabe an die Schwere aus. Doch zugleich weist diese Haltung [die Rückenlage] darauf hin, daß wir uns während des Schlafens gegen die Erde abschließen und uns öffnen für das, was über uns ist.» Der Mensch erfährt «unter dem Einfluß von Schwere und materiellem Druck eine Dämpfung des Bewußtseins, während das Bewußtsein durch den Einfluß des Lichtes gerade geweckt wird».[342] Dadurch wird das Aufstehen auch zu einem viel dynamischeren und einschneidenderen Ereignis für den Menschen als für jedes andere Lebewesen: Von der Hingabe an die Erde muß er zur Überwindung, zum Widerstand gegen sie gelangen. Umgekehrtes spielt sich beim Niederlegen vor dem Einschlafen ab.

Das Einschlafen kommt, wie wir sahen, zustande, wenn sich die Wesensglieder, physischer und ätherischer Leib einerseits und Astralleib und Ich andererseits, voneinander trennen. Das hat dann Folgen nach zwei Richtungen: für die Seele und für den Leib. Läßt sich diese Trennung noch genauer verfolgen?

Beim Einschlafen kann man zunächst von außen wie auch von innen beobachten, daß die innere Aktivität der Glieder allmählich erlahmt. Es beginnt sich eine Art Ohnmacht gegenüber der inneren Seelentätigkeit einzustellen, das heißt, man gestaltet nicht mehr die Seelenvorgänge selbständig oder aktiv mit. So geht etwa die Herrschaft über die Sprache verloren. Oft läßt sich beobachten, wie jemand einen begonnenen Satz nicht mehr zu Ende bringt, weil er «weg», also rasch eingeschlafen ist. Auch geht der Zusammenhang mit der Außenwelt verloren, denn die Tageseindrücke werden nicht mehr empfangen; sie ‹reizen› zwar noch die Organe, aber nicht mehr die Seele als antwortende Instanz. Die Empfindungsfähigkeit für Sehen, Riechen schwindet, zuletzt das Hören.[343] Als Konsequenz stellt sich der ruhige Schlaf ein. Um nun diesen Vorgang wach zu begleiten und verstehend zu durchleben, bedarf es zuvor einer Kräftigung der eigenen Seelentätigkeit. Alle Übungen, die auf eine solche Kräftigung hinzielen, etwa die allmähliche willkürliche Veränderung der Handschrift, stärken die Willenskraft in der Seele derart, daß sie allmählich in die Lage kommt, «die Wechselzustände zwischen Wachen und Schlafen in der richtigen Weise zu beurteilen … [Durch intensive Meditationsübung] gelangt man dazu, den Akt des Einschlafens in der richtigen Weise durch Anschauung erfassen zu können … du schaust gewissermaßen auf dein Einschlafen hin, und du erfährst jetzt, daß du, indem du einschläfst, nicht einfach vor dir hast einen veränderten Zustand deines Leibes, sondern daß du wirklich mit deinem selbständigen Seelenleben aus deinem Leibe hinausschlüpfst, hinausgehst, denn du läßt etwas zurück, und das sind deine Gedanken ... Man merkt, man ist nur herausgetreten aus seinem Leibe mit dem Fühlen und dem Wollen ... Was man im Bette beim Einschlafen zurückgelassen hat, ist nicht bloß das, was man durch die physische Anatomie und Physiologie und Biologie erforschen kann, sondern das ist durchsetzt von dem Gedankengewebe.»[344] Erst dadurch, daß man zuvor sein Denken gestärkt hat, kann man dieses Gedankengewebe verlassen und dennoch bewußt bleiben. «Es ist vor allen Dingen der Bildekräfteleib, der aus einem Gedankengewebe, aber aus kraftenden Gedanken besteht. Auf den sieht man zurück wie auf einen Spiegel. Und man hat die eigentümliche Tatsache, daß man früher als Subjekt, als Persönlichkeit, mit seinen Gedanken verbunden war; jetzt hat man die Gedankenwelt, ich möchte sagen, wie auf einer photographischen Platte vor sich, indem man auf den eigenen Leib zurückschaut ... Wie das Auge dadurch ein Organ für das Sehen ist, daß sich die Welt drinnen abbilden kann, so wird für eine solche Anschauung der zurückgebliebene Äther- und physische Leib ein Spiegelungsapparat ... Aber man sieht durch diesen Spiegel eben nicht nur das Gedankengewebe, sondern man sieht die Welt, indem man die Gedanken zurückgelassen hat am physischen Leibe ... Der Mensch geht mit seinem selbständigen seelischen Wesen im höheren Erkennen wirklich aus seinem Leibe heraus. Er erkennt dieses Herausgekommensein dadurch, daß er den Gedankenspiegel jetzt nicht an sich, sondern außer sich hat ... Man fühlt aber in dem Momente, wo man herausgeht, die geistige Welt auftauchen.»[345] Die Gedanken werden in dem Maße «verobjektiviert, als man seinen eigenen Leib zu einem umfassenden großen Sinnesorgan macht. Ich möchte sagen, ein einziges Auge wird der Leib.»[346]

Als Steiner einmal die verschiedenen Einflüsse darstellt, denen der Mensch im Schlaf ausgesetzt ist, bringt er den Einschlafvorgang in Zusammenhang mit der Empfindungsseele: «Nun bezeichnet man denjenigen Teil der menschlichen Seele, welcher dem ... Einfluß unterliegt, der überhaupt die menschliche Seele heraustreibt aus den Leibeshüllen, in der Geisteswissenschaft als die Empfindungsseele.»[347] Was hat es damit auf sich? Was wird unter Empfindungsseele verstanden? «Nach allen Seiten hin antworten die Empfindungen auf die Eindrücke [der Sinne]. Dieser Tätigkeitsquell soll *Empfindungsseele* heißen.»[348] Der Träger des Bewußtseins ist der Empfindungsleib, das darin Tätige die Empfindungsseele. Sie holt aus dem Lebensgefüge das hervor, «was sie als Empfindung aufglänzen» läßt.[349]

Dort, wo Bilder vom Gewahrten auftreten, kann der Mensch in freier und innerlicher Weise mit den Inhalten umgehen. «Mit dem ersten Regen der Empfindung antwortet das Innere selbst auf die Reize der Außenwelt»[350] und bringt sie so in seinen Besitz. Wäre dies anders, könnte die Seele die Eindrücke nicht gestalten, sie bliebe verständnislos der Wahrnehmung ausgeliefert beziehungsweise hätte – zugleich mit dem Reiz verkoppelt – stets feste Bedeutungsmuster gegeben, wie das beim Tier der Fall ist. Erst wenn zu der Wahrnehmung der Begriff hinzugefügt wird, «verhält sich das Ich nicht mehr nur empfangend, sondern zugleich unmittelbar tätig, und diese Tätigkeit ist nicht nur unterscheidender, sondern zugleich verknüpfender Art.»[351] Diese Fähigkeit schwindet beim Schlaf völlig. Aber auch schon der Einschlafvorgang steht in engster Beziehung mit der Empfindungsseele, allerdings gleichsam negativ, weil er die Tätigkeit der Empfindungsseele auszulöschen beginnt. Erst danach, im eigentlichen Schlaf, entfalten sich die Kräfte der Verstandes- und Bewußtseinsseele.

In der Seele schlafen wir ein, das Erleben dämmert ab. Doch kann man im Einschlafen auch so etwas wie ein «Aufwachen» spüren. Diesem Erwachen spürt Steiner nach, wenn er sagt: «Es wacht etwas auf wie ein sich ausbreitendes Gewissen, etwas wie die Moral der Seele wacht auf ... Während das Fühlen des Tages sich in der Weise zeigt, daß die Dinge an uns herankommen, fühlt der Einschlafende, wie wenn seine Seele sich ausgießen würde über eine Welt, die jetzt erwacht und die hauptsächlich umschließt ein Sich-Ausspannen, ein Sich-Ausgießen des Gefühls über das, was die Seele durch sich selber wie durch ein sich ausbreitendes Gewissen in bezug auf ihre moralische Innerlichkeit erleben kann … Es ist oft ein Gefühl von tiefem Zerrissensein, wenn sie sich Vorwürfe zu machen hat … [Es erwacht eine gewisse Sehnsucht in der Seele]: Man will, daß dieser Moment eigentlich sich ins Unbestimmte ausdehnen möge, daß er nicht ein Ende finde. Dann aber kommt etwas wie ein Ruck, eine Art innere Bewegung … gleichsam eine Forderung, die sich die Seele selber macht: Du mußt dich jetzt noch weiter ausspannen, dich noch weiter ergießen!»[352] Damit wird der Übergang zu den späteren Schlafstufen gekennzeichnet, in denen das Gefühl auftritt, daß sich die Seele aufzulösen scheint wie ein Tropfen Farbe im Meer.

In den Einschlafvorgang ragen also bereits die Wirksamkeiten des Schlafes hinein. Bewußtseinsmäßig verdämmert zunächst der Sinnesbezug, statt dessen werden die Wirksamkeiten und Vorgänge während des Schlafes – paradox formuliert – bewußtlos wahrgenommen.

Ein wichtiger Aspekt für das Einschlafen besteht darin, mit welcher inneren Haltung der Seele auf den Schlaf zugegangen wird. Jeder hat schon die Erfahrung gemacht, daß, wenn er zuvor aufregende Erlebnisse hatte, der Einschlafvorgang erheblich beeinträchtigt wird, weil dann die Tagesereignisse immer aufs neue durch das schwer Ruhe findende Bewußtsein huschen. Generell kann gesagt werden, daß es «nicht gleichgültig ist, wie wir mit unserem Ich und Astralleib in den Schlaf hineingehen».[353] Das Beispiel, das Steiner in diesem Zusammenhang wählt, sieht von den unmittelbar aktuellen Bewußtseinsinhalten ab und berührt mehr grundlegende Seeleninteressen. So kann immer wieder in das Tagesbewußtsein eine bestimmte Sorge eintreten und dieses zeitweilig mit Beschlag belegen, etwa die Furcht vor Ansteckung durch Bazillen oder Viren. (Im Mittelalter kannte man Furcht vor Gespenstern und Dämonen.) Diese zeitbedingten Furchterlebnisse – vor Kriegen, vor Arbeitslosigkeit oder vor Ansteckung – zeitigen seelische Folgen. Denn diese Grundstimmung wird in den Einschlafvorgang mitgenommen. Nun sieht Steiner folgenden Zusammenhang: «Bazillen werden am intensivsten gepflegt, wenn der Mensch in den Schlafzustand hineinnimmt nichts anderes als eine materialistische Gesinnung. Es gibt kein besseres Mittel für diese Pflege, als mit nur materialistischen Vorstellungen in den Schlaf hineinzugehen und von da, von der geistigen Welt, von seinem Ich und Astralleib aus zurückzuwirken auf die Organe des physischen Leibes, die nicht Blut und Nervensystem sind.»[354] Auch hierbei handelt es sich um ein Nachspiel des Tages, das sich über das Einschlafen bis in die weiteren Schlafphasen hinein fortsetzt, während derer dann die Wesensglieder, die in der geistigen Welt weilen, wieder Teile des Leibes beeinflussen.

Doch der Moment des Einschlafens ist nicht nur dadurch gekennzeichnet, daß der Tag hineinvibriert, sondern auch dadurch, daß der Schlaf schon seine Wirkung voraussendet. Wie in der Dämmerung die Farben einen besonderen Reichtum in der Atmosphäre – weniger an den Dingen selbst – erlangen, weil Finsternis und verflimmerndes Licht miteinander ringen, so ist es auch hier. «Unter dem vielen, was der Mensch zunächst erleben würde, wenn er bewußt im Momente des Einschlafens den Makrokosmos beträte, wäre nämlich er selber; der Mensch würde selber drinnen sein in diesem Makrokosmos.»[355] Mit anderen Worten: Der Mensch begegnet seinem viel umfassenderen, größeren, eigenen Wesen, dem höheren Selbst. Der Übertritt in die geistige Welt beim Einschlafen führt über eine Grenze; diese Grenze schützt den Menschen dadurch, daß ein Bewußtseinsverlust erfolgt, vor dem Einblick in die tatsächlich ablaufenden Vorgänge. In Wirklichkeit ist es so, daß im Moment des Einschlafens der Mensch an einer mächtigen übersinnlichen Wesenheit vorbeistrebt; diese Wesenheit ist der Hüter der Schwelle. Er stellt «das Ebenbild des Menschen in seiner Doppelnatur dar, aus Vergänglichem und Unvergänglichem gemischt».[356] Es ist dieses Wesen gewoben aus all dem, was an Unvollkommenem und an Verstrickung, an Verdrängung aus langen Vergangenheiten im Menschen lebt. Den Anblick des eigenen Doppelgängers, des eigenen Schattens, zu ertragen, ist so schwer, daß es ohne genügende Vorbereitung kein Mensch auszuhalten vermöchte. So sinkt die Seele entweder beim Einschlafen augenblicklich ins Unbewußte hinab, oder sie öffnet sich beim

Erwachen sofort für die Sinneswelt – die Begegnung mit dem eigenen ‹anderen› Wesen unterbleibt in aller Regel zum Wohle des Menschen. – Hinter dieser Hüterwesenheit steht und wirkt allerdings noch eine weitere Wesenheit, gleichsam der große lichte Bruder der Schattengestalt: Es ist die Zukunftswesenheit des Menschen, sein Idealwesen. «Ein unbeschreiblicher Glanz geht von dem zweiten Hüter der Schwelle aus; die Vereinigung mit ihm steht als ein fernes Ziel vor der schauenden Seele.»[357] Auch diese Wesenheit ist, ebenso wie der schattenhafte Doppelgänger, dem unmittelbaren Anblick des einzelnen Menschen entzogen.

Das Vorbeischreiten an der Hüterwesenheit, also gleichsam an der Vergangenheit und Zukunft des eigenen Wesens, geschieht jeweils während des Einschlafens und Erwachens; es verläuft völlig unbewußt. Wir wissen deshalb von dieser Begegnung nichts. Der Hüter selbst ist es, der uns daran hindert, darin besteht geradezu seine innere Natur. Erwachten wir – solche Momente gibt es unter außergewöhnlichen Lebensumständen – allerdings einmal zum Bewußtsein, so würden wir erfahren, daß die nun betretene Welt des Schlafes sich zunächst als eine ganz andere darstellt, als wir sie uns gerne vorstellen möchten. Wir würden zwar geistigen Kräften und Wesenheiten begegnen; diese würden sich aber zunächst als «außerordentlich feindlich gegenüber der Sinneswelt» erweisen. Bewußt erlebt, würde sich diese Welt beim Übertritt ausnehmen «wie ein Sengen und Brennen, wie ein verzehrendes Feuer für all dasjenige, was die Sinneswelt darbietet. Man tritt durchaus in die Welt zerstörender Kräfte ein. Das ist der erste Anblick, der sich jenseits zuerst darbietet.»[358]

Das Erwachen

Nach der Zwiesprache mit dem höheren Selbst, nach der Begegnung mit hierarchischen Wesen kehren nun Astralleib und Ich über die Körperperipherie wieder zurück in den Leib (S. 64f.). Das Erwachen vollzieht sich in zwei Stufen. «Wir wachen auf, wie wir sonst uns verhalten, wenn wir durch einen Sinneseindruck gereizt werden. Es muß bei jedem Aufwachen irgendwie etwas unsere Seele reizen. Es braucht nur der eigene Leib zu sein, der lange genug geschlafen hat und der in seinem veränderten Zustand diesen Reiz ausübt ... Wie sonst die Augen, die Ohren Ton oder Farbe wahrnehmen, so nimmt jetzt die selbständige Seele mit ihrem Fühlen etwas Äußerliches wahr, und es ist der Moment des Aufwachens ein Wahrnehmen durch das Gefühl ... ein Ergreifen des Körpers. Wie wenn wir sonst einen Arm bewegen oder ein Bein bewegen, so ergreifen wir mit dem selbständigen Willen den Organismus. Es sind wirklich zwei Akte, die da sind beim Aufwachen.»[359] Der Moment des Erwachens führt dazu, daß die Wesensglieder sich wieder zusammenfügen, so daß der Mensch wieder fähig wird, in Raum und Zeit als Wahrnehmender, Denkender und Handelnder zu leben. Mit dem Untertauchen der Seele in den Leib «hört dasjenige auf, was man selbständig als geistig-seelische Welt um sich hat. Man fühlt es wie abschwinden, und man fühlt, wie man absorbiert wird, indem man wieder untertaucht in den Körper.»[360]

Die Sinneswelt zu bemerken, gehört bereits dem Wachzustande an. Wenn der Mensch wieder zum wachen Tagesbewußtsein zurückgekehrt ist, hat er zuvor die Schlafstadien «in umgekehrter Reihenfolge durchgemacht».[361] Er hat dabei das Gefühl, die eigene Tätigkeit, die Seele und Geist im Schlaf ausgeführt haben, wie in Bildern vor sich zu haben. Und er merkt, «daß diese Bilder einer Tätigkeit, die vor dem Aufwachen lag, sich mit unserem Gehirn verbinden und es zu einem beweglicheren, brauchbareren Instrument machen, so daß man imstande ist, etwas zu Ende zu führen, was man vorher nicht konnte, weil ein Widerstand da war, zum Beispiel gewisse Gedanken zu denken ... Man fühlt also, daß man nicht eine Tätigkeit ausgeübt hat wie im Wachen, sondern eine Tätigkeit, die zur Wiederherstellung gewisser Dinge im Gehirn, die abgebraucht waren, gedient hat.»[362] Die Tätigkeit der Regeneration des Gehirns wird sehr deutlich gerade im Momente des Erwachens erlebt.

Aus einem etwas anderen Blickwinkel läßt sich von diesem Moment auch sagen, daß in ihm etwas von der zuvor gehabten Wesensbegegnung nachklingt. Die Seele darf sich schon im Einschlafen sagen: «Wenn ich aufwache, werde ich die Begegnung mit dem Genius gehabt haben. Die Flügel meines Genius werden herangeschlagen haben an meine Seele.»[363]

Das Erwachen verbirgt aber zugleich, was an zerstörenden Kräften die seelisch-geistige Welt durchwirkt. Damit der Mensch nicht mit diesen «Kräften, die fortwährend die Neigung haben, die physische Sinneswelt zu zerstören», zusammenwächst, muß er sich auf eine ganz bestimmte Weise vorbereitet haben: «Man muß gewissermaßen, bevor man an die Seite der Schöpfer treten darf, die Schöpfung liebgewonnen haben ... Sonst würde man jeden Morgen beim Aufwachen mit einem furchtbaren Haß auf die Sinneswelt zurückkommen, mit dem Trieb, diese Sinneswelt zu zerstören.»[364] Der Traum spiegelt etwas von den zerstörenden Kräften, nämlich wenn er die in der Sinneswelt notwendige Logik zerstört und seine rational nicht nachvollziehbaren eigenen Gesetze – außerzeitlich und außerräumlich – entfaltet.

Im Erwachen wirken aber bereits die Sinnesreize auf den Empfindungsmenschen ein, so daß sich das irdische Bewußtsein von Raum und Zeit wiederum einstellt. Wichtig ist in diesem Momente auch, daß durch die erneute Verbindung mit dem Leib Selbstbewußtsein und Logik zurückkehren. Der Mensch erlebt in Anfängen bereits wieder elementare Gefühle, «seine Lust, sein Leid, seine Freude, seinen Schmerz, alles das, was er an Trieben und Begierden» hat.[365] Der erlebende Mensch ist damit ‹wieder da›.

Nun ist es keineswegs so, daß beim Eintauchen in die Leiblichkeit während des Erwachens die Seele etwas von dem ätherischen und physischen Leibe, in den sie zurückkehrt, erführe. «Wir betrachten unser eigenes Wesen während des Wachzustandes niemals von innen, sondern immer nur von außen.»[366] Wie wäre es, wenn wir während des Untertauchens mit Astralleib und Ich in physischen Leib und Ätherleib uns von innen betrachten könnten? Da hätten wir die intimen Erlebnisse der Mystiker, die gerade all das zum Schweigen zu bringen versuchen, was von der äußeren Welt an die Sinne herandringt. Vor diesen Erlebnissen, die mit großen Schrecken und einem ungeheuren Schamgefühl verbunden sind, sind wir behütet. «In demselben Moment, wo wir aufwachen, wird unser Blick abgelenkt auf die äußere Welt.»[367] Es ist, «wie wenn wir durch einen Strom geführt würden,»[368] der das Bewußtsein der jeweils anderen Seite auslöscht. Beim Durchgang durch den Strom wirkt Lethes Vergessenheit. So ist durch das Erwachen tatsächlich eine Grenze zwischen innerer und äußerer Welt gezogen. Zwischen Wachen und Schlafen geht es wie durch einen Nullpunkt, die Bewußtseinszustände lassen sich nicht durch einen Kreis oder durch eine Ellipse, sondern nur durch eine Lemniskate abbilden.[369] Nur in der Lemniskate kann ausgedrückt werden, wie am Schnittpunkt der beiden Hälften das nach außen Gerichtete, das periphere Bewußtsein, umschlägt in das nach innen Zeigende, das zentrierte Bewußtsein und vice versa. Das Tagesbewußtsein ist gegenstandsbezogen, wach und zentriert, segmental, punktuell; das Schlafbewußtsein verhält sich polar dazu, es ist geweitet, umkreishaft, ausgedehnt, unendlich sich verlierend. Der Mensch kann es nicht ausfüllen, darum schläft er. Erst im nachtodlichen Zustand vermag er sich in diesem ausgedehnten Bewußtsein, das fernste, ja unendliche Zusammenhänge umgreift, selbst aufrechtzuerhalten und sich zum Über-Bewußtsein, zum All-Wisssen zu steigern; erst dann vermag der Geist ganz im Umkreis, im ganzen Sternengebiet, im Kosmos als Geist unter Geistern zu leben. Der Zustand, in dem sich Seele und Geist während des Schlafes befinden, ist sehr ähnlich dem zwischen Tod und neuer Geburt. Beide Zustände «sind nur dadurch voneinander verschieden, daß der Mensch im Schlafe beim normalen Leben kein Bewußtsein hat von der Welt, in der er während des Schlafes ist; und zwischen dem Tode und der neuen Geburt hat er ein Bewußtsein, da weiß er, was mit ihm vorgeht ... Der Unterschied ist tatsächlich nur ein Bewußtseinszustand.»[370] Solange der Mensch im Leibe lebt, ist er an den physischen Leib gefesselt. Dieser bewirkt – aus seinen Baugesetzen und seiner Erdverhaftung heraus – eine fortdauernde Umschleierung und Bewußtlosigkeit des Geistes seinen eigenen Eigenschaften und Tätigkeiten gegenüber. Die Verbindung mit dem Leib hindert Seele und Geist, also Ich und Astralleib, daran, ihre eigenen Kräfte frei zu entfalten. Auch im Schlafe unterliegen sie durch die weiterhin aufrechterhaltene Verbindung zum Leibe dessen Einfluß und Herrschaft: Er zentriert das Bewußtsein auf die Sinne hin. Wird das Bewußtsein den Sinnen im Schlaf entzogen, kommt es – anders als nach dem Tod – nicht zum Erwachen sich selbst gegenüber, sondern im Gegenteil: Das Bewußtsein verfällt in den Zustand der Bewußtlosigkeit, in den «Schlaf» sich selbst gegenüber.

Dies ist von außerordentlicher Bedeutung für eine gesunde irdische Existenz. Denn wenn wir uns mit einem gesteigerten Wach- oder Überbewußtsein aus dem Schlaf zum Erwachen anschicken, schiebt sich sofort eine Art Verdunkelung zwischen Empfindungsseele und Ätherleib. Dieser Vorgang ist es, der das Bewußtsein daran hindert, geistig hindurchzuschauen auf die wahren Vorgänge des Leibeslebens. Dies ist eine andere Funktion des Hüters der Schwelle. Denn neben den Aufbaukräften wird der Leib in einem hohen Maße auch von Zerstörungskräften durchzogen. Diese müßten dann ebenso vom Bewußtsein wahrgenommen und ertragen werden, wodurch der Mensch schaurige Inspirationen empfinge. Davor wird er durch die Ablenkung des Bewußtseins auf die Sinne geschützt.[371]

Bildhaft gesprochen: Bewußtseinsauslöschend steht beim Durchgang durch den Strom ein Wächter. Für den Geistesforscher wird diese Wächtergestalt wesenhaft sichtbar. Es ist der kleine Hüter der Schwelle, von dem schon beim Einschlafen gesprochen wurde. Er erscheint dem Menschen jeden Morgen beim Erwachen erneut und behütet ihn, in seinem noch unreifen und unvollkommenen Zustand sein eigenes Inneres mit all den Verstrickungen und Unzulänglichkeiten und den ihm innewohnenden zerstörenden Neigungen zu schauen.[372] An dieser Wesenheit vorbei führt der Weg aus der geistigen Welt wieder zurück. Sie hindert uns auch daran, daß wir unser wahres geistiges Wesen während des Tagesbewußtseins erleben. Im Grunde sehen wir nur ein Spiegelbild in den sinnlich gewahrten Erscheinungen, nicht aber die wirklichen schaffenden Kräfte der wahren Welt.

Aus dieser Perspektive hat das Erwachen noch eine andere Bedeutung. Es ist zunächst ein Erwachen zum Tagesbewußtsein. Was geschähe, hypothetisch gefragt, wenn es doch gelänge, beim Erwachen ein klares Bewußtsein für die geistigen Vorgänge und Erlebnisse des Schlafes zu erlangen? Dann «würden wir jedesmal, wenn wir aufwachen, das, was wir erlebt haben im Schlafe, auch in den physischen und Ätherleib hineindrücken, und wir würden jedesmal unseren physischen und unseren Ätherleib zu einem ganz anderen machen wollen.» Dadurch daß der Mensch im Schlaf Nachbilder des Kosmos erlebt, «ist er immer versucht, aus dem Schlaf heraus zum Beispiel sich ein anderes Antlitz zu geben ... So würde er fortwährend sein Gesicht ändern wollen, weil ihn dieses Gesicht, das er hat, fortwährend wieder an frühere Erdenleben, an Sünden in früheren Erdenleben erinnert.»[373] Das können allerdings physischer und Ätherleib ihrerseits nicht ertragen, denn ihre eigenen Kräfte stehen völlig dagegen.

Das Licht erhellt uns das Dasein; aber es blendet, wenn es unmittelbar geschaut wird, dann läßt es uns sogar erblinden. So ist es auch gegenüber unserem eigenen Innern. Die dort wirkenden Kräfte befähigen uns, zu leben und die Außenwelt wahrzunehmen. Unmittelbar gewahrt, müßten uns indessen diese Kräfte in unserem Bewußtsein überwältigen. Darum wird unsere Aufmerksamkeit sofort nach außen abgelenkt, wenn das Bewußtsein, aus dem Schlaf auftauchend, mit dem Innern des Leibes in Berührung kommt.

Es ist die zweite Hütergestalt, der große Hüter der Schwelle, der zu unserem Schutze vor den gewaltigen Kräften der Natur steht – so wie der kleine vor den eigenen seelischen Kräften. Der große Hüter schützt den Menschen davor, sich in der Überwucht der makrokosmischen geistigen Welt zu verlieren, die gestaltend am menschlichen Leibe tätig ist. Diese Wesenheit kann nicht wie der kleine Hüter auf dem mystischen Wege erfahren werden, sondern nur durch den Mysterienweg der Begegnung mit der Natur.[374]

Die tiefere Selbstbegegnung im Schlaf, von der wir sprachen, hat auch Folgen für die Art des Erwachens. Denn «namentlich tritt uns deutlich vor Augen im Momente des Erwachens, wieviel wir unterlassen haben, uns anzueignen in bezug auf starken Willen, auf eine wirkliche Intelligenz des Denkens, auf ein richtiges und angemessenes Fühlen».[375] Es ist im Momente des Erwachens so, als ob sich die wichtigsten Schlaferlebnisse nochmals für einen Augenblick wie zusammenziehen würden.

Das Erwachen ist ein herausgehobener Moment im Dasein, weil in diesem Augenblick sich Ätherleib und Astralleib neu durchdringen. Beide Wesensglieder sind in ihrer Eigenart höchst gegensätzlicher Natur (wie unten noch weiter ausgeführt wird). Für den Moment des Erwachens ist nun bedeutsam, daß der Ätherleib gleichsam als eine ‹Bildgestaltung› – allerdings in fortdauernder Bewegung – dem Astralleib begegnet, welcher zwar für zahlreiche Eindrücke reizbar und hoch empfänglich ist, aber doch in sich gestaltlos bleibt. Welche Konsequenzen hat das? Nach den aufwühlenden Geschehnissen des Ersten Weltkrieges richtet Steiner den Blick darauf, welche Entscheidungsfaktoren ursächlich am Ausbruch dieses Krieges mitgewirkt haben. Dabei rekonstruiert er den Augenblick, in dem nach vielfältigen Überlegungen schließlich von den Entscheidenden für eine unter mehreren Möglichkeiten optiert wird, für den Krieg. Dieser Entscheidungsmoment konzentriert sich auf sehr wenig Handelnde. Von diesem Vorgang ist für unseren Zusammenhang zwar nicht die damalige Situation, sondern das daran gewonnene Allgemeingültige von Bedeutung. Denn der Träger der Bewußtseinsprozesse ist der astralische Leib, und der Vorgang des Erwachens ist von besonderer Bedeutung für die vom Bewußtsein zu treffenden persönlichen Entscheidungen. Im

Geschichtsverlauf, so das Ergebnis der Steinerschen Untersuchungen, hat sich der Astralleib immer stärker verändert; er wurde innerlich immer leerer. Diese Leerheit bedeutet, daß der Mensch während der Nacht immer weniger Impulse empfängt, sich für etwas individuell Bestimmtes zu entscheiden, mit der Folge, daß sich der leerer gewordene Astralleib (und mit ihm natürlich die Persönlichkeit) immer mehr von den Geschehnissen treiben läßt, statt sie selber zu gestalten. Den Menschen fällt es im Zeitengang immer schwerer, sichere und notwendige Entscheidungen zu treffen. Es zeigt sich, daß der heutige Mensch überhaupt keine «vernünftigen Entschlüsse fassen [kann] ... wenn er nicht morgens früh schon mit ihnen aufwacht. Er braucht sie nicht dann im Bewußtsein zu haben. Aber im Unterbewußten macht der Mensch in der Nacht dasjenige durch, was er am nächsten Tage erleben kann ... Wenn Sie [während des Tages] einen Gedanken hegen – Sie haben ihn schon in der Nacht gehabt, er steht wieder auf in Ihnen. Steht dagegen ein Gedanke auf, der nicht schon in der Nacht gefaßt ist, der herausgeholt ist aus den Ereignissen des Tages, dann wird er für den heutigen Menschen kein vernünftiger mehr sein können ... Heilig sollte daher für den heutigen Menschen der Moment des Aufwachens sein, weil er empfinden sollte: Ich komme heraus aus der geistigen Welt, ich trete in die physische Welt ein. Und alles Gute, alles, was mich fähig macht, ein vernünftiger Mensch zu sein, habe ich durch den Verkehr mit der geistigen Welt vom Einschlafen bis zum Aufwachen, habe ich durch den Verkehr mit den Toten, die ich im Leben gekannt habe.»[376] Die Toten sind im Momente des Aufwachens anwesend. Die Momente des Einschlafens und Aufwachens kennzeichnet Steiner wiederholt als besonders herausgehoben.[377] Der Übergang vollzieht sich nicht zwischen zwei voneinander getrennten Welten, sondern von einem Bewußtseinszustand in den andern: Alle Gegenstände der sinnlichen Welt sind im Schlaf ausgelöscht, obgleich sie ja weiterhin da sind; entsprechend sind im Wachzustand die Toten «fortwährend da. Sie sind sich bewegend, sich verhaltend in einer übersinnlichen Welt da. Wir sind nicht von ihnen getrennt durch unsere Realität, wir sind von ihnen nur getrennt durch den Bewußtseinszustand.»[378]

In den Zwischenreichen von Einschlafen und Aufwachen ist mit den Toten am leichtesten in Korrespondenz zu kommen. Eine Beziehung zu ihnen stellt sich allerdings nur dann her, wenn der Lebende mit Fragen an die Verstorbenen herantritt. Freilich muß sich die Haltung gegenüber dem Alltag völlig umstülpen. Denn wenn der Tote spricht, so kommt das Sprechen nicht von außen, sondern steigt gleichsam von innen in der Seele des Fragenden auf. «Der Mensch steht eigentlich fortwährend mit der Welt der Toten in Verbindung, und besonders rege ist diese Verbindung im Momente des Einschlafens und im Momente des Aufwachens. Und zwar ist es so, wie das hellsichtige Bewußtsein zeigt, daß im Momente des Einschlafens der Mensch besonders geeignet ist, Fragen an die Toten zu stellen ... sich an die Toten zu wenden. Im Momente des Aufwachens ist der Mensch besonders geeignet, Mitteilungen, Botschaften von den Toten zu empfangen. Er bekommt sie rasch, diese Botschaften, er ist dann sogleich aufgewacht. Das, was so vorübergehuscht ist, wird gleich übertönt von dem tumultuarischen Wachsein.»[379] Um etwas davon zu retten, galt als eine alte Bauernregel, daß der Erwachende nicht sofort in die Sonne schauen sollte, sondern besser nach dem Erwachen noch etwas in Ruhe, der Sonne abgewandt, verweilen sollte.

Alle Menschen nehmen ihr Karma, ihre Verstrickungen und ihre Aufgaben, wahr, allerdings nur im Schlafzustand. In dieser Sphäre lebt die Einzelseele auch mit jenen Seelen, die sich zur Verkörperung anschicken. So leben wir nicht nur mit den Toten zusammen, sondern auch mit den Erlebnissen, «welche wiederum durchlebt werden von den noch nicht auf der Erde verkörperten Seelen ... [Ihre Welt], das ist auch unsere Welt.»[380] Im Erwachen zeigt sich dem Menschen wie verdichtet sein Zusammenhang mit dem Generationenstrom, seine Schicksalsgenossenschaft, seine Beziehung zu jenen, die ihm zeitlich in die geistige Welt vorangingen, und mit jenen, die erst ihre Inkarnation beginnen werden. Diese Beziehung ist sowohl individuell als auch zeit- und volksgruppenhaft gegeben.

In einer anderen Wendung weitet Steiner die Beziehung mit den Entkörperten generell aus auf all die Erlebnisse der Seele zwischen dem Einschlafen und Aufwachen. Da hat der Schlafende teil an denjenigen Erlebnissen, welche durchlebt werden von den noch nicht verkörperten Seelen. «Die noch nicht verkörperten Seelen erleben etwas; mit ihnen leben wir im fünften nachatlantischen Zeitalter beim Schlafen zusammen und in allen Ereignissen, die ähnlich sind denjenigen, die solche Seelen in der geistigen Welt erleben.»[381] Als Resultat dessen, was sich im Moment des Erwachens alles zusammenschiebt, entsteht eine moralische Durchdringung der Seele: «Wir durchtränken gewissermaßen unseren physischen Leib und unseren Ätherleib mit der moralischen Weltenordnung, wenn wir aufwachen.»[382] «Wir haben jedesmal, wenn wir aufwachen, im Grunde genommen die Anstrengung zu machen, unseren physischen Leib wiederum richtig in unseren Besitz zu nehmen. Er will uns eigentlich abhanden kommen vom Einschlafen bis zum Aufwachen.»[383] Diese Wiederinbesitznahme des Leibes und dessen moralische Impulsierung wird durch das Ich vollzogen.

Zu den vielfältigen Schilderungen des Erwachens aus geisteswissenschaftlicher Perspektive zählen dann auch recht überraschende Momente. Zu den allgemein bekannten «Weckreizen», die den Schlaf beenden, gehören von außen kommende Lichtwirkungen (Helligkeit) und Töne (Geräusche, Krach) sowie im Innern entstehende Reize, beispielsweise ein erhöhter Blasendruck. Steiner fügt zu diesen exogenen und endogenen Ursachen, die durchaus bekannt sind, noch eine wichtige hinzu, nämlich die von der Haut und ihren Sinnen ausgehende Wirkung: «Morgens, wenn der physische Körper wiederhergestellt ist, was die außer dem physischen Körper befindliche Seele merkt an dem Zustand der Haut, weil sie in seiner Nähe ist, da geht die Seele wieder in den physischen Körper hinein.»[384]

Der Moment des Aufwachens ist von einem leisen Gefühl des Unbehagens begleitet, er hat etwas Dämmerhaftes. Freude tritt nur dann auf, wenn die Tagesgeschehnisse sogleich die Seele ergreifen. Das Erlebnis, man erhebe sich wie aus Tiefen und trage daraus etwas in den Tag hinein, bewirkt ein Schweregefühl.[385] Im Untergrund klingt leise eine Andeutung von alledem an, was der Mensch als Last aus früheren Erdenleben in sich trägt.[386]

Auf einen anderen Zusammenhang wird man geführt, wenn man das ebenfalls mit dem Erwachen verbundene merkwürdige Phänomen ins Auge faßt, daß man vermeint, irgendwelche Geräusche oder Klänge zu hören, ohne daß man angeben könnte, woher sie rühren und ob sie überhaupt einer Wirklichkeit oder bloß dem Traum entspringen. Steiner ordnet diesen Vorgang in eine größere Überlegung ein, indem er zunächst verdeutlicht, wie das übersinnliche Wesen des Menschen eine besondere Beziehung zu den Elementarreichen, also den weltgestaltenden Prinzipien des Festen, Flüssigen und so weiter entwickelt: «Wenn der Mensch auf der Erde steht, so ist er eigentlich von unten herauf immer so, daß er mit dem Geistigen von unten verwandt ist; da kann er untertauchen wie ein Schwimmer. Wenn wir also in der Nacht mit unserem astralischen Leib herausgehen, so gehen wir eigentlich überall in die feste Umgebung hinein. Wir verbinden uns mit dem, was fest ist, denn in das Luftförmige können wir nicht hinein, und wandern tatsächlich im Festen herum. Dieses Herumwandern im Festen, das hat aber eine große Bedeutung ... Wenn wir aber in der Nacht aus unserem Leibe herausgehen und uns mit dem Irdischen als Geist verbinden, dann kann es so sein, daß wir, wenn wir aufwachen, noch immer etwas von dem haben, was wir erlebt haben in dem festen Stoff der Erde drinnen. Da haben wir noch etwas drinnen in uns; in unserem Seelischen haben wir etwas drinnen ... Wenn man in die Luft sich hineinlebt mit seiner Seele, dann schaut man etwas, dann entstehen Bilder. Wenn man sich aber in das Feste, in das Stoffliche hineinlebt mit seiner Seele, wie der Schwimmer im Wasser untertaucht, dann erlebt man Töne. Und gerade das ist das außerordentlich Wichtige, daß alle festen Stoffe fortwährend Töne von sich geben, die man nur nicht hört, weil man nicht drinnensteckt. Jeder feste Stoff hat fortwährend Töne in sich, und die hört man eben noch beim Aufwachen, weil man da noch halb drinnensteckt.»[387]

Es wurde schon darauf hingewiesen, daß die Bewußtseinshelligkeit davon abhängt, ob sich der Astralleib in das Innere des Kopfes zurückzieht oder ob er in den Sinnen wirkt (vgl. S. 60). Wenn er über die Sinne ganz in die Außenwelt hineingeht, schlafen wir. Erwachen heißt das Zurückholen des astralischen Leibes – ein Vorgang, den wir im Sinnesprozeß gleichsam ständig vornehmen, es ist dies wie ein Atmen: Wir schauen auf etwas, dann wenden wir uns mehr unserem Innern zu, schauen erneut und so weiter. Dieses Zurückholen des Astralleibes im Erwachen als Teil des großen Atemvorgangs erleben wir als Ruck im Bewußtsein. Doch das Wiedereintauchen des Seelisch-Geistigen in den Äther- und physischen Leib ist auch mit Hemmnissen verbunden. Es stellt sich als «geistiges Gewitter» mit «allerlei Gegenschlägen» dar, nicht als zart atmendes Geschehen, sondern als gewaltiger Akt.[388] Der nicht vollbewußte, aber real sich vollziehende Vorgang läßt sich in unterschiedlicher Weise in eine Bildersprache kleiden, etwa so, wie wenn ein brennendes Holzstück in Wasser mit Gebrause untertaucht oder als ob aufsteigende Stürme sich mit harmonischen Bewegungen durchdringen würden. Das Gefühl sagt: Es kündigt sich etwas an. Der Mensch kommt mit seinem astralischen Leib aus der Umgebung in seinen physischen Leib und Ätherleib «auf dem Wege des Vollatmungsprozesses ... Der astralische Leib, der in den Sinnen tätig ist, berührt die feinen Verzweigungen des Atmungsvorganges, greift gewissermaßen in die feinen Rhythmen ein, in denen sich der Atmungsvorgang in die Sinnesgebiete fortsetzt. Der ... Astralleib ergreift den ganzen Atmungsprozeß, der zwischen Einschlafen und Aufwachen sich selbst überlassen ist.»[389]

2. Menschheitliche Impulsierungen aus der Region des Schlafes

Nachdem wir Einschlafen und Erwachen gesondert betrachtet haben, ist es angemessen, auf einen Zusammenhang hinzuweisen, der die individuellen Vorgänge im Schlaf-Wachgeschehen überschreitet, und gleichsam das Phänomen unter dem kollektiven Gesichtspunkt in den Blick zu nehmen.

Aus allem bisher Dargestellten ergibt sich, daß der Schlaf nicht einen leeren, sondern einen höchst bedeutsamen Zeitraum für die menschliche Seele und den Geist darstellt, indem der Mensch aus ihm kaum weniger Anregungen erhält als während des Tages über die Sinneseindrücke und die äußeren Geschehnisse. Die aus der Schlafregion herrührenden Impulse und Anregungen haben mit dem moralischen Wesen des Menschen, haben mit durchaus individuellen, tieferen Anstößen in der eigenen Entwicklung zu tun. Es sind nicht-sinnliche, übersinnliche Einschläge, die im schlafenden Bewußtsein empfangen oder verarbeitet werden und durch die bisherige Tatbestände eine neue Sicht oder eine neue Deutung erhalten. Der Mensch taucht gleichsam allnächtlich in die Welt der eigenen Absichten und Intentionen ein und erhält durch das eigene Hüterwesen, das höhere Selbst, behutsame Korrekturen in bezug auf die eigenen Lebensziele. Dadurch erfolgt die Gewissensbildung; es werden aber auch neue menschheitliche Entwicklungsziele empfangen oder gebildet. «Während des Schlafzustandes geschieht in der menschlichen Entwicklung alles dasjenige, was geistige höhere Wesen mit der Menschenseele vornehmen, um den Menschen zu seiner Gesamtentwickelung innerhalb des irdischen Daseins zu bringen.»[390]

So wie es individuelle Aufgaben gibt, so gibt es auch kollektive, für Gruppen, Völker und die Menschheit. In der Vergangenheit wurden diese Zielsetzungen den Gemeinschaften durch ihre inspirierten Führer vermittelt. Bis in die Titulatur klingt dies nach: Es waren dies der ‹Herr›, der ‹Her-zog›, der Cäsar und Pontifex Maximus (der große Brückenbauer), der ‹Vater› (Papst), Lugal (Großmensch)[391] oder wie immer; sie waren einst Wissende, Sehende, Priester, Mysterienweise, die mit der Region geistiger Wesen und der Welt der Absichten zu kommunizieren wußten, wie dies die Schamanen der Urkulturen bis auf den heutigen Tag tun. Doch diese Eigenschaften sind inzwischen mit dem zunehmenden Freiheitserleben der Einzelmenschen erloschen; ihre Aufgaben übernehmen Beraterstäbe und Computer-Analysen. Dabei geht es weniger um Fragen des Heils einer Gemeinschaft als um Umwelt- und Wirtschaftsbeherrschung. Und dennoch wirkt auf subtilere Art die geistige Welt noch immer in den Menschen impulsierend herein. Während mit der Ausbildung der Intellektualität und Rationalität seit dem 15. Jahrhundert für das Wachbewußtsein die Welt der Absichten und der geistigen Wesen in weite Ferne rückte, setzt sich im Schlaf, also im Zustand des Unbewußten, die Beziehung zu den höheren Wesen und zu jenen der Elementarreiche weiterhin fort. In diesem unbewußten Bereich hat es der Mensch mit dem zu tun, «was frei schwebend und webend ist», was sich als «das flutende Geistige» ausdrückt.[392]

Biographisch gesehen, erlebt der Mensch gerade nach der Geschlechtsreife durch seinen Astralleib und das Ich im Schlafe «nicht bloß tote, leuchtende Sterne, er sieht in der Tat die Wesenheiten der höheren Hierarchien»,[393] insbesondere Angeloi, Archangeloi und Archai. Daraus empfängt er eine – gleichsam generationsspezifische – «Impulsierung für das weltgeschichtliche Geschehen», für die die einander ablösenden Jugendbewegungen und -strömungen in unserem Jahrhundert einen überraschenden Erweis bilden. Gerade große geschichtliche Umschwünge werden in der Schlafregion vorbereitet.

Früher kamen dem Menschen Gedanken eher von außen zu, heute muß der Mensch sie von innen selbst entwickeln, wenn er nicht bloßes Echo einer öffentlichen Meinung werden soll. Doch die individuell entwickelten «Gedanken würden gewissermaßen isoliert in der Welt dastehen, keine Bedeutung für den Kosmos haben, wenn nicht geistige Wesenheiten da wären, welche den Gedanken, den sich der Mensch in seiner Freiheit erarbeitet, nun in der rechten Weise als Kraft und Impuls dem Kosmos einfügten.»[394] Das geschieht in unserem Zeitalter durch die Archai, die Geister der Persönlichkeit oder Zeitgeister, zu denen der Mensch ein rechtes Verhältnis dadurch bekommen muß, daß er spirituelle Gedanken entwickelt.

In einer konkreten Darstellung verdeutlicht Steiner, wie geschichtliche Impulse aus dem Reich der Absichten allmählich in die menschlichen Bestrebungen, die auf eine künftige Sozialgestaltung oder -auffassung hinzielen, übergehen. So regen beispielsweise die Geister der Form (Exusiai) die Hierarchie der Angeloi als Schutzgeister der einzelnen Menschen an, das als Zukunftsimpuls während des Schlafes in deren astralischen Leib einzuverweben, was dann Wirklichkeit werden soll.[395] Das geschieht zunächst so, daß dem Astralleib während des Schlafes eine Bildgestaltung einverwoben wird, eine Art unbewußter Impuls, der dann im Wachzustand als soziale Empfindens- und Strebensrichtung, als sozialer Wert erlebt wird. Die Aufgabe des Menschen besteht darin, diese unbewußten Impulse in Gedankenform konzeptionell zu erfassen und zu formulieren, damit sie zum Motiv seines Handelns werden können. Werden die von den Angeloi den astralischen Leibern einverwobenen Bilder vom schauenden Bewußtsein aus beschrieben, ergeben sich folgende Gedankenrichtungen, die Handlungsmotive werden könnten:

- «Es wirkt der Grundsatz, daß in der Zukunft kein Mensch Ruhe haben soll im Genusse von Glück, wenn andere neben ihm unglücklich sind. Es herrscht ein gewisser Impuls absolutester Brüderlichkeit, absolutester Vereinheitlichung des Menschengeschlechtes, richtig verstandener Brüderlichkeit mit Bezug auf die sozialen Zustände im physischen Leben.»

- «Mit Bezug auf das seelische Leben der Menschen, da verfolgen sie [die Angeloi] durch ihre Bilder ... das Ziel, daß in der Zukunft jeder Mensch in jedem Menschen ein verborgenes Göttliches sehen soll.»
- Als drittes liegt der Arbeit der Engel zugrunde, «den Menschen die Möglichkeit zu geben, durch das Denken zum Geist zu gelangen, durch das Denken über den Abgrund hinweg zum Erleben des Geistigen zu kommen.» Damit ist verbunden «die unwiderlegliche Einsicht in die geistige Natur der Welt».[396]

Entscheidend ist dabei, daß die im Schlaf unbewußt empfangenen Bilder, die als Impulse zu unklaren Strebensrichtungen führen müßten, tatsächlich auch vom Denken durchdrungen und ausgestaltet werden. Denn bleiben sie instinkthaft, leben sie sich lediglich animalisch oder triebhaft aus. Dann verzerren sich hohe neuzeitliche Ideale, wie sie in der Triade der Französischen Revolution als Forderung nach Brüderlichkeit, Gleichheit, Freiheit auftraten, in Vorgänge, die ihren Ursprung nicht mehr wiedererkennen lassen. Was der Mensch im Aufwachen vorfindet, «wird Instinkt statt Freiheitsbewußtsein, aber es wird dadurch schädlich. Und zwar drohen schädlich zu werden gewisse instinktive Erkenntnisse, die in die Menschennatur kommen sollen.»[397] Anstelle der Brüderlichkeit würden «in schädlicher Weise, in zerstörerischer Weise gewisse Instinkte aus dem Sexualleben und Sexualwesen auftreten ... Instinkte, die nicht bloß Verirrungen bedeuten würden, sondern die übergehen würden ins soziale Leben, die Gestaltungen hervorbringen würden im sozialen Leben; vor allen Dingen die Menschen veranlassen würden durch das, was dann in ihr Blut[398] kommen würde infolge des Sexuallebens, jedenfalls nicht irgendwelche Brüderlichkeit auf der Erde zu entfalten, sondern sich immer aufzulehnen gegen die Brüderlichkeit.»[399] – Die erfüllte, aufbauende Wirkung der menschlichen Begegnung wird dadurch instinktiv verfälscht, daß eine «instinktive Erkenntnis gewisser Heilmittel, aber eine schädliche Erkenntnis gewisser Heilmittel» zu gewissen Verrichtungen führen wird, durch die aus egoistischen Motiven heraus beispielsweise Krankheiten hervorgerufen oder verhindert werden können.[400] – Statt geistiger Erkenntnis wird sich eine Beherrschung von Naturkräften ergeben, indem «durch ganz leichte Veranlassungen, durch Harmonisierung von gewissen Schwingungen, in der Welt große Maschinenkräfte entfesselt» werden können. Dadurch kann die Technik in ein wüstes, dem Egoismus dienendes Fahrwasser geraten.[401]

Vermittler dieser Impulse ist zunächst der Astralleib, der nächtlich über Bilder Impulse für den Tag eingewoben erhält. Die Bewußtwerdung geschieht über das Denken, an dem sowohl der Ätherleib als auch das Ich beteiligt ist; das wird dann weiter unten bei der Betrachtung der Wesensglieder im einzelnen genauer zu erörtern sein.

3. Die Wesensglieder im Schlafen und Wachen

Wir wollen uns im nachfolgenden in analytischer Weise den einzelnen Gliedern des menschlichen Wesens zuwenden, die sich ja in aller Regel stets in irgendeiner Weise durchdringen. Durch diese etwas vereinseitigende Methode versprechen wir uns einen vertieften Einblick in die Eigenschaften und insbesondere in die Wirksamkeit, die jeweils im unbewußten, im Schlafzustand geschieht.

Zu Beginn stehe eine mehr imaginative Darstellung des Wesensgefüges, wie es in der menschlichen Aura für den ‹übersinnlichen› Blick sichtbar werden kann, und zwar in seinem Unterschied zwischen Wach- und Schlafzustand.

Die Gestalt der Aura im Wachen und Schlafen

Die Trennung der Wesensglieder als Grundlage des Schlafes wurde schon im zweiten Teil dargestellt. Während der physische Leib durch seine Stofferfüllung sinnlich erscheint, sind bereits die ihn durchziehenden Lebensprozesse übersinnlicher Natur und nicht mehr direkt wahrnehmbar. Das gilt in noch höherem Maße für das Empfindungswesen und das Ich. Diese verborgenen, übersinnlichen Wesensglieder können indessen für eine übersinnliche Wahrnehmung unmittelbar zugänglich werden. Eine erste Erfassung geschieht durch die Imagination, mit der das, was heute oft die Ausstrahlung genannt wird, ‹gesehen› werden kann. Was so erfaßt wird, ist die Aura des Menschen. Sie wurde in der früheren Malerei häufig bei der Abbildung des Menschen dargestellt, insbesondere innerhalb der christlichen Tradition bei Darstellungen des Auferstandenen als den ganzen Körper beziehungsweise Auferstehungsleib umstrahlende Mandorla oder, weit häufiger, bei den zahlreichen Heiligenbildern als ein den Kopf umstrahlender ‹Heiligenschein›. Genauer betrachtet, stellt sich die Aura als «eine sehr zusammengesetzte Erscheinung» dar, die «Ausdruck der Gesamtwesenheit» des Menschen ist.[402] Allgemein kann gesagt werden, daß diese Aura, bei aller individuellen Verschiedenheit, die physische Erscheinung des Menschen etwa «doppelt so lang und viermal so breit» umfließt.[403] Für das ‹geistige Auge› stellen sich die inneren Vorgänge der Seele in der Aura als Farbwirkung dar. Dabei lassen sich drei unterschiedliche, jedoch ineinanderspielende Farbqualitäten deutlich unterscheiden: 1. mehr deckende, 2. transparente und 3. beweglich-aufstrahlende; sie entsprechen drei unterschiedlichen Eigenschaften des menschlichen Innenlebens. «Das eine umfaßt alles das, was vom Leibe fortwährend [über die Sinne] der Seele zuströmt [Empfindungsseele]; das zweite sind die Vorgänge in der Seele selbst [Gemüts- oder Verstandesseele]. Das dritte sind die Einflüsse, welche die Seele vom Geiste erfährt [Bewußtseinsseele, Ich].»[404] Das Wesen des Menschen selbst bleibt unsichtbar, es bildet «ein dunkles Oval»; könnte man es schauen, «so erschiene es völlig schwarz».[405] Die Aura des wachenden Menschen stellt ein hochdifferenziertes, fortdauernd bewegtes Farbgeschehen dar.[406]

Wird diese Aura nun in den Schlafzustand hinein übersinnlich verfolgt, ergeben sich für den Schauenden erstaunliche Einblicke. Demnach bleiben im Bette physischer und ätherischer Leib liegen; die sich aus ihnen lösenden Wesensglieder, astralischer Leib und Ich, erscheinen für die übersinnliche Wahrnehmung so, daß sie «beim unvollkommenen Menschen in der Form eines Ringes» über dem Leibe schweben, während sie beim vollkommenen Menschen ähnlich dem physischen Leib gestaltet, wenn auch getrennt von diesem, erscheinen.[407]

Deutlich ist für diese übersinnliche Wahrnehmung der Unter-

Die Aura des Wachenden (aus: Steiner, GA 141, S. 75).

schied an der Aura zu bemerken, der zwischen dem wachen und dem schlafenden Menschen besteht. Die Aura des wachenden Menschen erweist sich so, daß Ich und Astralleib den ganzen Menschen durchdringen und zugleich seine Leibesgestalt strahlenförmig umfließen wie in einem Oval. Dieses Erscheinungsbild kehrt sich im Schlaf völlig um:

«In der Halsgegend ist die Ich-Aura unterbrochen und beginnt erst wieder in der Kopfgegend, aber so, daß sie strahlenförmig nach außen gerichtet ist und ins Unbestimmte nach oben geht, wenn der Mensch in der horizontalen Lage ist, aber nach aufwärts gerichtet ist, vom Kopf nach aufwärts. So daß im wesentlichen der Anblick der Aura des schlafenden Menschen so wäre, daß der Astralleib wesentlich verdichtet und dunkel ist … in den oberen Teilen ist er dünner als am Tage …

Die Aura des Schlafenden (aus: Steiner, GA 141, S. 76).

Das Wesentliche ist, daß sich bei einem solchen Schlafzustande das, was man das aurische Bild des Ich nennen kann, in der Tat in zwei Teile gliedert. Während des Wachzustandes hängt die Ich-Aura wie ein Oval zusammen, trennt sich während eines solchen Schlafzustandes in der Mitte auseinander und besteht während des Schlafes aus zwei Stücken, von denen das eine durch eine Art von Schwere nach unten gedreht wird und sich nach unten ausbreitet, so daß man es nicht mit einer sich schließenden, sondern mit einer nach unten sich ausbreitenden Ich-Aura zu tun hat. Dieser Teil der Ich-Aura ergibt sich für das hellseherische Bewußtsein dem Anblick nach als ein wesentlich sehr dunkler Aurenteil, der dunkle Fäden hat, aber in starken, zum Beispiel dunkelrötlichen Nuancen tingiert ist. Was sich davon nach oben abtrennt, ist wieder so, daß es von der Kopfgegend aus schmal läuft, dann aber ins Unbestimmte sich ausbreitet, sozusagen oben in die Sternenwelt hin sich ausbreitet. In gleicher Weise in der Mitte auseinandergeteilt ist die astralische Aura nicht, so daß man von einer wirklichen Teilung derselben nicht sprechen kann, während die Ich-Aura, wenigstens für den Anblick, zerteilt wird.

So haben wir auch in diesem okkulten Anblick eine Art von bildhaftem Ausdruck dafür, daß der Mensch mit demjenigen, was ihn als Ich-Kräfte während des tagwachenden Zustandes durchdringt, hinausgeht in den Weltenraum, um den Anschluß zu gewinnen an die Sternenwelt, um die Kräfte aus der Sternenwelt sozusagen hereinzusaugen.

... Die Charakteristik, die man von einem gewissen Standpunkte aus mit Recht gibt, daß das Ich und der astralische Leib den Menschen verlassen, ist für die oberen Partien der Ich- und astralischen Aura absolut zutreffend. Für diejenigen Teile der Ich- und astralischen Aura, die mehr den unteren Teilen, besonders den unteren Teilen des Rumpfes der menschlichen Gestalt entsprechen, ist es nicht eigentlich richtig; sondern für diese Teile ist es sogar so, daß während des Schlafens die Aura des Ich und des Astralleibes mehr drinnen sind, mehr verbunden sind mit dem physischen Leibe und dem Ätherleibe, als es im Wachzustande der Fall ist, daß sie nach unten dichter, kompakter sind. Denn man sieht auch, wie beim Aufwachen das, was ich unten so stark gezeichnet habe, wieder herausgeht aus den unteren Teilen der menschlichen Wesenheit. Gerade wie der obere Teil beim Einschlafen herausgeht, so geht der untere Teil der Ich- und astralischen Aura beim Aufwachen in einer gewissen Weise heraus, und es bleibt nur eine Art von Stück von diesen beiden Auren drinnen ...

Nun ist es eben so außerordentlich wichtig zu wissen, daß durch die Evolution unserer Erde, durch alle die Kräfte, die dabei mitgespielt haben ... die Einrichtung getroffen ist, daß der Mensch dieses regere Arbeiten der unteren Aura [im Bereiche des Stoffwechsels] während des Schlafes nicht [bewußt] mitmacht, das heißt dieses Arbeiten nicht als Zeuge mitmacht. Denn von diesen Teilen der unteren

Ich-Aura und der unteren astralischen Aura werden die belebenden Kräfte angeregt, die der Mensch braucht, damit das wieder ausgebessert werden kann, was während des Wachzustandes abgenutzt ist. Die wiederherstellenden Kräfte müssen von diesen Teilen der Aura ausgehen. Daß sie nach aufwärts wirken und den ganzen Menschen wieder herstellen, das hängt dann davon ab, daß der nach oben hinausgehende Teil der Aura Anziehungskräfte entwickelt, die er aus der Sternenwelt hereinsaugt, und dadurch die Kräfte, die von unten kommen, anziehen kann, so daß sie regenerierend auf den Menschen wirken. Das ist der objektive Vorgang.»[408]

Dieser für die menschliche Aura geschilderte Zusammenhang ist für die physiologischen Vorgänge während des Schlafes von Bedeutung; sie werden später dargestellt (S.211ff.).

Das menschliche Ich

Das gespiegelte und das wirkliche Ich – eine Polarität

Wenden wir uns zuerst dem menschlichen Ich zu. Es bildet den Wesenskern des Menschen. Seiner Natur nach ist es jene Kraft, durch die sich das menschliche Wesen an etwas hinzugeben und mit ihm zu verbinden vermag, von dem es sich aber auch wieder lösen und distanzieren kann, und zwar nicht nur in bloß gefühlhafter Sympathie und Antipathie, sondern im Sinne Biographie schaffender Lebensgestaltung. Es vermittelt darum dem Menschen Selbstbewußtsein und Selbstwertgefühl sowie das Wissen von der eigenen Identität und Kontinuität in allem Wechsel des Erlebens. Das Ich bleibt mit allen eingegangenen Beziehungen verbunden,[409] und es sichert die Bewußtseinskontinuität durch die Erinnerung und das Gedächtnis. Dieses hochempfindliche Kraftgefüge bedarf aber rhythmisch des Schlafes, weil sonst die eigene Identität geschwächt würde, wie die bereits geschilderten Tatsachen des Schlafentzugs oder der Schlafstörungen erweisen (vgl. S. 41 u. 142).

Das Wesen, das alle Eindrücke auf sein Zentrum hin zusammenschließt, das an den Sinneserfahrungen wächst und sich durch sie bereichert, das durchdringt, bewertet und ordnet, was es durch alle zwölf Sinne erfahren hat – das ist das sich seiner selbst bewußt werdende Ich. Es lebt in den Bildern der Welt. Doch das ist nur eine Seite seiner Offenbarung.

Das Selbsterlebnis des Menschen beruht auf der Leibempfindung. «Für das Ich, das der Mensch sein ‹Ich› nennt im gewöhnlichen Leben, ist die körperliche Organisation die Grundlage. Dieses Ich beginnt mit der Empfängnis, mit der Geburt; später beginnt erst das Bewußtsein dafür. Dieses Ich, dieses unmittelbare Gegenwarts-Ich, ist an den Organismus gebunden ... Es wird im Leibe erlebt», wird besonders durch die Lungen- und Herztätigkeit angeregt.[410] Dieses Alltags-Ich ist im Schlafe gleichsam nicht vorhanden. Daneben gibt es den ewigen Kern des Menschen. Dieses «höhere Ich» aber bleibt unbewußt, es bewegt «sich innerhalb der Vorstellungswelt» so, wie sich das «gewöhnliche Ich im Leibesleben bewegt».[411] – «Unser eigentliches wahres innerliches Ich, das nehmen wir eigentlich aus der geistigen Welt gar nicht in diese physische Erdenwelt mit. Wir lassen es immer in der geistigen Welt. Es war in der geistigen Welt, bevor wir heruntergestiegen sind zum Erdendasein. Es ist wiederum in der geistigen Welt zwischen dem Einschlafen und Aufwachen. Es bleibt immer in der geistigen Welt. Wenn wir bei Tag das gegenwärtige Bewußtsein als Mensch haben und uns ein Ich nennen, so ist dieses Wort Ich der Hinweis auf etwas, was nicht in dieser physischen Welt vorhanden ist, was in dieser physischen Welt nur sein Bild hat.»[412] Dieses Bild entsteht im Bewußtsein – als Selbstbild. Gerade dann aber, wenn der Schlaf entzogen wird, tritt das Phänomen auf, daß dieses Selbstbild geschwächt wird. Dies kann ein Hinweis darauf sein, daß das Bild im Schlaf offenkundig eine Erneuerung und Erkraftung erfährt. Aber wie geschieht das?

Nur im Sinnes-Nervensystem herrscht Wachheit; dort überwiegt aber auch physiologisch der Abbau. In der frühen Kindheit formt das Ich dieses Organsystem aus, indem es durch seine Einwirkung auf den Ätherleib und durch die Vernetzung der Nervenfasern an der Ausgestaltung des Gehirns mitwirkt. Danach kann es seine Tätigkeit darin spiegeln.[413] «Das wirkliche Ich kommt nicht ins Bewußtsein herein, sondern nur der Begriff, die Vorstellung vom Ich, die wird heraufgespiegelt. Dagegen in der Zeit vom Einschlafen bis zum Aufwachen, da kommt wirklich dieses Ich zu sich selber, nur wird der Mensch im normalen tiefen Schlaf nichts davon wissen ... Dieses Ich ist also im Grunde genommen an die niederste Leiblichkeit des Menschen gebunden, und zwar während des Tages, während des Tagwachens von innen, während des Schlafes von außen.»[414] Insoweit der Mensch im Leibe lebt, durchdringt das Ich auch die aus den Kräften der Außenwelt aufgebaute Leiblichkeit, schafft sie zur ‹Ich-Organisation›: «Bis in die kleinsten Teile seiner Substanz hinein ist der Mensch in seiner Gestaltung ein Ergebnis dieser Ich-Organisation.»[415] Diese Aussage legt die Vorstellung nahe, daß das ‹wirkliche Ich› viel inniger mit einem anderen Teil des Menschen verbunden ist als im sich spiegelnden und seiner selbst bewußtwerdenden Vorstellungsleben. Dafür kommen entweder die rhythmische oder die Stoffwechsel-Gliedmaßen-Organisation in Frage. Um die rhythmische Organisation kann es sich schon deshalb nicht handeln, weil sich das Ich im Schlafe, wie es an anderer Stelle heißt, aus dem Blute herauslöst.[416] Demnach dürfte es sich primär einerseits um die Verbindung mit dem Stoffwechsel handeln und andererseits um die sich dieses Organsystems bedienenden eigenen Handlungen des Menschen.

Das Verhältnis des Ich zum Leibe

Mit dem leiblichen Organismus ist das Ich bewußtseinsmäßig in dreifacher Weise verbunden:

- Voll wach im Sinnes-Nervensystem während des Tages: «Es lebt darin aber nur in Bildern.»[417]
- Aufwachend allenfalls bis zur Helligkeit der Träume – gemeint ist deren Klarheit und Transparenz, nicht ihre Intensität – im Bereich der Gefühle und Emotionen, die an das rhythmische System gebunden sind. «Nur im Traume halten Sie das aus, was beim Fühlen in Ihrem Leib eigentlich vor sich geht.»[418]
- Tief unbewußt schlafend im Stoffwechsel und den energetischen Prozessen. «Was beim Wollen sich abspielt, das können Sie überhaupt nur erleben, indem Sie schlafen.» Ein ‹Erwachen› in diesem Bereich findet nur in pathologischen Zuständen, zum Beispiel bei Koliken statt. «Der entsetzlichste Schmerz ergriffe Sie zum Beispiel, wenn Sie ... wirklich erleben müßten, wie sich die durch die Nahrungsmittel dem Organismus zugeführten Kräfte beim Gehen verbrauchen in Ihren Beinen.»[419] Der Dauerschlaf in diesem Bereich hat also eine wohltätige Wirkung.

Der Stoffwechsel bildet mithin einen dem Bewußtsein tief entzogenen Bereich im Menschen, aber zugleich wirkt er so, daß er schlechthin die Grundlage des irdischen Daseins bildet – den Leib. Sollte nicht gerade im ‹Niedrigsten› das Höchste, das wirkliche Ich, wirken? Eben dieser Gedanke wird im Zusammenhang weiterer Darstellungen immer deutlicher, daß sich das höhere Ich viel inniger, wenn auch dem gespiegelten, dem Alltags-Ich unbewußt, mit dem Leibe und seinen Lebensprozessen sowie mit der Seele verbindet. Doch sicher ist es richtig, eher von der *Ich-Organisation* zu sprechen, durch die sich das Ich in den Leib einschaltet: «Wo Zucker ist, da ist Ich-Organisation; wo Zucker entsteht, da tritt die Ich-Organisation auf, um die untermenschliche (vegetative, animalische) Körperlichkeit zum Menschen hin zu orientieren.»[420]

Und denken wir an den handelnden Menschen. Wie kommt es, daß man genau zu jenen menschlichen Begegnungen geführt wird, die bedeutsam, manchmal lebensentscheidend werden und damit die Biographie wesentlich gestalten? Ohne Frage gibt es auch klare, wohlüberlegte Entscheidungen, den oder jenen aufzusuchen, weil man ihn kennenlernen will, nachdem man von ihm gehört hat. Dann gibt es aber auch Begegnungen, die sich ‹zufällig› ergeben, weil man einen Weg gegangen oder gerade diese Reise unternommen hat. Es ist in beiden Fällen das Muskelsystem, das über die Bewegungen an dem Vorgang beteiligt ist, der mich zu der oder jener ‹entscheidenden›, karmisch gefügten Begegnung hinführt. In der Geisteswissenschaft werden das geistige Wesen und die Leibesorganisation nicht als zwei unterschiedliche, im wesentlichen getrennt voneinander bestehende Entitäten betrachtet, sondern als innig und notwendig miteinander verbundene und aufeinander einwirkende. Dies kann mit Worten aus der *Anthropologie* I. H. Fichtes verdeutlicht werden. «Die Seele ist ein individuelles und beharrliches [dauerndes] Wesen, endliche Substanz. Ihr Leib ist der reale, ihr Bewußtsein der ideale, ihr selbst empfindlich werdende Ausdruck und Erweis dieser ihrer Individualität.» Allgemeiner formuliert: «Das ganze Universum [ist] nur ein System von Einwohnungen des Höheren im Niedern, wodurch das letztere, soweit die eigene Natur es verstattet, zugleich der höheren Wesenheit mitteilhaftig wird und durch ein vorübergehendes Eingerücktsein in dieselbe an ihrer Vollkommenheit teilnimmt.»[421] Der Tod ist ein fortdauernder Prozeß im Leben, der sich im Altwerden zunehmend verdichtet und schließlich, indem die Seele die «Stoffeswelt abstreift,» endgültig wird, wobei die Individualität, das Beharrende, «in die unsichtbare Welt zurück kehrt».[422] Der Leib nimmt den Weg des Stofflichen, ohne das Höhere, dem er diente und das Erfahrungen an ihm gewinnen konnte, weiterhin an sich zu binden.

In dieser Weise ist der Mensch als Tätiger, als sein Leben Gestaltender aufs innigste mit seinem Muskelsystem verbunden. So kann die Aussage nicht erstaunen, daß die Muskeln «so gestaltet sind im Menschen, so kristallisiert, daß der Mensch bis auf die feinste chemische Zusammensetzung hinein in seinem Muskelsystem sein kristallisiertes Karma trägt ... Wenn ein Mensch zum Beispiel seine Muskeln so bewegt hat, daß er sich auf eine Stätte begeben hat, auf der ihm ein Unglück geschehen ist, so ist das aus dem Grunde geschehen, weil in den Muskeln die geistige Kraft darinnen lag, die ihn aus sich selbst heraus an die Stätte getrieben hat.»[423] Diese Bildung der Muskeln, der individuelle Aufbau des Eiweißes, ist ein immerwährender Vorgang, der im Zusammenhang mit der nächtlich stattfindenden Karmagestaltung steht (vgl. S. 100 u. 110f.). An dieser Gestaltung ist das ‹nächtliche Ich›, von dem hier gesprochen wird, beteiligt, weil sich der Mensch im vergangenen wie auch im künftigen Karma während des irdischen Lebenslaufes als handelndes Wesen auslebt.

«Das Ich tritt heraus aus dem physischen und dem Ätherleib, gestaltet sich in Gemäßheit der Kräfte der universellen Geistwesenheiten. Es wird so, wie es werden kann nach dem, wie es im physischen Leibe lebt. Würde es erwachen zum Bewußtsein des Geistesmenschen,[424] dann würde es nicht bloß zu sich sprechen, wie der astralische Leib zu sich sprechen würde, wenn er plötzlich mit dem Bewußtsein des Lebensgeistes ausgestattet würde; sondern würde das Ich mit dem Bewußtsein ausgestattet, das in dem zurückgebliebenen physischen Leib wirkt, das die Kräfte von oben nach unten sendet in dem zurückgebliebenen physischen Leib, würde der Mensch also mit diesem Bewußtsein ausgestattet in seinem Ich, wenn es im schlafenden Zustand herausgetreten ist, dann würde der Mensch nicht nur eine Summe von Richtersprüchen über sich erleben, sondern dann schaut er, was er als Bild jetzt wird und was dann als Keim wirkt für seine folgenden Erdenleben.

Ich finde für diese Tatsache keinen anderen Ausdruck, wenn ich sie in einen Satz prägen will, als daß ich sage: Das Ich wird das Opfer seiner selbst, das Opfer des im Leibe wirkenden Geistes. – Ein Opfer kann so sein, daß es wohlgefällig aufgenommen wird; das kann auch bei dem Ich sein, indem es draußen gestaltet wird. Ein Opfer kann auch so sein, daß es verworfen wird. Das sind die äußersten, radikalsten Enden des Vorganges. Das, was der Mensch erlebt, liegt natürlich im wesentlichen in der Mitte. Aber ein Opfer kann auch verworfen werden, wenn es nicht würdig ist, geopfert zu werden. Wenn der Mensch also so erscheint vor den geistigen Wesen des Universums, daß er stark verkümmern muß durch das, was er durchlebt im physischen und im ätherischen Leibe während des Wachens, dann wird er ein verworfenes Wesen. Sie sehen also, daß der Opferbegriff durchaus angewendet werden kann für das, was da stattfindet. Und mir scheint, daß diese zwei Sätze: Schlafend wird der astralische Mensch der Richter seiner Seele –, und: Das Ich wird das Opfer seiner selbst –, daß diese zwei Sätze außerordentlich wichtig sind für das vollständige Verständnis der menschlichen Wesenheit.»[425]

Ob davon in Zukunft vom Geistigen der Welt etwas aufgenommen oder verworfen wird, hat zunächst eine Voraussetzung: daß zuvor das Ich überhaupt bereit ist, etwas zu opfern. Und diese Bereitschaft bildet sich im Schlafzustand.[426]

Der Schlaf: Lösung des Ich aus dem Blutsystem und Untertauchen in den Leib

Das Ich offenbart sich nicht allein in Vorstellungen und Gedanken, sondern auch im Willen. Diese Betrachtung rückt den Handlungsmenschen in den Blick. Der Wille wirkt unmittelbar im Stoffwechsel- und Muskel(Gliedmaßen-)system. Wir können willkürlich, das heißt aus Absicht unseren Leib bewegen, dabei sind wir dann vollwach. Doch: «Wenn der Mensch im Schlafe ist, so ruht ... vorzugsweise der Wille. Das aber heißt mit anderen Worten: das Willensmäßige drückt sich nicht durch die physische Organisation aus. Das Ich ist dann ... außerhalb des physischen Leibes.»[427] Interpretieren wir diese Aussage, dann heißt dies, daß im Wachzustand das Ich von innen, also im Stoffwechsel und im Willen tätig ist, daß es aber während des Schlafes wie von außen am ‹niedersten Leiblichen› wirkt und somit an den Gestaltungs- und Aufbauvorgängen des Stoffwechsels und des Muskelsystems – unter Mithilfe hierarchischer Wesen – arbeitet. Das Ich wird im Schlaf frei in einer Welt, «in der die Naturgesetze nicht gelten, in der das Ich frei vom Zwang der Naturgesetze schalten und walten kann,»[428] nunmehr alleine den Gesetzen des moralischen Wesens verpflichtet.

Damit schafft sich das Ich während des Schlafes gleichsam eine freie Bahn für die sittlichen Impulse der Seele. Es lebt in einer Welt, «in der das Sittengesetz nun dieselbe Kraft und Gewalt erlangt, wie sie hier die Naturgesetze haben, [da] lebt das Ich vom Einschlafen bis Aufwachen. Und in dieser Welt kann das Ich etwas vorbereiten. Das Ich kann ... vorbereiten dasjenige, was es dann auszuführen hat, wenn es durch die Pforte des Todes geschritten ist ... [Dann] werden nämlich die Sittengesetze so sein, wie unsere Naturgesetze hier in der physisch-sinnlichen Welt sind ... Das Ich arbeitet schon, wenn auch keimhaft, wie in einem ganz kleinen Geistkeim dasjenige aus, was es dann zu leisten hat im Geist-Universum nach dem Tode.»[429]

Es könnte den Anschein haben, daß sich also im Schlafe das Ich einzig im Reiche des Guten, des sittlich Wahren bewegen müßte, weil es in einer unmittelbaren Beziehung zur Sternenwelt und zu den dort wirkenden Hierarchien steht. Doch dies ist nicht der Fall. Denn Moralität heißt für den Menschen niemals etwas Gegebenes, sondern immer ein erst zu Erringendes. Dies gilt auch für das Reich des Schlafes. Auch da treten verführerische Wesen an das menschliche Ich heran. Diese Wesenheiten haben, damit sie die Aufgabe der Verführung erfüllen können, eine eigene, vom normalen Fortgang abweichende Entwicklungsgeschichte. Das Böse, Abweichende, Widersprechende kommt als eigener Auftrag durch die Schöpfermächte, durch Gott dadurch in die Welt, daß Wesen ihren Auftrag nicht oder anders erfüllen als die dem normalen Gang der Entwicklung entsprechenden Wesen.[430]

Diese evolutiven Abweichungen ereignen sich auf verschiedenen Evolutionstufen immer aufs neue. Die äußeren Aggregatzustände der Stoffe haben sich in der Vergangenheit herausgebildet; damit dies geschehen konnte, gab es kosmologisch Entwicklungsorte, die als Saturn, Sonne und Mond bezeichnet werden. Die gegenwärtigen Himmelskörper haben damit nichts zu tun, sie stehen nur in einer indirekten Beziehung dazu. Die Außenseite der kosmischen Körper hat auch eine Innenseite, die mit Wesen und deren Absichten und Entwicklung zu tun hat. Wenn Wesen höherer Art sich in ihrer Entwicklungshöhe differenzieren, bleiben sie stets wirkmächtig, aber ihre Einflüsse können dann als den Schöpfungsplan durchkreuzend oder ihm widersprechend angesehen werden. Dies kann Quell des Bösen und der Verführung werden.

Auf eine bestimmte Phase der vergangenen Entwicklung, deren Umfeld hier nicht ausgeführt werden kann,[431] wollen wir im nachfolgenden eingehen. Eine späte Stufe stellen Wesenheiten dar, die evolutiv seit der Mondentrennung[432] im Bereich des Irdischen wirken. Sie waren einst dem Mond und seiner Entwicklung ganz ursprünglich verbunden, gingen aber dann bei der Trennung des Mondes von der Erde[433] nicht mit dem Monde als dem ihnen zugehörigen kosmologischen Wirkensort mit. Diese [Monden-]Wesenheiten stehen ihrerseits wieder in Verbindung mit anderen zurückgebliebenen Wesen, die auf den untersonnigen Planeten (Venus, Merkur) ihren Sitz haben. Das hat insofern auf den schlafenden Menschen eine nachteilige Wirkung, als von ihnen eine «abnorme», das heißt eine andere als moralische Schlafwirkung ausgeht: «Diese Wesenheiten haben nun auf den schlafenden Menschen ebenso einen Einfluß wie die [moralischen] kosmischen Wesen selber, aber sie haben einen unheilvollen Einfluß.» Sie versuchen dem Menschen während des Schlafes einzureden, «das Böse sei gut und das Gute sei böse».[434]

Die Auseinandersetzung mit der Moralität verläuft keineswegs instinktiv. «Eben weil der Mensch alles lernen muß, weil es sein Instinkt und Beruf ist, alles wie seinen geraden Gang zu lernen, so lernt er auch nur durch das Fallen gehen und kömmt nur durch das Irren zur Wahrheit.»[435] Auch in der Welt der Nacht gibt es Spannungen und Widerstreit; bis dorthin setzt sich die menschliche Freiheit fort.[436]

Während des Tages vermögen wir durch das Eintauchen des Ich in den Kopfbereich, also in den Bereich des Nerven-Sinnessystems ein klares Bewußtsein auszubilden. Das Gegenstandsbewußtsein, durch das wir in der Lage sind, die Verhältnisse um uns klar zu sehen und bewußt wahrzunehmen und zu beherrschen, ist diesem Vorgang zu verdanken. In die Wahrnehmung mischt sich heute keine instinktive Bildgestaltung mehr, die aus sinnlich gegebenen Farben und Formen, also aus den gegebenen Erscheinungen gleichsam hellseherisch irgendwelche hintergründigen Bedeutungen oder Qualitäten herausliest, wie das in früheren Zeiten geschichtlicher Entwicklung noch der Fall war. Vielmehr müssen Bedeutungsgehalt und Interpretation der Erscheinung durch denkerische Bemühung errungen werden.

Wenn nun im Schlafe sich das Ich aus der Leibesorganisation löst, dann vermag es «unterzutauchen in die Dinge».[437] Im Unterschied zum Gegenstandsbewußtsein, wo wir die Beziehungen der Dinge von außen, von unserem Bewußtseinszentrum, vom Ich aus bestimmen, sind wir im Schlafe gleichsam mit unserem Ich in ihnen. So kann beispielsweise durch das imaginative Bewußtsein festgestellt werden, wie das im Kosmos verweilende Ich untertaucht einerseits in die «Dinge und Vorgänge des Kosmos» und andererseits in den eigenen physischen und Ätherleib. Doch dieses Eintauchen in den Leib ist ein vollständig anderes als das während des Tages. Es ist nicht nur völlig unbewußt, es nimmt die ‹Bahnen des physischen und Ätherleibes› in Anspruch und «ergreift die innerste Kraft des Blutes,» es wirkt.[438] Während das an den Astralleib gebundene Ich am Tag Bewußtseinskontinuität und damit Identität vermittelt, bewirkt das schlafend neuerlich eintauchende Ich ganz anderes. Gleichsam als Nachwirkung entsteht dadurch auch im Tagesleben die Freiheit schaffende «Kraft der Liebe. Niemals würden wir die Fähigkeit haben, in der Liebe aufzugehen in einem anderen Wesen oder einem anderen Vorgang … wenn nicht das Ich auch allnächtlich aus uns real herausgehen würde, um in die Vorgänge des Kosmos draußen unterzutauchen. [Einen Teil dieses Kosmos bildet der

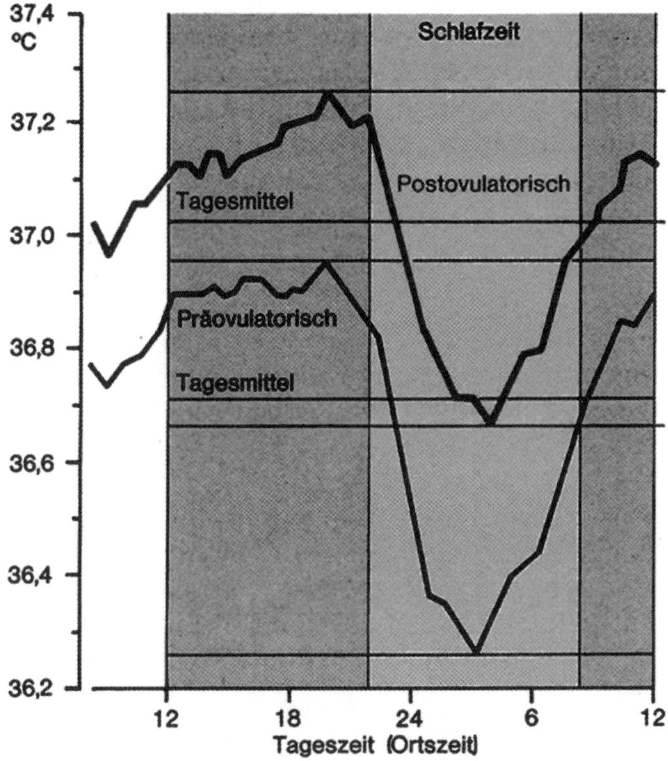

Tagesgang der Körpertemperatur (Rectaltemperatur). Die untere Kurve *ist in der ersten Hälfte (präovulatorisch), die* obere Kurve *in der zweiten Hälfte (postovulatorisch) des Menstruationszyklus aufgenommen worden. (Aus: Schmidt/Thews, S. 665.)*

physische Leib.] Da taucht es in Wirklichkeit unter. Indem es in uns hineinschlüpft im tagwachen Bewußtsein, erteilt es uns durch die Fähigkeit, die es draußen erlangt hat, innerlich die Kraft zu lieben. Dies ist es, was als dreifache Kraft der Seele in ihrem tiefsten Inneren auftaucht: Freiheit, Erinnerungsleben, Liebeskraft.»[439]

Verweilen wir noch beim Blute. Während des Tages ist das Ich nicht nur mit Bewußtseinsvorgängen beschäftigt, sondern auch mit der Bildung des Blutes verbunden. So ist es auch verständlich, daß nicht nur die Blutwärme wichtig für das Selbsterleben ist, sondern daß das Immunsystem, durch das die Identität des Organismus aufrechterhalten wird, geradezu als das «biologische Ich» angesehen wird. In der Nacht verläßt nun das Ich das Blut, so daß dieses Ich jetzt außerhalb des physischen Leibes wirkt. Auf diesen Vorgang weist schon die Tatsache hin, daß die während des Tages geforderte Leistungsbereitschaft schwindet und etwa in den Herzmuskelfasern in das Ruhepotential übergeht. Das Ruhepotential weist bei allen Nerven- und Muskelfasern neben Erregungs- auch Ruhezustände auf. Diese Ruhezustände werden dadurch erzeugt, daß der Kalium-Ionenfluß ins Gleichgewicht kommt.[440]

Gleichzeitig findet im Schlaf eine Abnahme der Blutwärme (Körpertemperatur) statt. Das hat natürlich Auswirkungen auf zahlreiche mit den Blutfunktionen zusammenhängende Prozesse, denen hier nicht im einzelnen nachgegangen wird.[441]

Die Herauslösung des Ich im Schlaf aus dem Blutbereich bildet die Voraussetzung dafür, daß hierarchische Weltwesen, die ichverwandt sind, vom Blutsystem Besitz ergreifen. Sie werden damit, während das Ich abwesend ist, ihrerseits zum Erhalter des Blutsystems; es sind Schutzgeister, Wächter, die stellvertretend für das Ich innerhalb des Leibes wirken und die Blutfunktionen regeln.[442] Der Grund hierfür ist einsichtig: Weil das Ich während des Wachens im Blute und in der Willensbewegung wirkt, nachts aber aus diesem Organsystem herausgelöst ist, müssen höhere Wesen gleichsam Ersatz für die bisher durch das Ich erbrachte biologische Funktion leisten, sonst verlöre das menschliche Ich seine biologische Wirkensmöglichkeit. Zunächst sagt Steiner von diesen Wesen, die als Stellvertreter wirken, nur, daß sie «gleicher Natur» mit dem menschlichen Ich sind,[443] später bestimmt er sie genauer. «Wesenheiten der ersten höheren Hierarchie ziehen in die blutpulsierenden Kräfte hinein: dann leben Angeloi, Archangeloi und Archai in diesen selben Organen, in denen bei Tag, beim Wachen das Ich lebt.»[444]

Das Ich wirkt während des Tages in «all den Tätigkeiten im menschlichen Leibe, die die niedersten Tätigkeiten sind, die zuletzt gipfeln in der Blutbereitung ... Das sind diejenigen Tätigkeiten des Leibes, die gewissermaßen auf der untersten Stufe der Geistigkeit stehen, denn alles Leibliche ist ja auch geistig.»[445] Innerhalb dieser leiblichen Tätigkeiten ist die höchste Form der Lebensentfaltung, gleichsam ihr Gipfel, in der Blutbereitung zu sehen. Im Schlaf hingegen steht das Ich auf der höchsten Stufe der Geistigkeit. – Wie ist das zu verstehen? Das Haupt offenbart in seiner «äußeren Bildung am meisten den Geist».[446] Hier ist der Geist gleichsam am weitesten gestaltend in die Materie eingedrungen und hat sich dadurch auch gebunden, so daß er als freier Geist am meisten verloren hat. Von diesem Gesichtspunkt aus ist dann die Stoffwechselorganisation als «niedriger» anzusehen.

«Indem in den niederen Gliedern der menschlichen Leiblichkeit dasjenige, was nach außen sich gebildet hat, am wenigsten vergeistigt ist, am wenigsten geistig ausgearbeitet ist, ist in bezug auf diese niederen Glieder am meisten im Geistigen zurückgeblieben. Dem Kopf als Kopf entspricht am wenigsten Geistiges, weil er am meisten Geist in sich hat; dem Unterleib entspricht am meisten Geist, weil er am wenigsten in sich hat. Aber in diesem meisten Geist, der nicht in der Leiblichkeit lebt, da lebt das Ich während des Schlafens drinnen. Denken Sie diesen wunderbaren Ausgleich: Während also der Mensch eine niedere Natur hat in bezug auf seine Leiblichkeit und das Ich in diese niedere Natur untertaucht mit dem Aufwachen, ist diese niedere Natur nur deshalb niedere Natur, weil der Geist am wenigsten gearbeitet hat, weil der Geist so viel zurückbehalten hat im geistigen Gebiet. Aber in dem, was er zurückbehalten hat, da ist das Ich während des Schlafes drinnen. So also ist das Ich während des Schlafes mit demjenigen heute schon zusammen, was der Mensch erst in späterer Zeit ausbilden wird, was der Mensch erst in der Zukunft zur Entwikkelung, zur Entfaltung bringen wird, was heute noch wenig, ich möchte sagen nur erst angedeutet ist, noch wenig ausgebildet ist in des Menschen Leiblichkeit. Wird daher das Ich bewußt des Zustandes, in dem es sich während des Schlafes befindet, wird es sich dieses Zustandes in Wahrheit bewußt, dann kann es sich sagen: Ich bin während des Schlafes in demjenigen, was meine heiligste menschliche Anlage ist. Und indem ich aus dem Schlafe heraustrete, indem ich aufwache, gehe ich aus der Welt meiner heiligsten Anlagen in dasjenige über, was heute nur eine schwache Andeutung dieser heiligsten Anlage ist.»[447]

Der Zusammenhang mit den hierarchischen Wesen in der Nacht spiegelt sich auch in der Leiblichkeit ab. Das wird verständlich, wenn noch aus einer anderen Perspektive auf das Ich hingeschaut wird; danach ist das Ich nichts anderes als reiner Wille, ein Wesen, das in der Leiblichkeit als Willensvollzug, als handelndes Wesen lebt. In diesem Sinne ist das Ich während des Tages ganz an die Stoffwechselvorgänge, die physiologische Grundlage des Willens, gebunden. Es bleibt für uns, soweit es als Wille und im Stoffwechsel wirkt, letztlich völlig unbewußt, das heißt, das Ich schläft für uns in dieser Hinsicht auch während des Wachens. Zeitlich schon früh verdeutlicht Steiner, daß Ich und Astralleib während des Schlafes «außerhalb unseres Blutes und Nervensystems» sind, dafür sich aber um so intensiver verbinden mit den übrigen Organen.[448]

Exkurs: Das Nervensystem – Eintauchen des Ich in das Ganglien-system (Vegetativum)

Steiner charakterisiert den eben beschriebenen Vorgang geraume Zeit später noch genauer. Während sich Astralleib und Ich aus Blutsystem und Nerven-Sinnesorganisation herauslösen, mit denen sie im Wachleben eng verbunden sind, tauchen sie während des Schlafes ‹tiefer› – das ist auch räumlich zu verstehen – in den Leib ein, und zwar der Astralleib in das Rückenmark,[449] während das Ich sich stärker in die Ganglien einsenkt. Diese Beziehung besteht durchaus auch während des Tages, doch da sind die Beziehungen «gelockert», im Schlafzustand hingegen «inniger» geknüpft.[450] Der rhythmische Wechsel in diesen Beziehungen des Astralleibes zu den Rückenmarksnerven ist identisch mit dem Wechsel von Wachen und Schlafen.[451] Diese Beschreibung macht es notwendig, sich in einem Exkurs mit der Bedeutung und Funktionsweise des Nervensystems zu befassen. Ein erster Blick gilt der anatomischen Grobgliederung des Nervensystems; sie ergibt folgendes Bild:

	Entwicklungs-tendenz	**Morpholog. Struktur**	**Dominierende Funktion**	**Psychophysische Seite**
Kopfbereich ZNS	Konzentration	Kerne (Nuclei)	Integration (Afferenzen)	Bewußte Erlebnisfähigkeit
Rückenmarks-bereich	Segmentation	Metamere Gliederung	Reflektorische Kreisprozesse	Reflexe
Peripheres vegetatives Nervensystem	Dezentra-lisation	Ganglien und Plexus	Viszerale Steuerungen (Efferenzen)	Unbewußte Abläufe

Grobgliederung des Nervensystems (aus: Rohen 1978, S. 54).

Aus der Anatomie und ihrer Beschreibung der Nervenformen ergibt sich die Frage, wie die funktionelle, das heißt neuronale Gliederung des Nervensystems mit der grobanatomischen Dreigliederung zusammenhängt. Wir zitieren hier einfach aus einer sehr konzentrierten Darstellung eines einschlägigen Lehrbuchs, was mit eigenen Worten zu sagen so präzise und sachgerecht nicht möglich wäre.

Funktionell ist für die Nervenbahn die Richtung der Erregungsleitung von Bedeutung. Sie kann empfangend (afferent, früher auch sensitiv genannt) sein, also vom Sinnesorgan zum Zentrum (Gehirn) oder leitend (efferent, früher auch motorisch), d.h. vom Gehirn zum Erfolgsorgan, etwa der Muskulatur, gehen. Die Erregungsleitung eines Neurons (Nervenzelle) «hängt weitgehend von den Orten der Reizbildung bzw. Erregungsübertragung ab. Die Funktion einer Neuronenkette, d.h. einer Bahn, wird daher nicht unwesentlich von den Terminalorganen und ihrer Eingliederung in das Gesamtsystem bestimmt. Stellt man sich die nervöse Masse für einen Augenblick als unbestimmte Einheit vor, so könnte man sagen: Die funktionelle Ausrichtung (Prägung) der Leitungssysteme erfolgt im wesentlichen von zwei Seiten aus: einmal von der Außenwelt durch die Sinnesorgane, von denen das Nervensystem einen ständigen afferenten [empfangenden] Informationszustrom erhält, und zum anderen von der Innen- oder Organwelt, mit der das Nervensystem durch efferente [leitende] Terminalorgane in Kontakt tritt.

Dieser Doppelaspekt in der funktionellen Orientierung der nervösen Masse hat viele ältere Autoren veranlaßt, von zwei elementaren Teilen des NS zu sprechen, einem oikotropen, zur Umwelt hin orientierten, und einem idiotropen, die Funktion der Innenwelt regelnden Teil. Der oikotrope Anteil konzentriert sich besonders auf das Kopfgebiet. Er erschließt dem Menschen durch die großen Sinnesorgane die Außenwelt. Die vielfältigen Afferenzen werden vom oikotropen Anteil des ZNS, den Clara das ‹Außenministerium› genannt hat, zum Gesamtbild unserer Umwelt integriert, bewußt verarbeitet und gegebenenfalls gespeichert oder beantwortet

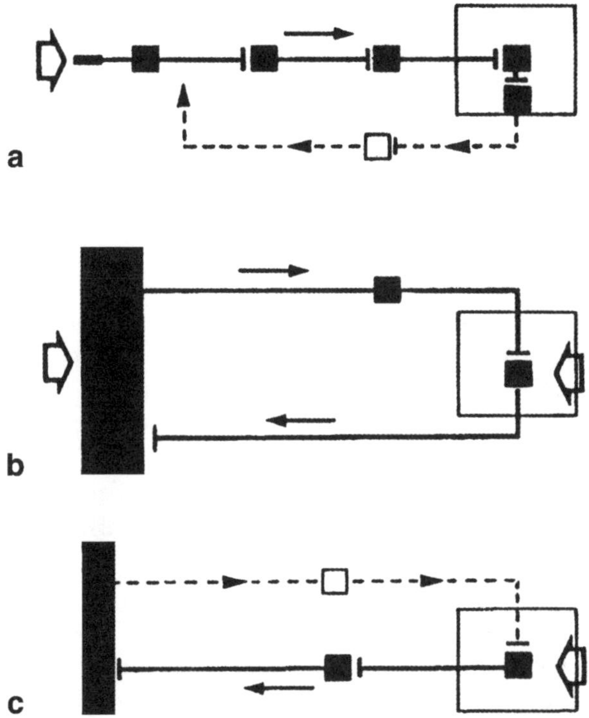

Elementare Bauformen der Leitungsbögen im Bereich des Nervensystems. Die schwarzen Pfeile bezeichnen die Leitungsrichtung der Erregungen, die weißen Pfeile markieren die hauptsächlichen Orte der Erregungsentstehung bzw. Erregungszuflüsse. Jeweils links peripherer Bereich; rechts [Viereck] zentralnervöser Bereich.
a) Kopfbereich [Sinnessysteme des ZNS (Sensorik)]. Der afferente Schenkel des Leitungsbogens dominiert. Erregungsbildung am Rezeptor.
b) Spinaler Bereich [Reflexsysteme des Rückenmarks (Sensomotorik)]. Afferenter und efferenter Schenkel des Leitungsbogens sind gleichwertig.
c) Organbereich [Vegetativ-periphere Systeme (Viszeromotorik)]. Der efferente Schenkel des Leitungsbogens dominiert. Spontane Erregungsbildung in den nervösen Zentren. (Aus: Rohen 1978, S. 80).

... Demgegenüber übernimmt der idiotrope oder vegetative Teil des NS (nach Clara das ‹Innenministerium›) die Regelung derjenigen Organfunktionen, die zur Erhaltung des Lebens sowie zur Anpassung des Organismus an veränderte Umweltsituationen notwendig sind. Die Konstanterhaltung der Körpertemperatur, des Blutdruckes, des Blutzuckers, die Regulation von Atmung und Kreislauf, Wasserhaushalt und Stoffwechsel gehören hierher. Diese Regulationen gehen meist von bestimmten ‹Zentren› aus, deren Nervenzellen spontan Erregungen aussenden und dadurch die Tätigkeit der Organe in der für die jeweilige funktionelle Situation notwendigen Weise hemmen bzw. fördern. Daher stehen hier die efferenten Erregungsleitungen im Vordergrund.
Es ist nun aber keineswegs so, daß im oikotropen System nur afferente und im idiotropen nur efferent leitende Neuronen vorhanden wären. Vielmehr bilden sich innerhalb der nervösen Masse fast überall Neuronenketten heraus, die aus afferenten und efferenten Bauelementen zusammengesetzt sind. Man nennt einen solchen neuronalen Verband einen Leitungsbogen. Der Leitungsbogen stellt die funktionelle Baueinheit des Nervensystems dar. Er setzt sich aus einem afferenten und efferenten Schenkel zusammen, im einfachsten Falle je einem Neuron. Kompliziertere Leitungsbögen umfassen mehrere zu- und ableitende Neuronenketten, die dann als (afferente bzw. efferente) Leitungsbahnen bezeichnet werden. Funktionell bilden die Leitungsbögen fast immer Regelkreise, in denen meist durch das Prinzip der Rückkoppelung bestimmte Regelgrößen konstant schalten werden. Wir wollen derartige, aus einem afferenten und efferenten Schenkel zusammengesetzte Leitungsbögen als funktionelle Systeme im Sinne Benninghoffs ansehen und ... als ‹Funktionskreise› bezeichnen.

Am einfachsten sind derartige Systeme im Rückenmarksbereich differenziert. Die afferenten und efferenten Schenkel der Leitungsbögen sind hier fast immer nahezu gleichwertig. Die aus der Peripherie stammenden afferenten Erregungen werden im zugehörigen

Zentralorgan verarbeitet und lösen eine efferente Antwortreaktion aus (‹Reflex›). Das erregungsverarbeitende Zentrum kann nun aber nicht nur im Rückenmark, sondern auch in übergeordneten Hirnabschnitten liegen. Insofern ist ... der Begriff eines metameren Bereiches im NS nicht ausschließlich auf das Rückenmark beschränkt, sondern reicht bis in die höheren Abschnitte des ZNS. Funktionell gesehen muß man ihn als einen Arbeitsbereich charakterisieren, bei dem immer afferente und efferente Neuronen zu Reflexsystemen zusammengeschlossen sind, gleichgültig in welchem zentralen Kerngebiet ihre Umschaltung erfolgt ... Da sie in der Hauptsache der Körpermotorik dienen und immer aus annähernd gleichwertig zusammenarbeitenden sensorischen und motorischen Einheiten zusammengesetzt sind, können sie als sensomotorische Systeme bezeichnet werden (Abb. b).

Anders liegen die Verhältnisse im Kopfbereich sowie auch im peripher-vegetativen Gebiet (Abb. a und c). Zwar sind hier auch Leitungsbögen differenziert, aber ihre beiden Schenkel sind in der Regel nicht gleichwertig. Im Kopfteil des Nervensystems dominieren die afferenten Bahnen. Die aus den Sinnesorganen einlaufenden Erregungen bestimmen weitgehend das Funktionsgeschehen (Sensorik, Perzeption). Der afferente Schenkel des Leitungsbogens hat sich sozusagen verselbständigt. Efferente, ‹reflektorisch› auf das Erfolgsorgan zurückwirkende Erregungsabläufe gibt es in ähnlicher Form wie im sensomotorischen Bereich nicht. Zwar ist heute sicher, daß auch zu den Sinnesorganen efferente Impulse laufen. Ihre Aufgabe besteht aber in der Hauptsache in der Verstellung der Reizschwellen und Abstufung der Reizintensitäten. Dieser Schenkel des Systems dient also eigentlich nur einer Optimierung der Perzeption ... Im Vordergrund steht die afferente Reizaufnahme und Erregungsverarbeitung, die im klassischen Fall allein den Charakter dieser Systeme bestimmt. Das ist besonders bei den großen Sinnesapparaten (Auge, Ohr) der Fall, wo das allgemeine Schema des Leitungsbogens tatsächlich in der beschriebenen Art vereinseitigt und das afferente Leitungsgeschehen zum alles beherrschenden

Element geworden ist. Wie wir noch sehen werden, sind aber nicht alle Sinnessysteme so stark verselbständigt ...

Wiederum anders liegen die Verhältnisse im vegetativen Bereich (Abb. c) ... [Es] steht hier im Gegensatz zu Sinnessystemen das efferente Geschehen ganz wesentlich im Vordergrund. Die Erregungsbildung erfolgt meist spontan in den zentralen Steuerungszentren und führt zu einem peripherwärts gerichteten Erregungsstrom, der für die Regelung der Organtätigkeit entscheidend ist. Zwar kommen auch aus den vegetativ versorgten Organen rückläufig afferente Informationen. Diese haben aber mehr die Aufgabe, die spontane Reizbildung in den zentralen Steuerungszentren zu modifizieren ...

Wir kommen damit innerhalb des NS zu drei funktionellen Elementarbereichen, die sich als Modifikationen eines Grundschemas, nämlich des zu einem Regelkreis zusammengeschlossenen Leitungsbogens, erweisen (Abb.). Das Prinzip des Regelkreises wird allerdings in den beiden Extremvarianten, d.h. im Bereich der Sensorik und des Vegetativums, weitgehend aufgegeben. Der Kreis wird sozusagen gesprengt. Es ergeben sich mehr oder weniger ‹offene› Systeme, bei denen entweder der afferente oder der efferente Schenkel dominiert.»[452]

Von dieser allgemeinen Übersicht, die dann auch für die Art, wie der Astralleib in den physischen eingreifen kann, von Bedeutung ist, können wir zur speziellen Wirksamkeit des Ich während des Schlafes im Gangliensystem übergehen.

Die Ganglien bilden anatomisch dezentrale Anhäufungen von Nervenzellen im Vegetativum; als autonomes oder dezentrales Nervensystem steht es im Gegensatz zu den Einrichtungen der Sensorik. Während die höheren Sinne «ein bewußtes Bild der Umwelt [vermitteln], vollzieht sich die Tätigkeit des vegetativen Nervensystems im Unbewußten. Diese ist auch nicht direkt durch den Willen zu beeinflussen, sondern ‹autonom›.»[453] Dieses System regelt die innenweltbezogenen Organtätigkeiten des Organismus, regelt das ‹innere Milieu›. Die *Lebensprozesse*

- Verdauung,
- Stoffwechsel,
- Sekretion,
- Wasserhaushalt,
- Wärmeregulation,
- Kreislauf,
- Fortpflanzung und so weiter

beruhen auf dem ‹inneren Informationswechsel› der ‹Lebensnerven›. Das Ich taucht also im Schlafe in diese unbewußten und unwillkürlich ablaufenden Lebensvorgänge ein, von denen wir am Tage lediglich bei bestimmten Empfindungen eine Wirkung wahrnehmen können: als Herzklopfen, Gänsehaut, Erröten und Erblassen. Auch die endokrinen Ausscheidungen mit den Hormonen, die ins Blut gelangen, wie der Neurosekretion mit den Transmittern – sie wirken in der unmittelbaren Nähe der sekretierenden Zelle – müssen zu diesem Bereich gerechnet werden. Die Transmitter steuern die Zelleistungen vor allem durch Noradrenalin, Azetylcholin. Im sensorischen Bereich dominieren die empfangenden Prozesse (Afferenzen), im Vegetativum dagegen die leitenden (Efferenzen). Durch das Vegetativum kann das Leben des Organismus sich «auch unter wechselnden Verhältnissen der Umwelt aufrechterhalten».[454]

Da jede Körperzelle aufgrund der Ausstattung «auch ohne eine eigene Innervation» elementare Leistungen erbringen kann, liegt die Leistung des vegetativen Nervensystems lediglich in der Festlegung der ‹Einstellbereiche› für die Zelleistungen. So hält es in den unterschiedlichen Umgebungsanforderungen die Konstanz des inneren Milieus aufrecht, es harmonisiert die Organprozesse und ist für die Gesundheit von höchster Bedeutung. Die inneren Organe dienen wiederum nur einer höheren Aufgabe: der Leistungsentfaltung des Gesamtorganismus. Damit hat das vegetative Nervensystem auch die Aufgabe, die inneren Organe den Leistungen der auf die Außenwelt gerichteten Organe anzupassen. Es dient zum Beispiel bei der Sammlung aller Kräfte, um Höchstleistungen zu erbringen, oder dazu, daß sich der Organismus etwa in den Tropen oder in der Wüstenhitze oder in arktischer Kälte zurechtfindet und anzupassen vermag. Das Vegetativum steuert die zellulären und Organprozesse über Ausschüttung oder Minderung von Überträgerstoffen (Noradrenalin, Acetylcholin). Es ist deshalb antagonistisch strukturiert, morphologisch allerdings (nicht durchgängig) unterscheidbar nach Parasympathicus und Sympathicus. Diese werden wieder durch höhere Zentren des Zwischenhirns (Hypothalamus) beeinflußt. Insgesamt liegt dieses System morphologisch in Form von Netzen und Geflechten vor, in die Ganglien als knötchenartige Verdickungen eingelagert sind. Drei Bereiche lassen sich unterscheiden:

«1. Das periphere oder intramulare Endnetz, das in die Wand der Organe und Gewebe eingelagert ist und zahlreiche Ganglienkomplexe umfaßt.

2. Das spino-rhombo-mesenzephale oder kurz spinosegmentale System, das vom Hirnstamm bzw. Rückenmark ausgeht und durch afferente und efferente Leitungsbahnen das intramulare System mit den zentralnervösen Zentren verbindet.

3. Das Zwischenhirn (Hypothalamus), das die obersten vegetativen Zentren enthält und die funktionelle Verbindung zwischen somatischen, vegetativen und endokrinen Systemen herstellt.»[455]

Zu 1: Ein isoliertes Darmstück, das lokal gedehnt wird, antwortet mit einer Kontraktion; ein solches aktives Verhalten besteht auch bei Gefäßen. Für diese motorische Reaktion werden zwei Instanzen verantwortlich gemacht: die glatte Muskulatur mit ihren myogenen Leistungen, daraus resultiert die Automatie, sowie das intramulare vegetative Nervensystem. Die Bewegungen umfassen bis zu 10 cm/sec. Den Muskelbewegungen übergeordnet ist das Nervensystem, es fördert oder hemmt die Bewegung durch Überträgerstoffe. Das anatomische Instrument der Steuerung ist das intramulare Nervensystem, das in den Wänden aller Organe (außer dem Gehirn) zu finden ist. Die Dichte ist nach den Organen sehr verschieden: In der Pförtnerwand des Magenausgangs liegen 20.000 Ganglienzellen, gegenüber am Magenmund, der Kardia, nur 4.000 je cm^2. Die Zellen sind meist klein, oft pigmentiert, mit kurzen Fortsätzen.

Zu 2: Das spinosegmentale System verbindet das intramulare mit den Zentren im Zwischen- und Endhirn. Es umfaßt eine segmentale Gliederung sowie die langen Leitungsbahnen, wobei Ganglienhäufchen eingeschaltet sind. Es ist deutlich nach Parasympathicus und Sympathicus gegliedert, dabei sehr differenziert nach Organen, Gefäßsystemen, Blutdruck, Wasserhaushalt, so daß etwa Kopf und Extremitäten jeweils ganz verschieden versorgt werden.

Zu 3: Die Zentren des Vegetativums befinden sich in der Retikularisformation von Rauten- und Mittelhirn. Der übergeordnete Hypothalamus hat eine integrierende leistungsbezogene Steuerung inne, welche die teilweise widersprüchlichen Vorgänge aus einer höheren funktionellen Ordnung verständlich macht. Der Hypothalamus hat «immer die Gesamtfunktion im Auge», während die Einzelleistungen segmentbezogen sind.[456]

In diesen in Umrissen dargestellten Funktions-Bereich dringt also das Ich im Schlafe ein. Was hat das zu bedeuten? Wir schauen uns zunächst den äußersten Bereich des Stoffwechsels an, nämlich den Mundraum. Die Speichelsekretion wird durch das Vegetativum gesteuert. Ohne Anregung sondern die Speicheldrüsen 0,5 ml/min Speichelflüssigkeit ab. Bei Anstrengung (Schwitzen) sowie bei Angst und Streß sinkt das Sekretionsvolumen erheblich; bei Narkose und Schlaf versiegt es gänzlich. Beim Kauen steigt die Sekretion um den Faktor 2,3, bei simulierenden Geruchsreizen ebenso; durch Zitronensäure oder große Bissen im Munde erhöht sich die Sekretion auf 7,4 ml/min.[457]

Der Wesenskern soll sich – das dürfte der Kerngedanke der Steinerschen Überlegungen sein – durch den Schlaf also mit jenem Bereich des Stoffwechsels inniger verbinden, der ihm während des Wachzustandes das Instrument bereitet, mit dessen Hilfe er im Alltagsleben dann seine Leistungen in und für die Welt – als Diener des Ich-Willens – zu erbringen vermag. Damit das eigentliche Wesen des Menschen seine Biographie entfalten kann, also zu gestaltenden Handlungen und Tätigkeiten des Leibes fähig wird, muß es sich inkarnieren, das aber heißt: sich aufs intimste mit den Stoffwechselvorgängen des Leibes verbinden. Dies geschieht vor allem im tiefen Schlafe. «Das Fixsternerlebnis[458] zuckt in unser Tageserleben herein auf dem Umwege durch die Umwandlung der Nahrungsmittel. Unsere Nahrungsmittel würden nicht so in das Gehirn kommen, daß sie uns befähigen würden, Initiativkräfte zu entwickeln, wenn nicht dieser ganze Prozeß angefeuert würde durch dasjenige, was wir nächtlich erleben durch das Sternerlebnis.»[459] Indem sich der Geist des Menschen schlafend in die höchsten Höhen des Erlebens erhebt, wirkt das Ich in den untergründigen Leibvorgängen gestaltend mit.

Zunächst scheint, wie das Beispiel der Speichelbildung zeigt, freilich das Gegenteil der Fall zu sein; denn die Sekretion kommt im Schlafe zum Erliegen. Doch das täuscht. Tatsächlich erweist sich die Nacht in der circadianen Rhythmik als für die Einflußnahme auf den Stoffwechsel von größter Bedeutung. G. Wachsmuth hat im Zusammenhang mit einer vierphasigen Tagesrhythmik mit Maxima (9 und 21 Uhr Ortszeit) und Minima (3 und 15 Uhr Ortszeit) des Luftdrucks zahlreiche physiologische Werte zusammengetragen, die aufweisen, daß etwa um 3 Uhr während der Schlafzeit die inneren Organe einen Höhepunkt der Anreicherung und Aufspeicherung zeigen, der dann am Tag von einer Sekretions- und Ausscheidungsphase gefolgt wird. Dies gilt auffällig für das Maximum der Glykogenspeicherung in der Leber (2 bis 3 Uhr), der eine gallenproduzierende, sekretorische Phase am Tage mit einem Maximum zwischen 14 und 15 Uhr folgt. Beim Blutzucker, in dem sich das Ich tags im Leibe verankert, ist es umgekehrt; er erreicht während der Schlafenszeit zwischen 2 und 4 Uhr sein Minimum und sein Maximum am Nachmittag.[460] Die Wasserausscheidung ist nachts geringer (durch die Glykogenspeicherung) als am Tage, gefolgt von Harndrang am Morgen und Nachmittag, obgleich dieser Prozeß eigentlich kontinuierlich verlaufen müßte. Es ist dies wie ein Wechsel von Flut und Entleerung. Auch die Aufnahme von Fett aus dem Darmlumen in die Darmwand schwankt; es wird gegen 2 Uhr am stärksten resorbiert, gegen 15 Uhr am geringsten.[461]

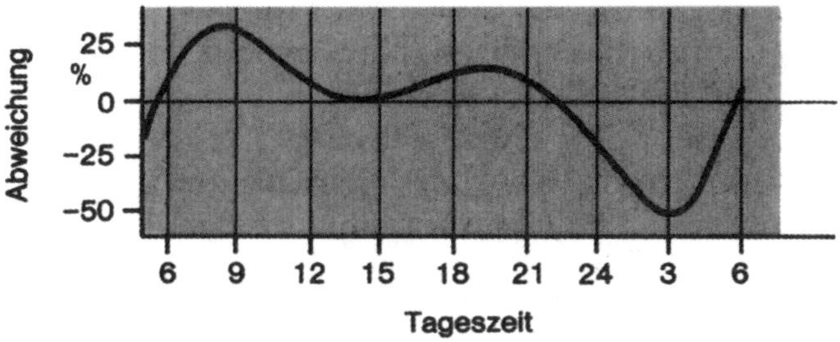

Abhängigkeit der mittleren sog. «physiologischen Leistungsbereitschaft» von der Tageszeit. Ordinate: *Prozent der Abweichung vom Tagesdurchschnitt. (Aus: Schmidt/Thews 1987, S. 897.)*

Die Prozesse, die innerhalb des Stoffwechsels den Willen ermöglichen, werden unter Beteiligung des nächtlichen Ich so aktiviert, daß dann tags das sich Ziele setzende, wache Ich in den Stoffwechsel des Leibes wollend eindringen kann.

Auch die seelisch bedeutsamen Hormone, die als Antwort des Organismus zum Beispiel auf Streß, auf psychische oder somatische Verletzungen (Traumata), auf Hunger, Hypoglykämie (Sinken des Zuckerspiegels) antworten, etwa die Hormone der Nebenniere, werden schubweise sezerniert. «Die Sekretionsschübe haben im Rahmen eines circadianen Sekretionsrhythmus morgendliche Maxima und mitternächtliche Minima. Vom Erwachsenen werden in 24 h 20-30 mg Cortisol und 2-4 mg Corticosteron (sowie 30-50 mg Androgene und 0,3 mg Aldosteron) sezerniert und im Blut, an Transcortin gebunden, zu allen Organen transportiert.»[462] Gleichsam als Ausgleich zur seelischen Anspannung des Tages findet in der Ruhephase eine Vorbereitung und Erhöhung für die Tagesanforderungen statt. Auch die für den Organismus wichtigen Zellteilungen, also jenes Geschehen, wodurch das Wachstum oder auch die Regeneration sich vollzieht, ist an diese Schlafenszeit gebunden.

Wenn der Leib unsere Impulse aufzunehmen und umzusetzen in

der Lage ist, sprechen wir von Gesundheit; wenn er uns daran hindert, sei es durch Fieber, Entzündungen, Lähmungen oder Depression, sprechen wir von Erkrankung. «Damit der Mensch während des Tagwachens gesund sein kann, hat er nötig, in sein Schlafesleben das Gefühl seiner Zusammengehörigkeit mit den göttlich-geistigen Wesenheiten hineinzutragen, in deren Geschehen er seinen eigenen ewigen Wesenskern während der Schlafenszeit einsenkt.»[463] Das Ich-Erlebnis im Schlaf wirkt mithin gesundend auf die Lebensprozesse, also den ätherischen Leib zurück.

Der Astralleib

Der Astralleib zwischen Seele und Leib

Das Wirken des Astralleibes wurde schon wiederholt berührt und in einzelnen Aspekten dargestellt. In diesem mehr analytischen Teil sollen nochmals die wichtigsten Zusammenhänge systematisch dargestellt werden.

«Handeln und Denken schwinden dahin im Schlafe, aller Schmerz, alle Lust versinken für das bewußte Leben. Wie aus verborgenen, geheimnisvollen Brunnen steigen beim Erwachen des Menschen bewußte Kräfte aus der Bewußtlosigkeit des Schlafes auf. Es ist dasselbe Bewußtsein, das beim Einschlafen hinuntersinkt in die dunklen Tiefen und das beim Aufwachen wieder heraufsteigt. Dasjenige, was das Leben immer wieder aus dem Zustand der Bewußtlosigkeit erweckt, ist im Sinne übersinnlicher Erkenntnis das dritte Glied der menschlichen Wesenheit. Man kann es den Astralleib nennen.»[464] Der Empfindungs- oder Astralleib ist als solcher ein Teil der Seele wie auch das geistverbundene Ich.

«Die Grundtatsache des Seelenlebens ist Lust und Schmerz. Denn das, was wir als Lust und Schmerz, als Freude und Unlust empfinden, das ist unser ureigenes Seelenerlebnis.»[465] Aber der Schmerz oder die Freude werden nicht nur als gegeben konstatiert, sondern durch sie erfährt der Mensch auch zugleich eine Sinndeutung für das Gesamt seines eigenen Lebens. «In der Freude und im Schmerz, die sich abspielen im Innenleben, drückt sich des Menschen ganz besondere Wesenheit aus, jene Wesenheit, wodurch sich der eine von dem anderen unterscheidet, jene Wesenheit, worin keiner dem anderen gleich ist ... so daß also, so viele Menschen vor uns stehen, ebenso viele Innenwelten vor uns stehen, die wir nur begreifen können aus dem Tiefsten dieser ihrer inneren Natur heraus, die etwas ganz besonders, etwas ganz für sich bestehendes Wirkliches sind, gegenüber allem, was im Raume und in der Zeit vor unserem Auge und vor unserem Ohr sich ausspricht.»[466] Die seelischen Eigenschaften offenbaren sich in unseren Trieben, Begierden, Gefühlen, Leidenschaften, Wünschen, Empfindungen; dies sind unsere seelischen Regungen. Sie bilden die Substanz des Astralleibes. «Wie den körperlichen Gebilden die räumliche Ausdehnung und räumliche Bewegung eigentümlich ist, so den seelischen Dingen und Wesenheiten die Reizbarkeit, das triebhafte Begehren. Man bezeichnet deshalb die Seelenwelt auch als die Begierden- oder Wunschwelt oder als die Welt des ‹Verlangens› – Trieb, Wunsch, Verlangen sind Bezeichnungen für das Stoffliche der Seelenwelt. Dieses Stoffliche sei mit ‹astral› bezeichnet.»[467] Wird statt auf die «Stoffseite» mehr auf die Kräfte des Seelischen hingeschaut, so läßt sich von ihnen so sprechen, daß sie aus Wunsch und Begehren ein Wesen konstituieren, die Begierdenwesenheit. Die menschliche Seele stellt als solche auch eine Begierdenwesenheit dar, und ihr Instrument ist der Astralleib.

Entwicklungsgeschichtlich ist es das astralische Wesen des Menschen, das an dem «Sündenfall», an der Versuchung teilhatte. Durch die Entfachung der Begierdenkräfte im paradiesischen Urzustand wurden auch bedeutende Erkenntniskräfte geweckt – «es wurden ihre Augen aufgetan» –, die auf Kosten der Lebenskräfte gehen. Die luziferische Versuchung richtet sich auf den Empfindungsleib.[468] Im Bilde wird das Nervensystem als der «Baum der Erkenntnis» angesprochen. Es bildet während des Wachzustandes einen Ort der Zerstörung, denn es wirkt im wachen Sinnesprozeß auf den physischen Leib abbauend, zerstörend.

Mit der Wachheit, die der Astralleib vermittelt, sind auch Begierde, Sinnlichkeit, Genuß und Selbstgenuß verknüpft. Erst durch die Sinnes- und Empfindungsfähigkeit wurde der Astralleib auch zum Gefäß für das Ich, das die Herausforderung, zwischen Gut und Böse zu unterscheiden, annehmen und gestalten kann. Die Sinnlichkeit ist Grundlage des Freiheitswesens.

Damit wird auch verständlich, daß der Egoismus eine Eigentümlichkeit des menschlichen Astralleibes auf der Erde ist; er ist seine «ureigenste Eigenschaft» und besteht in dem «Streben, in sich zu sein, bei sich zu sein, durch sich zu sein».[469] Damit hat er auch mit der moralischen Welt eine Beziehung, wie das Ich.

Der astralische Leib «drückt sich für die unmittelbare Beobachtung des Menschen namentlich aus durch das Gefühlsmäßige, durch alles Gefühlsmäßige. Auch der astralische Leib des Menschen ist, wie wir wissen, im Schlafe außerhalb des physischen Menschen. Auch das Gefühlsmäßige ist ja während des Schlafes in das Dämmerdunkel des Bewußtseins hinübergerückt.»[470] Der Astral- oder Empfindungsleib vermittelt die Empfindungen, er läßt uns dadurch über die Sinne die Welt und den eigenen Leib erfahren. Das eigentliche Entstehen der Empfindungen setzt allerdings voraus, daß aus der ungeheuren Reizesflut des Leibes und der Umgebung sich ein innerer Quell der Aufmerksamkeit – das regsame und gestaltende Bewußtsein – dem endlosen Meer zuwendet und darin Einzelnes, Wichtiges bemerkt. Was sich für die Seele als etwas Besonderes erweist, erhält eine eigene Antwort, nämlich durch die konkrete Empfindung. Durch die Empfindung erst verbindet sich das Subjekt des Menschen mit der Erscheinung. Steiner trennt also das «Tätige» im Bewußtsein vom «Träger» des Bewußtseins, dem mehr Empfangenden, Vorhandenen, sorgfältig als etwas Eigenes ab: «Nach allen Seiten hin antworten die Empfindungen auf die Eindrücke [der Sinne]. Dieser Tätigkeitsquell soll *Empfindungsseele* heißen.»[471] Der Träger des Bewußtseins ist der Empfindungsleib, das darin Tätige mithin die Empfindungsseele. Sie holt aus dem Lebensgefüge das hervor, «was sie als Empfindung aufglänzen» läßt.[472] Beide Eigenschaften zusammengefaßt bilden den Astralleib, wodurch die Aufmerksamkeit auf den übersinnlich-kosmischen Ursprung gerichtet wird.

Ähnlich wie der physische Leib mit den Stoffen und Kräften der umgebenden Natur verbunden ist und sich durch die Nahrung aus seiner Umgebung erneuert, so ist der Astralleib mit dem Kosmos verbunden; er erneuert sich während des Schlafzustandes durch Bilder, die ihm aus der kosmischen Welt zukommen.[473] Das Wachleben reißt den Astralleib aus seiner ursprünglichen Welt heraus; so wie ein Tropfen vom Schwamm aufgesogen wird, so saugen ihn physischer und ätherischer Leib auf.[474] Im Schlaf kehrt der Astralleib in die Harmonie kosmischer Gesetze zurück. Von dort bringt er beim Erwachen frische Kräfte für physischen und Ätherleib mit.[475]

Der Astralleib in Beziehung zu den Leibesfunktionen

Der astralische Leib als Träger des Bewußtseins weist zwei polare Zustände auf: den wachen und den schlafenden – im Wechsel. Während des Wachzustandes ist er in der Sinnesorganisation wirksam und zehrt am Leibe und an dessen Gesundheit. In der Nacht trennt er sich vom physischen und ätherischen Leibe und taucht in die astralische Welt unter. Doch auch während des Schlafes bleibt, trotz der ‹Trennung›, zwischen den Wesensgliedern weiterhin ein intensiver Zusammenhang, obschon die Glieder in verschiedenen Welten leben. Natürlicherweise ist dieser Wechselbezug in der Nacht ein ganz anderer als während des Wachzustandes.

Die im Schlaf vonstatten gehende konstitutionelle Änderung im Wesensgefüge ist nicht bloß eine Trennung, wie mehrfach beschrieben, sondern tatsächlich in sich für die einzelnen Organsysteme und Lebensprozesse hoch differenziert. Auch schon während des Tages gibt es keinesfalls eine einzige Beziehung des Geistig-Seelischen zum Leibe. So ist es seit Descartes zur Gewohnheit geworden, im Gehirn oder doch im Nervensystem den ‹Sitz der Seele› zu sehen. Auch in der modernen Medizin verständigte man sich überwiegend darauf, daß der Tod dann eingetreten sei, wenn sich keine elektrischen Potentiale mehr vom Gehirn ableiten lassen («Gehirntod»). Aber auch bei funktionsuntüchtigem Gehirn können das Kreislaufsystem und der Stoffwechsel noch durchaus intakt sein. Das lenkt den Blick darauf, daß offenbar das Seelisch-Geistige in verschiedener Weise mit dem Leibe verbunden ist. «Der *Leib als Ganzes,* nicht bloß die in ihm eingeschlossene Nerventätigkeit ist physische Grundlage des Seelenlebens.»[476]

Die Leib-Seele-Beziehung ist dreifach. «Die körperlichen Gegenstücke zum Seelischen des Vorstellens hat man in den Vorgängen des Nervensystems mit ihrem Auslaufen in die Sinnesorgane einerseits und in die leibliche Innenorganisation andrerseits zu sehen ... Das Fühlen [muß man] in Beziehung bringen zu demjenigen Lebensrhythmus, der in der Atmungstätigkeit seine Mitte hat und mit ihr zusammenhängt ... Und bezüglich des Wollens findet man, daß dieses sich in ähnlicher Art stützt auf Stoffwechselvorgänge.»[477] Dreifach ist mithin die Verankerung des Seelischen im Leibe, verschieden in den einzelnen Organsystemen.

Um ein differenziertes Verständnis der Verhältnisse zu gewinnen, legen wir ein Konzept zugrunde, das Steiner mit der Bezeichnung der sieben Lebensstufen entworfen hat.[478] Denn das Leben selbst baut sich aus einzelnen Stufen auf. Steiner beginnt mit einem zentralen, aber zumeist schon dem Seelischen zugeschlagenen Vorgang: dem (1.) «Sinnesleben». In ihm berührt sich das Eigenleben mit der umgebenden Welt; außerdem liegen die Sinne an der Oberfläche des Leibes, sie können deshalb auch als äußerste Schicht des Lebens gesehen werden. An sie schließt im Leben höherer Organismen das (2.) «Nervenleben» an. Weiter nach innen, innig dem Leben verwandt, folgt das (3.) «Atmungsleben», das in der

Gewebsatmung alle tieferen Vorgänge begleitet, in der äußeren Atmung aber den Organismus mit der Welt verbindet. Die Atmung ist mit dem (4.) «Zirkulationsleben» verbunden, dem pulsierenden Blut, dem Wasser des Lebens. Die Zirkulation bildet die Grundlage für (5.) das «Stoffwechselleben». Auf dem Stoffwechsel, dem Energieumsatz, beruht wiederum die Fähigkeit zum (6.) «Bewegungsleben», zur Bewegung des Organismus, beim Menschen: zur Arbeit, zur Weltgestaltung. Nach innen gewandt ist die höchste Stufe das (7.) «Reproduktionsleben». «Diese sieben Lebensstufen, sie sind in der Tat so, daß der Mensch mit Bezug auf seinen Ätherleib in verschiedener Weise lebt auf diesen verschiedenen Lebensstufen.»[479] Wenn nun während des Schlafes sich der Astralleib vom physischen und ätherischen Leibe loslöst, wie das schon grundlegend geschildert wurde, so bezieht sich das ausschließlich auf seine während des Tagesbewußtseins erfolgende Verankerung im Sinnessystem, insbesondere in den oberen und mittleren Sinnen (Ich-, Gedanken-, Sprach-, Hör-, Seh-, Geruchs-, Geschmacks-, Gleichgewichtssinn), weniger in den viel dumpferen Sinnen, am wenigsten wohl im Lebenssinn. Dies zeigt, daß die Trennung kompliziert verläuft. Der tatsächliche Vorgang der Trennung des Wesensgefüges im Schlaf kann durch die «Lebensstufen» besser und differenzierter erfaßt werden. So ist beispielsweise das Auge als Form ähnlich einem physikalischen Apparat gebildet; die Lebensprozesse sind in ihm weitgehend herabgesetzt, gerade dadurch kann es seiner Aufgabe besonders dienen. Die reduzierte, fast ‹ersterbende Belebung› geschieht durch den Ätherleib, die Empfindungsfähigkeit durch den Astralleib. Im Nachbild der Augen – es hält 1/16 sec an – liegt eine fast ‹ruhende› Nerventätigkeit vor. Das Atmungsleben, dem astralischen verwandt, erzeugt ein flüchtiges, bildhaftes Leben. «Auf der Berührung des Atmungsrhythmus mit den Nervenströmungen beruht es, daß wir uns Bilder machen können von der äußeren Welt. Gedanken, abstrakte Gedanken sind noch durchaus an das Nervenleben gebunden, aber das Bildhafte ist an das Atmungsleben gebunden.»[480] Von der Atmung geht eine bildende, formende Wirkung auf die Organe aus, denn der Atem vermittelt Gestaltungskräfte des Kosmos. «Die inneren Organe werden also auf dem Umwege durch den Atmungsprozeß zunächst als Bilder gebildet. Da sind sie noch nicht substantiell. Der Atem bildet zunächst ein Bild des Menschen, ein Bild des inneren Menschen. Indem wir atmen – wir atmen ja in der Welt, bewegen uns mit der Erde im Tierkreis –, atmen wir fortwährend die Bilder unserer inneren Organisation ein.»[481] Diese Bilder verbreiten sich, verstofflichen sich und werden durchkraftet. Die höchste Stufe bildet dabei das sich erneuernde Leben.

Steiner setzt die Lebensstufen in eine Beziehung zu den Planeten. Mit den Planeten sind Wirkenssphären höherer geistiger Wesen gemeint, die jeweils auf einzelne Eigenschaften des Astralleibes Einfluß nehmen beziehungsweise mit ihnen in engem Zusammenhang stehen.[482] Denn der Astralleib ist der Seelenwelt verbunden, die ihre Grundlage in der Planetensphäre hat, wie das Ich der Geistwelt verbunden ist, die in Beziehung zu der Fixsternregion und ihrer Wirksamkeit steht.[483]

1. Sinnesleben	ersterbendes Leben	Saturn
2. Nervenleben	bewahrendes Leben	Jupiter
3. Atmungsleben	bildendes Leben	Mars
4. Zirkulationsleben	Organbilder	Sonne
5. Stoffwechselleben	stoffliche Organe	Merkur
6. Bewegungsleben	kraftendes Leben	Venus
7. Reproduktionsleben	sich erneuerndes Leben	Mond

Wir nehmen nunmehr die dem Leibe zugewandte Seite des Astralleibes in den Blick. Grundlage für das Bewußtwerden des Menschen bilden die Sinnesorgane und das Nervensystem. Durch das Nervensystem verbindet sich ein Übersinnliches – die Seele – während des wachen Zustandes mit dem Leib. Das vermittelnde Organ bildet der Astralleib. Er hat einerseits ein der Seele zugekehrtes und andererseits ein dem Leib zugewandtes Gesicht. Mit der Seelenseite vermittelt er die Sinnesempfindungen und das Wachbewußtsein. Was aber geschieht in der leibzugewandten Seite des Astralleibes? Zunächst vergegenwärtigen wir uns eine Grundpolarität. Sie besteht darin, daß der physische Leib ganz «untauglich für die Fortexistenz» werden müßte, wenn er nicht durch den Schlaf sich erneuern könnte. Es ist der Astralleib, der an ihm zehrt, ihn also unentwegt durch seine am Tage entfaltete Empfindungstätigkeit abbaut. Denn während des Wachzustandes wirkt der Empfindungsleib vor allem in den Sinnen und Nerven im physischen Leib und bedient sich ihrer als seines Instrumentes für die Wahrnehmungen; dabei finden in den Sinnen und Nerven Zerstörungsvorgänge statt – beispielsweise im Auge der Abbau des Sehpurpurs (Rhodopsin) –, die in der Ermüdung auch seelisch erfahrbar werden. Der physische Leib unterliegt den physischen Gesetzen. Durch den Astralleib kommen zugleich fortwährend auch außerirdische Gesetze in ihm zur Wirksamkeit, und diese bearbeiten ihn. Diese Alltagswirkung des Astralleibes auf den physischen Leib ist vergleichbar der Wirkung, die das Hacken und Pflügen auf das Mineralreich hat. Der physische Leib wird unter dem Einflusse der Tageseindrücke wie zerpulvert, zerstört. Deshalb muß der physische Leib wieder seine irdischen Gesetze in sich geltend machen, «damit er in gewisser Weise gefestigt wird». Und der ätherische Leib wird durch den Astralleib in seiner Weisheit geschwächt und gelähmt.[484]

Damit der Eintritt in eine andere, den Leib aufbauende Wirkung und Gesetzmäßigkeit erfolgen kann, wird der Mensch müde. Es sind Astralleib und Ich, die das Bedürfnis haben zu schlafen. Nur durch den Wechsel des Bewußtseins, also den Übergang in den Schlafzustand, ist der Mensch in der Lage, sich vor dem vollständigen Aufgesogenwerden des Astralleibes durch den ätherischen und physischen Leib zu schützen und ein selbständiges Wesen zu werden. Dieser Wechsel des Bewußtseins hat neben der aufbauenden Wirkung für den physischen und ätherischen Leib die weitere wichtige Folge, daß der Mensch ein Bewußtsein seiner Selbständigkeit erlangen kann. «Dem Umstande, daß wir schlafen können, verdanken wir überhaupt die Möglichkeit, Dinge außer uns annehmen zu können.»[485]

Es besteht auch während des Schlafes ein innerer Zusammenhang des Astralleibes mit dem physischen und ätherischen Leib im Bette. Doch wie ist er geartet? Er besteht für alle Lebensstufen, die sich unterhalb der Sinnesorganisation (Stufen 2 bis 7) befinden. Denn nicht nur «alles, was denkt und will, ist im Astralleib» zu suchen, sondern er ist wirklich «der eigentliche Aufbauer vom Äther- und vom physischen Leibe».[486] Damit ist darauf hingewiesen, daß die Lebensvorgänge im Atmungs-, Zirkulations- und Stoffwechselleben unverändert, ja intensiviert fortbestehen. Offenkundig bleibt der Astralleib auch im Schlafzustand in die Aufbau- und Regenerationsvorgänge weiterhin eingeschaltet, während er sich aus der Sinnesorganisation herauslöst.

Der Vorgang der Erneuerung und des Aufbaus des physischen und ätherischen Leibes durch den Astralleib erscheint dem seherischen Blick als ein durch allerlei «Strömungen und Licht-Erglänzungen» gegliederter Prozeß, diese sehen aus wie zwei ineinandergeschlungene Spiralen, wie zwei 6er-Zahlen, «von denen sich die eine in den physischen Leib hinein verliert, die andere aber weit hinaus wie ein Kometenschweif in den Kosmos sich erstreckt».[487] Es ist so, «daß ja das, was sonst vom Ich und vom Astralleib im Kopfe ist, [mit dem Einschlafen] untertaucht in das, was unterhalb des Zwerchfelles ist. Sie können sogar, ich möchte sagen, einen empirischen Beweis davon haben: Sie träumen von den schönsten Schlangen, weil Sie eben aufgewacht sind von Ihrem Aufenthalt in Ihrem eigenen Unterleib, wo Sie die Gedärme wahrgenommen haben. Diese Erinnerung an das Gedärme-Wahrnehmen träumen Sie als den schönsten Schlangentraum.»[488] Unter dem Zwerchfell liegen die Organe der Verdauung: Magen, Darmtrakt, Leber, Galle, Bauchspeicheldrüse, Milz, Nieren, Sexualorgane. Doch ist zu ergänzen, daß der Astralleib, wie bereits erwähnt, während des Schlafes auch in das Rückenmark eintaucht (während sich das Ich in das Gangliensystem hineinsenkt).[489]

	Art der Motorik	Übergeordnetes Zentralorgan des Nervensystems	Funktionelles System
1.	Muskeltonus, einfache myostatische Automatismen	Rückenmark (Segmentbereich)	*Eigenreflexapparat*
2.	Isolierte, zweckbezogene Einzelbewegungen (Abwehr-, Fluchtreaktionen), primitive, rhythmische Fortbewegung	Rückenmark (mehrere Segmente)	*Fremdreflexapparat*
3.	Gleichgewichtsreaktionen, Musektonus im Dienste der Gleichgewichtserhaltung, zeitliche Bewegungskoordinationen	Rautenhirn	*Vestibulozerebrales System*
4.	«Unwillkürliche», affektive Motorik, erlernte Bewegungen, Haltungskontrolle	Stammhirn und extrapyramidale Rindenfelder	*«Extrapyramidales» System*
5.	Bewußte Willkürmotorik Geschicklichkeitsbewegungen	Großhirnrinde	*«Pyramidales» System*

Tabellarische Übersicht über die fünf elementaren sensomotorischen Systeme (aus: Rohen 1978, S. 83).

Wir haben uns nunmehr das Rückenmark genauer anzuschauen. Wie bereits ausgeführt (S. 211ff.), gehört es in den sensomotorischen Funktionskreis, der sich wiederum aus fünf funktionellen Systemen zusammensetzt (s. tabellarische Übersicht S. 231). Dabei steht dieser Bereich des Nervensystems in einer beide nervöse Leitungsbahnen gleichmäßig umfassenden Gleichgewichtslage des reflektorischen Regelkreises von Sensorik und Motorik (Reflexbogen). Vor allem die Eigensteuerung des Muskeltonus, das Zusammenspiel von Anspannung und Entspannung der antagonistischen Muskelfaserzüge, wird von ihm geregelt, desgleichen die myostatischen Automatismen etwa der Atmung, aber auch die Streckreflexe beim Stehen. Bei den Fremdreflexen der Abwehr, der Flucht, des Wegwischens und so weiter wirken mehrere Teile dieses segmental gegliederten NS zusammen. Die Bewußtheit der Bewegungen ist sehr gering. Für zweckgerichtete Einzelbewegungen ebenso wie für primitive, rhythmische Bewegungen sind häufig auslösend in der Haut oder in den Muskeln sitzende Rezeptoren. Wie bei allen Nervenprozessen greifen in die höheren Bewegungs- und Gleichgewichtsbewegungen, die zunehmender Bewußtheit unterliegen, drei weitere übergeordnete, hierarchisch höhere Steuerungszentren ein. Dies sind Rauten-, Stamm- und Großhirn; letzteres insbesondere bei bewußter und willkürlicher Intention. Diese Vorgänge sollen hier nicht im einzelnen ausgeführt werden.

In diesen vielfältigen Organbereich der körperlichen Bewegung senkt sich nun während des Schlafes der Astralleib tätig ein. Was geschieht dabei? Die Trennung des Astralleibes vom (1.) Sinnes- und (2.) dem höheren, bewußten Nervenleben ist die eine Seite des Vorgangs; die andere ist das Eintauchen des Ich in das Gangliensystem mit dem zugrundeliegenden (4.) Zirkulations- und Stoffwechselleben; sie wurde bereits behandelt. So verbleibt nun noch für den Astralleib zu betrachten sein Eintauchen in das Rückenmark mit den zugrundeliegenden Vorgängen des (3.) Atmungslebens und des (6.) Bewegungs- und (7.) Reproduktionslebens.

Unverkennbar ist zunächst, daß die Muskelspannung, der Muskeltonus, während des Schlafes absinkt, im REM-Schlaf sogar sich weitgehend völlig entspannt. Es kann dies als Entspannung gegenüber den vielfältigen Anforderungen des Alltags betrachtet werden, indem das Tagesinstrument gleichsam vorbereitet und gestimmt wird, um dann der Willkürbewegung zur Verfügung zu stehen. Wenn es sich beim sensomotorischen Funktionskreis sowohl um Automatismen als auch um Bewegungen zur Gleichgewichtserhaltung und Bewegungskoordination handelt, dann verdeutlicht dies, daß darin die Grundlage für gekonnte Bewegungen liegt. In jeder Bewegung muß Sinn und Richtung liegen; diese werden durch die Absichten gelenkt. Aber keineswegs nimmt jede Bewegung die intendierten Absichten widerspruchslos auf, wie das Einfädeln einer Nadel, der Schlag auf einen Nagelkopf mit dem Hammer und so weiter zeigen. Erst durch Lernen befähigt sich die Bewegung, der intendierten Richtung auch zu folgen. Die Aneignung der Fähigkeit vollzieht sich während des Schlafes (vgl. S. 38ff.). Die instrumentelle Gedächtnisformung im Schlaf geschieht durch die Belehrung des im Muskelsystem steckenden Nervensystems von seiten des Astralleibes. Was während des Tages geübt wird, kann dann unbewußt, wie von innen genutzt werden. Damit wird deutlich, daß der Astralleib in das Bewegungsleben eindringt und das Muskelsystem dafür vorbereitet, daß es die Intentionen des Seelisch-Geistigen während des Tages aufnimmt.

Diese Veränderungen sind sowohl an physiologische Prozesse als auch an hormonelle Änderungen gebunden, sie erfolgen allesamt während des Schlafes in der Nacht. Und in der Tat fallen ja in aller Regel die Nacht und der menschliche Schlaf einigermaßen zusammen. Aber nicht immer. Und gerade darin erwies es sich, daß die meisten vegetativen Rhythmen eine eigenständige Periodik aufweisen.[490] So machen Schichtarbeiter die Rhythmik absinkender Körpertemperatur mit, auch wenn sie arbeiten. Die Rhythmik stellt sich erst ganz allmählich um, sie ist an Zeitgeber gebunden. Diese circadiane Rhythmik scheint also vom Astralleib unabhängig

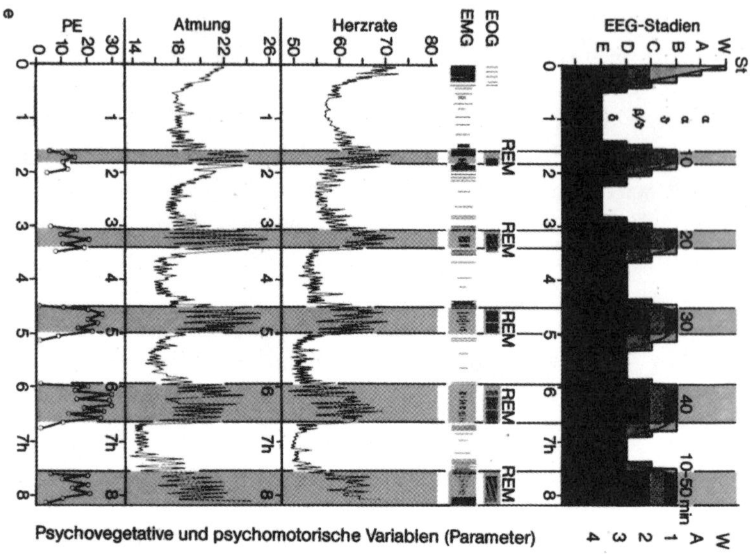

Verlauf der Schlafstadien und Verhalten einiger vegetativer Variablen während einer Nacht beim Menschen.
a–d Schlafperiodik bei einem gesunden Mann von 28 Jahren in vier aufeinanderfolgenden Nächten, analysiert aufgrund kontinuierlicher EEG-Ableitungen. Im Verlauf jeder Nacht werden vier bis fünf Schlafperioden (P-1 bis P-5) durchlaufen (normal sind drei bis fünf Perioden). Jede Schlafperiode beginnt mit dem Ende der vorausgehenden REM-Phase und endet mit dem Ende der darauffolgenden Phase, mit Ausnahme von P-1, die mit dem Einschlafen beginnt, und P-5, die mit dem Aufwachen endet.

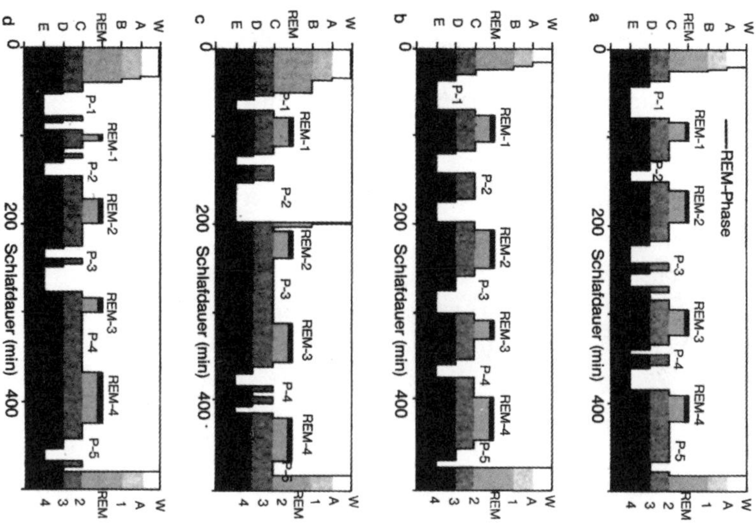

e = Schematisierte Durchschnittswerte des Verhaltens einiger psychovegetativer und psychomotorischer Variablen (Parameter) bei der Schlafperiodik. Einteilung der Schlafstadien wie in a-d. Die REM-Stadien sind aus technischen Gründen in der Höhe des Stadiums B bzw. I eingezeichnet, stellen jedoch ein Stadium für sich dar. EOG: Elektrooculogramm (Bewegung der Augen). REM: Beim Einschlafen einige langsame Bewegungen. EMG: Elektromyogramm (Bewegungen der Nackenmuskeln. Aktivität durch senkrechte Striche angezeigt.) Herzrate: Pulsschläge pro min. Atmung: Atemzüge pro min. PE: Peniserektionen (relative Stärke). (Aus: U. J. Jovanovic: Methodik und Theorie der Hypnose. Stuttgart: Fischer 1986).

zu sein. Doch dies ist nicht der Fall, vielmehr kann gerade sein Wirken in den Leibvorgängen als Rhythmusgeber begriffen werden, denn aufgrund seiner kosmischen Natur ist er mit den kosmischen Beziehungen (Erdrotation – Sonnenstand), die sich in der Zeit ausdrücken, eng verknüpft.

Auf den Zusammenhang der Atmung mit dem Astralleib wurde schon wiederholt hingewiesen. Es ist ganz deutlich zu sehen, «daß der astralische Leib durch das, was in der Atmung liegt, [in den Leib] einzieht und auch wiederum auszieht ... Wir müssen den menschlichen Organismus auch als einen Luftorganismus vorstellen. Die Luft ist draußen; wir atmen sie ein. Da ist ein Teil der Luft, die da draußen ist, nun in unserem Inneren drinnen. Die atmen wir wieder aus. Wir sind zu gleicher Zeit ein Luftorganismus ... Aber gerade dieser Luftorganismus ist es, der beim Aufwachen von dem astralischen Leib ergriffen wird. Wir atmen die Luft ein. Die Luft macht ferner einen Prozeß durch; ihre Wirkungen ergießen sich in den ganzen Organismus. Der Sauerstoff nimmt den Kohlenstoff auf, verwandelt sich in Kohlensäure. So ein Luftvorgang findet fortwährend in uns statt. Beim Wachen ist aber dieser Luftvorgang durchsetzt von dem astralischen Leib. Auf denselben Bahnen, die die Luft in unserem Organismus durchmacht, läuft die Bewegung des astralischen Leibes. Der Luftvorgang ist ein Luftvorgang ja nur, wenn wir schlafen; wenn wir wach sind, dann schwimmen gewissermaßen die Bewegungen dieses astralischen Leibes in demjenigen, was als Luftvorgang in uns lebt. Aber jetzt denken Sie sich einmal: indem der astralische Leib da einzieht ... und innerhalb des Luftorganismus seine Bewegungen ausführt, dasjenige ausführt, was er überhaupt tut, geht das ... in dem wäßrigen Organismus vor sich. Diese Luftvorgänge, die eigentlich beim Wachen die Vorgänge des astralischen Leibes sind, stoßen immer heran an den wäßrigen Organismus. Im wäßrigen Organismus ist aber nun Tag und Nacht der ätherische Leib des Menschen. Und da haben Sie zu gleicher Zeit eine Wechselwirkung des astralischen und des ätherischen Leibes, aber auch das physische Abbild davon: die Luftvorgänge und die Wasservorgänge im Menschen.»[491]

Während des Wachzustandes, insbesondere bei der körperlichen Arbeit, aber eigentümlicherweise auch bei geistiger Tätigkeit steigt die Muskelanspannung; das führt nicht nur zu einem gesteigerten Energieumsatz, sondern auch zu einer Intensivierung des Atemprozesses, der naturgemäß im Ruhezustand absinkt. Bei Arbeit kann das Atemvolumen 120 l/min erreichen, im Schlaf dagegen nur 7 l/min. Die Atmung verläuft reflektorisch, wenn auch höhere Zentren modulierend eingreifen können. Den wichtigsten Reiz bildet der «Zustand des Wachseins selbst, [er] ist ein wichtiger Atemreiz ... Der Grad des Wachseins und der Aufmerksamkeit muß ... bei der Regulation der Atmung von Bedeutung sein ... Im tiefen Schlaf ist die alveoläre Ventilation eingeschränkt, der alveoläre PCO_2 [CO_2 in der Lunge] ist von 40 auf 46 mm Hg oder noch stärker erhöht. Im Schlafe muß also die Reizbarkeit der CO_2-empfindlichen Anteile der Atemzentren herabgesetzt sein ... Im Schlafe sind auch andere Reflexe voll wirksam ... Es ist nicht möglich, einen schlafenden Menschen zu ersticken, ohne daß er es merkt ... Er wacht, auch wenn er tief schläft, sofort auf und ringt nach Luft.»[492] Dies zeigt, daß das Seelische auch im Zustande voller Bewußtlosigkeit des Tiefschlafes aufs engste mit dem Atemsystem verknüpft bleibt. Das Eintauchen in das Rückenmark bringt auch mit sich, daß in das Reproduktionsleben eingewirkt wird. Nicht nur weist die sprachliche Bezeichnung von «Beischlaf» darauf hin, daß selbst im Wachzustande das Geschehen allenfalls träumend, wenn auch intensiv verläuft; sondern auch die nächtlich – vor allem in der REM-Phase – nachweisbaren Phantasien oder auch Erektionen zeigen, daß das höchste, dem Lebensprozeß angehörende Triebgeschehen affektiv dem Astralleib zugeordnet bleibt. Damit stoßen wir auf zwei gegensätzliche Funktionen des astralischen Leibes, die verdeutlicht werden sollen.

Die Doppelgesichtigkeit des Astralleibes – seine abbauende und aufbauende Wirkung

Eine der frühesten Äußerungen Steiners lautet: «Alles, was denkt und will, ist im Astralleib. Während der Mensch am Tage in der Außenwelt tätig ist, erhält so der Astralleib fortwährend Eindrücke von der äußeren Welt. Auf der anderen Seite aber halten wir fest, daß der Astralleib der eigentliche Aufbauer vom Äther- und vom physischen Leibe ist. Ebenso, wie der physische Leib in allen seinen Organen herauserstarrt, verhärtet ist aus dem Ätherleib, so ist alles, was im Ätherleib strömt und tätig ist, herausgeboren aus dem Astralleib. Woraus ist nun der Astralleib selber geboren? Er ist geboren aus dem allgemeinen astralischen Organismus, der unseren ganzen zu uns gehörenden Kosmos durchwebt. Wenn Sie sich durch ein Gleichnis dieses Verhältnis vorstellen wollen, das Verhältnis des kleinen Teils von astraler Körperlichkeit in Ihrem Leibe zu dem ganzen mächtigen Astralmeere, in dem alle Menschen, Tiere, Pflanzen, Mineralien und auch Planeten schwingen und aus dem sie herausgeboren sind, wenn Sie dieses Verhältnis des astralen Leibes zum Astralorganismus sich vorstellen wollen, so denken Sie sich einen Tropfen einer Flüssigkeit in einem Gefäße. Wie der Tropfen sein ganzes Sein hat von der Flüssigkeit, die in dem Gefäße ist, so ist das, was in einem Astralleib ist, einmal eingeschlossen gewesen in dem ganzen Astralmeere des Kosmos. Es hat sich herausgetrennt, und dadurch, daß es eingezogen ist in den Äther- und physischen Leib, hat es sich abgesondert wie der Tropfen aus dem Gefäße. Solange der Astralleib im Schoße des allgemeinen Astralleibes ruhte, erlangte er seine Gesetze, seine Eindrücke von diesem ganzen kosmischen Astralkörper. Er lebte innerhalb dieses kosmischen Astralleibes sein Leben. Seit diesem Heraustrennen ist er während des Tagwachens angewiesen auf die Eindrücke, die er von der physischen Welt erhält, so daß er seine Natur teilen muß zwischen den Eindrücken, die er noch mitgebracht hat von dem kosmischen Astralleib, und denen, die er jetzt von außen erhält durch die Tätigkeit, die ihm von der physischen

Welt zugewiesen ist. Diese zwei Seiten werden, wenn der Mensch am Ziel seiner Erdenentwickelung angelangt sein wird, eine Harmonie ergeben. Heute ist das nicht der Fall, es klingen diese zwei Wirkungen nicht zusammen.»[493]

Hier wird der Astralleib als Gestalter des Ätherleibes gekennzeichnet. Diese Funktion erfüllt er nur im Schlafe, am Tage dagegen zehrt er an der Lebensorganisation. «Zum Schlaf kommt es dadurch, daß der Astralleib seine Verbindung mit dem Nerven-Sinnessystem löst und nur noch durch das Stoffwechselsystem (also unbewußt) in den Organismus hineinwirkt. Der Astralleib wechselt also die Richtung seiner Tätigkeit: im wachen Zustand hat er die Tendenz von oben nach unten, im Schlaf von unten nach oben; tagsüber dient er dem Bewußtseinsprozeß, nachts im Stoffwechselaufbauprozeß. Das Erwachen besteht darin, daß sich der Astralleib mit dem Nerven-Sinnessystem verbindet. Damit zieht aber auch das Ich, die Individualität des Menschen, in den Organismus ein. Das Ich zentriert das durch den Astralleib vermittelte Bewußtsein zum Ichbewußtsein.»[494] Diese polare Wirkungsrichtung des Astralleibes im physischen Leibe wollen wir uns an einigen weiteren wichtigen Aussagen Steiners vergegenwärtigen.

Betrachten wir zunächst den einen Pol des menschlichen Leibes, das Haupt. Das menschliche Haupt, vor allem das Gehirn, ist innerlich so geformt, daß es einerseits «eigentlich ein Nachbild ist dessen, was der Mensch während der Zeit zwischen dem Tod und einer neuen Geburt ist»; andererseits ist das Gehirn «gefurcht und tingiert» von dem, was vom vorigen Leben herrührt. Das Gehirn ist als Gefäß des Denkens gebildet – wie eine Nachbildung – aus dem ganzen Universum.[495] Die 12 Gehirnnerven sind für Steiner anatomisch ein sprechender Ausdruck,[496] ebenso die 28 Rückenmarksnerven für den Zusammenhang mit der Wirksamkeit des planetarischen Kosmos.[497] Die Formen des Gehirns, im Verlauf der ersten sieben Jahre ausgestaltet,[498] können dann während des Lebens von Ich und Astralleib nicht durchdrungen werden. Gerade darum weiß sich der

Mensch als selbständiges Wesen, weil dieses Organsystem frei von Astralleib und Ich leben kann; das Ich bedient sich seiner, spiegelt die Wirklichkeit ab und erlangt dadurch Bewußtsein.[499] Im Schlafe hingegen wird das Haupt, das bis in die Organformen hinein ein Abbild des Universums darstellt, gegenüber dem ganzen übrigen Leib zu einem den Leib sogar formenden Organ, indem es seine Kräfte über den übrigen Organismus erstreckt.[500]

Hingegen verbinden sich Astralleib und Ich im Schlafe in ganz besonderer Weise mit dem Gliedmaßen-Stoffwechselsystem. Gerade dieses System ist besonders der irdischen Schwere unterworfen, also den Kräften, die vom Erdenwesen ausgehen. Das gilt auch für die Nahrungsstoffe selbst, so daß man sagen kann: Während des wachen Zustandes ist der Organismus der Physis im Stoffwechsel-Gliedmaßenbereich der Erde; im Schlaf wirken dagegen die kosmischen Kräfte und die Zukunft. Das Haupt weist in seiner Bildung zurück in die Vergangenheit, wie der Stoffwechsel-Gliedmaßenmensch mit seinem Willen auf Entfaltung drängt und damit auf das Künftige zielt.[501] «Nur mit dem Gliedmaßen-Stoffwechselmenschen können sich Ich und astralischer Leib wirklich verbinden ... Da wuchern sie drinnen und machen ihn vorzugsweise zu einem Willenswesen ... Dadurch aber lebt in dem Gliedmaßen-Stoffwechselmenschen vorzugsweise das, was durch den Tod wiederum hinaustritt in die geistige Welt, die den Menschen seinem Ich und seinem astralischen Leib nach aufnimmt und zu weiteren Daseinsstufen trägt, während in dem Haupt des Menschen alles das vorhanden ist, was aus den früheren Leben und Leben zwischen Tod und neuer Geburt herkommt und sich gewissermaßen dieser Hauptesorganisation eingeformt und in sie eingelebt hat. Das Haupt des Menschen weist nach rückwärts, der Gliedmaßen-Stoffwechselmensch weist nach vorwärts, und der rhythmische Mensch ist eben das Hinundherpendeln zwischen Vergangenheit und Zukunft.»[502]

Wir zitieren an dieser Stelle eine längere Ausführung im Zusammenhang:

«Dieser Gliedmaßen-Stoffwechselmensch, der nimmt eigentlich das auf, was darauf angewiesen ist, sich weiterzubilden. Während des wachen Lebens ist aber der Gliedmaßen-Stoffwechselmensch im Grunde genommen sehr darauf angewiesen, mit den Kräften, die von der Erde selbst ausgehen, zu rechnen. Der Gliedmaßen-Stoffwechselmensch ist der Schwere der Erde unterworfen, er ist den anderen Kräften der Erde unterworfen. Er ist denjenigen Kräften unterworfen, die ausgehen von seinen Nahrungsmitteln und ihn durchdringen. Er ist gewissermaßen durchaus ein Erdenwesen. Und weil der Gliedmaßen-Stoffwechselmensch seiner Formung nach nicht teilgenommen hat an dem, was der Mensch durchlebt hat zwischen dem Tod und einer neuen Geburt vor dem gegenwärtigen Erdendasein, dadurch ist dieser Gliedmaßen-Stoffwechselmensch auch während des wachen Lebens nicht fähig, sich dem äußeren geistigen Universum anzupassen. Er ist gewissermaßen der Physis der Erde hingegeben während des wachen Zustandes.

Das ist aber im Schlafe nicht so. Denn im Haupte des Menschen ist ja alles das gebildet, was mit der Vergangenheit des Menschen, auch mit dem Leben zwischen dem Tod und der Geburt zusammenhängt. In diesem Haupte des Menschen sind ... in den Formen der Organe auf eine leise, flüchtige Weise Bilder des ganzen Kosmos enthalten.

Das alles, was das Haupt des Menschen als ein Abbild des Universums ist, kann während des wachen Zustandes nicht auf den Gliedmaßen-Stoffwechselmenschen wirken. Das Haupt des Menschen ist ja als der Sitz der eminentesten Sinnesorgane in fortwährender Korrespondenz mit der äußeren irdischen Welt ...

Wir haben, sagen wir zum Beispiel in dem Auge nicht nur diejenige Organisation, welche das Sehen vermittelt, sondern wir haben im Auge zu gleicher Zeit ein Abbild des Kosmos, der geistigen Kräfte des Kosmos. Der Mensch hat in der Zeit vom Tode bis zu der Geburt gelebt im geistig-seelischen Kosmos. Die Organisation des Auges ist nachgebildet diesem Leben im geistig-seelischen Kosmos. Das Auge hat, so wie alle Organe des Hauptes, eine doppelte Aufgabe: erstens die Korrespondenz mit der Außenwelt durch das Sehen zu vermitteln. Das geschieht während des wachen Lebens. Während des Schlafeslebens wirkt das Auge mit seiner Umgebung, namentlich mit seiner Nerven- und Blutumgebung zurück auf den physischen Organismus, insofern dieser der Stoffwechsel-Gliedmaßenorganismus ist, und es wirken zum Beispiel während des Schlafes die Kräfte des geschlossenen Auges auf das Nierensystem des Menschen und prägen dem Nierensystem das kosmische Bild ein. Andere Organe des Hauptes prägen anderes aus dem Kosmos dem menschlichen Stoffwechsel-Gliedmaßensystem ein. Und so haben wir für den physischen Leib unsere Schlafenszeit vor allen Dingen dazu, daß die Kräfte des Hauptes gestaltend wirken auf den Gliedmaßen-Stoffwechselmenschen. Gerade während der Zeit des Schlafes geschieht es, daß ... vom Haupte fortwährend gestaltende Kräfte nach dem unteren Menschen hin strahlen, so daß tatsächlich das Haupt sich während des Schlafes zum Gliedmaßen-Stoffwechselmenschen als der geistig-seelische Gestalter verhält. Der Schöpfungsbegriff wird ganz falsch gedacht, wenn man ihn auf irgendwelche Momente konzentriert. Wir werden eigentlich fortwährend geschaffen. Wir werden jede Nacht aus dem Geiste heraus geschaffen; es wird unser Stoffwechsel-Gliedmaßensystem geformt, belebt jede Nacht aus dem Geistigen heraus.

Sie wissen ja, daß die materialistische Wissenschaft der Gegenwart eigentlich nur das Gegenteil weiß, daß nämlich die Kräfte des Stoffwechsels auf das verbrauchte Gehirn wirken. Allein, dies ist nur die eine Seite. Während diese Wirkung von unten nach oben stattfindet, findet von oben nach unten die geistige und seelische Belebung des Menschen statt. Und es ist wichtig, sich klarzumachen, daß diese geistig-seelische Belebung einer hohen Bewußtseinsstufe untersteht. Wir Menschen werden diese Bewußtseinsstufe, die notwendig ist, um jene wunderbaren Vorgänge hervorzurufen, welche da für den physischen Leib des Menschen im Schlafe geschehen, erst während der Entwickelung des Vulkanplaneten haben; denn die Bewußtseinsstufe, die dem entspricht, das ist die des Geistesmenschen. Das Bewußtsein des Geistesmenschen ist wirklich im Menschen drinnen. Es macht sich geltend im Schlafe, und es macht sich geltend in den Vorgängen, die ich eben geschildert habe.»[503]

Wie schon erwähnt, gehört es zu den Vorgängen während des Schlafes, daß die seelisch-geistige Wesenheit des Menschen mit den Wesen höherer Hierarchien in Berührung kommt (vgl. S. 96). So schildert Steiner bereits 1906, daß während des Schlafes Wesen des dritten Elementarreiches[504] auf den Astralleib wirken.[505] Diese Wesen sind solche, deren Substanz dem Seelenland zugehört. Wesenheiten aus dem zweiten Elementarreich (der Ätherwelt) wirken auf den ätherischen Leib. In späteren Jahren stellt er dar, daß in alle Prozesse und Organsysteme des schlafenden Menschenleibes Wesen hoher Hierarchien hineinwirken. Denn der Leib als Tempel und Wohnstätte der Gottheit offenbart diese Gottheit in dreifacher Weise. Der Ätherleib ist Wohnstätte der ersten Hierarchie, der astralische Leib Wohnplatz der zweiten Hierarchie, und an die Stelle des Ich treten Wesen der dritten Hierarchie.[506] «Wir verlassen diejenigen Organe in uns, die die Atmungsorgane zum Beispiel sind, mit unserem astralischen Leib während jedes Schlaflebens. Wir verlassen die Pulsationskräfte unseres Blutes mit unserem Ich. Was machen denn die während der Nacht? Nun, da ist es so, daß ... dann Wesenheiten der ersten höheren Hierarchie in diese blutpulsierenden Kräfte hineinziehen: dann leben Angeloi, Archangeloi und Archai in diesen selben Organen, in denen bei Tag, beim Wachen das Ich lebt. Und in den Atmungsorganen, die wir verlassen haben dadurch, daß unser Astralleib aus uns heraußen ist, da wirken in der Nacht die Wesen der nächsthöheren Hierarchie darinnen: Exusiai, Dynamis, Kyriotes.»[507]

Die kosmische Seite des Astralleibes – Egoität und Moralität

Einen besonderen Charakter erhalten die Erlebnisse des Seelisch-Geistigen noch dadurch, daß durch die übersinnlichen Wesensglieder eine andere, moralisch gefärbte Welt betreten wird. Die Genesis berichtet in ihrer Bildersprache davon, daß der «Sündenfall» dadurch geschah, daß dem Menschen die Erkenntnis des Bösen und Guten in dem Augenblick zuteil wurde, als er die Frucht vom Baum der Erkenntnis des Bösen und Guten brach und aß. Auf dem Baum und seiner Frucht lastet eine Bannformel: «Denn welchen Tages du davon issest, wirst du des Todes sterben.»[508] Es ist die Schlange, ein Bild der verselbständigten Wirbelsäule, die entgegen dem Gebot dadurch verführt, daß sie sagt: «Ihr werdet mitnichten des Todes sterben ... sondern es werden eure Augen aufgetan.»[509] Und so ist es: Tod und Erkenntnis bedingen einander. Der Baum – ist er nicht ein Bild für das zentrale Nervensystem, dem wir die Wachheit und die Möglichkeit zu erkennen danken? Seine positive Frucht ist die Erkenntnis, seine negative Folge der Tod. Allein das Gehirn verbraucht rund 20 % des im Blute jeweils gelösten Sauerstoffs für sich. Dabei sind die Durchblutung und der Verbrauch an Sauerstoff in der Gehirnrinde (graue Substanz), jenen Partien, die vor allem das menschliche Gehirn (Neokortex) auszeichnen, erheblich größer (ca. fünfmal) als in der Faserbahn, dem Mark (weiße Substanz).[510] Eine zeitlich nur kurze Unterbrechung der Blutversorgung führt zu schweren Schäden, zumal das Nervengewebe das einzige Körpergewebe darstellt, bei dem die Teilungsfähigkeit und damit das Wachstum nach der Geburt erlischt. Dieses Gewebe ist so hochspezialisiert, gleichsam ‹am Ende›, daß es sich selbst nicht aus dem Blutstrom ernähren kann, sondern eigens der Vermittlung des Stoffwechsels durch Ammenzellen (Glia) bedarf.

Ist nicht der Astralleib selbst die Ursache, das heißt der Bildner und Erzeuger des Nervensystems? Baut er nicht durch seine bewußtseinsschaffende Tätigkeit das Nervensystem während des

Tages unentwegt ab? Wenn er es im Schlafe verläßt, kehrt er dann in den schuldlosen, aber schlafenden, mithin paradiesischen Urzustand zurück? Er taucht mit einem Teil seines Wesens wiederum in die tieferen Regionen des Leibes, das heißt in die ursprünglicheren Partien des Nervensystems (Vegetativum) ein, die noch heute unterhalb der Bewußtseinsschwelle liegen. Sie wirken am Aufbau des Leibes. So stellt sich die Nachtseite des Astralleibes als die paradiesische, die Tagseite als die nachparadiesische, Erkenntnis und Tod vermittelnde dar. «Niemals kann ein Nervensystem leben, ohne daß astralische Wesen an demselben tätig sind.»[511] Diese Wesen könnten wir «Eindringlinge» nennen, richtiger wäre jedoch der Ausdruck «Schutzgeister».[512]

Der aus dem Leibe entbundene astralische Leib taucht bei seinem Übergang in den Kosmos in die Sphäre der Moral ein. Mit ihm verläßt jede Nacht der zweite Mensch[513] den Leib. «Der Mensch erzeugt in der Tat in sich einen zweiten Menschen zwischen Geburt und Tod im Erdenleben. Dieser zweite Mensch, der jede Nacht aus dem Leibe herausgeht, der ist das Ergebnis unseres moralischen oder unmoralischen Lebens.»[514] – «Die ganze Tragweite des Schlafes ... liegt im Grunde genommen nicht nur im physischen Erleben, sondern in der moralischen Struktur der menschlichen Wesenheit.»[515]

«Der astralische Leib des Menschen tritt aus dem physischen Leib und dem Ätherleib heraus während des Schlafes. In ihn strömen ein die seelischen Kräfte des Universums. Er wird von ihnen durchdrungen. Und je nachdem er seine Empfindung, seine Gemütsverfassung hat, können ihn diese Kräfte durchdringen. Wenn der Mensch sympathisiert mit dem Guten, dann werden ihn die schönsten Kräfte des Universums durchdringen können. Wenn der Mensch seine Neigungen entwickelt zum Bösen, dann wird sein astralischer Leib verkümmern. Für alle Stufen des Fühlens und Empfindens im Inneren gibt es gewisse Tingierungsnuancen, die der astralische Leib während des Schlafzustandes annimmt. Man kann sagen, so wie der Mensch ist, so erfunkelt er in bezug auf seinen astralischen Leib während des Schlafzustandes. Der astralische Leib ist ja das, was während des Wachzustandes die Seelenverfassung ausmacht, die Gemütsverfassung. Diese Gemütsverfassung, die ergießt sich gewissermaßen während des Schlafzustandes in das seelische Universum, und in dieser Ergießung erlebt sich dann der Mensch, indem er seine Seelenverfassung verändert hat, aber indem er mit Bezug auf seine Seelenverfassung vor der seelisch-geistigen Welt steht.

Würde der Mensch, indem er mit seinem astralischen Leibe da hinauslebt, eindringen können in das Bewußtsein des Lebensgeistes, dann würde er sprechen können von dem, was mit seinem astralischen Leib geschieht. Es geschieht das zunächst für den Menschen unbewußt, aber es geschieht. Wer würde denn sprechen, wenn der Mensch schlafend plötzlich das Bewußtsein des Lebensgeistes erlangte? Wer würde sprechen? Man kann da kein anderes Wort sagen als: Es würde sprechen der astralische Leib des Menschen als Richter über das Gute und Böse im Menschen. So daß man wirklich sagen muß: Schlafend wird der astralische Leib der Richter der Seele.»[516]

Astralleib und Ich enthalten Kräfte, die nicht in den äußeren Räumen des Weltenalls angetroffen werden können, sie stammen aus einer Welt, die nicht der Erde zugehört. Dies ist anders für den Ätherleib: Er hängt mit den Kräften zusammen, die ihn fortwährend im Kosmos zerstreuen wollen. Den physischen Leib hingegen will die Erde sich aneignen.[517]

Der vom Leib getrennte Astralleib nimmt die kosmischen Impulse auf und vermittelt sie jenem Teil seines Wesens, der im Schlafe – außer den geschilderten und noch zu schildernden Tätigkeiten – am physischen Leib arbeitet. So kann gesagt werden: Er gleicht durch seine Arbeit am physischen Leibe die Schäden aus, welche dieser während des Tages erleidet.[518]

«Wenn wir alles zusammenfassen, was als seelische Erlebnisse auftritt in diesem wachenden Zustande, so haben wir zunächst die Welt unserer Sinneswahrnehmungen, die an den physischen Leib gebunden sind. Wir haben dann dasjenige, was von uns als eine Folge unserer Sinneswahrnehmung erlebt wird; wir haben unsere

Gedanken, unsere Vorstellungswelt. Und wir wissen ja ganz gut, daß diese Vorstellungswelt, so wie sie uns im wachenden Zustand entgegentritt, durchaus von dem Willensmäßigen und dem Gefühlsmäßigen durchzogen ist. Wir haben öfters betont, daß wir im Seelischen abstrakt gut unterscheiden können das Vorstellungsmäßige, das Gefühlsmäßige und das Willensmäßige. Aber in dem wirklichen Seelenleben, wie es sich abspielt, laufen diese drei Betätigungen des Seelenlebens durcheinander ...

Wir haben etwas durchaus Übersinnliches in dem Ich und dem astralischen Leib des Menschen gegeben ... Gegenüber dem Gut- und Bösesein verhalten sich der physische Leib und Ätherleib des Menschen neutral. Aber gerade das Ganze der moralischen Menschheitsverfassung wird ja in den Menschen, in die menschliche Wesenheit wiederum hineingebracht mit dem Aufwachen, mit dem Einzug des Ich und des astralischen Leibes in den physischen Leib und in den Ätherleib.

Damit aber kündigt sich auch für denjenigen Menschen, der nicht ein übersinnliches Schauen hat, schon an, daß Ich und astralischer Leib etwas zu tun haben mit dem, was wir die moralische Weltordnung nennen. Wir durchtränken gewissermaßen unseren physischen Leib und unseren Ätherleib mit der moralischen Weltordnung, wenn wir aufwachen ... Der physische Leib und der Ätherleib sind neutral gegenüber dem Gut- und Bösesein wie die Pflanzen; das Ich und der astralische Leib tragen die moralische Verantwortlichkeit in den physischen und in den Ätherleib hinein ...

Die Geisteswissenschaft sagt uns für das hier in Betracht Kommende: Wenn der Mensch mit dem Einschlafen seinen physischen Leib und Ätherleib verläßt, so tritt er, allerdings unbewußt, vor die geistigen Wesenheiten der Welt hin, bringt vor diese Wesenheiten alles das, was er bewußt innerhalb des physischen und des Ätherleibes an moralischer Seelenverfassung ausgebildet hat, und ist genötigt, das, was er da hinausträgt aus seinem physischen und Ätherleib, gestalten zu lassen durch die geistig-seelische Welt ...

Wenn wir zunächst auf das Ich sehen, es ist willensmäßig. Dieses willensmäßige Ich, das seine ganze Struktur, seine ganze Konstitution vom Aufwachen bis zum Einschlafen im physischen und Ätherleib ausgebildet hat, das tritt mit dem Einschlafen vor die Wesenheiten der geistigen Welt ... Da tritt es so in Beziehung zu diesen Wesenheiten der geistigen Welt, wie wir durch unseren physischen Leib zu den Wesenheiten der physischen Welt während des Wachens in Beziehung treten. Nur ist diese Beziehung des willensmäßigen Ich zu den Wesen der geistigen Welt eine viel realere noch, möchte ich sagen, als die majaartige Beziehung, welche der physische Leib mit seiner Umgebung eingeht. Und vor allen Dingen drückt sich diese Beziehung dadurch aus, daß alles, was der Mensch als Böses in seiner Seelenverfassung hat vom Einschlafen bis zum Aufwachen, gewissermaßen – man kann diese Dinge nur bildhaft ausdrücken – das willensmäßige Ich bei dieser Berührung mit den Kräften der geistigen Wesenheiten verkümmern läßt, während das Gute, das in der Seelenverfassung liegt, dem willensmäßigen Ich gestattet, sich frei zu entfalten.

Wenn man graphisch darstellen will, wie das geschieht, so kommt man ... zu einer gewissen Gestaltung dessen, was da als geistige, willensmäßige Ich-Gestalt aus dem Menschen heraustritt (siehe Abbildung). In bezug auf den Gliedmaßenmenschen ist ja das Ich auch während des Schlafes gerade ganz intensiv im Menschen darinnen. Ich möchte es nun graphisch so darstellen: Diese Furchungen, die ich zeichne (hell), die sind eigentlich entstanden durch die Gegenwirkungen der geistigen Wesenheiten, und ganz nach der moralischen Seelenverfassung gestalten sich diese Furchungen des Ich. Man kann schon sprechen von einer Geistgestalt, welche das Ich annimmt aus seiner moralischen Seelenverfassung heraus, indem es die geistige Welt betritt.

Nun tritt aber beim Einschlafen auch der astralische Leib in die äußere, mehr seelische Welt. Bei dem willensmäßigen Ich können wir sagen: Es tritt vor die Wesenheiten der geistigen Welt –, bei dem astralischen Leib können wir sagen: Er tritt mit dem Einschlafen in

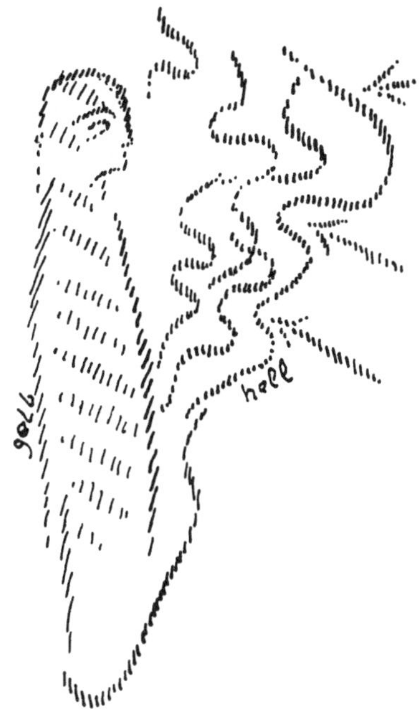

Furchung des willensartigen Menschen-Ich im Schlaf (aus: Steiner, GA 208).

das Gebiet des äußeren Seelischen ... so tritt während des Schlafes direkt unser gefühlsmäßiges Astralisches an die seelische Welt heran. Da findet aber dann nicht eine Gestaltung statt. Für das Ich, für das willensmäßige Ich findet die Gestaltung statt ... Das, was durch die Wechselbeziehung des astralischen Leibes mit der seelischen Umgebung entsteht, kann ich nicht ausdrücken durch eine Furchung; ich muß es ausdrücken durch eine Tingierung, durch eine Durchtränkung. Und ich müßte das dann so zeichnen, daß, je nachdem unser Gemüt behaftet ist mit Selbstvorwürfen oder mit inneren Befriedigungen, mit Sympathie- und Antipathiegefühlen, es tingiert, durchsetzt wird von dem, was man schematisch durch

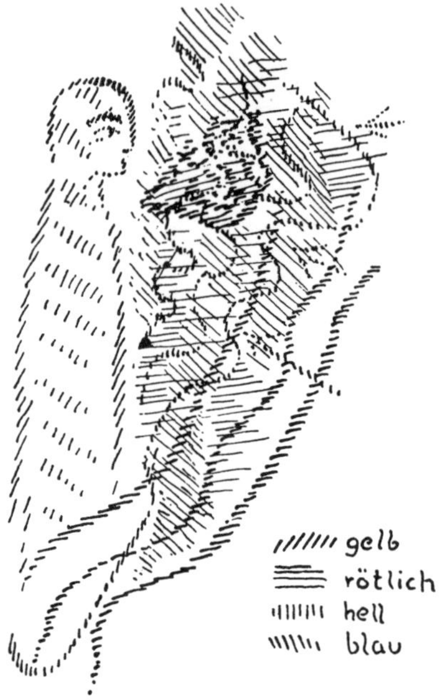

Durchfärbung des astralischen Menschen im Schlaf (aus: Steiner, GA 208).

eine gewisse Farbbezeichnung zum Ausdruck bringen kann (siehe Abbildung, rötlich, blau).»[519]

«Gegenüber jener vollkommenen Form des Menschen, die er vom Aufwachen bis zum Einschlafen ist, die er ist, wenn ineinandergefügt sind Ich, astralischer Leib, Ätherleib und physischer Leib – gegenüber dieser vollkommenen Wesenheit, die mit einer bestimmten Intensität des Bewußtseins auftritt, die mit unserem intellektualistischen, gefühlsmäßigen, willensmäßigen Bewußtsein auftritt, gegenüber dem hat das, was da außerhalb des Menschen im Schlafe ist, etwas Infantiles, etwas Kindhaftes. Wir gedenken des dumpfen Bewußtseins des Kindes und kommen höchstens diesem Zustand nahe, wenn er von Träumen durchsetzt ist. Wir müssen noch weiter ins Unvollkommene zurückgehend uns das dumpfe Bewußtsein des Kindes denken, wenn wir uns zur Ähnlichkeit dieses außerhalb des Menschen befindlichen Wesenhaften während des Schlafes wenden. Ich möchte sagen: Noch infantiler ist dasjenige, was da draußen im Menschen lebt, als das, was geistig-seelisch im Kinde ist.

Was ist denn das eigentlich, was da seelisch und geistig vom Menschen im Schlafe außerhalb seiner lebt? Es ist sehr charakteristisch, daß für die geisteswissenschaftliche Beobachtung das Bestimmende von dem Gliedmaßen-Stoffwechselmenschen ausgeht. Und wenn man studiert, was man da durch übersinnliches Schauen beobachten kann, so hat man eigentlich das Gefühl – und dieses Gefühl steigert sich immer mehr zu einer ganz bestimmten Erkenntnis –, daß, wenn man dieses Ganze hier so betrachtet wie ein fotografisches Negativ und sich das Positiv dazu denkt, richtig der Bau des menschlichen Gehirns herauskommt. Allerdings, die Größe stimmt nicht, aber das als Negativ vorgestellt und das Positiv dazu gedacht, gibt im Positiven das menschliche Gehirn ...

Ich habe ausgeführt, wie der Bau des menschlichen Hauptes, so wie er in einem bestimmten Leben auftritt, innerlich, der Kräftestruktur nach, die Ausgestaltung des kopflosen Menschen, also des Menschen, den Kopf abgerechnet, vom vorigen Erdenleben ist, und daß dasjenige, was heute der Mensch ist, abgesehen von seinem Kopfe, die Kräfte enthält, die sein Haupt, sein Kopf im nächsten Erdenleben haben wird. Aber infantil, kindhaft ausgebildet und sogar ins Negativ verkehrt, sehen wir das schon in dem, was der Mensch vom Einschlafen bis zum Aufwachen aus sich heraussetzt.

Tatsächlich haben wir in dem, was der Mensch vom Einschlafen bis zum Aufwachen aus sich heraussetzt, das Bildhafte von dem, was dann physisch verkörpert im menschlichen Haupte im nächsten Erdenleben zutage tritt. Und wenn wir darauf zurückblicken, daß es eigentlich die moralische Seelenverfassung ist, welche das Bestimmende für diese Gestaltung, für diese Tingierung abgibt, so werden wir im nächsten Erdenleben die Einkörperung, die Verleiblichung der moralischen Seelenverfassung in den Kräften des menschlichen Hauptes zu suchen haben. Und indem sich dann diese Kräfte des menschlichen Hauptes als unser Denkvermögen, als unser Vorstellungsvermögen ausdrücken, haben wir dieses Denkvermögen, dieses Vorstellungsvermögen als die Wirkung unserer moralischen Seelenverfassung von diesem Leben. Das alles aber ist bildhaft vorhanden in dem, was der Mensch beim Einschlafen aus sich heraussetzt.»[520]

Während des Schlafes wirkt der Astralleib aufbauend, während des Tages zehrend; er ist fortwährend damit beschäftigt, die Kräfte, die der Ätherleib entwickelt, «herabzusetzen, abzudämpfen. Daher ist der Ausdruck für das Leben des Astralleibes die Ermüdung.»[521] Die nächtliche Wiederherstellung der während des wachen Lebens aufgezehrten Kräfte «soll der Mensch nicht mit ansehen. Dieser ganze Vorgang, der entgegengesetzt ist dem Wachvorgang, wird sozusagen dem menschlichen Bewußtsein verhüllt.»[522] Die Bibel schildert diesen Tatbestand, daß der Mensch in dem Augenblick, in dem ihm die Unterscheidung von Gut und Böse zugänglich wurde, des Todes teilhaftig wurde, daß ihm der Baum des Lebens entzogen wurde. «Wenn der Mensch aufwacht, ist der ganze Lebensprozeß eigentlich ein Zerstörungsprozeß, ein Abnutzungsprozeß ... Wo noch eine eigentliche Belebung, eine Herstellung ist, nämlich in der allerersten Kindheit, da ist auch das Bewußtsein noch dumpf.»[523] Der Astralleib wird durch den Schlaf im kosmischen Sinne angeregt. Er wird in seinen moralischen Empfindungen angeregt und dringt beim Erwachen in den kosmisch gestalteten Ätherleib hinein, da muß er sich dann nach diesem richten, muß sich ihm anpassen.»[524] Während des Schlafzustandes wird «tatsächlich derjenige Teil Ihres astralischen Leibes, der während des Wachens ins Herz eingegliedert ist, ein Herzauge; der wird sehend ... Und dieses Herzauge, das nimmt wirklich wahr – wenn auch die Wahrnehmung bei der gegenwärtigen Menschheit eine sehr dumpfe ist –, das nimmt wahr, was der Mensch da erlebt. Und was er da erlebt, das wird von diesem Herzauge so wahrgenommen, daß dieses Herzauge in den nächsten Zeiten nach dem Einschlafen zurücksieht zu dem Menschen, der als physischer Leib und Ätherleib im Bette liegt. Zu dem schauen das Ich und der astralische Leib zurück mit dem Herzensauge ... Es ist nur für die gegenwärtige Konstitution der Menschen so, daß die Menschen sogleich, wenn sie aufwachen, das dumpfe Bewußtsein, das sie durch ihr Herzensauge in der Nacht gehabt haben, vergessen.»[525] In dem Augenblick, wo dieses Herzensauge des astralischen Leibes zurückschaut auf den physischen und Ätherleib, der im Bette liegt, wird in dieser Leiblichkeit, und zwar in den inneren Organen, das darin sich spiegelnde Bild der Planetenbewegungen wahrgenommen, das zurückstrahlt vom «eigenen Ätherleibe, so daß Sie davon das Spiegelbild aus Ihrem eigenen Ätherleibe sehen».[526] Denn der Ätherleib bildet das Gesamt der Lebensprozesse, die Tätigkeit der inneren Organe, und alles dies ist Bewegung, aber Bewegung, die von planetarischer Bewegung impulsiert wird. Das geistige Sehen ist eng verwandt dem Sehen mit den Augen, nur daß es nicht an physische Sinnesorgane, sondern an solche des Astralleibes gebunden ist.

Während des Schlafes steht der Mensch «in Beziehung zu alldem, was den Erdenplaneten aufbaut, was zu den zerstörenden Kräften [des Willens] die aufbauenden Kräfte hinzubringt ... Wenn Sie auf der Erde niemals schlafen würden, so würde von Ihrer Intelligenz nicht dasjenige ausgehen, was die Erde immer wieder aufbaut. Auch die eigentlich aufbauenden Kräfte unseres Erdenplaneten liegen in der Menschheit selbst. Ich sage nicht: im einzelnen Menschen ... Die Tagesintelligenz ist etwas, was sich wie ein Totes hineinstellt in das Erdenwerden. Die Intelligenz des Menschen, die für ihn unbewußt während des Schlafens wirkt, ist eigentlich dasselbe, was den Erdenplaneten fortwährend aufbaut.»[527]

Solange der Astralleib während des Schlafes im Schoße des allgemeinen Astralmeeres ruht, erfährt er die «Harmonie des Kosmos». Diese schwingt am Morgen darin nach, daß man sich «gestärkt fühlt». Da sich der Astralleib jedoch erst wieder in die physische

Welt hineinfinden muß, erscheint das größte Gefühl der Stärkung erst einige Stunden nach dem Aufwachen.[528]

Die astralische Welt ist rückläufig und spiegelbildlich, das macht diese Welt für den, der unvorbereitet in sie eintritt, so verwirrend (vgl. S. 85ff.). Es finden sich die Bilder irdischer Erscheinungen, aber auch «Wesenheiten, die der Mensch auf dem physischen Plan nie kennenlernen kann», rein astralische Wesen. Was hier im Tagesbewußtsein als Gefühlsvorgang durchlebt wird, wird im Schlafbereich wesenhaft. So kommen dort die eigenen Gefühle, tiergestaltig, auf einen zu. «Losbrechender Jähzorn kann zum Beispiel im Bilde eines Tigers sich darstellen, der angreift. So ist es mit allen diesen wilden Gestalten. Denn jede Begierde, jede Leidenschaft wird zum Dämon ... Die Gedanken sind auf dem Astralplan Wirklichkeiten. Jeder Gedanke, den wir in die Welt setzen, nimmt, wie das Kind im Mutterleibe physische Materie annimmt, Astralstoff an. Wenn wir also einen Gedanken haben, so umkleidet sich dieser mit astralischer Materie, verdichtet sich zu bestimmten Formen. Es gibt Wesenheiten, für welche die Gedanken der Menschen eine willkommene Gelegenheit sind, sich zu verkörpern, sich einen astralischen Leib zu verschaffen.»[529]

Der Astralleib «ist eine Summe von Vorgängen ... Im Ätherleib haben wir zurückgelassen die Vorstellungen, die Gedanken ... Im astralischen Leib ist vergeistigtes Licht, von der Kraft der Liebefähigkeit durchzogene kosmische Wärme.»[530]

Die astralische Wesenheit, die aus der Substanz wesenhafter Empfindsamkeit und Reizbarkeit gewoben ist, steckt während des Wachens in den Gesetzen der physischen Welt; dagegen wehrt sie sich eigentlich. Im Einschlafen befreit sie sich von diesen Gesetzen und bewegt sich während des Schlafes in der ihr angemessenen Gesetzmäßigkeit.[531]

Die «Schlafbeobachtung» zeigt einen deutlichen Unterschied zwischen Einschlafen und Aufwachen. Im Moment des Einschlafens[532] besteht das Gefühl, daß die Tageserlebnisse immer nebuloser werden, der Mensch verläßt sie, und sie werden immer leichter.[533] Im Untergrund klingt leise ein Vorgeschmack des kommenden, künftigen Karma an.[534] Einschlafschwierigkeiten hängen damit zusammen, daß der Astralleib zu eng mit physischem und Ätherleib verbunden ist. Dies ist daran ersichtlich, daß die inneren Organe keine Ablähmung erfahren. «Alles dasjenige, was in einer gewissen Weise auf ein unwillkürliches Funktionieren des Organismus hinzeigt ... jedes unwillkürliche Zucken mit den Lippen, jedes unwillkürliche Zwinkern mit den Augenlidern ... also alles Zappelhafte am Menschen, ist eine Wachbegleiterscheinung des mangelhaften Einschlafens.»[535]

Der Stickstoff als Mittler zwischen Seelischem und Leib

Wie sich das pflanzliche Leben – chemisch betrachtet – durch und mit Hilfe der Kohlenstoffverbindungen entfaltet, so das beseelte Leben durch die weit komplexeren Eiweißverbindungen. In der molekularen Struktur des Eiweißes kommt dem Stickstoff eine zentrale Bedeutung zu. Weil dies so ist, liegt es für eine monistische Betrachtung, die den Geist nicht nur im Transzendenten, sondern auch in seiner Wirksamkeit bis in die Stofflichkeit hinein zu verfolgen bemüht ist, nahe, den Wechsel der Bewußtseinszustände, die der Astralleib als Bewußtseinsträger verursacht, auch im Zusammenhang mit der Stoffwirksamkeit zu sehen.[536] Wenn sich der auf Eindrücke seelisch hochreagible Atemprozeß beim Übergang in den Schlafzustand verstetigt, ‹ruhig› wird, dann erweist sich dies als aufs engste mit dem astralischen Wesen verbunden. Die Zusammensetzung der Atemluft ist eigentümlich. Stickstoff und Sauerstoff stehen in einem Verhältnis von etwa 80 % zu 20 % (4 : 1); beide Stoffe sind gemischt, aber unverbunden, sonst käme es zu den lebensfeindlichen Stickoxiden. Nun kennt man die Bedeutung des Sauerstoffs für die Entfachung der Lebensprozesse (Oxidation) im Stoffwechsel sehr genau, hingegen ist die Bedeutung des Stickstoffs, der ja immerhin einen Anteil von vier Fünfteln an der Atemluft ausmacht, noch immer rätselhaft. Er wird ein- und wieder ausgeatmet, ohne daß neben der physikalischen Wirkung (Partialdrücke) eine physiologische Bedeutung wie beim Sauer- und Kohlenstoff ausgemacht werden könnte.

Steiner sieht in dem Verhältnis von Astralleib und Ich zu physischem und Ätherleib, wie es sich in der Lockerung der geistigen Glieder während des Schlafes einstellt, eine Entsprechung zu dem lockeren Verhältnis des Stickstoffes zum Sauerstoff. «Dieses losere Verhältnis zwischen den zwei Gliedern, dem oberen Gliede des Menschen, Ich und astralischem Leib, und dem unteren Gliede, Ätherleib und physischem Leib, dieses Verhältnis im Inneren des Menschen ist ein getreues Spiegelbild des losen Verhältnisses von Sauerstoff und Stickstoff in der äußeren Luft.»[537] Will man nun zu den Stoffen im Leibe vordringen, so stellt man fest, daß die einzelnen Stoffe immer zugleich an andere Stoffe gebunden sind (Molekularverbindungen). Für sich allein kommen im Organismus nur Sauerstoff und Stickstoff vor. Sie sind in ihrer Beziehung zueinander verhältnismäßig unverbunden und wirken als die einzigen Stoffe im freien Zustande. Sie lassen ihre Wirkungsweise nicht durch andere Stoffe modifizieren.[538] Während der Sauerstoff beim Atmungsprozeß eine prickelnde Verbindung mit dem Kohlenstoff eingeht, so daß Kohlendioxid entsteht, verbindet sich im Magen-Darmtrakt der im Stoffwechselgeschehen vorhandene Kohlenstoff mit Wasserstoff zu Methan. Wenn man den Kindern im Unterricht zu viel «unbewußtes Mechanisches» abverlangt, kann das Methan gelegentlich auch zum Kopf aufsteigen, dann stellt sich das Erlebnis der Dumpfheit im Kopf ein.[539] «Der Stickstoff leitet das Leben hinein in die Gestaltung, die im Kohlenstoff verkörpert ist. Überall, wo der Stickstoff auftritt, hat er die Aufgabe, das Leben zu vermitteln mit dem Geistigen, das zunächst geformt ist im Kohlenstofflichen. Die Brücke zwischen dem Sauerstoff und dem Kohlenstoff wird überall im Tier-, im Pflanzenreich, auch im Innern der Erde bewirkt durch den Stickstoff. Und diejenige Geistigkeit, die wiederum mit Hilfe des Schwefels da im

Stickstoff herumwirtschaftet, diese Geistigkeit ist dieselbe, die wir als die astralische bezeichnen. Es ist die astralische Geistigkeit im menschlichen Astralleibe, es ist die astralische Geistigkeit im Umkreis der Erde ... Dieses Astralische prägt sich im Physischen dadurch aus, daß es den Stickstoff benützt, um physisch wirken zu können.»[540] Der Stickstoff fügt dem Lebendigen das Geistige hinzu, bringt das Astralische ins Ätherische hinein, er ist der «astralische Geistträger».[541] Der Stickstoff gießt über das Leben die Empfindlichkeit, eine Art empfindendes Leben aus.

Eine andere Tatsache kann auf die Bedeutung des Stickstoffs für den Menschen hinweisen. Wenn nämlich nur Sauerstoff oder Luft mit abgesenktem Stickstoffgehalt eingeatmet wird, dann entbindet sich der im Körper gelöste inerte, mithin träge Stickstoff und wird über den Atemstrom nach außen abgegeben.[542] Aber warum und wozu? Es hat den Anschein, als ob der Körper den Zustand, der künstlich erzeugt wurde, in den natürlichen zurückverwandeln wollte. Dies doch wohl nur deshalb, weil der Organismus, sofern er beseelt ist, den Stickstoff in seiner Umgebung benötigt.

«Der Mensch hat ein so inniges Verhältnis zur Umgebung, daß in dem Moment, wo die Umgebung nicht so ist, wie sie sein soll, er sie korrigiert ... Dem Menschen ist seine Umgebung für seine unterbewußten Kräfte wichtiger als die Zusammensetzung seines eigenen Leibes.»[543] – «Daß der Mensch Stickstoff in sich hat, das macht ihn dazu fähig, daß er immer gewissermaßen dem Weltenall offenbleiben kann.»[544] «Dadurch daß der Mensch Stickstoff in sich hat ... spart sich gewissermaßen die Gesetzmäßigkeit der Organisation überall aus: längs der Stickstofflinien im Körper hört der Körper auf, seine eigene Gesetzmäßigkeit geltend zu machen. Und dadurch kann die kosmische Gesetzmäßigkeit überall hinein. Längs der Stickstofflinien im menschlichen Körper macht sich das Kosmische im Körper geltend. Sie können sagen: So viel in mir der Stickstoff tätig ist, so viel arbeitet der Kosmos bis zu dem fernsten Stern in mir ... Würde der Stickstoff seine ganze Kraft im Menschen entfalten können, so würde der

Mensch ... durch den Stickstoff, wo er fortwährend sich auch räumlich ausbreiten will – geistig – ... fortwährend ohnmächtig werden.»[545]

«Was ist denn eigentlich die Hauptbedeutung des Stickstoffes? ... In dem Stickstoff können wir nicht leben. Zu unserem Leben brauchen wir Sauerstoff. Aber ohne den Stickstoff hätten unser Ich und unser astralischer Leib, wenn sie im Schlafe außer dem physischen Leibe sind, keine Möglichkeit zu existieren. Wir würden vom Einschlafen bis zum Aufwachen zugrunde gehen, wenn wir nicht in den Stickstoff untertauchen könnten. Unser physischer Leib und unser Ätherleib brauchen den Sauerstoff von der Luft; unser Ich und unser astralischer Leib brauchen den Stickstoff. Der Stickstoff ist überhaupt dasjenige, was uns in innige Beziehung zur geistigen Welt bringt. Er ist die Brücke zur geistigen Welt in dem Zustande, in dem unsere Seele während des Schlafens ist ... Der Stickstoff zieht aus der Umgebung das Kosmische herein. Er macht uns für das Kosmische bereit, wenn er in uns ist. Wenn er außer uns ist, läßt er das, was nicht für diese Erde ist, eigentlich in sich geistig-seelisch leben. Wir müssen also sagen: Der Luft ist wahrlich nicht umsonst der Stickstoff zum großen Teil beigemischt, er ist beigemischt, weil er das physisch Abtötende und das geistig Belebende innerhalb des Erdendaseins ist. Und wenn wir aus demjenigen, was das physisch Abtötende ist, vom Einschlafen bis zum Aufwachen herausflüchten zu einem anderen Dasein in bezug auf unser Seelisches, dann tauchen wir in das Stickstoffelement unter, das die Brücke bildet zwischen unserem Geistig-Seelischen und dem Geistig-Seelischen des Kosmos. Wir wurzeln mit unserem irdisch-persönlichen Dasein in dem Kohlenstoff, mit unserem geistig-seelischen Dasein in dem Stickstoff.»[546]

Der Ätherleib

In der *Erziehung des Kindes* nennt Steiner den Lebensleib lapidar und zugleich bildhaft den *«Erbauer und Bildner des physischen Leibes, dessen Bewohner und Architekt(en)».*[547] Die Substanz des Ätherleibes ist damit bildhaft gekennzeichnet; in abstraktere Ausdrucksweise übersetzt, könnte man auch sagen, sie sei von naturhafter Intelligenz oder Weisheit, eben die den Organismus gestaltende Kraft. Da die Eigenschaften des Organismus über den Erbstrom weitergegeben werden und artspezifisch bleiben, kann der Ätherleib auch als die artbildende Kraft[548] gesehen werden, die von dem physischen Leib als etwas Eigenständiges abzugrenzen ist. Neben der äußeren Erscheinung (physischer Leib) eignet dem Organismus eine lebenerfüllte Geistgestalt. Daher wird der Lebensleib denn auch als eine «selbständige, wirkliche Wesenheit»[549] bezeichnet, deren Haupteigenschaft die Gestaltung des Lebens mit all seinen Prozessen bildet; denn wo seine Wesenheit schließlich weicht, wie im Tod, tritt Zerfall der Gestalt auf. Damit wird die den Organismus bildende Kraft, der Träger des Lebens, negativ als Wirkung sichtbar. Leben ist an Rhythmus, an Phasen der Ausdehnung, Zusammenziehung, an Aufbau, Ausscheidung, Umbau, an Werden, Reifen, Altern gebunden, es ergreift hochkomplizierte Stoffe, «vielfältig gestaltet und gemischt und in einem halb flüssigen, wasserreichen Zustand, der sie in ständiger Umsetzung hält. Aber wir können dem Eindruck nicht ausweichen, daß eben die lebendige Gestalt es ist, die in ihren Grenzen die Stoffe aufruft und sie darin zeitweilig erhält. Läßt die Gestalt den Stoff fallen, gerät er außerhalb ihrer Grenzen, so kehrt er ins Unbelebte zurück und nimmt die trägen Formen an, vor denen das Leben ihn ‹zeitlebens› geschützt hatte. Der *Stoff ist nur Treibgut im Flusse der Gestaltung.* Nicht der Stoff bildet die Gestalt ... Sogleich muß man aber hinzufügen, daß die Gestalt selber nichts Ruhendes, Statisches ist. Wie sie mit der Stoffbewältigung ringt, so ringt sie mit ihrer eigenen Labilität. Sie bleibt nie dieselbe, und wie sie sich erneuert, so verändert sie sich auch ständig.»[550] Der Ätherleib wird vom Menschen «seiner wesentlichen Substantialität nach aufgenommen, indem sich der Mensch aus dem vorgeburtlichen Leben hereinbegibt in das physische Erdenleben».[551]

Wenden wir uns zunächst der wichtigsten Eigenschaft des Ätherleibes zu: Er ist in ständiger Bewegung. Dadurch wird er zum Zeit-Leib des Menschen, er steuert alle inneren Bewegungs- und Gestaltungsvorgänge im menschlichen Leib. An ihm ist während des Schlafes wahrzunehmen eine plastische «architektonische Tätigkeit in eigentümlichen Bildern, wie sich in sich schlingende Bewegungen ... [Dadurch geschieht das] Wiederaufbauen: ein wirklicher Prozeß, der umgekehrt ist dem gewöhnlichen wachen Tagesleben ... Daher das Gesundende und das Notwendige des Schlaflebens.»[552] Die Bewegungen verlaufen in Strömungen, die der in ein Pentagramm gestellten menschlichen Gestalt mit ausgebreiteten Armen und auseinandergestellten Beinen – so hat sie Leonardo da Vinci gezeichnet – entspricht.[553]

Von den dynamischen Bewegungen des Ätherleibes wird während des Wachzustandes ein bestimmter Teil des gesamten Organismus weitgehend ausgenommen, nämlich das Nerven-Sinnessystem, genauer: der menschliche Kopf. «Dieser Ätherleib, der ist es, welcher im Wachen in innerlicher Bewegung ist, in einer regelmäßigen Bewegung im ganzen übrigen menschlichen Leib, nur nicht im Kopfe. Im Kopfe ist der Ätherleib innerlich ruhig. Im Schlafe ist das anders. Das Schlafen beginnt damit und dauert dann in der Art und Weise an, daß der Ätherleib auch im Kopfe anfängt, in Bewegung zu sein, so daß wir im Schlafe als ganzer Mensch, nach Kopf und übrigem Menschen, einen innerlich bewegten Ätherleib haben. Und wenn wir träumen, sagen wir beim Aufwachen, dann ist es so, daß wir die letzten Bewegungen des Ätherleibes gerade im Aufwachen noch wahrnehmen. Die stellen sich uns als die Träume dar, die letzten Kopf-Ätherbewegungen nehmen wir beim Aufwachen noch wahr. Beim schnellen Aufwachen kann das nicht der Fall sein.»[554] Während das Gehirn von oben nach unten den menschlichen Leib abbaut, belebt, baut der Ätherleib von unten nach oben auf und gesundet. Diese Vorgänge zu durchschauen, verlangt ein Bewußtsein, das dem des Geistesmenschen entspricht.[555]

Während des Wachzustandes kann hellseherisch beobachtet werden, wie ständig vom Astralleib aufleuchtende Tingierungen in den Ätherleib hereinschlagen, ebenso wirken herein die Gestaltungen des Ich. Im Schlaf sind Ich und Astralleib außerhalb von physischem und ätherischem Leib. «Da ist der Ätherleib seiner eigenen Gestaltung überlassen. Und diese eigene Gestaltung drückt sich dadurch aus, daß der Ätherleib in einer ganz großartigen Weise sich während des Schlafes gestaltet als ein Abbild des Universums.»[556] Der Ätherleib wird nach der geistigen Art und Weise zusammengesetzt, wie der Mensch zwischen Tod und neuer Geburt gelebt hat. «Was da der Mensch aus Nord, Süd, Ost, West in sich aufgenommen hat von den Himmeln, das trägt der ätherische Leib in sich.»[557] Dieser Tatbestand zeigt sich nicht im Wachzustande, sondern nur während des Schlafes, denn da ist der Mensch ganz Erinnerung. Der Ätherleib ist eben auch der Träger der Erinnerung, des Gedächtnisses; er ist der Gedächtnisleib.[558] Dieser Zusammenhang kann dann bewußt werden, wenn gelegentlich etwas von dem gewaltigen Bildermeer in die Träume hereinschlägt. Die Träume entstehen dann, wenn wir mit dem Bewußtsein des astralischen Leibes in das Bildermeer des ätherischen Leibes untertauchen. Man entdeckt dann etwa beim Erwachen, «wie eigentlich das ganze Erdenleben enthalten ist in diesem Ätherleib während des Schlafes. Der Mensch lebt und webt eigentlich in alledem, was er seit seiner Geburt durchgemacht hat im Ätherleib während des Schlafes. Aber alles das ist für den Ätherleib eben durchgestaltet vom Kosmos heraus, von kosmischen Kräften.»[559] Da der Ätherleib durch Ich und Astralleib im Schlaf nicht gehindert wird, kann er jetzt seine eigenen kosmischen Kräfte ausstrahlen.

«Das ist eine bedeutsame Tatsache, dieses Strahlendwerden des

Menschen im Schlafzustande. Dieses Strahlendwerden des Menschen im Schlafzustande ist in der Tat etwas, was für die Erdenwelt, wenn diese in die Nacht getaucht ist nach der untergegangenen Sonne, im Gegensatz zu den physischen Strahlen der Sonne, ein seelisches Strahlen der Menschheit darstellt. Allerdings, in diesem seelischen Strahlen der Menschheit ist eingegliedert ruinierend, verkümmernd, zerstörend alles das, was die Menschen aus ihrer Schlechtigkeit heraus durch ihren astralischen Leib und durch ihr Ich dem ätherischen Leib während ihres Lebens einpflanzen. Aber die Erde würde mit ihrer Entwickelung nicht zurecht kommen, wenn dieses Erstrahlen der Menschheit nicht stattfände.

Hätte ein Beobachter dazu die nötigen Organe, und wäre er im Kosmos draußen und würde die Erde vom Kosmos aus beobachten, er würde sagen: Während des Tages sieht man auf der von der Sonne beschienenen Seite der Erde eben das zurückgestrahlte Sonnenlicht; aber wenn die Nacht sich über einen Teil der Erde lagert, dann phosphoresziert, dann leuchtet nach die Erde. – Und das, was da ein solcher Beobachter nachleuchtend finden würde, das sind die menschlichen Ätherleiber. Das alles braucht aber auch die Erde, um weiterzukommen in ihrer Entwickelung. Wenn auf der Erde keine Menschen schlafen würden, würde die vegetabile Kraft der Erde viel schneller ersterben müssen, als sie im Erdenleben eben erstirbt. Der Mensch ist durchaus nicht eingegliedert in das Erdendasein, um bloß für sich zu leben, er ist nicht bedeutungslos für die ganze Gestaltung der Erde. Was er in geistigen Welten aufnimmt zwischen dem Tod und einer neuen Geburt, das strahlt er wiederum schlafend aus seinem Ätherleibe in die Erdenentwickelung aus während seines irdischen Lebens ... Das Schlafen des Menschen hat eben durchaus auch eine kosmische Bedeutung.»[560]

Ätherleib und physischer Leib könnten nicht bestehen, wenn sie vom Astralleib und Ich völlig verlassen würden. Nun entfernen sich diese aber während des Schlafes. In dieser Zeit ist der Mensch «von einer anderen Wesenheit von gleichem Wert, von einem aber göttlich-geistigen Astralleib und einem dazu passenden Ich nachts in seinem physischen und ätherischen Leib durchzogen. Das, was vom Menschen schlafend zurückbleibt, das überlassen wir den äußeren geistigen Mächten der Welt.»[561]

Zusammenfassend kann gesagt werden: «Der physische Leib ist eigentlich während des Schlafes ein Selbstgestalter in bezug auf den Gliedmaßen-Stoffwechselmenschen, und der ätherische Leib des Menschen ist ein Weltgestalter.»[562]

Auffällig ist, daß unmittelbar nach dem Erwachen des Menschen in seinem Aussehen infolge der guten Hautdurchblutung häufig eine gewisse Rötung zu bemerken ist, daß das Gesicht aber im übrigen eher aufgedunsen, verquollen ausschaut – ein Zeichen, daß der Organismus den Aufbaukräften ausgesetzt war. Erst die einziehenden formenden Kräfte des Astralleibes bewirken dann wieder rasch eine Straffung und Durchformung der Züge.

Der Ätherleib und seine Beziehung zum Moralischen

Wir haben bereits bei der Behandlung des astralischen Leibes gehört, daß dieser – zusammen mit dem Ich – in die Sphäre des Moralischen, also in die geistige, die Nachtseite des Daseins, eintaucht. Das moralisch-religiöse Bewußtsein des Menschen beruht darauf, daß er im Schlaf teilhat an den kosmischen Kräften. Vermittler des Wachbewußtseins ist zunächst der physische Leib, der durch seine Sinnesorganisation und das Nervensystem dieses helle Bewußtsein ermöglicht. Dabei muß allerdings das Verhältnis differenzierter angeschaut werden: «Das religiöse Bewußtsein des Menschen ist abhängig von seinem Leben im physischen Leibe, im physischen Körper; das moralische Leben ist abhängig von dem Leben im ätherischen Leibe.»[563] Die Impulse für dieses Leben kommen aus der Schlafsphäre; das Wachbewußtsein indessen wird durch die beiden Glieder, die Form und Leben geben, vermittelt. Die Urkräfte, die Archai sind «notwendig, damit der Mensch im Aufwachen intensiv genug in den

Ätherleib untertauche».[564] Es sind letztlich diese hohen Wesen, die das Verhältnis von Wachen und Schlafen regeln.

Wieso vermag der Astralleib seine moralischen Impulse in den Ätherleib hineinzuschicken, der doch nicht auf Empfindungen, sondern auf die Gestaltung der Lebensprozesse ausgerichtet ist? Das wird nur verständlich, wenn man sich bewußt macht, daß der Weltenäther, aus dem die Substanz des Ätherleibes genommen wird, in sich gegliedert ist. In der Anthroposophie wird von vier Ätherarten gesprochen, gleichsam den ideellen Gegenbildern der Elementarzustände.[565]

«Und das führt uns dazu, darauf aufmerksam zu werden, daß der Weltenäther, aus dem unser Ätherkörper genommen ist, zwei Glieder hat. Das eine Glied dieses Weltenäthers ist Wärme, Licht, chemischer Äther, Lebensäther. Aber all diesem Ätherischen, was in der Wärme, im Licht, in den chemischen Vorgängen und im Leben existiert, alledem liegt zugrunde ein moralisches Wesen des Weltenäthers. Dieses moralische Wesen des Weltenäthers ist aber nur vorhanden in der Nähe der Gestirne und Planeten. Also wenn Sie auf Erden leben, dann sind Sie, obwohl Sie es bei Tage nicht wissen, auch in dem Weltenäther als moralische Essenz drinnen. Und wenn Sie wandern durch die Welt der Gestirne, sind Sie in dem Weltenäther auch in der moralischen Essenz, wenn Sie in der Umgebung eines Gestirnes sind. Zwischen den Gestirnen wird das Moralische aus dem Äther durch das Sonnenlicht herausgetrieben; das Sonnenlicht selber – nicht die Sonne, die Sonne ist ein Weltenkörper – hat in sich geradezu für uns Menschen den Urquell des moralischen Äthers. Aber indem die Sonne scheint, vertreibt sie durch ihr Licht die moralische Essenz des Äthers. Und so, wenn wir durch unser Auge in die Welt hinausschauen, sehen wir Blumen, sehen wir Quellen, sehen wir das alles, ohne daß wir es mit Moralischem durchziehen, durchschauen, weil uns das Sonnenlicht das Moralische heraustötet.

Und wenn wir nun beim Einschlafen aus unserem physischen und Ätherleib herausgehen, dann haben wir als geistig-seelische Menschenwesen nichts anderes, als was wir uns zunächst während des irdischen Lebens durch das Anschauen der Natur erworben haben. Wir lassen in unserem Bette – so paradox das klingt – auch die religiöse Empfindung und die moralische Empfindung zurück mit dem physischen und mit dem Ätherleibe, und wir leben als ein amoralisches Wesen zwischen dem Einschlafen und dem Aufwachen. Aber in dieser Zeit leben wir in einer Welt, die sonst von dem Sonnenlichte durchschienen ist. Und dadurch, daß die moralische Weltordnung aus dem Äther heraußen ist, dadurch hat Zugang zu diesem Äther, in den wir uns mit dem Einschlafen hineinbegeben, die ahrimanische Wesenheit. Diese ahrimanische Wesenheit spricht zu den Menschen während des Schlafes.[566] Und was diese ahrimanische Wesenheit spricht, das ist im Grunde genommen eine fatale Sache, denn diese ahrimanische Wesenheit wird mit Recht der Lügengeist genannt, aus dem Grunde, weil er dem schlafenden Menschen die Dinge so darstellt, als wenn das Gute böse und das Böse gut wäre.»[567]

So hat offenkundig der Ätherleib – wie auch die anderen Wesensglieder – eine doppelte Eigenschaft: eine, die mit den Lebensprozessen eng verbunden ist, die also gleichsam die Naturseite darstellt, und eine, die mit dem Moralischen in Verbindung steht, mithin die Kulturseite bildet. Eben dieser Kulturseite schreibt Steiner dann auch die seelischen Eigenschaften zu, die mit der Geburt des Ätherleibes nach dem Zahnwechsel frei werden: Gedächtnis, Gewohnheiten, Neigungen, Charakter, Temperament, Gewissen.[568]

Üblicherweise gilt, daß der gut schlaft, der ein gutes Gewissen hat (vgl. S. 46). Dennoch schlafen auch unrecht Handelnde gut. Man kann sich fragen, «warum Verbrecher einen so guten Schlaf haben, während gerade moralische Menschen mit einem guten Gewissen oftmals einen schlechten Schlaf haben ... Derjenige, der ein starkes Gewissen entwickelt, der also ein inniger Mensch ist, ein moralisch empfindender Mensch, bei dem geht in die Seele so tief das moralische Empfinden hinein, daß er es in den Schlaf hinübernimmt, und dann schläft er schlecht, wenn er glaubt, viel Böses getan zu haben. Wer aber ein schlechter Mensch ist, wer kein stark entwickeltes moralisches Gewissen hat, der nimmt nichts in den Schlaf hinüber von Gewissensbissen. Und dann hat er ein reines geistiges Ohr für die Einflüsterungen des Ahriman, der ihm das Böse gerade als gut darstellt. Daher ist der Verbrecher im Schlafe so zufrieden.

Die Menschen sagen: Das ist doch ungerecht, daß die Verbrecher gut schlafen und die guten Menschen schlechten Schlaf haben! ... In der Tat ist die Verführung zum Bösen während des Schlafzustandes eine ungeheuer große, und der Mensch bringt sich aus dem Schlaf am Morgen leicht die dämonischsten Versucherkräfte mit. Wenn man dann wiederum in seinen physischen und ätherischen Leib hineinkommt, dann wachen erst wiederum die Gewissensbisse auf bei demjenigen, der kein sehr guter Mensch ist. Also es ist so, daß dem Menschen in der Tat als Erdenmensch während der Zeit seines Schlafes alle Möglichkeit gegeben ist, dem versuchenden Ahriman zum Opfer zu fallen.

Das aber ist erst im Laufe der Zeit so stark geworden, wie es jetzt ist. Erst in unserem Zeitalter sind die Menschen im höchsten Grade während des Schlafes den dämonischen Mächten ausgeliefert, die ihnen das Böse, während sie schlafen, als gut vorstellen.»[569]

Natur- und Kulturseite des Ätherleibes

Welche Qualitäten weist nun der Ätherleib in seinen beiden Daseinsmodi, dem Naturhaften und dem Kulturhaften, auf? Bei der Naturseite sind zunächst die vielgestaltigen, weisheitsvollen Funktionen der Lebensprozesse zu nennen, die heute in der Naturwissenschaft mit den modellhaften Vorstellungen der Kybernetik abstrakt einzufangen versucht werden. Diese weisheitsvollen Prozesse der inneren Organik sind zugleich gebunden an Strukturen, die sowohl die Gesamtgestalt eines Organs als auch die der einzelnen Zellen in ihnen bestimmen. Diese Struktur ist in ihrer Plastik nicht weniger weisheitsvoll als die sich auf sie abstützende biologische Funktion. Dabei entwickelt sich das organische Weisheitsgefüge im

Lebenslauf dahingehend, daß die Leiblichkeit, den Intentionen des Ich entsprechend, zu immer besserer Daseinsbewältigung befähigt wird. Der Organismus wird durch den Lebensleib zunächst immer leistungsfähiger. Diese Tatsache macht den Ätherleib zu einem Zeitenleib, der sich als solcher erst im Zeitenstrome entfaltet. Er ist aufs engste mit den ‹wäßrigen› Bewegungen im Leib verbunden. «Würden Sie also das Gehirnwasser des Kindes in seinen Bewegungen untersuchen, so müßten Sie sagen: Das ist eigentlich eine Photographie dessen, was der Mensch war, bevor er sich mit seinem physischen Leib verbunden hat ... Im Gehirnwasser, das heißt, in den Bewegungen des Gehirnwassers würde man eine Photographie von dem, was der Konzeption vorangegangen ist, finden.»[570]

Doch mit der Naturseite ist die Kulturseite verknüpft. Die im Ätherleib wirksamen Kräfte betätigen sich im Beginn des menschlichen Erdenlebens – am deutlichsten während der Embryonalzeit – als Gestaltungs- und Wachstumskräfte. Im Verlauf des Erdenlebens emanzipiert sich ein Teil dieser Betätigung von Gestaltung und Wachstum und wird zu Denkkräften. Dadurch daß die plastischen Kräfte «nicht Bildungskräfte der Organe geblieben sind, hat sie der Mensch extra. Er hat sie in seinen geistig-seelischen Funktionen. Wenn ich denke oder fühle, so denke ich und fühle ich mit denselben Kräften, die da in dem niederen Tier oder in der Pflanzenwelt plastisch tätig sind.»[571] Der nicht in die Leibprozesse eingebundene, das heißt der frei verfügbare «Teil» des Ätherleibes ist seiner inneren Substanz nach Weisheit. Er betätigt sich im Denken. Wo etwas von seiner Kraft durch den Menschen genutzt wird, wirkt er auf diesem Gebiete dasselbe wie in der organischen Gestaltung: Er stiftet Sinn, schafft Zusammenhänge, gliedert die Einzelheiten in ein bedeutungsvolles höheres Ganzes. «Man lernt erkennen, wie im Innern der Seele Gedanke sich an Gedanke webt, wie Gedanke den Gedanken sucht, auch wenn die Gedankenverbindungen nicht durch die Macht der Sinnenbeobachtung bewirkt werden. Das Wesentliche dabei ist, daß man so gewahr wird, wie die Gedankenwelt inneres Leben hat, wie man sich, indem man wirklich denkt, im Bereiche einer übersinnlichen lebendigen Welt schon befindet. Man sagt sich: Es ist etwas in mir, was einen Gedankenorganismus ausbildet; aber ich bin doch eines mit diesem ‹Etwas›.»[572] Während der organische Teil des Ätherleibes Formen schafft, ist der frei gewordene Teil im Nerven-Sinnessystem so tätig, daß er einerseits die Wahrnehmungen «auffängt», indem er die seelischen Empfindungen als Einprägungen in sich aufnimmt und bewahrt und so der Seele die Möglichkeit gibt, neue Gestaltungen als Erinnerungen aus dem Gedächtnis aufzurufen, und andererseits in der Arbeit der Intelligenz – innerhalb des Denkens – sinnstiftende Gedanken schafft. Was durch das Ätherische an Weisheit in der Welt enthalten ist, vermag der freigewordene Ätherleib aus dieser für das menschliche Bewußtsein durch die Begriffe herauszulesen und es dann für die Seele zum dauernden Besitz im Gedächtnis zu machen. Auch diesem Teil des Ätherischen haftet etwas vom Ursprung an: das Bildhafte. Das menschliche Denken gewinnt Zugang zu den Weltinhalten, indem es einen Tatbestand auf einen anderen bezieht und das dabei sich Überschneidende als neuen Begriff bildhafter Gestaltung gewinnt. So haftet allen Begriffen der Charakter des Ursprungs an, indem sie von gleicher bildhafter Qualität sind wie die Vorstellungen. Dennoch unterscheiden sie sich davon: Sie können zu bloßen abstrakten Merkmalgruppen verdünnt oder als inhaltsvolle, bewegliche Formen in ihrem weiterdrängenden Charakter erlebt werden.

Der Begriff ist zunächst etymologisch das von der Hand Ergriffene; dieser Vorgang wird vergleichsweise übertragen auf den geistigen Prozeß. Die Doppelheit von abstraktem und lebendigem Begriff läßt sich noch an Wendungen wie Ver-stehen, Er-fahren, Ver-gessen und so weiter vergegenwärtigen. Diese geistigen Tätigkeiten zeigen allesamt noch heute, daß sie aus einer leiblichen Tätigkeit – Stehen, Bewegen und Essen – hervorgegangen sind. Leibliche Vollzüge standen am Beginn, sie wurden auf geistige Tätigkeiten bezogen, denn in beiden Vorgängen war ein Gemeinsames: die Gestik des Vollzugs. Ursprünglich waren es anschauliche Bildbegriffe, Metaphern, die beide Erscheinungen verschränkten und damit erst dem Verstehen zugänglich machten. Im Laufe langer Zeitläufe verschleifen sich dann in der Regel die Zusammenhänge so, daß sie ihren Ursprung kaum noch preisgeben, das heißt, die Worte erscheinen abstrakt und unanschaulich und haben eine eigene Existenz gewonnen. Auch dann, wenn man nichts versteht, meint man mit einem bloßen Wort etwas zu haben. Die gesamte Sprache ist ein Wörterbuch abgeblaßter Metaphern (Jean Paul). Das ist dann der Weg vom ursprünglichen Leben in den Tod abstrakter Benennungen. Derselbe Vorgang vollzieht sich auch gegenüber dem Bildhaften der Erinnerung. Sie taucht aus dem unbestimmten Gefühl als klare Gedächtnisvorstellung nur dann auf, wenn sie zuvor zum präzisen Bild ausgestaltet wurde. Mit diesen Bemerkungen mag deutlich werden, daß Erinnerungsvermögen und Denkfähigkeit ihren Ursprung im Ätherleibe haben.

«Die Beobachtung zeigt doch, daß die Lebenserscheinungen eine ganz andere Orientierung haben als die im Leblosen verlaufenden. Für die letzteren wird man sagen können: sie zeigen sich von Kräften beherrscht, die vom Wesen des Stoffes ausstrahlen, vom – relativen – Mittelpunkt nach der Peripherie hin. Die Lebenserscheinungen zeigen den Stoff von Kräften beherrscht, die von außen nach innen wirken, gegen den – relativen – Mittelpunkt zu. Beim Übergange ins Leben muß sich der Stoff den ausstrahlenden Kräften entziehen und sich den einstrahlenden fügen ... Er wird einbezogen in die Kräfte, die vom Außerirdischen nach der Erde von allen Seiten einstrahlen ... Von allen Seiten wirken sie heran, diese Kräfte, wie nach dem Mittelpunkt der Erde hin strebend.»[573] «Die physischen Gesetze wirken wie ausströmend von der Erde; die ätherischen wirken wie von allen Seiten des Weltumfanges auf die Erde zuströmend.»[574]

Der Ätherleib als Gedankenströmung

Wird mit dem in einer Mysterienwissenschaft geschulten Blick der Ätherleib während des Schlafzustandes beobachtet, so bemerkt man, daß er mit dem Schlaf immer regsamer und beweglicher wird. «Und diese Tätigkeit und Regsamkeit des ätherischen Leibes strahlt insbesondere von den Sinnen aus. So daß man sagen kann: Richtet man den übersinnlichen Blick ... auf dasjenige vom Menschen, was in der physischen Hülle da ist, dann findet man, wie von den Orten, an denen die Sinnesorgane lokalisiert sind, nach innen eine fortwährende Tätigkeit und Regsamkeit strahlt ... Man sieht zum Beispiel, wie mit dem Einschlafen eine besondere Regsamkeit beginnt von dem Orte der menschlichen Augen aus. Es ist mit diesen Augen so, als ob durch die Einwirkungen des Lichtes während des Wachens das Auge sich anfüllte mit Kräften zu einer Tätigkeit, die sich erst entfaltet mit dem Einschlafen. Und diese Tätigkeit ist eben eine ätherische. In demselben Maße, in dem die Licht- und Farbenwirkungen von außen im Auge sich verfinstern, beginnen die Augen selber wie zwei phosphoreszierende Sonnen ätherisch das innere Wesen des physischen Teiles des schlafenden Menschen zu durchstrahlen. Ein phosphoreszierendes Glimmlicht durchhellt den Innenraum des Menschen.» Äußerlich unwahrnehmbar, strömt in diese Tätigkeit eine andere hinein: eine «außerordentlich melodien- und harmonienreiche musikalische Regsamkeit», die das Innere des Menschen durchsetzt.[575]

Die außerhalb befindlichen Glieder des Menschen, Astralleib und Ich, werden von dem tönenden und leuchtenden Ätherleib stark beeindruckt. Für die leibbefreiten Glieder bleibt der Vorgang unbewußt. Ebenso werden von der ganzen Oberfläche der Haut ätherische Wärmeströmungen nach dem Innern des Menschen gestrahlt. Ein «ungeheuer schönes, großartiges, gewaltiges inneres Regen und Bewegen und Fluten des ätherischen Leibes» läßt sich im schlafenden Menschen geistig beobachten.[576] Es ist, als ob sich der Ätherleib herauserhöbe aus einem flutenden Strömen.

«Vielleicht haben manche von Ihnen bemerkt, wie dem Menschen, wenn er des Morgens aufwacht und abends etwa bei einem Konzerte war, das auf ihn einen lebendigen Eindruck gemacht hat, das Aufwachen so erscheint, als ob die Seele sich herauserhöbe aus dem wiederholten Erleben der im Konzert gehörten Musik. Es ist so, als ob die Seele noch einmal während des Schlafes das ganze Konzert durchgemacht hätte. Der Vorgang ist aber komplizierter, als er dem gewöhnlichen Bewußtsein erscheint. Denn in Wahrheit erhebt sich die Seele von den Eindrücken jener Weltenmusik, die sich individualisiert im menschlichen Ätherleibe. Aber indem der Mensch wiederum zurückkehrt in seinen Ätherleib und durch die Eindrucksfähigkeit des physischen Leibes alles dasjenige, was ich Ihnen für diesen Ätherleib geschildert habe, übertönt wird, übersetzt die menschliche Seele dasjenige, was individualisierte kosmische Musik ist, in die zuletzt gehörten irdischen Töne. Die sind gewissermaßen das Kleid, das sich diese kosmische Musik im Momente des Aufwachens überzieht, weil diese kosmische Musik eine gewisse Gemeinschaft mit den flutenden Tonmassen des gehörten Konzertes hat. Weil der Mensch im gewöhnlichen Bewußtsein unfähig ist, die kosmische Musik zu vernehmen, umkleidet sich diese kosmische Musik mit dem, was ihr am meisten vergleichbar ist aus dem irdischen Leben: mit den im Konzert gehörten Tonmassen.»[577]

«Und wenn man versucht, weiter einzudringen mit den Mitteln, mit denen man in solche Welten eindringen kann, dann merkt man, daß dieses wärmende Strömen, dieses phosphoreszierende milde Leuchten, diese fluktuierende Musik die äußere Offenbarung für waltende Weltenwesen ist ... [Alles das ist] das äußere Kleid, die äußere Offenbarung, der Schein von waltenden Weltenwesen. Und diese waltenden Weltenwesen enthüllen sich als ... die Exusiai. Ich habe daher diese Exusiai auch öfter Offenbarungen genannt, weil sie ihrer inneren Wesenheit nach leben in demjenigen, was in den menschlichen Sinnesorganen während des irdischen Schlafzustandes des Menschen nach dem Inneren des Menschenwesens hin erstrahlt.»[578]

«Gerade so, wie man im tagwachen Zustande sich sagt: Du siehst irgendeinen leuchtenden Gegenstand; man verfolgt dann gewissermaßen die Linie vom Auge nach diesem leuchtenden Gegenstande hin, der leuchtende Gegenstand wird irgendwo auf der Strecke außen gefunden ... –, so kann man, aber jetzt nach innen, dasjenige verfolgen, was ätherisch von den Sinnen nach innen strömt, flutet und strahlt. Man wird da nicht so lange Wege durchzumachen haben, kurze Wege, man wird sehr bald auftreffen auf ein anderes. Das phosphoreszierende Mildleuchten, das von den Augen ausgeht, das musikalische Wirken, das lokal ausgehend von den Gehörorganen sich darstellt, das strömende Wärmen, das von dem ganzen Umfange der Haut nach innen geht, all das geht sehr bald über in ein organisch in sich geschlossenes ätherisches System. Während man, wenn man den wachenden Menschen beobachtet, den ätherischen Leib in Tätigkeit sieht ... sieht man jetzt gewissermaßen dasjenige, was von den Sinnen und von der ganzen Haut nach innen strömt und wellt und strahlt, eine gewisse Strecke gestaltet wie eine Art schalenartige Nachbildung des Menschen, die sich nach innen erstreckt. Man sieht von den Augen nach innen phosphoreszierendes Leuchten ... Man sieht das wärmende Strömen von der Haut nach innen gehen, so eine Art Schale, die dem menschlichen physischen Organismus nachgebildet ist, die eine gewisse Dichte erreicht, dann aber übergeht in eine Art Ätherorganisation, die in ihrem substantiellen Gehalt wie durchmischt, zusammengesetzt ist aus musikalischem Wirken, phosphoreszierendem Lichte, Wärmeströmungen. Das alles und manches andere strömt durcheinander, beeinflußt sich gegenseitig, bildet eine Art Organisation, die eben die ätherische Organisation des Menschen ist. Und wenn man nun diese ätherische Organisation des Menschen ins Geistesauge faßt, wenn man beginnt, sie zu verstehen nach alledem, wie sie sich enthüllt, dann kann man sie nicht anders ansprechen als: sie besteht aus lauter Gedankenformen, aus strömenden Gedanken. Was da drinnen strömt, ist in jedem Punkte Gedanke. Würde man in irgendeinem Augenblick diese fortwährend fluktuierende innere Regsamkeit des schlafenden Ätherleibes verfolgen und in einem Augenblick dann aufzeichnen, würde man natürlich Linien oder Farbenformen hinmalen, aber wenn man die Substanz dieser Linien oder Farbenformen charakterisieren sollte, könnte man nicht anders sagen als: Das ist, wie wenn Gedanken anfangen würden zu strömen. – Es ist dasselbe, was sonst in der Gedankentätigkeit lebt, was aber da ein Strömen, ein Wellen, ein Fluktuieren wird. Es ist die individualisierte Gedankenbildung des Kosmos. Diese individualisierte Gedankenbildung des Kosmos enthüllt sich als der individualisierte Logos. Denn eigentlich kann man gar nicht einmal sagen: Was da im Menschen drinnen strömt und webt als Gedankenbildung, als innerer Anschluß an diese nach innen strahlenden und strömenden Sinnesbewegungen, das ist bloß strömender Gedanke –, sondern das redet, redet allerdings eine stumme, aber eben eine für das Innere des Menschen wahrnehmbare Sprache, redet wirklich – wie alle Dinge durch den Logos zu uns sprechen – in einer individuellen Gestalt, drückt aus in einem geistig wahrzunehmenden inneren Worte das Wesen des Menschen.»[579]

«Wenn wir also von den Sinnen tiefer nach innen gehen, so erscheint uns gewissermaßen die nach innen gewendete menschliche Sprache.»[580]

«Ich und astralischer Leib des Menschen, die vom Einschlafen bis zum Aufwachen außerhalb des physischen und Ätherleibes sind, bleiben allerdings für das gewöhnliche Bewußtsein unbewußt, aber sie erleben deshalb doch dasjenige, was geschieht. Und wie sie die ätherische Tätigkeit der Sinne während des Schlafes erleben als nach einwärts gerichtetes Strömen und Strahlen, so erleben [sie] ... den Ätherleib als individualisierten Logos, wie eine nach innenwärts gewendete Sprache. Es ist, wie wenn die Sprache, die sonst nach außen strahlt zu den Ohren unserer Mitmenschen, sich während des Schlafes ätherisch gewandelt nach innen gewendet hätte, und wie wenn wir alles dasjenige, was wir während des Tages vom Aufwachen bis zum Einschlafen gesprochen haben, noch einmal in rückwärtiger Folge – es beginnt mit dem Abend und endet mit dem Morgen – nach innen aussprechen würden. Wir reden nach innen in einer stummen Sprache wiederum alles dasjenige, was wir vom Morgen bis zum Abend ausgesprochen haben, aber so, daß wir unser ganzes Seelisches in dieser nach innenwärts gewendeten Sprache zur Offenbarung bringen ... [Es] wird dieses im Sprechen Erlebte vom Abend bis zum Morgen nach innen realisiert in dem tönenden, sprechenden Logos, jenem tönenden, sprechenden, individualisierten Logos, der aber zu gleicher Zeit, wie in das Ätherische zeitlich hineinschreibend, in jenem glimmenden, mild phosphoreszierenden Lichte die okkulte Schrift zum Ausdruck bringt für all das, was da innenwärts als die andere Seite des am Tage Gesprochenen während der Nacht zur Wirksamkeit kommt – überhaupt während des Schlafens.»[581]

«Wir haben im physischen Leibe dieses vertikal verlaufende Rückgrat mit dem Rückenmarkskanal, und wir haben im ätherischen Leibe ein Zusammenströmen, Zusammenstrahlen ... in einer Art von Gegenrückgrat, das aber, wenn man den physischen Leib ins Auge faßt, an der vorderen Seite des Menschen liegt ... Das gibt ein ungemein schönes, großartiges, gewaltiges ätherisches Organ, das aber insbesondere in einer glitzernden, leuchtenden, tönenden, in allerlei Wärmewirkungen sich entladenden, aber auch innerlich sprechenden Wesenheit besteht und sich insbesondere so enthüllt während des Schlafzustandes des Menschen.»[582]

Alle Prozesse des ätherischen Leibes, die am Tage die Lebensvorgänge anregen, setzen sich auch im Schlaf fort: Wachstum, Ernährung, aber auch die Atmung. Die Atmung ist verbunden mit dem Astralleib. Dabei gilt grundsätzlich, daß in der Tendenz die Einatmung belebend, die Ausatmung hingegen ertötend wirkt.[583]

Der Ätherleib wird in der Nacht von Wesen aus den niederen geistigen Reichen, aus dem unteren Devachan, durchwoben, diese Wesen schicken ihre naturverwandte Intelligenz in die Lebensprozesse, worauf die heilende Wirkung des Schlafes im Falle von Erkrankungen zurückzuführen ist.[584] Doch nicht allein diese Geistigkeit durchzieht den Ätherleib, sondern es ist auch im tagwachen Zustande notwendig, daß er von Kräften höchster Intelligenz, von höchster Geistigkeit durchzogen wird, damit er seine Aufgaben erfüllen kann. Nur unter Mitwirkung höherer Mächte vermag er das zu tun, was getan werden muß, ihn erfüllen tatsächlich «Wesenheiten ... der höchsten Hierarchie, die Seraphim, Cherubim und Throne, auch wenn wir wachen; die bleiben überhaupt immer darinnen».[585]

Alle diese Erlebnisse, die wir allnächtlich während der Zeit des Schlafes durchleben, die aber gegenwärtig unter der Schwelle des Wachbewußtseins bleiben, werden spätestens nachtodlich jedem Menschen voll bewußt.

Innerhalb der Leibesorganisation ist der Ätherleib sehr differenziert tätig, so ist er in besonderer Weise an jenes Organ, auf das der menschliche Leib besonders hinorganisiert ist, das Haupt, gebunden. Im Haupte können wir wachen; mit ihm vollziehen wir das Denken, durch es wird uns das Denken bewußt, und dieses geschieht «unter dem Einfluß des Ätherleibes». Das Haupt ist aus dem Geiste heraus gebildet, es ist Abbild des Geistes, weil etwa im Bau des Gehirnes ein Abbild des ganzen Kosmos gesehen werden kann. So weisen die zwölf Gehirnnerven, durch die der gesamte Leib einschließlich der Sinnesvorgänge mit dem Gehirn verknüpft wird, auf die zwölffache Kraftgestalt des Kosmos hin. Nun ist es so, daß wir durch den Schlaf Gedanken erhalten, «die uns nicht an die Materie binden».[586] Im Gegensatz zu diesen spirituellen «Nachtgedanken» sind alle Tagesgedanken angebunden an die Oberfläche und an die Struktur der Erscheinungen, es sind nicht Gedanken, die das Wesen erfassen, sondern solche, die *über* die Sache reflektieren. Der Grund dafür liegt in der Art, wie sich das menschliche Wesen gegenwärtig mit der ätherischen Leiblichkeit verbindet: «Heute geht das Ich nur in den Kopfteil des Ätherleibes hinein ... Dadurch können wir intellektualistisch denken.»[587]

Der physische Leib

Der physische Leib ist dasjenige Prinzip am Leibe, das durch die physischen Gesetze beherrscht wird, die man gegenwärtig im Mineralreich, das heißt der physischen Welt beobachtet. Insofern ist dieser Leib mit der mineralisch-physikalischen Welt eng verwandt; sie ist die ihm angemessene, ihm verwandte Umgebung.[588] Der physische Leib oder Körper wird dann als der «mineralische, in Gemäßheit seiner Aufgabe gebildete Bau» bezeichnet.[589]

Der Steinersche Erkenntnisblick sieht den Mittelpunkt des physischen Leibes im Gehirn, also in jenem Organ, an dem das Denken sich seiner selbst bewußt werden kann. Dieser Leib hat an der Raum- und damit an der Gegenstandswelt teil, daher wird er als mineralisch bezeichnet. Mineralien gehören der Welt des Festen, des Kristallinen an, dadurch erst konstituiert sich – anders als im Wäßrigen – die umgrenze Körperwelt, wo sich Körper vom Körper scheidet. So grenzt sich der physische Leib oder Körper wie alle mineralischen Gebilde von anderen Körpern ab und schafft durch diese Abgrenzung erst einen eigenen, eben seinen eigenen Raum. Was innerhalb der Haut eingeschlossen ist und wodurch – aufgrund des Prinzips der Undurchdringlichkeit der Körperwelt – nicht zugleich ein anderer Körper an derselben Stelle sein kann, das wird physisch genannt. Doch mehr noch: Physisch ist der Leib auch deshalb, weil sowohl die Stoffe, durch die er sich aufbaut, als auch die Kräfte, die ihn durchziehen und die auf ihn einwirken, innerhalb des Leibes dieselben sind wie außerhalb in der Gegenstandswelt. Dadurch «ist der Mensch der mineralischen Welt [qualitativ] gleich».[590]

Zusammen mit dem ätherischen Leibe weilt der physische während des Schlafes im Bette, da wird er so beeinflußt, daß er sich fortwährend «mit der Erde verbinden will. Er will der Erde ähnlich werden, er will ganz irdisch werden. Der Bildekräfte- oder Ätherleib will sich in das Weltenall zerstreuen.» Beim Erwachen spricht –

vergleichsweise gesagt – der physische Leib zum Menschen: «Mich hat die Erde in Anspruch genommen während der ganzen Nacht, mich wollte die Erde zu Staub formen. Nur dadurch, daß du mich den gestrigen Tag und die vorhergehenden Erdentage zusammengehalten hast durch dein Ich und deinen astralischen Leib, bin ich noch ein physischer Leib geblieben; es wirkten in mir die Kräfte des Zusammenhaltens fort. – Ebenso sagt der Bildekräfte- oder Ätherleib: Eben nur, weil ich die Gewohnheit angenommen habe, dir ähnlich zu sein, habe ich die menschliche Form behalten. Eigentlich haben mich die Kräfte des Weltenalls während der Nacht, während du schliefest, während du außer mir warst, in alle Winde zerstreuen wollen.»[591]

Der physische Leib «wird gewissermaßen aus den Kräften der Erde heraus geboren und verbindet sich mit dem, was aus der geistig-seelischen Welt herunterkommt».[592]

Im Schlaf kommt der physische Leib zur Ruhe. Der Mensch verliert die Möglichkeit, seine Glieder zu bewegen. Der Wille zieht sich aber nicht nur aus Armen und Beinen zurück, sondern auch aus den Sinnesorganen, so daß diese «nicht der Außenwelt jene feinen Bewegungen entgegenbringen, die da sein müssen, wenn Sinneswahrnehmungen zustande kommen».[593]

Die Kräfte der Erde sind die mineralischen und gravitativen, die festigenden; sie wirken besonders auf den physischen Leib ein. Astralleib und Ich, die einer anderen Seinswelt angehören, wirken diesen Kräften entgegen.[594] Gleichwohl gilt: «Der physische Leib verliert während des Schlafens die Neigung, sich vom Ich besitzen zu lassen, und der Ätherleib verliert die Neigung, menschenähnliche Gestalt zu haben» – denn seine innere Substanz hängt mit den Intelligenzkräften des ganzen Tierreiches zusammen.[595] «Der astralische Leib kann spüren beim Aufwachen, daß er den Ätherleib sich ähnlich machen muß.»[596]

«Die irdisch-moralische Ordnung ist an den menschlichen ätherischen Leib gebunden, und seine moralischen Errungenschaften läßt der Mensch eigentlich, wenn er schläft, im Bette zurück.»[597]

Der physische Leib wird während des Schlafes von höheren Wesen aus dem oberen Devachan durchwoben.[598]

Der Astralleib «gleicht [im Schlafe] durch seine Arbeit am physischen Leib die Schäden, welche dieser während des Tages erleidet, aus. Auf den Astralleib selbst haben Wesenheiten Einfluß, die dem dritten Elementarreich[599] angehören. Wesenheiten aus dem zweiten Elementarreich machen sich über den Ätherleib des Menschen her, und solche, die dem ersten Elementarreich angehören, verschaffen sich Zugang zum physischen Leib, um ihn zu zerstören. Nur wenn der Astralleib während des Schlafes am physischen Körper arbeitet, werden die Zerstörungsvorgänge ausgeglichen.»[600]

Im Leib spielen sich Ernährungsvorgänge ab, während des Tages unter Mitwirkung von Astralleib und Ich. Dieser Einfluß fehlt im Schlaf. Während des Schlafzustandes wird auf physischen Leib und Ätherleib eine «Wirkung ausgeübt, die nun nicht von der Erde, sondern von dem kosmischen Umkreis der Erde, von der Sternenwelt ausgeht ... Bei Tag ißt der Mensch das Substantielle der Erdenstoffe, und bei Nacht nimmt der Mensch in sich auf dasjenige, was ihm geben die Sterne und ihre Vorgänge. So daß also gewissermaßen der Mensch dadurch, daß er wacht, an die Erde gebunden ist; und er wird gewissermaßen von der Erde weggenommen, und es spielen sich in ihm ... Himmelsprozesse ab, während er schläft, und zwar Himmelsprozesse im physischen und ätherischen Leibe.» So wirkt beispielsweise im Schlaf auf das Eiweiß «die ganze Planetenwelt vom Mond bis zum Saturn, wirkt die Fixsternwelt».[601] Für den physischen Leib ist es so, daß während des Schlafzustandes die Kräfte von oben nach unten strahlen, während sie sich beim ätherischen Leib so verhalten, daß sie von innen nach außen strahlen.[602]

«Der physische Leib ist eigentlich während des Schlafes ein Selbstgestalter in bezug auf den Gliedmaßen-Stoffwechselmenschen, und der ätherische Leib des Menschen ist ein Weltgestalter.»[603] Allerdings wirken im physischen Leibe so gewaltige Vorgänge, daß wir selbst außerstande sind, sie vollziehen zu können. Die höchsten Mächte, die Trinität, wohnen im physischen Leibe und gestalten ihn zum Tempel der Gottheit.[604] Daher ist «das religiöse Bewußtsein des Menschen abhängig von seinem Leben im physischen Leibe».[605] Auch der physische Leib ist seiner inneren Wesenheit nach etwas, was in Wahrheit in der geistigen Welt wurzelt.[606]

Wie nimmt sich der Schlaf des Erdenmenschen aus, wenn der Mensch aus dem nachtodlichen Dasein auf ihn zurückblickt? «Man hat gelebt auf Erden zwischen der Geburt und dem Tode, man hat abgewechselt zwischen dem Wachen und dem Schlafen. Während des Wachens war man mit dieser ganzen Tätigkeit, in der die menschliche Seele lebt, verwoben in Exusiai, Dynamis, Kyriotetes. Man war mit all dem immer genötigt, in die Formen des physischen Leibes unterzutauchen. Während des Schlafes lebte man mit dem Ätherleibe, der aber auch diese ganze Tätigkeit hineinindividualisiert auf die Formen des menschlichen physischen Leibes. Da nahm aber diese Tätigkeit, in die man verwoben war, für diese zweite Hierarchie auch all das an, was der Mensch moralisch war: inwiefern er gut und böse war, inwiefern er dem Irrtum oder der Wahrheit hingegeben war.» Jetzt, im Nachtodlichen, muß man «sich erst richten nach dem, was nun die Wesen dieser zweiten Hierarchie aus ihrem Sein heraus für eine Tätigkeit ausüben wollen für das Wesen des Menschen».[607]

4. Wie wirken Tageserlebnisse und Schlaf aufeinander?

Damit haben wir eine differenzierte Darstellung der einzelnen Wesensglieder gegeben, um ihre Bedeutung für Wachen und Schlafen genauer zu verstehen. Vor diesem Hintergrund läßt sich nun eine weitere wichtige Fragestellung entfalten: Wie hängen der Schlaf und das Tagesleben miteinander zusammen?

Was die beiden Bewußtseinszustände Wachen und Schlafen und die existentielle Bedeutung des Zusammenhangs von Seele und Geist mit dem Leib betrifft, lassen sich folgende Fragestellungen entwickeln:

1. Wie lassen sich die speziellen Vorgänge und die Eigenschaften der einzelnen Wesensglieder in diesem Geschehen charakterisieren?
2. Was geschieht im Nachtzustand des Bewußtseins, also im Schlaf, in den ‹ruhenden› Gliedern, im physischen und Ätherleib, die im Bett verbleiben?
3. Was spielt sich in Astralleib und Ich ab, in jenen Wesensgliedern, die sich aus den ruhenden Leibern herausheben?
4. Wie wirkt das jeweils spezifisch in der Nacht Durchlebte in den nächsten Tag hinein?

Dabei darf nicht vergessen werden, daß der Schlaf bei aller inneren Differenzierung ein Einheitliches gegenüber dem Wachzustand darstellt.

Wir wenden nachfolgend unser Interesse auf einen besonderen Zusammenhang zwischen den Tageserlebnissen und den Nachtvorgängen, indem wir die Tagesgeschehnisse entsprechend der Seelentätigkeiten nach Denken, Fühlen und Wollen differenziert betrachten. Diese Tätigkeiten bilden den dreifachen Bezug, in dem der Mensch aufgrund seiner dreigliedrigen Leibgestalt zur Welt steht:

1. wahrnehmend-verstehend; hier herrscht die Seelentätigkeit des Denkens vor, Leibgrundlage ist die Nerven- und Sinnesorganisation sowie – teilweise – der Sprachorganismus;
2. urteilend-erlebend; hier herrscht das Fühlen vor, der Mensch stellt sich in Sympathie oder Antipathie zu einer Sache; die Leibgrundlage für diese Haltung bildet die rhythmische Organisation des Atmens und des Kreislaufs;
3. tätig-schaffend; der Mensch gestaltet als aktiv Handelnder seine Beziehung zur Welt; leibliche Grundlage dafür ist das Gliedmaßensystem; wir sprechen vom arbeitenden Menschen.

Diese drei Tätigkeiten, die wir analytisch betrachten wollen, spielen in Wirklichkeit vielfältig ineinander. Allgemein gilt: «Für das Innerliche tun wir mehr während des Schlafens als während des Wachens. Es hängt allerdings das, was wir während des Schlafens tun, vom Wachen ab ... Die ganze Tragweite des Schlafes, die hauptsächlichste Tragweite des Schlafes liegt ... in der moralischen Struktur der menschlichen Wesenheit.»[608]

Der Wahrnehmungs- und Verstehenspol

Um die Verbindung zur Welt herzustellen, benötigt der Mensch die Organe seines Leibes. Bei der Wahrnehmung dienen die weltverwandten Sinnesorgane als Vermittler jener Qualitäten, die einerseits in den schaffenden Kräften der Umwelt, andererseits in den belebten Sinnesorganen als Leistung vorhanden sind. Das Auge erfährt das Licht, weil es – nach plotinscher oder goethescher Anschauung – durch dieses selbst gebildet wurde; ebenso das Ohr den Ton, weil es aus Klanggestalten geschaffen worden ist. Das Organ und die Erscheinung korrespondieren aufs innigste. Nimmt der Mensch nun über die Sinne Kontakt mit der Welt auf oder die Welt mit ihm, so muß seine innere Welt, seine Innerlichkeit, sein Vermögen zur Aufmerksamkeit, seine Empfindungsfähigkeit nach außen auf die Welt der Objekte gerichtet werden, um sie zu erfassen. Dann erst bewegt sich der Mensch durch sein Interesse zwischen den Erscheinungen: Sein Ich ist hingerichtet auf die Welt und verschmilzt dort mit der Wahrnehmung, es würde darin sogar völlig aufgehen, hätte er durch sein Ich nicht zugleich die Kraft, sich auf sich selbst zu besinnen.[609] Dabei spielen die Kräfte des Vorstellens und der Erinnerung mit, die zwar der Seele zugehörig sind, aber doch in einem unterschiedlichen Verhältnis zu den gegensätzlichen Polen der Sympathie (Wahrnehmen) und Antipathie (Vorstellen, Gedächtnis) stehen.[610] Diesen Vorgang können Sie «eigentlich unmittelbar erkennen, wenn Sie nicht oberflächlich, sondern etwas intimer Ihr Sehen ins Auge fassen. Sie brauchen sich nur darauf zu besinnen, wenn Sie zum Beispiel irgendwo eine rote Farbe sehen, ob Sie sich selber in dem Augenblicke, wo Sie das Rot sehen, unterscheiden können in bezug auf Ihr Ich von diesem Rot. Sie können das nicht, Sie können sich nicht unterscheiden von diesem Rot. Sie *sind* dieses Rot. Dieses Rot ist etwas, was Ihr Bewußtsein ganz erfüllt. Sie sind nichts anderes als dieses Rot. Sie können ja das ganz besonders gut dadurch sehen, daß Sie, sagen wir, sich vorstellen, dieses Rote wäre das einzige, was Sie sehen können. Sie sehen eine große rote Fläche. Sie müssen sich erst besinnen, wenn Sie diese große rote Fläche anschauen, daß Sie ein Ich sind. Sie müssen erst das Ich abtrennen.»[611]

Das Ich ist für sein Erleben an den Wahrnehmungsvorgang gebunden. Vorstellungen entstehen, wenn man sich von den Sinneswahrnehmungen abwendet – es findet dann eine Verdichtung statt, dadurch bilden sich die Gedächtnisinhalte. «Es sitzt eben dasjenige tiefer in uns, was die Veranlassung zu Erinnerungsvorstellungen wird, als die gewöhnliche an eine Sinnesempfindung angeknüpfte Vorstellung ... Das Gedächtnis ist ebenso mit dem Ätherleib eins, wie das Vorstellungsleben mit dem Astralleib, das Sinneswahrnehmen mit dem Ich eins ist.»[612] Dieselbe Kraft, die es uns während des Wahrnehmungsaktes ermöglicht, mit dem Wahrgenommenen zu verschmelzen, ist es im Grunde auch, die uns zurückruft zu uns selbst, es ist jeweils die Tätigkeit des Ich. Das Einswerden im Wahrnehmungsvorgang mit dem Betrachteten und die Trennung davon, die den möglichen Selbstverlust abwehrt, sind die beiden Flanken- oder Grenzsetzungen, zwischen denen sich der Wahrnehmungsvorgang abspielt. Dieser ist voller Dynamik, hochgradig aktivitätsgeladen, denn sonst wären das bloße Verträumen, ein Hinstieren oder die wahrnehmungslose Selbstvergessenheit die Folge. Daß diese innere, wenn auch weitgehend unbewußte Dynamik den Sinnesvorgängen eignet, lehren all jene Erscheinungen, die bei einer Überreizung eintreten: Nervosität, Erschöpfung und Fahrigkeit. Der wahrnehmende Mensch wird sich allein durch den Doppelvorgang von Hingabe und Distanz seiner Wahrnehmung voll bewußt. In dem Maße nun, wie das Bewußtsein wach wird, wächst die Helligkeit des Geistes. Gemeinhin glauben wir, daß wir uns «am geistigsten» betätigen, wenn wir wahrnehmend, vorstellend oder erinnernd tätig sind. Paradoxerweise ist es aber so, daß wir gerade dann «eigentlich leiblich-physisch am allerstärksten» wirken;[613] «der ganze Mensch wird in Anspruch genommen, solange wir experimentieren»[614] – etwa im Unterricht der Physik.

Somatische Vorgänge bei geistiger Tätigkeit

Unter der sogenannten «geistigen Arbeit» lassen sich sowohl die Tätigkeiten des äußeren Wahrnehmens, der Beobachtung, als auch die der inneren Besinnung, Reflexion, Kontemplation und des Vorstellens verstehen. In einer Tätigkeit wie dem Lesen spielen äußere Wahrnehmung und innere Vorstellungsbildung fortdauernd ineinander. Auch wenn all diese Tätigkeiten in sich natürlich unterschiedliche Wachheits- und Konzentrationsstufen aufweisen, so verlangen sie physiologisch wie psychologisch doch jene Kräfte, die mit dem Kopf verbunden sind, also solche der Sinnes- und Nervenorganisation. Für den Unterricht faßt Steiner diese an sich durchaus verschiedenen Tätigkeiten unter dem Oberbegriff der betrachtenden Tätigkeit zusammen; inhaltlich bezogen läßt sich auch von betrachtenden Fächern sprechen. Es ist nun zu fragen: Wie wirkt eine entsprechend ausgeübte Tätigkeit auf den Organismus?

Es ist bekannt, daß im körperlichen Ruhezustand bei geistiger Tätigkeit – durch Aktivierung des Sympathicus – der Muskeltonus ansteigt, was wiederum zu einer Steigerung des gesamten Energieumsatzes führt.[615] Auf diese Tatbestände weist Steiner die Pädagogen im Hinblick auf bestimmte betrachtende Fächer hin: «Indem ich wahrnehme, verständig wahrnehme ... wird der ganze Mensch in Anspruch genommen.» Allerdings ist das Kind, der Mensch überhaupt, «in seiner normalen Organisation zu schwach, um immer als ganzer Mensch angestrengt zu werden ... Der Mensch kommt immer zu stark außer sich, wenn ich ihm vorexperimentiere oder sein Augenmerk auf die Außenwelt lenke.»[616] In diesem Falle werden nämlich vor allem die Grauhirnmasse,[617] die oberflächennahen Schichten des Großhirns, die Assoziationsfelder, stark beansprucht. Dieser Neocortex ist sehr stark ernährungsorientiert, stoffwechselabhängig; in ihm steigern sich die feinen Stoffwechselprozesse.[618] Im Geschichtsunterricht werden durch die Erzählungen beim zuhörenden Kind sowohl Vorstellungen aufgerufen als auch sein Miterleben der historischen Geschehnisse und Entscheidungen angeregt. Dieses Miterleben reicht über die vorstellende Tätigkeit hinaus, es wird nämlich vor allem der «rhythmische Mensch» seelisch an den Vorstellungsvorgängen beteiligt, ebenso der Stoffwechselmensch.[619] Es findet bei den betrachtenden Fächern durchgängig eine «Einprägung des Geistigen in die Leiblichkeit» statt.[620] Doch der aufgewiesene Zusammenhang ist noch umfassender. «Es ist eine Art Verkörperung desjenigen notwendig, was wir im Beobachten, im Erzählenhören entwickeln. Es muß sich etwas wie ein körperliches Phantom bilden, was sich in den ganzen Organismus eingliedert. Es ist im Organismus so, daß feine

Salze abgesetzt werden. Man darf sich das nicht allzu grob vorstellen. Es wird dem ganzen Organismus ein Salzphantom eingegliedert, und es ist dann die Notwendigkeit vorhanden, daß das wiederum durch den Stoffwechsel aufgelöst wird. Das ist der Prozeß, den wir vollziehen beim Lesen oder beim Erzählenhören. Wir rufen schon, wenn wir glauben, Geistig-Seelisches in Anspruch zu nehmen, am meisten Stoffwechsel hervor im Unterricht. Und das ist eben im Unterricht durchaus zu berücksichtigen.»[621]

Für eine imaginative Erkenntnis wird es begreiflich, daß alles, was in der Seele vorgeht, daß alles, was erlebt wird, auch irgendein leibliches Korrelat hat. Bezogen auf den Wahrnehmungs- und Vorstellungsvorgang zeigt sich, daß diesen Vorstellungsbildern in der menschlichen Organisation «gewisse figurale Ablagerungen entsprechen, richtige stoffliche Ablagerungen. Diese richtigen stofflichen Ablagerungen sind immer im Menschen vorhanden; sie werden nur nicht bemerkt. Denn das, was man in der Imagination erlebt, sind keine neuen Ablagerungen, sondern die Imagination befähigt einen nur, die immer vorhandenen Ablagerungen zu sehen. Man würde keine Imaginationen haben können, wenn man nicht in einer gewissen Weise sehen würde – man kann es übrigens kaum ‹sehen› nennen –, wenn man nicht gewahr werden würde diese Ablagerungen, denn an diesen Ablagerungen spiegeln sich die Imaginationen. Man merkt dann, daß eben schon im gewöhnlichen Denken diese Ablagerungen durchaus vorhanden sind. Sie hängen zusammen mit der feinen Organisation unseres Nervensystems und desjenigen, was zum Nervensystem gehört. Sie konstituieren das Nervensystem. Das Leben unseres Nervensystems hängt von diesen Ablagerungen ab.»[622] Es ist so, daß beim betrachtenden Unterricht, wo das Kind veranlaßt wird, zu hören oder zum Selbstdenken zu kommen, das Kind «mit seinem Geistig-Seelischen in einer gewissen Weise aus dem Leibe heraußen» ist, es ist in einer «wachenden Schlaftätigkeit», paradox formuliert, denn durch die Aktivierung des Stoffwechsels steigt die «organische Tätigkeit von unten nach oben», so daß eine partielle Schlaftätigkeit ausgeübt wird.[623]

Natürlich kann schon durch die Behandlung und Bearbeitung eines Stoffes Einfluß auf den Stoffwechselprozeß genommen werden. Dies hängt davon ab, in welcher Weise das Erleben angesprochen wird. Das Seelische greift immer in somatische Vorgänge ein, es ist nur wichtig, den genauen Zusammenhang zu kennen, nur dann kann es zu sinnvollen Handhabungen in der Pädagogik kommen. Wenn wir etwas als «tragisch, traurig empfinden, so affiziert das sehr stark unseren Stoffwechsel, es verlangsamt nämlich unseren Stoffwechsel».[624] Dieser Vorgang ist vergleichbar dem, daß uns etwas im Magen liegen bleibt und nicht recht durch das Gedärme gehen will. «Wenn wir ein ausgesprochen trauriges Erlebnis haben, so wirken wir verhärtend in ganz buchstäblichem Sinne auf unseren Stoffwechsel zurück.»[625] Wenn man einem Kinde eine ganze Stunde erzählt hat, «ohne daß man seine Phantasie angeregt hat, sammelt sich Magensäure, und das Kind hat dann zuviel Pepsin im Magen ... aber dieses Pepsin hat ja nicht nur die Aufgabe, die Nahrungsmittel zu säuern, die in den Magen hineinkommen, sondern alle diese Dinge haben auch noch eine geistige Aufgabe. Alles Stoffliche ist zugleich Geistiges. Das Pepsin hat die Aufgabe, wenn das Kind zum Gesangslehrer kommt, das innere Prickeln hervorzurufen, das das Kind während des Singens erleben soll. Dieses Prickeln ... bleibt in den Falten des Magens, wenn man bloß erzählt, ohne auf die Phantasie zu wirken. Wirkt man aber auf die Phantasie, so trägt man dieses Pepsin durch den ganzen Körper», und er wird frisch.[626] Wenn wir fröhlicher Stimmung sind oder wenn wir lachen und dadurch das Zwerchfell in Schwingung bringen, dann regt dies wiederum die Verdauung an. Damit kann aber die Substanz des Verdauten im gesunden Lebensvorgang – vermittelt durch die Darmzotten – über die Blutbahn, auch über das Zwerchfell, nach oben in den Organismus ‹durchbrechen› und so ernährend in den oberen Menschen gelangen. Auf diese Weise wird dann schon bei der Entstehung des Salzphantoms an seinem Abbau mitgewirkt. Fehlen aber die seelische Frische und Freude, so bleibt eben das Pepsin, bleiben die Verdauungsfermente in den «Magenfalten liegen».[627]

Es wird damit in sehr realer Weise auf den Zusammenhang des Seelischen mit den tieferen Leibvorgängen, mit dem Metabolismus, dem Stoffwechsel, hingewiesen. Und tatsächlich erfolgt die seelische Einflußnahme (psycho-somatisch) auf den homöostatischen Gleichgewichtszustand der Leibprozesse über das endokrine Drüsensystem mit seinen unterschiedlichen Hormonen. Diese Hormone vermitteln die seelischen Vorgänge in die physiologischen Prozesse. Generell sind alle endokrinen Systeme – an übergeordneter Stelle der Hypothalamus, dann die Hypophyse für die innere Sekretion und die Epiphyse für das Wachstum – an den Körpervorgängen beteiligt. Am stärksten scheint das Schilddrüsensystem für aktuelle seelische Einflüsse offen zu sein, es stimuliert durch seine Hormone (Thyroxin und Trijodtyronin) den gesamten Metabolismus; desgleichen wird der Natrium- und Kaliumstrom, ebenso wie die Aktivität zahlreicher Enzyme von dort aus erhöht.[628] Das Nebennierensystem mit seinen Glucocorticoiden regt den Stoffwechsel der Leber an und vermindert die Synthetisierung der Muskelproteine.[629] Aber auch das Adrenalin und Noradrenalin – es stammt zumeist aus Endigungen des sympathischen Nervengeflechts und wird vermehrt unter Innen- und Außenwelteinflüssen gebildet – wirken hochreagibel auf seelische Einflüsse und beeinflussen ihrerseits wieder die Herzaktivität und den Metabolismus, indem sie die Bewegung des Darms, die «gastrointestinale Motilität» hemmen.[630] Zumeist wird von Streßhormonen gesprochen, gleichwohl spielen sie auch schon bei den geringsten seelischen Regungen ihre stoffwechselbeeinflussende Rolle.

Steiner legt Wert darauf, daß das Geistige und die Leiblichkeit nicht dualistisch, sondern einheitlich gesehen werden. Dem entspricht methodisch, daß neben dem Wachleben auch der Schlaf als bedeutsam für das seelische Leben erkannt wird. «Es ist eigentlich einerlei, ob man den Menschen in bezug auf sein Physisch-Körperliches betrachtet, wenn man ihn richtig betrachtet, oder in bezug auf sein Geistig-Seelisches. Wenn man das Geistig-Seelische in richtiger Weise betrachten lernt, so lernt man es als ein Schöpferisches kennen, das aus sich herausfließen läßt das Physisch-Körperliche.»[631] An anderer Stelle heißt es: «Ich sage das alles aus dem Grunde, um Ihnen zu zeigen, wie die Geisteswissenschaft, die hier gemeint ist, nicht ein unbestimmtes Seelisches bloß ins Auge faßt, sondern das Seelische, das nun wirklich der Herrscher des Leiblichen ist, das der Erbauer des Leiblichen ist, überall hereinwirkt ins Leibliche.»[632] Oder: «Gott hat es auch nicht verachtet, die niedere Materie zu schaffen, sondern er hat sie eben geschaffen. Ebenso obliegt es der Erkenntnis, bis in die äußersten Ausläufer des Materiellen hinein die göttliche Schöpfertätigkeit zu verfolgen.»[633] Es geht mithin darum, bei dem, was am Tage geistige Tätigkeit genannt wird, die Folgen für den Leib zu sehen und dann konkret zu verfolgen, was in der Nacht während des Schlafes geschieht – und wie die dortigen Erfahrungen wiederum ins Tagesleben zurückwirken.

Dazu rücken wir nochmals den Wahrnehmungsvorgang in den Blick, den Steiner in vielfältiger Weise untersucht, und fügen einen weiteren Aspekt hinzu. «Wir erhalten, wenn wir uns in der Welt umschauen, durch unser gewöhnliches Bewußtsein die Bilder der Außenwelt, die wir durch unsere Sinne in uns erregen können. Und indem wir dann über das, was uns die Sinne geben, denken, indem wir uns Gedanken bilden, bleiben uns von diesen Gedanken Erinnerungsbilder. So daß also das Leben in der Seele so verläuft, daß der Mensch die Außenwelt anschaut, mit ihr lebt, aber, indem er mit der Außenwelt lebt, in sich auch trägt die Erinnerungsbilder an Vergangenes, das er erlebt hat.»[634] Dieser zweite Vorgang der Erinnerungsbildung wird zumeist nicht richtig erkannt. Es bilden sich beispielsweise im Sehvorgang Nachbilder. Was zuvor als die Einprägung eines Geistigen ins Leibliche durch das Salzphantom gekennzeichnet wurde, geschieht, wenn wir über die Wahrnehmungen nachdenken, denn dann bilden wir die sinnlichen Abbilder um zu Gedankenbildern.

«Diese Gedankenbilder sind stärker, ihr Nachklingen ist auch ein intensiveres als das der bloßen Sinnesnachbilder; aber es ist im Grunde genommen eben doch nur eine höhere Stufe. Diese Gedankennachbilder würden aber dennoch verklingen, so wie die Sinnesnachbilder verklingen, wenn sie nur als Gedankenbilder erregt würden. Das ist aber gar nicht der Fall. Denn der Mensch hat ja nicht nur seinen Kopf, sondern auch seinen übrigen Organismus, der nun doch etwas ganz anderes als der Kopf ist. Der Kopf ist eigentlich vorzugsweise ein Nachbild dessen, was mit dem Menschen geschieht, bevor er durch die Geburt oder Empfängnis aus der geistigen Welt in die physische Welt heruntergestiegen ist. Er ist viel mehr physisch als der übrige Organismus. Der übrige Organismus ist weniger physisch entwickelt als der Kopf, und man könnte sagen: Das Geistige ist eigentlich im Kopfe nur wie ein Bild vorhanden, während es für den übrigen Organismus geistig stark ist ... Die Gedanken, die wir haben, die würden nun geradeso verklingen wie die Nachbilder der Augen, wenn sie nicht von unserem Geistorganismus übernommen und von ihm verarbeitet würden. Aber der Geistorganismus könnte nicht viel mit diesen Bildern anfangen, wenn nicht noch etwas anderes stattfände. Während wir nämlich diese Bilder wahrnehmen, die wir dann zu diesen flüchtigen Gedanken machen, die eigentlich nur in unserem Kopfe sitzen, bekommen wir geradeso, wie wir durch das Auge die Bilder bekommen, die wir dann zu Gedanken verarbeiten, außer dem Bilde noch – denn die Augenbilder erhalten wir ja von der physisch-ätherischen Welt – von der übrigen Welt das Geistige in uns hinein, so daß wir nicht nur in uns den Geist tragen, sondern daß fortwährend auch der übrige Geist der Welt in uns hineinkommt. Sie können also sagen: Mit dem Auge nehmen Sie aus der physisch-ätherischen Welt irgend etwas wahr, was in Ihnen als Bildwirkung ist; aber dahinter steht ein sehr realer geistiger Vorgang, der nur im Unbewußten bleibt. Der Mensch kann ihn mit dem gewöhnlichen Bewußtsein nicht wahrnehmen. Das ist, durchaus parallel laufend der physischen Wahrnehmung, ein geistiger Vorgang. Und während Sie das Bild wahrnehmen, das kurze Zeit nachklingt im Auge, während Sie den Gedanken haben, den Sie ein bißchen behalten würden, aber der auch abklingen würde, geht da in Ihnen etwas

Geistiges vor, und wenn Sie sich wieder erinnern, so wenden Sie einfach den Blick nach innen und schauen das an, was geistig im Inneren vorgegangen ist, während Sie wahrgenommen haben.»[635]

Erinnern ist «späteres Beobachten eines Geistvorganges, der parallel gegangen ist der physischen Wahrnehmung».[636] Durch das Gedächtnis verdichtet sich neben dem Wahrnehmungsvorgang in der Leiblichkeit etwas auf Dauer – und zwar geschieht dies im Ätherleib (vgl. S. 282). Das ist ein psychologischer Vorgang mit Auswirkung auf die Lebensprozesse.

«Das Bild ist da, und das Bild ist gewissermaßen im Menschen das letzte, wobei das äußere Erlebnis ankommt. Das andere, Vorstellen, Erinnern, sind Durchgangsmomente. Es darf nicht, was wir an der Außenwelt erleben, einfach durch uns durchgehen. Wir müssen ein Isolator sein; wir müssen es zurückhalten, und das tut zuletzt unser physischer Leib. Unser astralischer Leib verändert es, macht es blaß in der Vorstellung; unser Ätherleib nimmt ihm allen Inhalt und enthält nur die Möglichkeit, es wiederum hervorzurufen. Aber das, was in uns eigentlich bewirkt wird, das drückt sich bildhaft in uns ein. Mit dem leben wir weiter. Aber wir dürfen es nicht durch uns durchlassen. Nehmen wir an, wir würden die Vorstellung gleich durchlassen, so würde sie nicht gewissermaßen elastisch zurückgeworfen durch den Ätherleib; sie würde durch den Ätherleib durchgehen, durch den physischen Leib durchgehen, wir würden in der Welt immer so herumzappeln, wie die Ereignisse uns das gebieten.»[637]

Nun läßt sich aber auch der physiologische Vorgang noch genauer analysieren, so daß die Ablagerung feiner Salze im Leibe noch klarer begriffen werden kann. Dafür zitieren wir zwei eingehende Äußerungen Steiners.

«Das Ich greift in den Wärmezustand ein [über die Bluttemperatur], der astralische Leib in den gasförmigen Zustand, der Ätherleib in den flüssigen Zustand; nur das Feste bleibt unangetastet. Da geht es nicht herein. Denken Sie sich einmal das, wie es nun im menschlichen Organismus ist: Hier haben wir das Gehirn, aber das ist noch wässerig. Jetzt sind da darinnen feste Bestandteile. Da ... geht das Seelische nicht hinein ... In Wirklichkeit sind es Salzablagerungen. Das, was wir Festes in uns haben, sind ja immer salzartige Ablagerungen. Unsere Knochen sind nur Bestandteile solcher Ablagerungen. Aber in unserem Gehirn geschehen fortwährend ganz feine, sich immer wieder auflösende Ablagerungen. Ich möchte sagen: In unserem Gehirn ist immer die Tendenz vorhanden, sich einfach zu solchen Knochen zu bilden, das Gehirn ganz knöchern zu machen; es löst sich nur immer wieder auf, weil alles beweglich ist. So daß, wenn wir gerade das Gehirn betrachten, da haben wir also zunächst die Wärmezustände des Gehirns, da drinnen lebt die Luft, die fortwährend ein- und ausgeatmet wird, aber die ins Gehirnwasser heraufspielt; der astralische Leib lebt darinnen. Wir haben das Gehirnwasser; der ätherische Leib lebt darinnen. Jetzt bekommen wir das Feste. Da kann das Seelische nicht herein. Es kann nicht herein, indem wir in uns Salze ablagern ... Ja, wenn Sie das nicht hätten, so würden Sie zunächst überhaupt gar kein Bewußtsein haben können, denn das, was Sie nun in sich als Bewußtsein haben, das sind die von Ihrem Salzorganismus zurückgestrahlten Seelenerlebnisse. Diejenigen, die hineingehen in Ihr Ich, in Ihren gasförmigen Organismus, in Ihren flüssigen Organismus, die erleben Sie zunächst nicht. Erst weil überall das, was da in der Wärme, was in dem Gasförmigen, was in dem Flüssigen als Seelenleben vor sich geht, ebenso wie die Lichtstrahlen vom Spiegel zurückgeworfen werden, am Salz zurückgeworfen wird, erst dadurch erleben Sie das, was Seelisches ist. Dadurch haben sie diese innerliche Spiegelung, die nun innen als Vorstellungen lebt. Wenn also ein Mensch zum Beispiel viel Salz absetzt – aber das Salz entsteht überall in Formen –, dann bekommt er viele solche Bilder, das heißt, er wird gedankenreich. Wenn er zuwenig Salz absondert, dann bekommen die Gedanken solche unbestimmte Konturen, wie von einem nicht ordentlichen Spiegel die Bilder die Konturen erhalten. Wir können das auch noch anders aussprechen: Wenn einer überflüssig viel Salz absondert, da überwiegen ihm die Gedanken in seinem Innern. Sie werden sehr bestimmt, aber er wird ein Pedant. Er glaubt, in seinen Gedanken, weil sie aus so viel Festem in ihm herrühren, etwas Reales zu haben. Er wird materialistisch. Wenn er zuwenig Salz absondert, oder sagen wir, wenn er zuviel Salz in seinen übrigen Organismus absondert und zuwenig in seinen Kopf, dann werden seine Gedanken unbestimmt; er wird ein Phantast oder vielleicht ein Mystiker. Es hängt schon zusammen mit materiellen Vorgängen in unserem Inneren, wie unser Seelenleben beschaffen ist ...

Derjenige, der Menschenbeobachtung hat, für das Seelische ebenso wie für das Körperliche, der bemerkt genau, wenn zum Beispiel ein Mensch nach der einen oder nach der anderen Richtung, sagen wir im Kopfe oder in den Organen des rhythmischen Organismus oder in den Organen des Stoffwechselorganismus zuviel Ablagerungen hat.»[638]

Die zweite Darstellung stammt aus einem Vortrag vor Arbeitern; in ihm ist die Sprachäußerung ganz bildhaft-persönlich gehalten. Inhaltlich bezieht er sich indessen auf denselben Gegenstand, nämlich den Zusammenhang des Seelischen mit dem Leiblichen sowie auf die seelisch induzierten Leibvorgänge, wenn der Mensch betrachtet. Ausgangspunkt bilden ein Bergkristall und der Kristallisationsvorgang. «Auch der Zucker – das wissen Sie ja – kann Kristalle bilden ... Nun, Zucker haben wir sehr viel in uns.»[639] Der Zuckerverbrauch ist über die Erde hin bei einzelnen Völkern verschieden, dementsprechend auch die Verhaltensweisen. Überall wirken die Kristallisationskräfte, die ihren Ursprung in der Peripherie, im Weltenall haben, bis in die Leiblichkeit.

«Der Zucker, der will immer Kristall werden ... Wir Menschen brauchen Zucker zu unserer Nahrung, aber nur dann können wir ihn brauchen, wenn wir ihn fortwährend auflösen ... Aber wenn wir nun zu wenig Kraft haben, um diesen Zucker aufzulösen, dann bilden sich diese ganz kleinen Kriställchen, und die gehen dann mit dem Urin ab. Und da kommt dann die Zuckerkrankheit, Diabetes. Und das ist dann die Erklärung dafür, warum Menschen zuckerkrank werden: Sie haben zu wenig Kraft, um den Zucker, der gegessen wird, wieder aufzulösen …

Wenn sich viele ganz winzige Kristalle [von weniger als einem Zehntausendstel Millimeter – es handelt sich auch um andere Stoffe, die kristallisieren, wie Harnsäure] in dem Nervensystem angesammelt haben, dann bekommt der Mensch überall kleinwinzige Stiche, die er sich nicht erklären kann. Es sticht ihn überall. Und außerdem werden kleine Entzündungen hervorgerufen dadurch … Und dann ist der Mensch rheumatisch oder er hat Gicht …

Da vom Weltenall herein wirken Kräfte. Die wollen eigentlich nicht zu große, aber mikroskopisch kleinwinzige Kriställchen in uns bilden … und wir müssen in unserem Inneren diejenigen Kräfte entwickeln, die diese Sache fortwährend ins Nichts bringen … In uns kommen auch diese Kräfte des Weltenalls hinein; aber denen wirken wir entgegen – und besonders stark in den Nerven. In den Nerven würden fortwährend ganz mineralische Substanzen entstehen, wenn wir ihnen nicht entgegenarbeiten würden.

Die mineralischen Substanzen müssen entstehen … Ein bißchen Gehirnsand muß jeder in sich haben. Der muß entstehen, der Gehirnsand,[640] und er muß immer wieder aufgelöst werden. Nun kann aber auch zu viel liegen bleiben, wenn wir zu wenig Kraft haben, um ihn aufzulösen …

Die Dinge, die auf der einen Seite Liebkosung sein können, können auf der anderen Seite Ohrfeige sein. Und so wird im Leben auch dasjenige, was da sein muß im Gehirn, diese sanfte Arbeit im Gehirnsand, zu einer Lebensohrfeige, wenn sie zu stark wird, wenn also die Kraft in uns zu schwach ist, daß wir dieses Mineralische, das wir in uns haben, nicht auflösen können. Dann würden wir also fortwährend ohnmächtig werden, oder wenn es zu stark wird, wenn diese Kriställchen uns die Blutadern immer durchstoßen, würden wir einen Gehirnschlag kriegen …

Wenn Sie also eine Pflanze anschauen, so sind Sie durch Ihr Auge auf die Pflanze gerichtet, und von der Pflanze aus geht die Lichtwirkung durch Ihr Auge nachher ins Gehirn hinein … Wenn man auf die Blume aufmerksam ist, dann vergißt man eigentlich auch sich selber ... In dem Augenblick, wo man das nur ein ganz klein bißchen vergißt, daß man da hinguckt auf die Blume, entsteht gleich irgendwo im Gehirn die Kraft, welche etwas Gehirnsand absondert. Also hingucken heißt, von innen heraus Gehirnsand absondern.

Dieses Absondern, das müssen Sie sich als einen ganz menschlichen Prozeß vorstellen. Sie werden es schon bemerkt haben, daß man nicht nur schwitzt, wenn man sich sehr anstrengt, sondern auch, wenn man zum Beispiel eine furchtbare Angst vor etwas hat, sondert man nicht gerade Gehirnsand, aber andere Salze, und damit Wasser ab durch seine Haut. Das ist Absonderung. Aber anschauen heißt, fortwährend Gehirnsand absondern. Wenn einer ganz aufmerksam auf etwas hinschaut, dann sondert sich fortwährend Gehirnsand ab. Und da liegt das vor, daß wir diesen Gehirnsand auflösen müssen. Denn würden wir diesen Gehirnsand nicht wieder auflösen, dann würde in uns aus dem Gehirnsand im Gehirn eine winzige kleine Blume entstehen! Die Blume anschauen, das heißt eigentlich, daß sich in uns aus dem Gehirnsand eine ganz kleine, winzige Blume bildet, die dann nur von oben nach unten gerichtet ist ...

Ohne daß wir das mit dem Bewußtsein tun, lösen wir die ganze Geschichte wieder auf. In dieser Beziehung sind wir ganz eigentümlich als Menschen eingerichtet. Wir schauen uns die Welt an. Die Welt will fortwährend in uns solche Gestaltungen bilden, welche so sind wie die Welt, nur umgekehrt. Und wenn wir nicht dabei wären, wenn wir gar nicht anschauen würden, so würden sich – namentlich in der Nacht, wenn wir schlafen, wenn wir von innen heraus die Kraft nicht entwickeln würden, aufzulösen – fortwährend durch dasjenige, was im Weltenall ist, solche Gestaltungen bilden. Diese Gestaltungen bilden sich auch hauptsächlich, wenn die Erde nicht von der Sonne, vom Licht beschienen ist, sondern von Kräften, die von viel weiter herkommen, bilden sich diese. Aber diesen Kräften sind wir immer hingegeben. So daß wir also sagen können: Wenn wir schlafen, dann wollen sich in uns fortwährend durch das Weltenall allerlei mineralische, leblose Gestalten bilden, und wenn wir anschauen, dann wollen sich in uns ebenso Gestalten bilden ... Wir müssen fortwährend verhindern, daß das fest wird, müssen fortwährend auflösen ... [Wie sich in lauwarmem Wasser Stoffe lösen, so auch im Leibe.] Weil wir das aufgelöst haben, wissen wir, wie der Gegenstand ausschaut. Dadurch kommt uns der Gedanke an den Gegenstand, weil wir zuerst das Bild des Gegenstandes auflösen müssen. Dadurch kommt der Gedanke. Wir würden, wenn wir nur das Bild hätten, in Ohnmacht fallen. Wenn wir aber so stark sind, daß wir das Bild auflösen, dann wissen wir davon ...

In-Ohnmacht-Fallen heißt, den Gehirnsand nicht schnell genug auflösen ... Wenn der Mensch so zu den Kräften im Weltenall steht, daß in seinem Gehirn die Gehirnzellen fortwährend sterben wollen, dann sind sie ja total unlebendig, dann muß er sie handhaben. Das ist sein Seelisch-Geistiges, mit dem er sie handhabt. Jetzt finden wir sogar die Kraft, die fortwährend die Gehirnzellen auflöst. Der Gehirnsand macht ja die Zellen fortwährend tot. Daß sich da Gehirnsand hereinmischt, das macht die Zellen fortwährend tot. Und wir müssen dem entgegenarbeiten ... Das ist die stärkste Auflösung des Gehirnsandes, wenn wir sagen: Ich. Da durchdringen wir unsere Sprache mit dem Bewußtsein.»[641]

«Jedes Nahrungsmittel wirkt in verschiedener Weise, und wir müssen immer dem, was da eigentlich entstehen will, das Entgegengesetzte hinzufügen. Wir müssen es wiederum auflösen. Das ist eigentlich jetzt unser höchstes Geistiges, durch das wir fortwährend unseren Menschen eigentlich innerlich auflösen.

Und sehen Sie, wenn dann ein Mensch in einer gewissen Weise so ißt, daß er eine Zeitlang zu wenig bekommt von dem, was genügend viel Stickstoff enthält, dann geschieht eben dasjenige, was ihn so leicht zum Schlafen bringt ...

Also dies beruht darauf, daß wir mit den Nahrungsmitteln zu wenig Stickstoff kriegen. Und deshalb müssen wir in einem solchen Falle, wenn wir zu stark schläfrig werden, versuchen, stickstoffreichere Nahrung in uns aufzunehmen.»[642]

Auf der somatischen Seite bedeutet dies, daß dann, wenn wir schläfrig werden, wir zuviel ablagern; wenn wir wacher werden, gehen wir gegen den tendenziellen Kristallisationsprozeß innerhalb unseres Stoffwechselsystems an.

Auswirkungen geistiger Tätigkeit auf den Schlaf

Die Tageserlebnisse klingen im Schlafe nach, wie schon dargestellt wurde. Die Nachwirkung der «geistigen Tätigkeit» während des Tages hat nun zwei verschiedene Komponenten für die Schlafenszeit:

- Dasjenige, was an inneren Erlebnissen, Vorstellungen und Gedanken in der Seele und im Geist auftrat, klingt, wie dies bei allen Seelenvorgängen der Fall ist, nach und wird rückwärtsverlaufend von Astralleib und Ich durchlebt (vgl. S. 85ff.).
- Dasjenige, was sich schon während des Tages als Seelisch-Geistiges dem Leibe (Ätherleib und physischem Leib) über den Stoffwechsel als Einprägung des «Salzphantoms» mitgeteilt hat, wirkt innerhalb des physischen und ätherischen Leibes, die im Bette liegen bleiben, weiter. Es sind dies die Nachwirkungen dessen, was sich beim Beobachtungsvorgang gebildet hat. Da drängen wir tatsächlich unser geistig-seelisches Wesen bis in den Stoffwechsel hinein; das heißt, um die Wahrnehmungsvorgänge physiologisch leisten zu können, wird der Stoffwechsel innerhalb der neuro-physiologischen Vorgänge besonders stark aktiviert. Wir werden in den Sinnen abgebaut und müde. Das, was uns am bewußtesten, damit am «geistigsten» eignet, verbindet sich zugleich am intensivsten mit den Stoffesvorgängen. Dieser dem Leib eingeschriebene Vorgang wirkt gleichfalls weiterhin im Schlafe ganz somatisch fort.

Im nachfolgenden richten wir das Erkenntnisinteresse allein auf den somatischen Vorgang, nicht auf das Fortwirken im Seelischen. Zu diesem Zwecke müssen wir uns nochmals vergegenwärtigen, welche Vorgänge sich beim Wahrnehmen im Leibe abspielen. Im Wahrnehmungsbereich, durch den das Ich die Welt sinnenhaft ertastet, ein-sieht, er-hört, ist das Seelisch-Geistige des Menschen äußerst aktiv und rege, wie geschildert durchaus bis in die Stoffwechselvorgänge insbesondere das Nervensystem hinein. Die äußere Welt selbst freilich bleibt, im Unterschied zu unserer inneren, von dieser Regsamkeit gänzlich unberührt. Der betrachtende Mensch bleibt, obwohl in seiner Intention völlig nach außen gerichtet, ‹in sich›. Er beschaut, besinnt, erwägt manches über die Welt, doch seine Innenwelt bleibt auf ihn selbst gekehrt, subjektiv, selbst wenn das Interesse nach außen gerichtet ist, ja auch wenn die Denkinhalte von außen angeregt und gelenkt werden. Das Schauen nach außen selbst bewirkt noch wenig, es beläßt die Welt im Zustand, wie sie war und ist. Freilich steigert sich die innere Regsamkeit: einerseits bis zum Durchdenken, andererseits bis zum Durchleben, so ändert der Betrachter in der Welt schon einiges, wenn auch zunächst nur «okkult», es bleibt der Fremdwahrnehmung verborgen. Wenn wir denken, wirken in unserem Denken geistige Wesen mit, ebenso wenn wir sprechen. Hinter jedem von uns gefaßten Gedanken «steht eine geistige Wesenheit. Wenn wir uns eingeschlossen denken von allen Seiten vom Leibe einer geistigen Wesenheit, so ist der Gedanke nur ein Ausdruck des Leibes der geistigen Wesenheit, die in uns hineinwirkt. Jedesmal wenn ein Gedanke durch unsere Seele zuckt, ist das ein Abdruck, eine Art Fußspur einer höheren geistigen Wesenheit, so wie wenn wir über feuchten Boden gehen, Fußspuren hinterlassen und sagen: Hier ging ein Mensch. – Diese geistige Wesenheit ist aus demselben Stoffe gebildet, aus dem der Gedanke besteht.»[643] Je nach unserer Gedankenführung wirken wir angemessener oder unangemessener auf den okkulten Plan.

Das Ätherische, das mit den Flüssigkeitsbewegungen zusammenhängt, hat die durch den Astralleib induzierten Salzgestaltungen wiederum aufzulösen. Doch die Gedächtnisbildung ist an die Salzbildung geknüpft. Bleibend wird nur etwas, was zuvor durch ein Engramm eingeprägt wurde, aber diese Einprägung – sie wird gemeinhin mit Synthesevorgängen des Eiweißes innerhalb des Nervensystems in Verbindung gebracht[644] – bedarf offenbar auch der Konsolidierung für das Langzeitgedächtnis.[645]

Einen ähnlichen Konsolidierungsprozeß beschreibt auch Steiner: «Wenn wir im wachen Zustande sind, so beleben wir mit unserem Ich unsere Sinne, mit unserem astralischen Leib unser Nervensystem und schicken dann dasjenige, was auf diese Weise zustande kommt, hinein in den ätherischen Leib und in den physischen Körper; denn man muß, wenn man in der physischen Welt leben will, alles dasjenige, was man im Ich und im astralischen Leibe erlebt, hinunterschicken in den ätherischen Leib und in den physischen Körper ...

Aber diese Arbeit des Eingliederns der Erlebnisse des Erdendaseins in den ätherischen Leib und in den physischen Leib, das geht nicht ohne Hindernisse und Hemmnisse vor sich. Wir sind niemals ohne weiteres eigentlich imstande, dasjenige, was wir durch die Sinne erleben, dasjenige, was wir durch unser Denken eingliedern in unser Nervensystem, unmittelbar auch hinunterzuschicken in die Organe, die zugehörig sind dem Bildekräfteleib und dem physischen Leib. Dasjenige, was wir aus der äußeren physischen Welt aufnehmen, ist zunächst, indem wir es aufnehmen, so gestaltet, so geformt, daß es dem äußeren Dasein gleicht. Wenn wir zum Beispiel irgend etwas wahrnehmen, das eckig gestaltet ist, so bildet sich für uns zunächst innerhalb unseres Ich und unseres astralischen Leibes das Erlebnis des Eckigen aus. Aber das kann nicht unmittelbar in den ätherischen Leib aufgenommen werden. Der ätherische Leib sträubt sich zunächst gegen dieses Aufnehmen desjenigen, was wir an der sinnlichen Außenwelt erleben. In diese Verhältnisse kann nur die imaginative Erkenntnis aufklärend hineinwirken. Die gewöhnliche sinnliche Beobachtung oder auch das sinnliche Experiment am Menschen oder die intellektualistische Überlegung reichen nicht hin, um diesen Vorgang anzuschauen, der da besteht in dieser notwendigen Umbildung und Umgestaltung desjenigen, was wir sinnlich wahrnehmen, damit es geeignet werde, in unserem Ätherleib und physischen Leib nun fortzuleben, so daß wir uns auch von ihm trennen können im Schlafe. Und erst wenn man beobachten kann, wie das Verhältnis zwischen Wachen und Schlafen beim Erdenmenschen eigentlich ist, dann kommt man darauf, daß im Leben ein fortwährender Kampf stattfindet. Man nimmt einen äußeren Eindruck auf, ein äußeres Erlebnis. Das kann aber nicht sogleich hinunter in den physischen und ätherischen Leib, weil, wenn ich mich dieses groben Beispiels bediene, das Erlebnis, das man hat an einem eckigen Ding, hinein muß in den ätherischen Leib, in den physischen Leib hinein, indem es erst gerundet wird, indem es erst dessen eigene Form annimmt. Es muß eine gründliche Umformung stattfinden.

Dieses Umformen dessen, was zunächst so flüchtig lebt wie das Ich und der astralische Leib selber, in ein plastisches Gebilde, das dann leben kann im ätherischen Leibe, und in eine plastizierende Bewegung, die dann fortexistieren kann im physischen Leibe, dieses Umformen, das gibt einen innerlichen Kampf, der für das gewöhnliche heutige menschliche Bewußtsein allerdings unbewußt bleibt. Aber wer die imaginative Erkenntnis hat, kann diesen Kampf anschauen, der in der Regel zwei bis drei Tage andauert. Man muß zwei-, manchmal dreimal geschlafen haben über einem Erlebnis, bis es sich verbindet mit den anderen Erlebnissen, die schon Abdrucke im physischen und im ätherischen Leibe sind ... Und die Traumeswelt drückt eigentlich äußerlich, aber eben nur äußerlich diesen Kampf aus. Indem der Mensch träumt, schieben sich, wie ich schon auseinandergesetzt habe, sein Ich und der Astralleib in den Ätherleib und physischen Leib hinein, stauen sich.»[646]

«Also nach zwei bis drei Tagen hat sich das Erlebnis erst der Erinnerung einverwoben. Es ist ein ungeheuer interessantes Erlebnis für die imaginative Erkenntnis, dies wahrzunehmen. Schon die Form, in der sich dieses ausdrückt, ist bedeutsam. Wir gehen an die äußeren Erdenerlebnisse so heran, daß wir ihnen nach den naturalistischen Gesetzen bestimmte Konturen geben. Wir erleben eben dasjenige, was in unserem Erdendasein vorhanden ist, mit bestimmten Konturen, man möchte sagen in naturgesetzlicher Form. Diese Naturgesetze werden aufgelöst, indem sich die Erlebnisse eingliedern in das Ätherische. Es geht alles, was hier bestimmte Konturen hat, in, ich möchte sagen weich Bildliches über. Was ruht, wird bewegt, was eckig ist, wird gerundet. Es geht alles über aus dem, was man als intellektueller Mensch erlebt, in dasjenige, was man als künstlerischer Mensch erlebt ...

Wenn nun der Mensch durch die Pforte des Todes geht, so trennt sich – was im Erdendasein nie stattgefunden hat – der ätherische Leib von dem physischen Leib. Alles dasjenige, was jeweilig durch zwei, drei, vier Tage hineinverwoben worden ist in den ätherischen Leib, das wird jetzt in dem vom physischen Leib freiwerdenden ätherischen Leib wiederum aufgelöst. Und die Auflösung dauert ungefähr ebenso lange, als das Einverweben gedauert hat ... Man kann dies das Ablegen des Ätherleibes nennen. Aber dieses Ablegen ist eigentlich ein Immer-Größer- und Größerwerden der Erinnerungen; die verlieren die dritte Dimension, werden zweidimensional, werden ganz bildhaft.»[647]

Allerdings wirkt das Geistige der Wahrnehmung und Vorstellung nicht nur formend auf den Ätherleib, sondern auch noch tiefer auf den physischen, und zwar geschieht dies ebenso unbewußt wie in den beschriebenen somatischen Prozessen.

«Wir dringen gewissermaßen von außen gehend nach innen immer weiter in unser eigenes Wesen hinein, wenn wir ausgehen von Sinneswahrnehmung und Ich, Vorstellungserleben und Astralleib, Erinnerungserleben und Ätherleib, und dann in den physischen Leib hinuntertauchen. Im physischen Leibe, da haben wir es allerdings zu tun mit etwas, was noch mit der Erinnerung zusammenhängt, aber doch nicht so wie der Ätherleib. Man kann zu Hilfe nehmen, um das besser einzusehen, was der imaginativen Beobachtung vorliegt ... man kann zu Hilfe nehmen das Erlebnis, das ja bei manchen krankhaften Störungen vorliegt. Es erhält dann der

Mensch in seinen physischen Leib hinein gewisse Neigungen, ich möchte sagen, Tendenzen; sie brauchen nicht so weit zu gehen, daß unwillkürliche Bewegungen, Zuckungen entstehen, sie könnten natürlich so weit gehen, daß es bis zum Tode kommt ... Wenn unwillkürliche Bewegungen eintreten, ich möchte sagen unschuldigerer Art, dann kann ... [man] schon sehen, daß in einer gewissen Kategorie von unwillkürlichen Bewegungen Nachwirkungen liegen von Erlebnissen ... Es dürfen nicht über einen gewissen Grad der Unwillkürlichkeit hinausgehende Bewegungen sein, sondern, ich möchte sagen halb unwillkürliche Bewegungen. – Sehen Sie, da ist es so, daß dasjenige, was erlebt worden ist, zu stark sich im physischen Leibe abdrückt; es darf sich noch abdrücken im ätherischen Leibe, aber nicht zu stark im physischen Leibe.»[648]

«Im physischen Leib entsteht nämlich, natürlich zunächst ganz unbewußt, von dem, was in der Erinnerung lebt, ein Bild. Das Bild ist gar nicht ähnlich dem, was das Erlebnis war, es ist eine Metamorphose; aber es entsteht ein Bild. So daß gesagt werden muß: Ebenso wie mit dem Ätherleib das Gedächtnis verbunden ist, so ist mit dem physischen Leib ein wirkliches inneres Bild verbunden. – Wir haben immer im physischen Leib, wenn sich solch eine Bewegung staut, die vom Ätherleib ausgeht, eine Imprägnierung, ein Bild; dieses Bild kann natürlich erst erreicht werden mit imaginativem Vorstellen. Da sieht man, wie in der Tat der physische Leib der Träger wird von all diesen Bildern.»[649]

Die für das Nervensystem konstitutionell notwendigen Einprägungen und Ablagerungen dürfen im Bereich der Sinne und Vorstellungen des Tages nicht so wirken, daß sie die Lebensprozesse und schließlich den physischen Leib überwältigen würden. Sie müssen deshalb zurückgebildet und -gedrängt werden – auf das rechte Maß. Dieser Vorgang erweist sich indessen als sehr komplex; denn er zieht sich, wie zuvor ausgeführt, in Wirklichkeit über Tage hin, wenn er sich dabei auch abschwächt.

«Zunächst ist das, was Ihnen einer sagt und was man liest, im Ich und im astralischen Leibe und will jetzt durch die Gehirnorganisation, durch die Hauptesorganisation zunächst in die Flüssigkeit [den Ätherleib] eindringen und dann sich konsolidieren, eine Art mineralisches Gebilde, ein salzartiges Gebilde hervorrufen. Aber es ist gut, wenn die innere Strömung kommt und das zunächst auslöscht, so daß höchstens der Eindruck in die Flüssigkeit eindringt – da verschwimmt er aber – und es zunächst zu keinem festen Gebilde kommt. Dadurch, daß es zunächst zu keinem festen Gebilde kommt, bleibt die Sache bloß im astralischen Leibe. Jetzt schläft man die nächste Nacht. Da geht es mit dem astralischen Leibe und dem Ich heraus. Da verstärkt es sich etwas während des Schlafzustandes. Dann kommt es wieder mit dem Aufwachen herein, wird womöglich wieder ausgelöscht; und das geschieht in der Regel drei- bis viermal. Erst nach dem vierten Schlafe ist dann die auslöschende Kraft nicht groß genug mehr, und dann setzt sich das so fest, daß dieses plastische Gebilde, was da drinnen nicht mehr aufgelöst wird, die Grundlage für die Gedächtnisvorstellungen, für die Erinnerungen wird ... Daß Sie sich an die Dinge, die Sie gestern gehört haben, erinnern, das rührt davon her, daß die Sache noch im astralischen Leibe ist, eventuell noch einen Eindruck im Ätherleib macht.»[650]

Das Haupt arbeitet im Verhältnis zum Blutrhythmus viermal langsamer. Der Blutrhythmus löst daher auf, was sich durch das Nervensystem einprägen will, von dem alles Verfestigende ausgeht. Es stellt sich der Einprägungsvorgang so dar, daß schon bei genügend großer Aufmerksamkeit und Interesse, das heißt bei seelischer Anteilnahme am Gesehenen und Gehörten, sich die Salzbildung abschwächt; ganz zurückgedrängt wird sie allerdings erst in der Schlafenszeit, aber auch nicht auf einmal und vollständig, sondern über mehrere Nächte hin. An diesem Vorgang ist schön die Gedächtnisbildung abzulesen: das Ultrakurzzeitgedächtnis währt Sekunden bis Minuten, das Kurzzeitgedächtnis Stunden, das Langzeitgedächtnis Tage, Wochen, ein Leben lang – mit inneren Veränderungen. Nur durch das Langzeitgedächtnis verleiblicht sich das Geistige, es wird vom ätherischen Leib aufgenommen, der physische erst weist es zurück. Wenn nun zu wenig Interesse im Aufnahmevorgang waltet oder die Seele sich langweilt, entsteht aufs Ganze gesehen, also wenn sich der Vorgang wiederholt, die Tendenz, daß der Stoffwechsel zur Erkrankung veranlagt oder getrieben wird. Der Lehrer erzeugt den späteren Diabetiker, wenn er das Kind fortwährend über das Maß hinaus mit Langweiligem beschäftigt.[651] Es ist insbesondere der Nierenprozeß, durch den alles das abgesondert wird, «was unbrauchbar ist von den Stoffen, die aufgenommen werden» in den Organismus.[652] Denn die Nieren besorgen für den astralischen Organismus, daß die Stoffe dem Empfindungswesen zugänglich bleiben. Während vom Kopf die konturenbildenden Gestaltungskräfte ausgehen, strahlt das Nierensystem rundende Kräfte aus. Dadurch wird der innere Stickstoff, welcher im Verdauungsvorgang entsteht, als Harnstoff und in geringem Umfang als Harnsäure durch die Nieren ausgeschieden.[653]

Rückwirkungen für den nachfolgenden Wachzustand

Steiner betrachtet, wenn er auf die Nachwirkung der geistigen Tätigkeit des Tages hinschaut, in allen seinen Untersuchungen vor allem das, was innerhalb des im Bette ruhenden Leibes (Äther- und physischem Leib) geschieht. Was an Wirkungen in der Seele fortlebt, scheint verhältnismäßig unwichtig zu sein. Dies hängt sicher damit zusammen, daß in der Seele immer nur das gegenwärtig ist, was sie gerade durchlebt. Wird dem Kind beispielsweise eine Vorstellung oder ein Begriff beigebracht, dann ist davon, «wenn das Kind nicht daran denkt», gar nichts «vorhanden. Diese Vorstellung schwimmt also nicht herum, sie ist als solche nicht vorhanden.»[654] Sie muß von der Seele erst anhand der Einprägungen völlig neu geschaffen oder erzeugt werden. Erinnerung geschieht in derselben Region, wo auch das Gefühlsleben waltet. «Unsere Vorstellung verwandelt sich durchaus in Gefühlsregungen, und diese Gefühlsregungen sind es, die wir dann wahrnehmen und die zur Erinnerung führen ... Gefühlsregungen sind wesentliche Erinnerungshilfen.»[655]

Was hat nun der Schlaf an den leiblichen Gliedern im Ruhezustand bewirkt? Wir wollen jetzt unser Augenmerk auf dasjenige richten, was im Bette bleibt und das weiterklingen läßt, was etwa der Lehrer mit dem Kinde durchgenommen hat. Zunächst haben wir es beim Aufnahmevorgang, also der geistigen Tätigkeit, mit einer Einprägung, gleich einer Salzsäule in feinster Weise zu tun. Diese wird durch die Nierentätigkeit während der Schlafesruhe weggeschafft. «Dann strömt gewissermaßen das Ganze, was da im ganzen Menschen sich ausgebildet hat, und dasjenige, was im rhythmischen System sich ausgebildet hat, das strömt in den Kopfmenschen herauf. Davon bilden sich Bilder im Kopfmenschen. Die findet der Mensch dann vor, wenn er am nächsten Morgen aufwacht und zur Schule kommt. Es ist tatsächlich so: wenn die Kinder am nächsten Tag in die Schule kommen, haben sie, ohne daß sie es wissen, im Kopf die Bilder dessen, was ich gestern experimentiert habe und was ich dann wiederholt habe, recht bildlich wiederholt habe, so daß alles als Bild im Kopfe ist. Ich kriege die Kinder am nächsten Morgen mit Photographien im Kopf von dem, was ich gestern experimentiert habe; so kommen die Kinder.»[656]

Die Ausführungen, auf die wir uns beziehen, entstammen einer pädagogischen Darstellung. Da wird sachgemäß gefragt, was der Lehrer nun zu tun habe. Werden die Unterrichtsfächer in Epochen gegeben, kann der Lehrer am folgenden Tage genau dort anknüpfen, wo er die Kinder am Vortage entlassen hat. Jetzt besteht seine Aufgabe darin, das Gesehene oder Vorgestellte des Vortages einerseits zu erinnern, andererseits mehr denkerisch oder begrifflich zu befestigen und zu durchdringen. «Ich zwinge die Kinder nicht, daß diese Bilder, diese Photographien, die sie mir mitbringen, ein wesenloses Dasein führen. Denken Sie, wenn ich zunächst die Kinder bekomme mit den Photographien im Kopf, von denen sie nichts wissen, und neuerdings wiederum darauflos experimentiere, ohne Nahrung zu geben durch eine Betrachtung, die ich anstelle, dann strenge ich wiederum den ganzen Menschen an. Diese Anstrengung durchwühlt den ganzen Menschen, durchwühlt diese Bilder, und ich bringe eine Art von Chaos in diese Schädel hinein. Ich muß unter allen Umständen zuerst dasjenige befestigen, was ja da sein will. Ich muß ihm Nahrung geben.»[657]

Was für den Physik- oder Chemieunterricht gilt, gilt in abgewandelter Weise auch für den Geschichtsunterricht, ja für jede Art des betrachtenden Unterrichts. Im Geschichtsunterricht kann man nun nicht äußerlich dem Kinde die Tatsachen vorführen, sie müssen erzählend berichtet werden, wie sie sich äußerlich im Raum und in der Zeit abgespielt haben. «Das packt wiederum den ganzen Menschen, wie das Experiment den ganzen Menschen packt, weil der Mensch genötigt ist, räumlich vorzustellen. Man soll darauf sehen, daß er räumlich vorstellt, daß er gewissermaßen so etwas, was ich ihm erzähle, kontinuierlich im Geiste sieht; auch zeitlich soll er vorstellen. Wenn ich dies gemacht habe, dann versuche ich, daran zu knüpfen ein wenig etwas über die Personen, die vorgekommen sind, oder auch über die Ereignisse, die vorgekommen sind, aber nicht indem ich tatsächlich erzähle, sondern anfange zu charakterisieren ... Nachdem ich diese zwei Etappen gemacht habe, habe ich zuerst den ganzen Menschen angestrengt, und indem ich charakterisiert habe, habe ich gerade den rhythmischen Menschen angestrengt. Jetzt entlasse ich das Kind. Morgen empfange ich es. Da bringt es mit wieder die geistigen Photographien des am vorigen Tage Mitgemachten im Kopfe. Ich komme ihm entgegen, wenn ich so anknüpfe, daß ich jetzt mehr Betrachtungen darüber anstelle, zum Beispiel darüber, ob Mithradates oder Alkibiades ein anständiger Mensch war oder nicht, also mehr Betrachtliches.»[658] Durch den Schlaf wird gleichsam innerhalb des physischen und ätherischen Leibes im Kopfbereich eine Art physiologisches Bild erzeugt, an das sich eine unbewußte Erwartung knüpft, befestigt zu werden durch begriffliche Erhellung, um sich so mit den «Lebensvorgängen»[659] zu verbinden; dies wird dann die Grundlage der Lebenserfahrung.

Zusammenfassend kann gesagt werden: Geistige Tätigkeit beansprucht den Leib; die Nachwirkungen im Ruhezustand finden vor allem im Leibe statt, also in dem, was im Bette ruht.

Geschehnis	*Tag*	*Nacht*	*Tag*
Wahrnehmung Vorstellungen	geistige Tätigkeit durch Astralleib/Ich	Rückwärtslaufen der Erlebnisse in Astralleib/Ich	Mitbringen von «Fotografien» im Kopfbereich
Vorgänge im einzelnen	Bildung eines Salzphantoms im ätherischen und physischen Leib; teilweise Rückbildung durch Interesse	Starke Rückbildung bzw. Auflösung des Salzphantoms durch die Nierentätigkeit innerhalb von ätherischem und physischem Leib in der Nacht; mehrnächtlicher Vorgang	Befestigung und Ernährung der Fotografien durch begriffliche Durcharbeitung; Bereicherung des Gesamtlebensprozesses

Das Erleben

Bisher wurden die Geschehnisse auf den Betrachtens-Pol hin angeschaut. Das gefühlhafte Erleben spielte insofern herein, als die innere Bewegung unmittelbar auf die hormonellen Vorgänge und auch auf den Stoffwechsel Einfluß nimmt: tragisch Erlebtes verlangsamend, freudig Durchlebtes anfachend.

Nun soll das Erleben selbst betrachtet werden. Es konstituiert sich zu einem erheblichen Teil von den Kräften der beiden Pole her:

Wahrnehmung und anschließendem Betrachten einerseits und eigen-tätigem Hervorbringen beziehungsweise Arbeit andererseits. Von daher wollen wir es beschreiben und dann zum Gefühlsleben selbst kommen.

1. Alles, was des Menschen Gemüt ergreift, was von außen – über die Wahrnehmung – in die Sphäre des erlebenden Gefühls eindringt, löst okkult, das meint verborgen, durchaus eine «Weltveränderung» aus. Während die nüchterne Betrachtung die Welt in jenem Zustand beläßt, der ihr auch ohne menschliches Zutun eignet, verändert sich dieses Verhältnis okkult dann, wenn der Mensch auf Erscheinungen hinblickt, die Abbild der Weltgeistigkeit sind. Dies können im engeren Sinne nur Naturerscheinungen sein, also nicht solche der Technik und Zivilisation. Von den aus der natürlichen Umwelt an den Menschen herankommenden Wahrnehmungen geht etwas Besonderes aus: Es strömt, wenn sich der Mensch in der ‹Mitte› seines Seelenlebens öffnet, also sein Gemüt sprechen läßt, in ihn selbst ein. Dann aber ist das, was der Mensch als Schönheit einer Pflanze erlebt, nur «die Umhüllung eines geistigen Wesens, das darinnen verzaubert ist. – Gewiß, im großen kosmischen Zusammenhange ein relativ unbedeutendes Wesen, aber ein Wesen, das eine tiefe Beziehung zum Menschen hat.»[660]

Dringt nun das Wahrgenommene in das menschliche Gemüt und wird es dort als schön oder erhaben erlebt, dann bewirkt gewissermaßen der «menschliche Blick», daß diese in der Pflanzenwelt enthaltene elementarische Wesenswelt befreit wird. «Das menschliche Dasein sollte eigentlich eine fortdauernde Erlösung sein verzauberter Elementargeister in den Mineralien, Pflanzen und Tieren ... Und jene Elementarwesen, die in den Mineralien, Pflanzen und Tieren leben, müssen zu höherem Dasein aufsteigen, als sie es haben können in den gegenwärtigen Mineralien, Pflanzen und Tieren. Das können sie nur, wenn sie durch den Menschen durchgehen. Der Mensch ist wahrhaftig auf der Erde nicht nur dazu da, daß er die äußere Kultur begründet. Der Mensch hat innerhalb der ganzen Weltenentwickelung ein kosmisches Ziel, und dieses kosmische

Ziel hängt ... mit der Höherentwickelung jener Elementarwesen, die im irdischen Dasein auf einer niederen Stufe stehen, aber zu einer höheren Stufe bestimmt sind», zusammen. Diese Entwicklung vermag allein der Mensch zu bewirken.[661] Dieser mit der Wahrnehmung verbundene Vorgang bleibt ebenso okkult, das heißt verborgen, wie der mit dem Denken verbundene.

2. Wie ist es nun mit dem anderen Pol, dem der Eigentätigkeit bestellt? Da ist es nun auch so, daß die Tätigkeit außer dem, was sie als Produkt erzeugt, eine Rückwirkung ins Seelische hat. Denn eine Tätigkeit kann Freude oder Verdruß verursachen. Wesentlich ist, «daß in das menschliche Innere herein seine [des Menschen] Arbeit selbstverständlich abfärben muß».[662]

«Aber abgesehen davon wird das Leben der Menschen so kompliziert werden in nicht zu ferner Zeit, daß das Wort ‹Beruf› eine ganz andere Bedeutung annehmen wird. Heute stellt man sich noch vielfach bei dem Beruf etwas Innerliches vor, obwohl der Beruf bei den meisten Menschen keineswegs sich als etwas Innerliches darstellt ... In dem Berufsleben ist eine Notwendigkeit gegeben, Verhältnisse zu entwickeln, welche kosmische Bedeutung haben, gerade dadurch, daß sich das Berufsleben in einer gewissen Weise von dem menschlichen Interesse loslöst ... Immer mehr und mehr muß der Mensch in die Tretmühle des Lebens hinein. Und Geisteswissenschaft kann nicht einmal die Menschen trösten darüber, in die Tretmühle des Lebens hineinversetzt zu werden. – Das wäre aber wiederum eine große Täuschung, wenn man das aus dem Gesagten folgern würde, denn es ist im Weltenall so, daß die Dinge durch polarische Ausgleichung wirken. Bedenken Sie doch nur, wie die polarischen Ausgleichungen sich in der Welt Ihnen aufdrängen! Positive und negative Elektrizität, in ihrer gegenseitigen Beziehung bringen sie ihre Wirkungen, ihre Ausgleiche hervor; positive und negative Elektrizität sind füreinander notwendig. Das Männliche und das Weibliche ist für die Fortpflanzung des Menschengeschlechtes notwendig. Aus den Einseitigkeiten entwickelt sich in der Weltenevolution die Totalität.

Ein solches liegt nun auch zugrunde dem, was wir eben ausgeführt haben. Das muß sein, daß wir in der vom Menschen losgelösten Berufsarbeit die ersten kosmischen Anlagen für eine weitgehende Weltenentwickelung schaffen. Denn alles, was geschieht in der Weltenentwickelung, steht mit Geistigem in Beziehung. Und in dem, was wir, sei es durch körperliche, sei es durch sogenannte geistige Arbeit innerhalb der Berufe schaffen, in dem liegt der Ausgangspunkt gewissermaßen für die Verkörperung von geistigen Wesenheiten. Jetzt sind diese geistigen Wesenheiten während der Erdenzeit allerdings noch elementarischer Art.»[663]

Obgleich ein Ödes sich mehr und mehr in der Seele ausbreitet, entsteht dennoch etwas wie eine neue Schöpfung, die durch Keuschheit, das heißt selbstlose, reine Hingabe in der Tätigkeit auch für die Seele etwas sie qualitativ Förderndes an sich trägt.

3. Auch das Gefühlsleben, der Kernbereich des Erlebens, zehrt am physischen Leib:

«Was tun wir denn als Menschen, wenn wir wachen? Im Grunde ist all unsere Seelentätigkeit, alles das, was wir entfalten in unserer Vorstellungswelt, in unserer Empfindungs- und Gefühlswelt, in den auf- und abwogenden Leidenschaften, kurz alles das, was in diesem Wogen und Kraften unseres Astralleibes und unseres Ich stattfindet, ein fortwährendes Verbrauchen unseres physischen Leibes während des Tageslebens … Das, was die Seele entfaltet als unser Innenleben, das verbraucht im wachen Zustande fortwährend die Kräfte des äußeren physischen Leibes … Ganz anders ist das Leben dieses physischen Leibes während des Schlafzustandes, wenn der Astralleib mit dem Auf- und Abwogen des Innenlebens heraußen ist. Ebenso wie das tagwachende Leben ein fortwährendes Verbrauchen, man könnte sagen: Zerstören der Kräfte des physischen Leibes ist, so ist das Schlafleben ein fortwährendes Wiederherstellen, ein Regenerieren, ein Aufbauen. So daß wir an unserem physischen Leib und an unserem Ätherleib unterscheiden müssen zerstörende Vorgänge und aufbauende Vorgänge: Zerstörungsvorgänge, die sich vollziehen während des tagwachen Lebens, und aufbauende Vorgänge, die sich während des Schlaflebens vollziehen. Alles das aber, was irgendwo im Raum geschieht, steht nicht allein in der Welt, sondern steht mit dem gesamten Dasein in Verbindung. Und wenn wir die Zerstörungsprozesse, die sich vom Aufwachen bis zum Einschlafen in unserem physischen Leib vollziehen, ins Auge fassen, so dürfen wir sie nicht so betrachten, als ob sie isoliert innerhalb der Grenze unserer Haut sich abspielten. Sie sind mit den kosmischen Vorgängen innig verbunden. Es setzt sich nur fort, was von außen in uns einfließt, so daß wir während des tagwachenden Lebens gewissermaßen mit abbauenden Kräften des Universums, während des Nachtschlafes mit den aufbauenden Kräften des Universums in Verbindung sind.»[664]

Für das Erleben gilt, daß es ebenso wie die Gedanken- und Sprachinhalte in der Schlafzeit rückläufig durchlebt wird und dadurch eine Dämpfung seiner Intensität erfährt. Die Rückläufigkeit bringt auch für die Gedanken- und Sprachinhalte eine Klärung und Reinigung, Maßstab ist dabei, inwiefern die Inhalte mit dem eigenen Wesen übereinstimmen.

Der Astralleib bildet in seiner Substanz die Grundlage für das Erleben, das Bewußtsein, für alles Gefühlsmäßige. In der Nacht erneuert er seine eigenen Kräfte, die sich durch die unendlichen Antworten, die er auf alle Eindrücke zu geben hat und die ihn verzehren, erschöpft haben.

Eigentätigkeit

Völlig polar zur Wahrnehmung steht die Eigentätigkeit, sie bildet die dritte Beziehung des Ich zur Welt. Eigentätigkeit kommt nur dann zustande, wenn sich der Mensch seiner Gliedmaßen, seiner Arme und Hände, seines Leibes tätig und damit willenshaft bedient. Er greift damit in die Welt und in die Stofflichkeit unmittelbar gestaltend ein. Hier bemächtigt sich der Mensch im Tun seiner Umgebung und der ihr innewohnenden physischen Gesetzmäßigkeit, er muß sich ihr anpassen, hat sie aber zugleich auch zu verändern und umzugestalten. Schon die einfache ungerichtete und unbeabsichtigte Bewegung des Säuglings wirkt raumergreifend, aber auch raumgestaltend. Indem sich der Mensch bewegt, wirkt er über sich hinaus in den Raum und gestaltet ihn um sich herum. Denn an der Stelle, wo er eine Bewegung im irdischen Raum ausführt, kann nicht gleichzeitig – ungebrochen – eine andere eigengesetzliche Bewegung räumlich stattfinden. Doch die Bewegung kann unterschiedliche Quellen haben. Der Bewegungsimpuls kann aus dem Leibe aufsteigen und der Seele unbewußt bleiben, dann läuft er unbewußt, reflektorisch oder instinkthaft ab. Aber er kann auch aus Zielgedanken, aus Absichten und klaren Motiven herrühren. Werden aus diesen bewußten Impulsen Gegenstände in ihrer räumlichen Lage oder sogar in ihrer stofflichen Beschaffenheit verändert, dann kann von Arbeit gesprochen werden. Gelenkter menschlicher Wille greift gestaltend und lenkend in die Bewegung ein und ruft eine beabsichtigte Wirkung hervor. Hier ist es das Geistig-Seelische, das sich der Bewegungsmöglichkeit des Leibes als seines Instrumentes bedient, um seine Zwecke zu erreichen. Sehen wir einmal davon ab, wie sich der Vorgang in der Biographie entwickelt, so läßt sich generell formulieren: Dadurch, daß der Geist lenkend auftritt, ist mit dem Vorgang auch Verantwortung und Moralität verbunden, das heißt die Notwendigkeit, für die Folgen des Tuns einzustehen. Dies gilt auch dann, wenn auf Weisung hin gearbeitet wird, wie das im Kollektivvorgang der Arbeit häufig geschieht; dann liegt die Verantwortung beim Kollektiv, letztlich bei der Menschheit.

Die Eigentätigkeit nützt vor allem dem Gliedmaßenmenschen – das ist im engeren Sinne der physische Leib –, ihm stehen die anderen Systeme, rhythmisches und Nerven-Sinnessystem, begleitend zur Seite. Anders als die betrachtenden Prozesse rufen die eigentätigen Bewegungsvorgänge – geisteswissenschaftlich gesehen – reale Weltveränderungen hervor. Dadurch werden in den Zeitstrom Raumfiguren eingezeichnet, die ihre dauernden Spuren hinterlassen. Eine Welt neuer Wirkungen löst sich vom Bewegungsmenschen ab und geht in die Welt über; das Tun prägt sich, ähnlich wie das Erlebnis dem Gedächtnis, der Welt ein – in Form des Weltgedächtnisses – und hat fortan zum Menschen eine bleibende Beziehung: Es handelt sich um das künftige Karma.[665] Aus diesen Gründen unterscheidet sich Arbeit vom Spiel, Spaziergang vom Sport. Arbeit wird als bewußtes Tun vor allem dort notwendig, wo es darum geht, leibliche Bedürfnisse zu befriedigen. Nach dieser Bestimmung ist mithin nicht jede bewußte Handlung Arbeit, so etwa nicht Gebet und Kultus.

Erst wenn sich das Seelisch-Geistige in einem Körper inkarniert, wird Arbeit überhaupt möglich.

«Wenn die Seele auf Erden ankommt, um sich in ihren Körper ... zu begeben, so kommt sie aus den geistig-seelischen Welten herunter. In diesen geistig-seelischen Welten sind zunächst nicht Raumesformen. Raumesformen kennt die Seele nur, wenn sie ihren Körper verläßt, wo das Räumliche noch nachwirkt. Wenn die Seele herunterkommt, um ihren Körper erst zu beziehen, kommt sie aus einer Welt, in der Raumesformen nicht bekannt sind, in der von unserer physischen Welt Farbenintensitäten, Farbenqualitäten, aber nicht Raumeslinien, nicht Raumesformen bekannt sind. In der Welt ... die der Mensch zwischen dem Tod und einer neuen Geburt durchlebt, lebt er in einer durchseelten, durchgeistigten Licht- und Farben- und Toneswelt, in einer Welt der Qualitäten, der Intensitäten, nicht in einer Welt der Quantitäten, der Ausdehnungen ... Durch den physischen Leib bekommt er sogleich eine Beziehung zur Umgebung: Da wachse ich ja in den Raum hinein. – Dieser physische Leib ist schon ganz auf den Raum gestimmt: Das ist mir fremd. Es war nicht so in der geistig-seelischen Welt. Hier werde ich gleich in drei Dimensionen hineingespannt. – Diese drei Dimensionen haben keinen Sinn, bevor man aus der geistig-seelischen Welt in die physische Welt heruntersteigt ... [Der Mensch] empfand höchstens sein Haupt als aus der geistigen Welt gegeben ...

Diesen übrigen Leib empfindet der Mensch ... der Schwerkraft angepaßt, den Kräften, die um die Erde herumkreisen. Er empfindet das, wie gesagt, als hineingezwängt in den Raum.»[666]

In jeder Form der willkürlichen, mehr oder weniger bewußt intendierten Tätigkeit wirkt das Seelisch-Geistige, also ein Unräumliches, auf die Bewegungsabläufe des Leibes, also auf ein Raumgeschehen bestimmend und zweckhaft, zielgerichtet ein.

Psychologisch angesehen, ist die Eigentätigkeit mit einer erhöhten Wachheit verbunden. «Wenn wir dem Kinde Eurythmie beibringen, wenn wir es singen lassen, wenn wir es sich musikalisch betätigen lassen, wenn wir es turnen lassen, ja selbst wenn wir es schreiben lassen, insofern es dabei eine Selbsttätigkeit entwickelt, wenn wir es handarbeiten lassen, da ist eine Tätigkeit vorhanden, die wir in derselben Weise vergleichen müssen mit der Wachtätigkeit; es ist eine gesteigerte Wachtätigkeit.»[667] Physiologisch hingegen ist es so, daß durch die Aktivierung des Stoffwechsels, die jegliche Eigentätigkeit sofort auslöst, eine Steigerung der Durchblutung in den peripheren Organen stattfindet, daß durch die Arterialisierung des Blutes der ganze Organismus angeregt wird. «Der Sauerstoff ist derjenige Stoff, der etwas, das sich sonst nur als ein Ätherisches bilden würde, ins Irdische hereinversetzt ... Dadurch ... wird die Nahrungsaufnahme nicht nur ätherisiert, sondern auch verirdischt.»[668]

Exkurs: Über die Arbeit

Es gibt eine zweifache Typologie der Bewegung der Leiblichkeit im Raume: erstens eine auf ein Gestaltungsziel hin zweckgerichtete – die Arbeit, und zweitens eine des inneren Ausdrucks nach außen – wie in Spiel, Tanz und Gesang.

Dem Urbild der Arbeit liegt eine leibliche Bewegung zugrunde, sie ist niemals Bewegung um ihrer selbst willen, vielmehr erhält sie ihre Richtung dadurch, daß sie in der Welt der Erscheinungen zielgerecht etwas verändert. Erst wenn die Hände, aus der Schwere befreit, zu einem eigenen Bewegungsablauf gebraucht werden, kann sich ihrer eine höhere Zielsetzung bedienen, kann sich ihnen eine besondere Welt geistiger Intentionen mitteilen. Das macht die Idee der Arbeit aus. In ihr vereinigt sich die Bewegungsfähigkeit in ihrer äußeren dumpfen Dynamik mit der lichtvollen Zielsetzung, die aus der wachen Überlegung stammt. Dieser Zusammenschluß gibt dem Menschen Würde, hebt ihn aus triebhaften Notwendigkeiten heraus in das zielvolle Tun. Anders als die bloße Geste, die momentan wirkt, wird die Arbeit gerade dadurch dauerhaft, daß sie durch den zielvollen Gebrauch der Hände und des Leibes wirksam und endgültig die Erscheinungen und Stoffe der Welt verändert. Dies zeigen beispielhaft die urtümlichen Berufe des Bauern und Handwerkers. Der pflügende Bauer ergreift durch seine Bewegungen den Raum ebenso wie der Töpfer an der Scheibe, beide gestalten den Stoff. Das von ihnen Bewirkte, das Werk, kann überdauern.

Die Arbeit erfordert sowohl die organisch-unbewußte Überwindung der Schwere (des Leibes) durch den Willen als auch die Steuerung und Hinrichtung der Tätigkeit auf ein Ziel. Dies gibt ein Erlebnis ganz eigener Art. Durch Jahrhunderte wurde es als etwas recht Mühseliges empfunden. Im Mittelhochdeutschen bedeutet das gemeingermanische Wort *arbeit* noch soviel wie *schwere körperliche Anstrengung, Mühsal, Plage, ja Qual.* In einer indianischen Sprache heißt Arbeit schlicht *halbtot.* Der benennende Blick richtet sich gewissermaßen ganz vom Geistig-Seelischen auf das Physisch-Leibliche hin und darauf, was beim Arbeitsvollzug an physischen Kräften aufgewandt werden muß und was dabei erlebt wird.

Wir wollen nun den Blick auf das Bewirkte hinrichten. Dies tut Steiner, wenn er sagt: «Ein Begriff der Arbeit ist sehr leicht zu bilden im volkswirtschaftlichen Sinn. Er liegt dann vor, wenn man ein Naturprodukt vor sich hat, das durch menschliche Tätigkeit verändert worden ist mit dem Zwecke, konsumiert zu werden.»[669] Da wird darauf geachtet, was Arbeit im ursprünglichen und auch menschlichen Sinne bezweckt: Sie bringt Güter hervor, die dem Lebenserhalt dienen und welche die Natur so nicht bereithält. Arbeit ist gestaltender Weltzugriff. Im Vergleich zu dem Urbild handwerklicher Arbeit, in der sowohl die Zielsetzung als auch die Durchführung ein und demselben Menschen oblag und Planung und Durchführung ebenso wie das Erleben des eigenen Tuns eine Einheit bildeten, hat sich die heutige hochdifferenzierte, geteilte Arbeit grundlegend verwandelt. Kannte der mittelalterliche Handwerker den Besteller der Ware, so herrscht in der Massenproduktion die Erzeugung auf Verdacht vor. Zugleich hat sich in der Teilung der Arbeit ein mehr planerisch-organisatorischer Bereich und ein nahezu nur vollziehender ebenso herausgebildet, wie sich der Konsument für den Hersteller anonymisiert hat. «Arbeit ist jene menschliche Tätigkeit, die aufgewendet wird, um ein Naturprodukt konsumfähig zu machen. Das ist im volkswirtschaftlichen Sinn die Arbeit ... Nun kann der Geist darüberkommen und diese Arbeit gliedern.»[670] Damit tritt die Arbeitsgliederung und -teilung auf.

Der Arbeit wohnt eine moralische Kraft inne, sofern sie sich in den Dienst für den anderen stellt, das heißt, sofern sie vor allem um des anderen willen ausgeübt wird. Dies ist selbst dann der Fall, wenn primär auf die Entlohnung geschaut wird. Daß sie um des anderen willen geschieht, hat für das ‹Nachtleben› eine Bedeutung.

Heute ist die Arbeit zerlegt in tausenderlei Segmente, ebenso horizontal wie vertikal in den Stufen der Fertigung. Erstaunlich ist dabei, daß die arbeitsteilige Produktion ihrem Wesen nach schon eine hohe moralische Qualität aufweist. Arbeit, so drückt es ein Theologe aus, ist «auch ein Faktor im Werden der Menschheit in ihrer Gesamtheit, ein Faktor der Humanisation, sie ist Angelpunkt ihrer Sozialisation, kraft derer die Menschheit eine entscheidungsvolle Wegstrecke zu ihrer Vergesellschaftung und ihrer Kollektivität zurücklegt».[671] Obgleich ein bedrängender Zwangszustand aus der Arbeit resultiert, löst sie doch ein «Gemeinsamkeitsbewußtsein aus, in dem sich eine Solidarität von hohem menschlichen Wert ausdrückt. Dennoch tritt ein Phänomen auf, das eine gewisse Form der Verinnerlichung bei allen andeutet und in dem sich langsam und mühsam das Bewußtsein einer Teilnahme an einem gemeinsamen

Werk entwickelt, soweit man es gemeinsam nennen kann. Es kommt das Bewußtsein der Zusammengehörigkeit einer bestimmten menschlichen Ganzheit auf, deren Aufgabe die Förderung eines bestimmten menschlichen Wertes ist. So werden alle Betriebsangehörigen einem Gut verpflichtet. Unter dem Zwang der Situation entsteht eine Art innerer Freiheit, die bei allen von der Liebe zu dem von allen geschaffenen gemeinsamen Gut genährt wird, da man sich bei seiner Erstellung als teilnehmender Faktor empfindet. Dies ist das Gesetz einer Werk-Gemeinschaft.»[672] «Der Mensch findet jetzt in der Arbeit seine Vervollkommnung als Mensch dadurch, daß er ein Werk produziert, daß er sich diesem sogar unterordnet und unter die mit dem weltlichen Stoff gebotenen Gesetzmäßigkeiten stellt.»[673] Dennoch waltet in der sich abmühenden Aktivität das Gesetz der metaphysischen Selbstlosigkeit. Dem Bewußtsein etwas von dieser wirklich moralischen Dimension des Tuns zu vermitteln, stellt eine zentrale soziale Aufgabe der Gegenwart dar. Das verlangt gleichsam eine neue Mission der Arbeit. Es erfordert etwas, was «über alle Berufsarbeit hinausgeht und alle Berufsarbeit zu gleicher Zeit beleuchten und durchdringen kann. Was ein menschliches Zusammenleben begründet, das alle Berufe zusammenführen kann, das ist das Leben in der geisteswissenschaftlichen Bewegung.»[674] Ein neuer Bruderschaftsgedanke ist dafür erforderlich.[675] Denn solange kein Bewußtsein von der real praktizierten Selbstlosigkeit in der Arbeit vorhanden ist, gehen die Menschen aneinander vorbei, sie werden sogar auf ihren eigenen Vorteil zurückverwiesen und können dann nur nach dem Prinzip der Konkurrenz und der Erwerbssucht in Beziehung zueinander treten. «Das darf nicht der Fall sein, weil sonst das Menschengeschlecht in die vollständige Dekadenz verfallen würde.»[676] Was sich so schon in Krankheit und Angst manifestiert und bisher nur als Lebensuntergrund vorhanden ist, würde dann auch ausschließlicher Bewußtseinsinhalt werden. (Immerhin ist das kapitalistische Wirtschaftssystem auch in seinem Selbstverständnis massiv davon geprägt.)

Alle verständig ausgeübten Tätigkeiten, alle Bewegungen der

Arme und Hände, der Beine – sie bleiben von dem Augenblick an, da sich der Mensch der Sprache bemächtigt hat, dem astralischen Leibe ebenso eingeschrieben wie die Vorstellungen dem Gedächtnis. «In diesen astralischen Leib kann außerordentlich viel eingeschrieben werden ... Es schreibt sich die gesamte Tätigkeit eines Menschen, die einen Ausdruck in der Außenwelt findet, jetzt in diesen astralischen Leib ein. So konfiguriert sich der astralische Leib also in der mannigfachsten Weise durch das, was menschliches Tun ist.»[677] In den Waren, die der Mensch durch seine Arbeit wirtschaftlich erzeugt, löst sich zugleich etwas von ihm ab und geht hinein in die Welt. Diese Thematik hat Marx unter dem Thema der Entfremdung vielfältig abgehandelt.[678] «Und in dem, was wir, sei es durch körperliche, sei es durch sogenannte geistige Arbeit innerhalb der Berufe schaffen, in dem liegt der Ausgangspunkt gewissermaßen für die Verkörperung von geistigen Wesenheiten.»[679] Wenn auch der andere, dem meine Arbeit hilft, mir selbst nicht bekannt ist, so stellt sich doch eine Beziehung zu den anderen Menschen her, wenn auch völlig unterhalb der Schwelle des Bewußtseins. Durch Arbeit verbinde ich mich mit meinen Mitmenschen. Für das Bewußtsein wird diese Wirkung nicht zur Realität. Sie wird verschlafen.

«Wir schlafen in unserer Berufsarbeit! Es ist Ihnen sonderbar, Sie werden sagen, in der Berufsarbeit wachen Sie ja. Mit diesem Wachen ist es nämlich eine große Täuschung, denn das, was durch die Berufsarbeit wirklich zustande kommt, ist nichts, bei dem der Mensch mit vollem Wachbewußtsein tätig ist. Einiges von den Wirkungen des Berufes auf seine Seele wird ihm allerdings wach bewußt, aber was in dem ganzen Gewebe von Berufsarbeit, das die Menschen immerdar um die Erde herum spinnen, was da eigentlich vorhanden ist, davon wissen die Menschen nichts.»[680] Gerade die arbeitsteilige Produktion hat dahin geführt, die Wirkung, die auf dem Weg der Güter von der Arbeit ausgeht, nicht mehr zu überschauen, sondern zu verschlafen. Dies hat nun zwei fundamentale Folgen:

1. Dadurch, daß die entfremdete arbeitsteilige Berufstätigkeit nicht mehr «mit besonderem Enthusiasmus» durchgeführt werden

kann, wird dem Menschen seelisch etwas in der Berufsarbeit abgenötigt, was moralischer Qualität ist. Er kann den Arbeitsantrieb nicht mehr aus der Tätigkeit selbst haben, sondern nur aus dem Ziel, tätig zu sein für den anderen. «Es ist so, daß der Mensch gewissermaßen der maschinellen Welt, die aus seiner Arbeit hervorgeht oder die seiner Arbeit dient, ihre Keuschheit zurückgibt dadurch, daß er sie nicht mehr mit seinen Emotionen verbinden kann. Es wird nicht mehr möglich sein in der Zukunft, daß man gewissermaßen aus dem Glutherd der erfreulichen Berufsarbeit heraus seine eigene menschliche Wärme den Dingen mitgeben wird. Man wird sie aber dafür keuscher in die Welt hineinstellen.»[681]

2. Dadurch, daß der Mensch in arbeitsteiligen Zusammenhängen tätig wird, verliert die Arbeit viel von ihrem ganzheitlichen Charakter. Sie vereinseitigt in drei Richtungen: Entweder ist der Mensch planend-projektierend tätig und setzt zweckrational seine Intelligenz ein, um Abläufe oder Anlagen zu konstruieren; oder er überwacht bereits gebaute Anlagen, so daß diese störungsfrei ablaufen können, notfalls hat er gezielt in einen mechanischen Prozeß, diesen verändernd, einzugreifen; oder die hauptsächlich von der Maschine vollzogene Arbeit läßt Vollzüge offen, die der Mensch ausfüllt. Sie ließen sich zwar prinzipiell auch durch Maschinentätigkeit bewältigen, aber die Anlagen hierfür sind (noch) zu kompliziert oder vor allem zu kostspielig. Diese in der Tat vereinseitigten Arbeitsleistungen werden nun in dem nachstehend besprochenen zweiten Schlafstadium durchlebt, und zwar in ihrer moralischen Wirkung. Anders als mein Vorstellen und subjektives Empfinden und anders als die Wirkungen, die von künstlerischer Arbeit ausgehen, ist die berufliche Arbeit, die in der Gütererzeugung und Dienstleistung für andere Menschen ihren Inhalt findet, in ihrer Wirkung insofern von moralischer Qualität, als sie zum Erhalt, zur Hilfe, zur Existenzsicherung anderer Menschen beiträgt. Erst wo mit den Gliedmaßen in die Stoffeswelt handelnd eingegriffen wird wie in der Arbeit, kann sich ein Netz der Beziehungen zwischen den Menschen, das folgenreich ist, herstellen. Im

Unterschied zum Künstler ist freilich für den Arbeiter die Wirkung, die er hervorruft, keine individuell-konkrete, sondern eine universelle, allgemein menschliche. Erst wo Arbeit möglich wird, nämlich indem mit der Aufrichtung die Hände frei werden zur Arbeit, beginnt Schicksalswirken zwischen den Menschen.

Rückwirkungen der Eigentätigkeit auf den Schlafzustand

Wir untersuchen zunächst, welche Auswirkung die körperliche Tätigkeit auf den Schlafzustand hat. Während man es beim Betrachtlichen vornehmlich mit der Einarbeitung des Geistigen in den Leib zu tun hat, hat umgekehrt bei der Eigentätigkeit der Leib die Intentionen des Ich aufzunehmen. Unmittelbar nach dem Eintreten in den Schlaf hat man es mit zwei verschiedenen Vorgängen zu tun: mit einer Nachwirkung der Erlebnisse des Tages und mit den eigentlichen Nachterlebnissen selbst, das heißt mit dem, was die Welt des Schlafes selbst darstellt.[682]

Wird die Rückwirkung der Eigentätigkeit auf den Schlafzustand untersucht, so zeigt sich, daß sich das, was am Tage während der Arbeit vollbracht wurde, auf dem Umweg durch den physischen Leib und auch den Ätherleib fortsetzt im astralischen Leib und im Ich. «Diese beiden letzteren sind aber während des Schlafes in einer ganz anderen Umgebung. Sie machen etwas durch, was sie nur während des Schlafes durchmachen.»[683] In diesem qualitativ anderen – unbewußten – Zustand klingt das am Tage Getane sehr deutlich nach. Wird zum Beispiel bei der Arbeit etwas aus dem Geistig-Seelischen (Ich und Astralleib) in den Gliedmaßenorganismus (ätherischen und physischen Leib) intendiert, dann bewirkt das nun während des Schlafzustandes eine rückläufige Gegenbewegung zu diesen Geschehnissen. Der «physische Leib und der Ätherleib, die [während des Tages] in Betätigung sind, drängen dem astralischen Leib und dem Ich dasjenige auf, was in ihrer Tätigkeit liegt ... Das Weitere ist, daß sich astralischer Leib und Ich eigentlich wehren gegen dieses Mitmachen, sie haben eigentlich andere Kräfte in sich. Die müssen in einer gewissen Weise überwunden werden.»[684] Obgleich das Ich dirigiert, gelingt die Tätigkeit nur, wenn es sich dem anbequemt, was ihm da von außen durch seine eigene Leiblichkeit beigebracht wird.[685]

Jede Intention, die aus dem Seelisch-Geistigen sich auf das Irdische richtet, verlangt eine Ausrichtung auf den Raum hin, in dem Begrenzung und Schwere herrschen. Ich und Astralleib haben sich dieser irdischen Gesetzlichkeit zu fügen, müssen mit einem Teil ihres Wesens darin aufgehen beziehungsweise sich überwinden. Nun kann das Seelische Raumesformen zwar erleben, «aber diese Raumesformen sind eigentlich nur Formen der äußeren physischen Welt».[686] Die geistige Welt ist nicht eine räumlich ausgedehnte, sondern eine solche von Linien, Spiralen und Flächen, von «Kraftzentren» und «Umkreis», ist Wirksamkeit wie Durchdringung, nicht aber Nebeneinander und körperliche Undurchdringlichkeit wie Dichte und Schwere. So wird es einsehbar, daß das, was an seelisch-geistiger Intention auftritt, stets größer ist, als was in die arbeitende Tätigkeit und Bewegung umgesetzt werden kann. Daher das Sich-Wehren.

Wir wollen die Rückwirkung auf den Schlaf betrachten. Die bereits zitierten Ausführungen beziehen sich auf die pädagogischen Eigentätigkeiten des Kindes, an ihnen wird die Wirkung illustriert; sie scheinen aber für jede körperliche Arbeit zuzutreffen. Mit dem Einschlafen «kommen Ich und astralischer Leib in die Welt, die der Mensch zwischen dem Einschlafen und dem Aufwachen durchlebt. Da vibriert alles dasjenige nach, was dem astralischen Leib und dem Ich aufgedrängt worden ist. Da machen in der Weise, die eben vom astralischen Leib und Ich durchlebt wird, also in einer viel ausgebreiteteren und vergeistigten Weise der astralische Leib und das Ich nach, was sie da eurythmisiert und nachher musikalisch erlebt haben; sie machen das alles nach. Was sie da erlebt haben zwischen Einschlafen und Aufwachen, das bringen die Kinder am Morgen wiederum mit, wenn sie in die Schule kommen; das haben sie in ihren physischen und ihren Ätherleib hineingetragen, und wir haben damit zu rechnen.»[687]

Allgemein wird von Steiner dann nochmals der Zusammenhang von Tagesgeschehen, Schlaferlebnissen und leiblich gesundender Wirkung beschrieben:

«Nehmen wir das eurythmisierende Kind, der physische Leib ist in Bewegung, die Bewegungen des physischen Leibes übertragen sich auf den Ätherleib. Der astralische Leib und das Ich wehren sich zunächst, und ihnen wird in einer gewissen Weise dasjenige eingeprägt, was an Betätigung des physischen Leibes und des Ätherleibes stattfindet. Sie gehen dann hinaus während des Schlafes, und sie bringen dasjenige, was ihnen da eingeprägt worden ist, mit ganz anderen geistigen Kräften in Verbindung. Am Morgen tragen sie es wiederum in den physischen Leib und in den Ätherleib zurück. Und es ist dann ein merkwürdiges Zusammenstimmen desjenigen, was zwischen Einschlafen und Aufwachen aus dem Geistigen aufgenommen worden ist, und demjenigen, was physischer Leib und Ätherleib im Eurythmisieren durchgemacht haben. Die Wirkung zeigt sich in der Art, daß die geistigen Erlebnisse, die zwischen dem Einschlafen und Aufwachen durchgemacht worden sind, mit demjenigen zusammenpassen, was am vorigen Tage vorbereitet und durchgemacht worden ist. Und erst in diesem Hineinkommen zeigt sich eine besonders gesundheitlich wirkende Kraft, die in diesem Eurythmisieren liegt. Es wird tatsächlich, ich möchte sagen, geistige Substantialität beim nächsten Aufwachen in den Menschen hineingetragen, wenn in dieser Weise Eurythmie gepflegt wird. Und in einer ganz ähnlichen Weise ist es zum Beispiel beim Singen. Wenn wir Gesang mit dem Kinde üben, so ist das Wesentliche, was an Tätigkeit entfaltet wird, eine Tätigkeit des Ätherleibes. Der astralische Leib muß sich ihm stark anpassen. Er wehrt sich zunächst, trägt das dann hinaus in die geistige Welt. Er kommt wiederum zurück, und da äußert sich wiederum eine gesundheitlich wirkende Kraft. Wir können sagen: Beim Eurythmisieren äußert sich mehr eine wirklich das körperliche Befinden gesundende Kraft für das Kind; beim Singen äußert sich eine Kraft, die mehr auf den Bewegungsapparat im Menschen wirkt und dadurch von den Bewegungen aus wiederum zurück wirkt auf die Gesundheit des physischen Körpers.»[688]

Der Schlaf mit seinen Geschehnissen in Astralleib und Ich wirkt in den folgenden Tag hinein, aber nicht in das Bewußtsein, sondern «nur in ihren Wirkungen, in den Willenswirkungen, in den Gemütswirkungen» treten Ich und Astralleib im Wachzustand auf.[689] Die Wirkungen sind solche, die mit der leiblichen Gesundheit zu tun haben.

Geschehnis: Eigenbewegung Arbeit	*Tag*	*Nacht*	*Tag*
	Arbeitsintention: ein Zweckmotiv steuert die körperliche Bewegung.		
Wechselspiel von Ich und Leib	Astralleib und Ich wirken auf ätherischen und physischen Leib. Astralleib und Ich wehren sich gegen die ihnen von physischem und ätherischem Leib aufgedrängten Bewegungen.	Nachvibrieren der Tageserlebnisse, Zusammenstimmen.	Geistige Substantialität wird hereingetragen. Gesundheitlich wirkende Kraft.
Physischer und Ätherleib	Abbau und Ermüdung.	Wiederherstellung, Erholung	Eine wirklich das körperliche Befinden gesundende Kraft.

Unterschiedliche Tätigkeitsqualitäten wandeln sich also durch die Nacht zu entsprechenden körperlichen Befindlichkeiten, zur leiblichen Verfassung und beeinflussen von da die seelische Grundstimmung des darauf folgenden Tages. Der Weg, der beschritten wird, stellt sich kompliziert dar und ist erstaunlich:

- Allem voran liegt das seelisch-geistige Motiv des Tuns, das jeder Tätigkeit zugrunde liegt.
- Dem folgt der leibliche Vollzug, die eigentliche Arbeit, wobei sich Ich und Astralleib gegen die Anpassung an den Leib wehren.
- Die Tätigkeiten wirken in der Nacht auf das Seelische zurück, vibrieren also nach in Astralleib und Ich.
  Sie gelangen dann
- mit dem Erwachen über die aus den Schlaftiefen mitgebrachte Astralsubstanz in den Äther- und physischen Leib, wo deren Verfassung unmittelbar beeinflußt wird. Die Wirkung ist eine gesundende.
- Diese Verfassung oder Gestimmtheit hat dann ihrerseits wieder grundlegende Wirkung auf das Seelische, indem dadurch dessen Grundfärbung beeinflußt wird.

Die Eigentätigkeit führt im wesentlichen dazu, daß sie ganz bedeutsame Rückwirkungen auf Astralleib und Ich hat, daß also mithin das, was ursprünglich durch den Leib getan wurde, nun im Schlaf in den aus dem Leib herausgelösten beziehungsweise mit den tieferen Leibvorgängen in anderer Weise verbundenen (vgl. S. 206 u. 211) Wesensgliedern verarbeitet wird, ehe sie wiederum durch das Nerven-Sinnes-System in den Leib eintauchen. Das ist polar zu der betrachtenden Tätigkeit zu sehen, wo die Rückwirkungen nächtlich vor allem im Leibe vor sich gehen. So gilt also vor allem für Arbeit und Eigentätigkeit, daß sie Rückwirkungen auf die bereits skizzierten Schlafphasen (vgl. S. 104ff.) haben. Diese sollen nun nochmals aus dieser Verarbeitungsperspektive dargestellt werden.

Die Eigentätigkeit und die Schlafstadien

Die erste Schlafphase

Mit Recht hat Raschen den durch das EEG nachweisbaren Schlafphasen von Einschlafstufe, Schlaf und Tiefschlaf sowie REM-Schlaf das entsprechende geistige Korrelat gegenübergestellt, wonach Seele und Geist, also Astralleib und Ich, gegenläufig nicht Schlaf*tiefen*, sondern geistige *Höhen* erreichen. Der Tiefschlafphase entspricht eine ‹Hochschlafphase› und so weiter. In dieser werden die geistigen Gestaltungskräfte erfahren. «Ätherleib und physischer Leib müssen auf der einen Seite für einige Zeit in der Tiefe der Natur ruhen können, auf der anderen Seite müssen sie von höchsten Geisteskräften durchdrungen und gestaltet werden, damit sich das Bewußtsein mit dem Körper verbinden kann und damit Entschlüsse, die ja immer in Ideenform auftreten, auch durch den Leib verwirklicht werden können. Die Wege des Ätherleibes und des physischen Leibes in den Schlaftiefen entsprechen also den Wegen des Astralleibes und des Ich in die Weite des kosmischen Erlebens. Mit ihnen ist eine Gegenbewegung gegeben.»[690] Während der Leib im Bette liegt und sich die somatischen Prozesse auf die Schlaftiefenstufe rhythmisch umstellen, löst sich das Geistgefüge und erlebt rhythmisch geistige Höhen als Impulsierung für den nachfolgenden Tag.

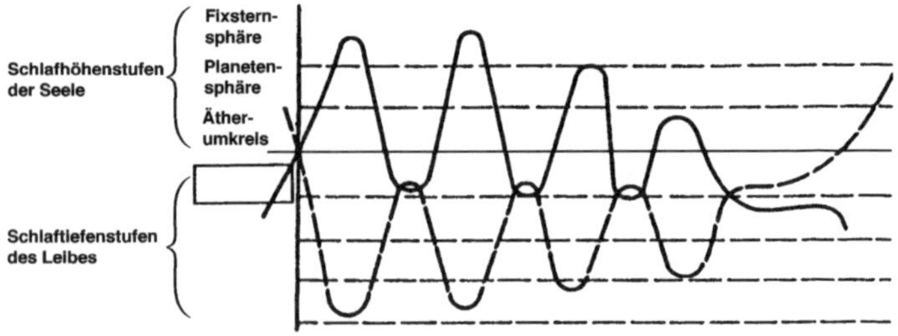

Schlaftiefen und Schlafhöhen (aus: Raschen 1987, S. 146).

a) «Ausatmung» und «Schwimmen»

Der letzte Atemzug des Menschen, mit dem er seinen irdischen Lebensweg durch den Tod abschließt und in eine andere Welt übertritt, bildet die Ausatmung, die Exspiration, wie bei der Geburt die Einatmung oder Inspiration den Anfang des immerwährenden Atmungsvorganges darstellt. In jedem Atemzug sind Anfang und Ende wie als Keim anwesend. Und jeder Schlaf vermittelt beim Einschlafen den künftigen Gestus des Todes und beim Erwachen den der Geburt. Das Einschlafen ist mit einem Zug leicht verstärkter oder vertiefter Ausatmung verbunden.

Innerlich angeschaut, setzt damit bereits das schon berichtete rückwärts laufende Erleben des Tagesgeschehens ein (vgl. S. 85ff.). Es folgt dann ein weiterer «undifferenzierter Zustand der Seele», in dem zur Rückläufigkeit der Tageserlebnisse hinzutritt ein «allgemeines, unbestimmtes Erleben, ein Erleben, in dem zwar ein deutliches Zeitgefühl vorhanden ist, aber das Raumgefühl fast ganz erloschen ist. So daß wirklich dieses Erleben verglichen werden kann mit einer Art Schwimmen, mit einer Art Sich-Bewegen in einer allgemeinen unbestimmten Weltensubstanz … Man möchte sagen, die Seele erlebt sich wie eine Welle in einem großen Meer, wie eine Welle, die aber sich in sich organisiert fühlt, die sich allseitig von dem übrigen Meer umgeben fühlt.»[691] Die Seele fühlt dabei ihr Eigenwesen durchaus noch vom allgemeinen Weltensein unterschieden. «Man fühlt sich bald da, bald dort … das bestimmte Raumempfinden hört eigentlich auf. Aber ein allgemeines Zeitempfinden ist da. Dieses Erleben ist aber verbunden mit dem anderen des Verlassenseins. Es ist etwas wie ein Versinken in einen Abgrund … Man fühlte sich – eben wenn Bewußtsein vorhanden wäre – wirklich wie über dem Abgrund schwebend. Und wiederum verbunden ist mit diesem etwas, was in der Seele auftritt wie ein ungeheueres Bedürfnis nach der Anlehnung an Geistiges.»[692] Es tritt auf «eine tiefe Sehnsucht nach dem Verbundensein mit dem Göttlich-Geistigen. Man kann auch sagen: Man erlebt eigentlich dieses allgemeine

Sich-Bewegen in einer undifferenzierten Weltensubstanz wie ein Geborgensein in einem Göttlich-Geistigen.»[693]

Eine andere Schilderung lautet so:

«Würde er [der Schlafende] seinen Zustand bewußt durchschauen, so würde er sich wie ausgegossen in einer ätherischen Welt fühlen. Er würde sich außerhalb seines Leibes fühlen, aber nicht engbegrenzt, sondern weit ausgegossen; seinen Leib würde er als etwas außer ihm befindliches Objektives verspüren, wahrnehmen. Dieser Zustand wäre eben, wenn er zum Bewußtsein kommen würde, im Seelischen des Menschen innerlich ausgefüllt von einer gewissen Angst oder Ängstlichkeit: man fühlt, man hat die feste Stütze seines Leibes verloren, man fühlt sich wie vor einem Abgrunde.

Was man die Schwelle zur geistigen Welt nennt, muß ja da sein aus dem Grunde, weil der Mensch sich erst vorbereiten muß dazu, solch ein Gefühl zu haben: das Gefühl, jene Stütze verloren zu haben, die der physische Leib abgibt, und jene Ängstlichkeit in der Seele zu tragen, die daher kommt, weil man zunächst einem ganz Unbekannten, Unbestimmten gegenübersteht.

Und was zum Beispiel im physischen Tagesdasein Angst ist, das drückt sich, wenn auch in feinen Vorgängen des physischen Leibes, dennoch in eben solchen Vorgängen aus: es sind gewisse Gefäßtätigkeiten des physischen Leibes anders, wenn der Mensch in Angst ist, als wenn er nicht in Angst ist. Es geht also etwas objektiv vor, außer dem, was der Mensch im Bewußtsein als Unruhe und so weiter fühlt. Dieses Objektive einer seelisch-geistigen Angst, das macht der Mensch durch, indem er durch die Pforte des Schlafes in den Schlafzustand eintritt. Aber verbunden ist dieses Angstgefühl mit etwas anderem: mit einem Gefühl tiefer Sehnsucht nach einem Göttlich-Geistigen, das die Welt durchflutet und durchwebt …

Daß wir uns überhaupt während des wachen Tageslebens religiös gestimmt fühlen, das ist in erster Linie davon abhängig, daß dieses Angstgefühl und diese Sehnsucht nach dem Göttlichen, die wir in der Nacht durchmachen, herüberwirken in die Stimmung des Tages. Es sind, gewissermaßen ins physische Leben hereinprojiziert, geistige Erlebnisse, welche uns mit der Nachwirkung jener Angst erfüllen, die uns überhaupt dazu treibt, erkennen zu wollen, was in der Welt das Wirkliche ist, und mit der Nachwirkung jener Sehnsucht erfüllen, die wir im Schlafe tragen und die sich im religiösen Fühlen während des Tagwachens aussprechen.»[694]

b) Weitung in die Umgebung

Ebenso wie der Mensch während des Tages – für den Leib gilt das gleichermaßen auch in der Nacht – zur Erde ständig Kontakt hält, sei es, daß er sie be-tritt im Gehen, sei es, daß er ihre Substanzen in Atmung und Nahrung aufnimmt, so nimmt das Seelisch-Geistige, Astralleib und Ich, Beziehung zum Kosmos auf im Schlaf; der Mensch wächst mit diesem Teil seines Wesens in den Kosmos hinein, freilich ohne die Größe des Kosmos anzunehmen.[695] Dem Hellseher erscheint der Astralleib als eine «Wolke», die sich über dem physischen Leib erhebt.[696]

«Wir sind tatsächlich zunächst wegen gewisser Beschränkungen, die uns kosmische Gesetze naturgemäß auferlegen, mit unserem Ich und unserem astralischen Leibe in einem solchen Falle vorzugsweise in unmittelbarer Nähe unseres physischen und Ätherleibes, so daß wir mit unserem Ich und Astralleibe, wenn wir in einem Eisenbahnwagen fahrend schlafen, im Grunde genommen ganz darinnen sind in alldem Gebremse, Gerolle und Getöse, das mit den Rädern und der Maschinerie des Zuges und so weiter zusammenhängt. Ebenso ist es auf dem modernen Dampfschiff. In alledem, was da um uns herum vorgeht, stecken wir darinnen. In diesen wahrhaft nicht gerade musikalischen Erfahrungen unserer Umgebung stecken wir darinnen, und man braucht nur die allerersten Schritte der Initiation durchgemacht zu haben, dann kann man beim Aufwachen merken, wie das in den physischen und Ätherleib zurückkehrende Ich mit dem astralischen Leibe noch mitbringen, was sie erlebten in dem Gepreßtwerden durch die Maschinerie, in der sie wirklich steckten und durch die sie in dem Momente vor dem Aufwachen durchgingen.

All das disharmonische Gepresse und Gezerre nimmt man mit in den physischen und Ätherleib, und wer jemals aufgewacht ist mit dem Nachklingen desjenigen, was ein Dampfschiff oder ein Eisenbahnzug mit ihren Maschinerien in seinem Ich, in seinem astralischen Leibe angerichtet haben, wer sich das hereingebracht hat in sein tagwaches Bewußtsein, der merkt, wie wenig zusammenstimmend das ist, was man da hereinbringt, mit dem, was im Inneren des Menschen abläuft als eine Art Erlebnis des Ich und des astralischen Leibes von der inneren Gesetzmäßigkeit des physischen und ätherischen Leibes. Man bringt tatsächlich die herbste Unordnung, das greulichste Getöse hinein, ein Gezerre, Gequietsche und Geknarre, und das wirkt auf den Ätherleib tatsächlich so, wenn man eine feinere Empfindung für die Sache hat, wie wenn man – das ist natürlich ein grober Vergleich, aber Sie werden ihn nicht mißverstehen – mit dem physischen Leib, das andere wirkt aber auf den Ätherleib, in einer Maschine zerquetscht und zerteilt würde.»[697]

Wenn man Freude erlebt, pulsiert das Blut anders als bei Traurigkeit. Erlebt wird aber nur die eigene Stimmung, nicht die Pulsation des Blutes. Ebenso ist das «Schwimmen in der Weltensubstanz» ein Vorgang, dem auf der anderen Seite ein «Gottesbedürfnis» im Seelenleben entspricht. In dieser ersten Phase des Schlafzustandes fühlt sich die Seele – wenn sie sich ihrer bewußt sein könnte – vergrößert wie in einem weit ausgebreiteten Nebel.[698]

Eine Art nebelhaften Weltempfindens, eine unbestimmte Sehnsucht, in Gott zu ruhen, tritt in ihr auf. Es ist, als ob sich die Seele vergrößerte. Die Seele macht partiell einen Gestus durch, der der Ausatmung vergleichbar ist: Der Atemstrom geht über aus der Individualisierung des Brustraumes in das allgemeine Luftmeer. Richte ich während des Wachbewußtseins mein wahrnehmendes Interesse auf den Vorgang der Ausatmung, dann bildet sich eine Empfindung, die Steiner so ausdrückt: Da drin bin ich eigentlich doch ein tüchtiger Kerl.[699] In diesem Sinne wird während des Schlafes etwas diesem Erlebnis Vergleichbares erlebt, wo der Mensch sich seelisch «ausweitet», verdünnt. Es ist dieses Gefühl wie «ein Schwimmen als Weltennebelwolke in dem Weltennebel drinnen ... Und dann kommt ... dasjenige in die menschliche Seele hinein, was man nennen könnte die Hingabe an das die Welt durchschwebende Göttliche. Das sind die beiden Grundempfindungen, die in der ersten Sphäre nach dem Einschlafen an den Menschen herankommen: Ich bin in dem Weltennebel, und ich möchte ruhen im Schoße der Gottheit, um gegen das Aufgelöstwerden im Weltennebel gesichert zu sein.»[700]

c) Rückwirkung auf den folgenden Tag

Man kann sich denken, daß der Mensch stark aus dem Rhythmischen heraus zu den ätherisch gestalteten Bewegungen im Rückerleben des ersten Schlafstadiums kommt. Dann wird verständlich, daß er in der Ausdehnung seines Wesens dieselbe seelische Geste wie im Ausatmen erlebt, das heißt, er fühlt sich gekräftigt in seiner körperlichen Verfassung, insbesondere in den Muskeln der Gliedmaßen. Das rührt daher, daß das seelisch-geistige Wesen des Menschen im ersten Stadium des Schlafes in Berührung mit der Ätherwelt kommt und dabei teilhat an der aufbauenden, gesundenden Wirksamkeit des Weltenäthers. Dieser impulsiert während des Schlaflebens die aufbauenden Kräfte im menschlichen Organismus.

Die Tatsache, daß wir uns innerlich wie «strecken» – es wirkt vergleichbar dem Dehnen der Glieder nach dem Erwachen –, wirkt auch ins Tageserleben herein. Aber wie? Ähnlich dem Erlebnis des Ausatmens: kräftigend, weitend, erfrischend. Allerdings jetzt nicht seelisch-innerlich, sondern seelisch-leiblich so, daß, «wenn wir des Morgens aufwachen, wir unseren Organismus dadurch in einer erfrischten Verfassung haben ... Dasjenige, was in der vom Körper getrennten Seele zwischen dem Einschlafen und dem Aufwachen vor sich geht, das hat eben seine große Bedeutung als Nachwirkung dann während des Wachlebens am folgenden Tage. Und wir würden nicht am folgenden Tage unseren Körper in der richtigen Weise gebrauchen können, wenn wir nicht uns herausgehoben hätten aus der Verbindung mit den äußerlich physisch-sinnlichen Dingen und untergetaucht wären in dieses unbestimmte Erleben.»[701] Aber es tritt tags darauf aus dieser Region rein seelisch-innerlich, und zwar wie im Nachklang, das Gefühl der Geborgenheit auf – verwandt dem «Anlehnungsbedürfnis an das Göttliche» während der Nacht. Dieser Nachklang konstituiert tags darauf eine innere Seelenverfassung, die sich durch eine Frage vergegenwärtigen läßt: «Warum ist denn der Mensch nicht zufrieden damit, daß er einfach die einzelnen Dinge der Welt nebeneinander ansieht während des Wachzustandes, warum ist er dann nicht zufrieden, einfach durch die Welt zu gehen und hinzunehmen Pflanzen, Tiere und so weiter? Warum fängt er an ... zu philosophieren, wie die Dinge zusammenhängen, warum bezieht er das Einzelne, was er sieht, auf ein Allgemeines, warum frägt er, wie das Einzelne in einem allgemeinen Kosmos begründet ist? Er würde es nicht tun, wenn er nicht während des Schlaflebens wirklich lebensvoll in ein solch Unbestimmtes hinein sich lebte. Und er würde auch nicht zu einem Gottgefühle in seinem wachen Zustande kommen, wenn er nicht die entsprechende Tatsache, dieses Gottgefühl, im ersten Stadium seines Schlafzustandes durchmachte.»[702]

Diese Einwirkung aus dem Umkreis während der ersten Schlafphase, des «ätherischen Vorstadiums»,[703] führt zur Erkraftung in den Gliedmaßen. Die Wirkung auf die Gesundheit wird noch gesteigert, wenn die Arbeit rhythmisch abläuft, denn da gilt, daß jeder Rhythmus Kraft ersetzt. Er wirkt durch seine beschwingte Variation belebend, gesundend. So war die urtypische Arbeit des Landmanns völlig rhythmisiert, das Säen ebenso wie das Sensen, das Sägen des Holzfällers ebenso wie das Treideln der Schiffer, die sich in den Gurt legten. Die entsprechenden überlieferten Lieder erweisen, wie durch Rhythmus die Anstrengung vermindert wurde.[704] Wer aus dem Rhythmus arbeitet, kann, wie Tolstoi in *Anna*

Karenina schildert, den ganzen Tag über die Sense beim Gehen schwingen und darüber hinaus auch noch am Abend bis tief in die Nacht tanzen. Durch Rhythmus schließt man sich an die Bewegungen, die Rhythmik des Ätherischen an. Zugleich wird aber durch jede Bewegung, insbesondere aber durch die rhythmische, eine Bewegung und Schwingung im Astralleib ausgelöst. Durch den Verlauf dieser Bewegung strömt das Geistige, das in den Gliedern ist, aus den Organen nach oben. «Es ist eine Erlösung des Geistigen, wenn ich das Kind eurythmisieren oder singen lasse. Das Geistige, von dem die Glieder strotzen, wird herauserlöst. Das ist der reale Vorgang. Es ist also ein wirkliches Herausholen des Geistigen aus dem Kinde, was ich dabei vollbringe. Und das hat nun wiederum zur Folge, daß, wenn das Kind aufhört, solche Übungen zu machen, das Geistige darauf wartet, um Verwendung zu finden ... Aber das Geistige wartet auch wiederum darauf, sich zu befestigen. Ich habe das Kind wirklich vergeistigt, indem ich es turnen, eurythmisieren oder singen lasse. Das Kind ist ein ganz anderes Wesen geworden, es hat viel mehr Geistiges in sich. Das will sich aber befestigen; das will beim Kinde bleiben; das dürfen wir nicht ableiten. Und da gibt es das einfachste Mittel: wir bringen das Kind kurze Zeit, nachdem es eurythmisiert, geturnt oder gesungen hat, ein wenig zur Ruhe ... Je älter die Kinder sind, desto mehr ist das notwendig.»[705]

Aus jeder, insbesondere der willkürlichen Bewegung, wie sie der Arbeit zugrunde liegt, resultiert ein Doppeltes:

- Im Vollzug der Arbeit selbst wird «Geistiges» aus den Organen des Leibes entbunden und in den Organismus hinein freigesetzt. Es ist dem Menschen substantiell als etwas gegeben, das er nutzen kann.
- Das Nachvibrieren der Tageserlebnisse in der Nacht bedeutet, daß hier der Mensch erneut die in der Bewegung freigesetzte «geistige Substanz» und das ihr innewohnende Kraftgeschehen durch den Umkreis erhält. Davon eben gehen die gesundenden Wirkungen aus.

Was unter geistiger Substanz zu verstehen ist, kann so verdeutlicht werden: Geistige Wesenheiten, die uns umgeben, mit denen wir in der Nacht in engerer Verbindung als am Tage leben, haben keine physische Substanz oder Stofflichkeit als Korrelat für ihre Leiblichkeit, sondern diese besteht in einer Substanz, die dem menschlichen Vorstellen entspricht; sie ist aus dem Stoffe gewoben, aus dem unsere Gedanken bestehen.[706]

Steiner unterscheidet gleichsam zwei Formen von körperlicher Substanz: geistige und physische. In der geistigen Substanz herrscht Beweglichkeit und Regsamkeit, wie in der Willkürmuskulatur, in der physischen Substanz dagegen Ruhe, Unbeweglichkeit, wie im Gehirn mit seiner Nervensubstanz, sie ist von der irdischen Schwere beherrscht. Dieser Gedanke wird von ihm so entwickelt:

«Der Mensch trägt durchaus in sich geistige und physische Substanz, und er trägt sogar diese geistige und physische Substanz in einer ... eigenartigen Weise in sich ... Wenn wir nämlich dasjenige am Menschen in Betracht ziehen, was gerade den Menschen überführt in die Bewegung, was also am Menschen Gliedmaßen sind und was sich dann von den Gliedmaßen aus nach innen fortsetzt als die Stoffwechseltätigkeit, so ist es unrichtig, wenn wir da in der Hauptsache von physischer Substanz reden.»[707]

«Wir reden von dem Menschen nur richtig, wenn wir gerade seine sogenannte niedere Natur so sehen, daß ihr eine im Grunde genommen geistige Substanz zugrunde liegt ... Wir müssen sagen: Der untere Mensch stellt uns eigentlich ein Gebilde in geistiger Substanz vor, und je weiter wir gegen das Haupt des Menschen zu kommen, desto mehr ist der Mensch aus physischer Substanz gebildet. Das Haupt ist im wesentlichen aus physischer Substanz gebildet. Aber die Beine, von denen müssen wir doch sagen, trotzdem es grotesk klingt: sie sind im wesentlichen aus geistiger Substanz gebildet ... Es ist wirklich so, daß für Arm und Bein die physische Substanz gewissermaßen da nur in der geistigen Substanz drinnen schwimmt, während das Haupt in der Tat sozusagen ein kompaktes Gebilde aus physischer Substanz ist. Wir haben aber an einem solchen Gebilde, wie der Mensch es ist, nicht bloß zu unterscheiden die Substanz, sondern wir haben in seiner Gestaltung die Kräfte zu unterscheiden. Auch da müssen wir wiederum unterscheiden zwischen geistigen Kräften und irdisch-physischen Kräften.

Nun ist es bei den Kräften gerade umgekehrt: Während für Gliedmaßen und Stoffwechsel die Substanz geistig ist, sind die Kräfte da drinnen, zum Beispiel für die Beine die Schwere, physisch. Und während die Substanz des Hauptes physisch ist, sind die Kräfte, die darinnen spielen, geistig. Geistige Kräfte durchspielen das Haupt, physische Kräfte durchspielen die geistige Substanz des Gliedmaßen-Stoffwechselmenschen ... Was da im Menschen wirkt, das durchdringt sich gegenseitig.»[708]

Geschehnis *1. Schlafphase*	*Tag*	*Nacht*	*Tag*
Ätherisches Vorstadium	Eigentätigkeit	Schwimmen in der Weltsubstanz, das bestimmte Raumempfinden hört auf; Anlehnung an Geistiges; elementare Umwelteindrücke wirken negativ.	Eine das körperliche Befinden gesundende Kraft; eine erfrischte Verfassung; die Gesundheit des physischen Körpers wird über das Bewegungssystem angeregt; geistige Substanz wird gebildet.

Die zweite Schlafphase

a) Planetarisches Erleben

Mit zunehmender Schlaftiefe weitet sich zwar nicht das Bewußtsein, aber doch das unbewußte Erleben zu einem planetarisch-kosmischen.

«Während dieses zweiten Stadiums des Schlafes ist der Mensch in einem solchen Lebenszustande, daß sein Inneres Nachbildungen der Planetenbewegungen unseres Sonnensystems vollführt. Während des Tages erleben wir uns in unserem physischen Leibe. Wenn wir von uns als physischen Menschen sprechen, so sagen wir: In uns sind unsere Lunge, unser Herz, unser Magen, unser Gehirn und so weiter, das ist unsere physische Innerlichkeit. Im zweiten Stadium des Schlafes ist unsere geistig-seelische Innerlichkeit die Bewegung der Venus, die Bewegung des Merkur, die Bewegung der Sonne, die Bewegung des Mondes. Dieses ganze Wechselspiel der Planetenbewegungen unseres Sonnensystems, wir tragen es nicht direkt in uns, nicht die Planetenbewegungen selbst, aber Nachbildungen, astralische Nachbildungen davon, die sind dann unsere innere Organisation.»[709]

Die Seele sieht wie von außen auf den Leib hin und erlebt an ihm etwas wie ein Abbild des gesamten planetarischen Kosmos. Während die Seelenwesenheit an die Planeten und die hinter ihnen stehenden Wesenheiten hingegeben ist, teilen sich «nicht die Planetenbewegungen selbst, aber Nachbildungen, astralische Nachbildungen davon» unserer inneren astralischen Organisation mit, die mit dem Wahrgenommenen eins wird. «Wir sind nicht ausgedehnt etwa in den ganzen planetarischen Kosmos; wir sind aber von einer ungeheuren Größe gegenüber unserer physischen Tagesgröße. Wir tragen nicht die wirkliche Venus während jedes Schlafzustandes in uns, aber ein Nachbild ihrer Bewegung.» In unserem Seelenleib werden wir durch die wahrnehmende Hingabe an die planetarischen Nachbilder durchaus angeregt – durch die «Zirkulationen der Planetenbewegungen in astralischer Substanz».[710]

b) Das Gefühl der Zerrissenheit und Angst

«Wenn der Schlaf weitergeht, dann tritt etwas Eigentümliches ein: die Seele ist wie zerspalten, wie in viele Seelen auseinandergespalten. Der Mensch würde sich, wenn er bewußt diesen Zustand durchlebte ... als viele Seelen vorkommen, und dadurch würde er meinen müssen, er habe sich selbst verloren. Alle die einzelnen Seelenwesen, die eigentlich nur Schattenbilder von Seelen sind, die stellen etwas dar, in das er sich verloren hat. Für diesen Zustand des Schlafes nimmt sich das Menschenwesen schon verschieden aus, je nachdem wir es vor oder nach dem Mysterium von Golgatha betrachten. Der Mensch braucht nämlich eine äußere kosmische Hilfe gegenüber diesem ... Zerspaltetsein in viele Seelenabbilder.

In alten Zeiten, die dem Mysterium von Golgatha vorangegangen sind, haben die Eingeweihten, die alten Initiierten, den Menschen auf dem Umwege durch ihre Schüler, durch die Lehrer, die sie in die Welt für die Menschen hinausgeschickt haben, gewisse religiöse Anweisungen gegeben, welche Gefühle im wachen Tagesleben hervorgerufen haben. Und diese Anweisungen, die auch in Kultushandlungen dann von den Menschen ausgelebt worden sind, haben die Seelen verstärkt, so daß sie etwas wie eine Nachwirkung dieses religiösen Gestimmtseins nun wiederum hineingenommen haben in den Schlaf.

Sie sehen die Wechselwirkung zwischen Schlafen und Wachen! Auf der einen Seite erlebt der Mensch in seiner Gottessehnsucht im ersten Stadium des Schlafes etwas, was ihn im Wachleben dazu stimmt, Religion zu entwickeln. Wird diese Religion im wachen Tagesleben entwickelt ... dann wirkt das wiederum zurück auf das zweite Stadium nach dem Einschlafen: die Seele fühlt sich dann stark genug durch die Nachwirkung dieser religiösen Stimmung, gewissermaßen ihr Zerspaltetsein zu ertragen, überhaupt innerhalb der Vielheit wenigstens zu bestehen.

Das ist ja die Schwierigkeit von nichtreligiösen Menschen, daß sie keine solche nächtliche Hilfe haben gegenüber dem Zerspaltetsein in viele Seelen und daß sie dann das, was sie erleben, ohne die religiöse Stärkung herübertragen ins Tagesleben. Denn alles, was da in der Nacht durchgemacht wird, das wird in seiner Nachwirkung herübergetragen ins Tagesleben ... und das wird namentlich dazu beitragen, daß der Mensch während des Tageslebens in seinem Organismus nicht die zusammenhaltenden Kräfte haben wird, um die Wirkung der Nahrungsmittel in der richtigen Weise in seinem Organismus zu verteilen. Und die Folge der Irreligiosität wird im Laufe von gar nicht so fernen Zukunftszeiten sich in bedeutungsvollen Krankheiten der Menschen ausleben.»[711]

Die Seele beginnt sich im weiteren Fortgang auf verschiedene Wirkensrichtungen hin gleichzeitig zu konzentrieren. Der Vorgang ist vergleichbar dem eines Hörenden, der an einem vielstimmigen Gespräch zwischen mehreren Partnern, die ihn umgeben, teilnimmt und versucht, gleichzeitig aufmerksam die Gesprächs- und Gedankenführung ganz unterschiedlicher Art und Inhalte zu verfolgen, so daß seine Aufmerksamkeit gleichzeitig in verschiedene Richtungen gezogen wird. Dabei entsteht, weil die Aufgabe überfordert, das Gefühl der Zerrissenheit. Ebenso verhält es sich nun mit der zweiten Schlafstufe. Die Seele versucht, sich all den Wirkungen und Ansprachen zu öffnen und hinzugeben, die von den Kräften und Wesen der verschiedenen Planeten in unterschiedlicher Intensität und Richtung aus dem Weltenall, aus dem umgebenden Kosmos, dem Menschen zuströmen und zu ihm sprechen. Dies ergibt für jede Seele eine Überforderung – daraus resultiert das Gefühl der inneren Zerrissenheit. Im Unterschied zu dem ersten Zustand, wo die Seele wie in einer allgemeinen Weltsubstanz schwimmt, wird ihr Sein nunmehr nach verschiedenen Richtungen verdichtet. Sie taucht unter «in geistig-seelische Einzelwesen», das heißt, indem sie wahrnimmt, verschmilzt sie mit der Qualität des Wahrgenommenen. Im Schlaf wird das, was am Tage nur Schein ist, zum Sein und damit wesenhaft. Diese Wesenheiten lassen sich für das Tagesbewußtsein wohl in zweifacher Art begreifen: zum einen als solche hierarchischer Rangstufe und zum anderen als solche menschlich-ichlicher Qualität.

Die Zersplitterung und Zerrissenheit der Seele läßt sie ihre eigene Identität verlieren. Sie erlebt sich nicht mehr als Einheit, sondern als Vielheit, als ein zerspaltenes, zerrissenes Wesen. Der Mensch, der mit seiner Seele den Leib verlassen hat, erlebt seinen Körper als etwas Objektives; seine Subjektivität dagegen ist gewissermaßen wie im Kosmos ausgebreitet. Durch den fehlenden Halt, der ihr sonst durch den Leib vermittelt wird, erlebt die Seele sich in der Aufspaltung wie über einem Abgrund, dabei durchsetzt sie sich mit Angst. Eine spirituelle Ängstlichkeit entsteht, wenn der Ätherleib zurückleuchtet und zurücktönt, «was kosmisch erlebt wird. Wenn also zum Beispiel dasjenige zurückstrahlt, was von Jupiter und Venus bewirkt wird durch ihr besonderes Verhältnis ... indem Ihnen ein Strahl – der aber sehr vielsagend ist für Ihre Herzenswahrnehmung – zurückkommt von der menschlichen Stirne und ein anderer Strahl seinen Ton und sein Licht damit vermischt, der aus der Gegend unter dem Herzen kommt, dann entsteht diese Ängstlichkeit für die Herzenswahrnehmung.»[712] Steiner beschreibt den Zustand der Angst auch als schon im ersten Stadium des Schlafes auftretend; er wird gewissermaßen schon als keimhaftes Erbe mitgebracht und steigert sich nunmehr in der zweiten Schlafphase.

Nach dem Einschlafen überkommt den Menschen eine «unbestimmte Angst», sie kommt nicht ins Bewußtsein, aber sie ist ein Vorgang in Astralleib und Ich, und der Mensch trägt die Folgen «durchaus in den Tageszustand mit herüber».[713] Das nun befähigt ihn, die physische Organisation seelisch zusammenzuhalten. Denn in der Angst zieht man sich zusammen. So kann man in der richtigen Weise Salze absondern. «Die Absonderung, die für den Organismus notwendig ist, die ist durchaus eine Wirkung der unterbewußten Angst während des Schlaflebens.»[714]

Angst bewirkt aber auch Durchfall; das bedeutet, daß dasjenige, was in den Gedärmen ist, nicht mehr zusammengehalten wird. Was hat die Sache zuvor zusammengehalten? Es ist die Angst, die in den Gedärmen sitzt, die den Stoff zusammenhält. Zieht sie in die Seele, dann hält sie die Stoffe nicht mehr zusammen. «Und in den Knochen, da steckt die allermeiste Angst. Die Knochen sind so fest, weil da eine furchtbare Angst drinnen steckt. Die Angst ist es, die die Knochen fest hält.»[715]

c) Arbeitsformen und Angst – Rückwirkungen auf den nachfolgenden Tag

Es drängt sich eine Frage auf: Erschwert nicht die heute üblich gewordene Produktionstechnik und die damit einseitig gewordene Arbeitsform es dem Menschen, sein Tätigkeits- und Bewegungsgeflecht so in den Schlafzustand mit hinüberzunehmen, daß er über den zweiten Schlafzustand hinauskommt und dadurch zureichende physiologische Anregungen erhält? Wird er nicht gerade durch einseitige Berufsarbeit daran gehindert, entsprechende Astralsubstanz aufzunehmen, die er dann über das Vegetativum in die aufbauenden Vorgänge des Leibes als Impulsierung einbringen kann? Davon wurde bereits gesprochen.[716] Es gibt zwei Grunderscheinungen in unserer Zeit, die darauf hinweisen, daß der Schlaf fragmentiert abläuft: die Angst und die wachsende Zahl der Kreislauferkrankungen.

Als erster hat Sören Kierkegaard die «Angst» als ein Grunderlebnis unserer Zeit charakterisiert und damit auf die Existenzphilosophie einen tiefen Einfluß ausgeübt. Da heißt es: «Und kein Großinquisitor hat so entsetzliche Folterinstrumente in Bereitschaft wie die Angst, und kein Spion weiß den Verdächtigen gerade in dem Moment, da er am schwächsten ist, so listig anzugreifen oder die Schlinge, in der er sich fangen soll, so bestrickend auszulegen, wie es die Angst vermag, und kein scharfsinniger Richter versteht auf solche Art zu examinieren, ja den Angeklagten zu examinieren, wie die Angst, die ihn niemals freigibt, nicht in der Zerstreuung, nicht im Spektakel, nicht bei der Arbeit, nicht bei Tage, nicht in der Nacht.»[717] Die Angst ist eine wenig bewußte Lebensbeeinträchtigung und Bedrohung; sie grundiert in ihrer unbestimmten Richtung gewissermaßen das Seelenleben. Dabei erscheint das, wovor die Angst sich ängstigt, zwar unbestimmt, jedoch sich immer mehr ausweitend – im Gegensatz zur stets auf das Gegenständliche, Partikulare bezogenen Furcht, von der gesprochen wird, wenn auf eine auch anderen Menschen rational verständliche Weise durch Flucht (Ausweichen, Abkehr) oder Aggression beziehungsweise Gegenwehr einer bestimmten Gefahr begegnet wird. Demgegenüber wird eine durch Angst provozierte Handlung wegen ihrer prinzipiellen Ungerichtetheit nicht als ein sinnvolles Mittel zur Erreichung eines bestimmten Zwecks verstehbar.[718]

Je nach Charakter und Temperament tritt die Angst in verschiedener Intensität auf. Auffallende Körpersymptome sind vor allem erhöhte Pulsfrequenz, Atemnot und Schweißausbruch, Zittern, gesteigerte Blasen- und Darmtätigkeit – alles Vorgänge, die gesteuert werden von dem Vegetativum, wobei diese beeinträchtigten Lebensprozesse so stark überwiegen können, daß sie einer willens- oder verstandesmäßigen Kontrolle nicht mehr zugänglich sind. Viele Psychologen nennen die Angst die Krankheit des Jahrhunderts. Sie schafft sich schließlich auch ihren sozialen Ausdruck. Ragten im Mittelalter die Kirchen in den Zentren der Städte über das Gemeinwesen hinaus und erinnerten den Menschen an seine Herkunft und sein Ziel, so sind die Bauwerke, die heute die Citys der Großstädte überragen, zumeist Verwaltungszentren der Angst; es sind die Hochhäuser der Versicherungsgesellschaften. Das Versicherungswesen scheint die rationale Antwort auf die irrationale, existentielle Angst der Menschheit zu sein. Gewaltig angewachsen sind die Ausgaben für Daseinsvorsorge, Invalidität und Alter, Unfall und Krankheit.

Die Versicherungen schützen materiell, nicht aber seelisch-existentiell.

Ein großer Teil des Arbeitslohnes kommt heute schon der Abwehr der Angst in Form der Daseinsvorsorge zu, ohne daß dem einzelnen ein großer Spielraum bleibt, sich in dieser oder jener Richtung entscheiden zu können, da er voll in das soziale Sicherungssystem eingebunden ist. Wo früher aus der Arbeit Befriedigung, aus der Religion Sinngebung und aus der Kirche Heilsgewißheit flossen, finden wir heute entfremdete Arbeit, aufgeklärtes Wissen und soziale Sicherungssysteme mit der Grundstimmung der Angst. Die Angst bleibt.

Die Zunahme der Erkrankungen des Kreislaufs und der Herzkranzgefäße ist bekannt, und sie wird mit Recht gemeinhin auf die vorherrschend sitzende, bewegungsarme berufliche Tätigkeit zurückgeführt, also auf Tätigkeiten, die entweder mehr planerisch oder beobachtend-kontrollierend ausgeübt werden. Hier ist der Mensch allzu einseitig angesprochen, am wenigstens in seinem Muskel-Gliedmaßensystem. Diese Erkrankungsformen dürften bei rein körperlich-gliedmaßenhafter Arbeit weitaus seltener sein. Es dürfte an der modernen Berufsarbeit liegen, daß es schwer ist, angemessen in jene Region der Nacht vorzudringen, in der die Zerrissenheit erst überwunden werden kann. Bildet die Angst nicht genau diese Zerrissenheit ab, wenn das, wovor die Angst sich ängstigt, unbestimmt, aber dennoch total ausgeweitet und sich ausweitend erlebt wird? Welche Hilfen gibt es, da doch die Arbeit in ihrer Beschaffenheit gegenwärtig nicht verändert werden kann, allenfalls in späteren Zeiten, wenn die Menschheit über neue Technologien verfügen wird?

Die durch den Leib getätigte Arbeit strahlt als Gegenbewegung dem Seelisch-Geistigen in der Nacht etwas zu, was diesem ermöglicht, impulsierend, erkraftend auf die Lebensprozesse und seelischen Befindlichkeiten einzuwirken. Wie ist das möglich? Dies hängt mit der Doppelnatur des astralischen Leibes zusammen. Durch bestimmte Wesenheiten wurde es möglich, «daß man im Gebiete des sinnlich-physischen und des ätherischen Leibes selbst eine Art astralischer Wesenheit des Menschen findet. Einer Geistesanschauung, welche nur die Bilder des übersinnlichen Bewußtseins hinnimmt und ihre Bedeutung nicht richtig zu verstehen vermag, kann es leicht geschehen, daß der astralische Einschlag des physischen und des ätherischen Leibes als der eigentlich astralische Leib genommen wird ... Verwechslungen und Verworrenheiten auf diesem Gebiete sind um so leichter möglich, als für das gewöhnliche menschliche Bewußtsein zunächst ein Wissen von der astralischen Wesenheit der Seele ganz unmöglich ist ... Dieses Bewußtsein wird erreicht, wenn sich der Mensch in seinem ätherischen Leibe erlebt. In demselben erschaut er aber die Spiegelbilder seines anderen Selbstes und der oberen Welt, der er angehört. Er erschaut so das ätherische Spiegelbild seines astralischen Leibes.»[719] Mit dem astralischen Leib bleiben wir gewissermaßen stets vorgeburtlich, er inkarniert sich nicht voll, sondern streckt mit der Geburt lediglich seine Fühler vor.[720] Will man sein Wesen verständlich machen, so läßt es sich vergleichen dem Schein, der von einer Lichtquelle ausstrahlt. Wie die Lichtquelle ihren Schein weithin wirft, ohne sich selbst mitzubewegen, so strahlt die Kraft des Astralleibes in die Leibesorganisation hinein, ohne daß er selbst anwesend ist. Seine Wirksamkeit ist damit aber sehr wohl gegeben. «Wenn Sie also heute eine Wirkung Ihres astralischen Leibes beobachten, so hat die ihren Ursprung in der Zeit, die längst vergangen ist, wo Sie, noch bevor Sie auf die Erde heruntergestiegen sind, in der geistigen Welt waren. Die Zeit wirkt da herein.»[721] Was so in den Leib hereinstrahlt, erhält ein waches Bewußtsein von sich selbst durch jene Leibesregion, an der es sich spiegeln kann, im Nervensystem. Es vermittelt dem Geistig-Seelischen nicht nur eine Eigenwahrnehmung, sondern auch eine solche der Umweltvorgänge. Dadurch daß im zentralen Nervensystem Lebensprozesse so weit abgelähmt werden, führt dieses Nervensystem den Menschen partiell immer dem Tode entgegen. Demgegenüber arbeitet jener Teil des Astralleibes, dessen Eingreifen auch nicht im Abbild bewußt wird, über das autonome oder vegetative Nervensystem den Abbauvorgängen aufbauend und impulsierend entgegen. Hierdurch verankert sich der Mensch in seiner Leiblichkeit. Durch die Tagestätigkeit in der Arbeit holt er während der Nacht etwas aus der allgemeinen Astralsubstanz in seine Leiblichkeit hinein, die ihn in den rhythmischen Prozessen impulsieren kann. Sie verleiht ihm Gesundheit, Kraft, Dynamik.

Die Seele erhält in ihrer inneren Substanz «Reize, Impulse, welche in das wache Leben hereinwirken aus demjenigen, was als planetarisches inneres Erleben zwischen Einschlafen und Aufwachen von der Seele erlebt wird; so daß in der Tat während des Wachens in unserem Atmen, in unserer Blutzirkulation als nachwirkender Reiz die Planetenbewegungen unseres Sonnensystems pulsieren. Und während des Schlafzustandes ... da wirken die Planetenbewegungen nicht unmittelbar, da werden sie von der Seele außerhalb des physischen und des ätherischen Organismus erlebt. Aber im Innern des schlafenden physischen Organismus zittern nach, vibrieren nach diese Reize, die von der vorhergehenden Nacht kommen, die während des Tages Atmungsprozesse und Blutzirkulation durchpulsiert haben.»[722]

Die hierarchischen Wesen sind es, deren Weisheit und kosmische Intelligenz sowohl die einzelnen Planeten wie den gesamten planetarischen Kosmos als innere Einheit in ein Ordnungsverhältnis zueinander bringen. So kann es nicht erstaunen, daß sich aus dieser Wesensbegegnung mit den Planetengeistern, deren Sein in Weisheit sich darlebt, dem Menschen etwas mitteilt. Aus dieser Aufnahme der Planetengeister in die Seele teilt sich dieser alles dasjenige mit, «was der Mensch in seinen Vorstellungs- und Empfindungskräften tragen kann als Kombinationskräfte, als Weisheitskräfte, als Klugheitskräfte – das ist Nachwirkung des planetarischen Erlebnisses».[723]

Geschehnis 2. Schlafphase	*Tag*	*Nacht*	*Tag*
Planetarisches Erleben	Eigentätigkeit	Nachbildung der Planetenbewegungen unseres Sonnensystems; Anregungen und Impulse in der Astralsubstanz.	In Atem und Blutzirkulation wirkt der impulsierende Reiz der Planetenbewegungen nach.
		Zerrissenheit in viele Seelen; Hilfe: Nachwirkung der religiösen Stimmung. Irreligiosität	Wirkung: die Nahrungsmittel werden in der richtigen Weise im Organismus verteilt. Zusammenhalt fehlt.
		Gefühl der Ängstlichkeit, kosmische Hilfe durch Christus	Angst in physiologischer Bedeutung: Beherrschung der Verdauung. Angst deplaziert: seelische Ängstigung.
		Begegnung mit Planetenintelligenzen	Stärkung der Kombinations-, Weisheits- und Klugheitskräfte.

Die dritte Schlafphase

a) Eintauchen in die Fixsternsphäre

Im dritten Stadium des Schlafes kommen wir zum Fixsternerlebnis. Für den Menschen ist es notwendig, die Nachwirkung dieses Erlebnisses in sein kommendes waches Tageserleben hineinzutragen, «um überhaupt die Kraft zu haben, jederzeit seinen physischen Organismus von der Seele aus zu beherrschen und zu beleben.»[724] Das Erlebnis der höchsten geistigen Region bringt den Menschen mit den größten geistigen Gestaltungskräften in Verbindung. Das zu verstehen, setzt wiederum voraus, alle Körper der Sterne als Ausdruck für dahinterstehende Wesenheiten zu sehen.

«So wie wir hier im Erdenleben einem Menschen gegenüberstehen mit den äußeren Sinnen, nur die Form seines Gesichtes, den Glanz seiner Augen, die Bewegungen seiner Glieder sehen, wie wir uns aber bewußt werden dadurch, daß wir selber geistig-seelische Wesen sind, daß in diesen Gestaltungen seines Antlitzes, in dem Glanz seiner Augen, in dem Inkarnat seiner Haut, in den Bewegungen seiner Glieder sich ein Geistig-Seelisches auslebt, so erkennt derjenige, der die Welt geistig-seelisch anzuschauen vermag, daß es nicht wahr ist, wenn man behauptet, Sonne und Mond, Fixsterne und Planeten und die Bewegungen der Planeten seien nur dasjenige, was uns unsere heutige physische Astronomie schildert. Diese Schilderung gleicht eigentlich derjenigen, die jemand geben wollte, der nur die äußeren Ortsveränderungen eines Muskels unseres Antlitzes, der nur die Bewegung der Augenwimpern schildern wollte, und nicht sehen wollte in den Ortsveränderungen der Antlitzmuskeln, in dieser Bewegung der Augenlider den Ausdruck eines Geistig-Seelischen. Derjenige, der die Welt geistig-seelisch anzuschauen vermag, der sieht in den Erscheinungen des Mondes, der Sonne genauso den physiognomischen Ausdruck eines kosmisch Geistig-Seelischen, wie wir in einem Menschenantlitz den Ausdruck eines Geistig-Seelischen sehen. In den Bewegungen der

Planeten schaut er Äußerungen geistig-seelischer Geschehnisse, wie man sieht in den Bewegungen der Gliedmaßen der Menschen die Offenbarungen geistig-seelischer Impulse. Und in diesen geistig-seelischen Hintergründen desjenigen, was uns im physischen Abbilde der äußeren physischen Sonne, des äußeren physischen Mondes, der Sterne und ihrer Bewegungen erscheint, in diesem Geistig-Seelischen, das im Kosmos entspricht dem Geistig-Seelischen des einzelnen Menschen, lebt der Mensch, wenn er ein übersinnliches Wesen ist, bevor er hinuntergestiegen ist in das Erdendasein.»[725]

«Allerwichtigstes geht während des Schlafes vor sich ... Wenn der Mensch aus dem Tagesbewußtsein in das Schlafbewußtsein übergeht, das ja für die Menschen der Gegenwart ein unbewußter Zustand ist, dann ist er nicht in seinem physischen Leibe und nicht in seinem ätherischen Leibe. Er ist während des Schlafens ein rein geistiges Wesen ... Dann kommt das Fixsternerlebnis. Man ist aus der Planetensphäre – nur in der Nachbildung – heraus und erlebt die Konstellationen der Fixsterne. Man erlebt also tatsächlich vom Einschlafen bis zum Aufwachen das ganze kosmische außerirdische Dasein.»[726]

«Wenn wir während des Tages unser Bewußtsein haben, so haben wir ja, wenn wir nicht in die materialistischen Vorstellungen der modernen Menschheit uns einspinnen, eine moralische und eine religiöse Grundlage unseres Lebens. Der Mensch muß fühlen außer dem, daß er Naturerkenntnis hat, daß er moralische Verpflichtungen, Verantwortungen hat, und ferner, daß er mit seinem ganzen Wesen in einer geistigen Welt darinnen ruht. Das letztere können wir nennen das religiöse Bewußtsein. Dieses moralische und religiöse Bewußtsein hat der Mensch während des Wachzustandes. Aber das religiöse Bewußtsein hat der Mensch im Wachen nur dadurch, daß er in seinem physischen Leibe ist. In diesem physischen Leibe ist ja der Mensch nicht allein, sondern es sind mit ihm zusammen Geister höherer Weltordnungen, und er lebt in seinem physischen Leibe zusammen mit Geistern höherer Weltordnungen. Und er lebt in seinem ätherischen Leibe zusammen mit demjenigen, was diese Geister höherer Weltordnungen mit dem Moralischen meinen. Also das religiöse Bewußtsein des Menschen ist abhängig von seinem Leben im physischen Leibe, im physischen Körper; das moralische Leben ist abhängig von dem Leben im ätherischen Leibe.»[727]

b) Gliedmaßen-Stoffwechsel – Ort geistiger Substanzbildung

In der körperlichen Arbeit wird, so wurde schon ausgeführt, geistige Substanz der Gliedmaßen entbunden, sie strömt nach oben zum Kopfpol hin. Die Folge davon kann ohne weiteres beobachtet werden: in der Belebung des oberen Organismus. Was unter geistiger Substanz zu verstehen sei, kann so verdeutlicht werden: Geistige Wesenheiten, die uns umgeben, mit denen wir in der Nacht in engerer Verbindung als am Tage leben, haben keine physische Substanz oder Stofflichkeit als Korrelat für ihre Leiblichkeit, sondern diese besteht aus einer Substanz, die dem menschlichen Vorstellen entspricht; sie ist aus dem Stoffe gewoben, aus dem unsere Gedanken bestehen.[728] «Nun ist es bei den Kräften gerade umgekehrt. Während für Gliedmaßen und Stoffwechsel die Substanz geistig ist, sind die Kräfte da drinnen, zum Beispiel für die Beine die Schwere, physisch. Und während die Substanz des Hauptes physisch ist, sind die Kräfte, die darinnen spielen, geistig. Geistige Kräfte durchspielen das Haupt, physische Kräfte durchspielen die geistige Substanz des Gliedmaßen-Stoffwechselmenschen ... Was da im Menschen wirkt, das durchdringt sich gegenseitig.»[729] So hat das Nerven-Sinnessystem und das Gehirn teil an der geistigen Kraft und an der physischen Substanz. «Man wird das Gehirn des Menschen nur begreifen, wenn man in ihm die knochenbildende Tendenz sehen kann, die im allerersten Entstehen unterbrochen wird. Und man durchschaut die Knochenbildung nur dann, wenn man in ihr eine völlig zu Ende gekommene Gehirn-Impulswirkung erkennt.»[730]

Vom Aufwachen bis zum Einschlafen schläft der Kopf weiter. «Obwohl man leicht glauben könnte, daß der Kopf das Allerwachеste sei, so ist er in Wirklichkeit dasjenige, was am wenigsten wach ist. Denn die wache Tätigkeit des menschlichen Denkens, überhaupt der Kopfverrichtungen, beruht darauf, daß auch im Wachen das Ich und der Astralleib gegenüber den Kopforganen ein solches Verhältnis haben, daß sie nicht vollständig – also der Ichteil des Kopfes, der Astralteil des Kopfes – mit dem physischen und dem ätherischen Teile des Kopfes sich verbinden können, sondern immer gewissermaßen ein Eigenleben außerhalb» führen.[731] Nur im Kopfschmerz kommt es zu engerer Verbindung und zum Erwachen, doch dann kann man schlecht denken. Ich und Astralleib spiegeln sich von außerhalb am physischen Leib und Ätherleib des Kopfes, das vermittelt die Bilder des Alltagslebens, sie werden bewußt. Dadurch erleben wir das Innere von Astralleib und Ich als unser eigenes. Würden allerdings Astralleib und Ich wie in anderen Bereichen des Leibes tiefer hineinarbeiten und sich nicht nur spiegeln, könnte von einer Denktätigkeit keine Rede sein; diese beruht auf Spiegelung, nicht auf Aufnahme der Tätigkeit der beiden Wesensglieder. «In der Nacht, vom Einschlafen bis zum Aufwachen, da ist … ein viel größerer Teil des Ich und des Astralleibes außerhalb des physischen und Ätherleibes. Der Mensch ist da in der Lage, vom Einschlafen bis zum Aufwachen, in bezug auf ein viel größeres Stück von Ich und Astralleib sich so zu verhalten, wie er sich beim Wachen gegenüber seinem Kopfe verhält. Aber nun ist noch nicht der übrige Organismus so weit wie der Kopf; er ist noch nicht so weit gediehen, daß er zurückstrahlen könnte, wie es der Kopf kann. Daher kann keine Bewußtheit eintreten im Schlafe … Aus dem Grunde schlafen und wachen wir, damit unser während des ganzen Tages tätiges Gehirn auch untertauchen kann in den Teil, der bei Tage die Organe versorgt und bei Nacht heraus ist und unbewußt bleibt.»[732]

Dagegen ist das Gliedmaßensystem mit dem Stoffwechsel umgekehrt durchdrungen von geistiger Substanz und kann physische

Kräfte entfalten. Wenn der Begriff der Geistsubstanz bedeutet, daß die irdische Stofflichkeit in das Kraftfeld höherer Organisationsformen des Lebens selbst kommt, dann bedeutet jede Arbeit ihre Dynamisierung. Durch die Willkür-Motorik und durch das ihr innewohnende Leben teilt sich dem übrigen Organismus eine Belebung und Erfrischung mit – neben dem Erlebnis der Ermüdung. Es ist die Ermüdung des Gliedmaßensystems, durch die gerade am schnellsten die größte Schlaftiefe des Leibes und die höchste Geisthöhe erreicht wird.

Auf diesen Tatbestand baut alle Ausgleichstätigkeit von ‹Kopfarbeitern› in Schrebergärten und bei Hobbys auf, ebenso die Sehnsucht vieler Studierenden, etwa in einer landwirtschaftlichen Tätigkeit dem wahren Sinn menschlichen Lebens und menschlicher Leistung zu begegnen. Aber es kommt noch ein weiteres hinzu: Durch das Erleben in der Nacht fügt sich in die belebende Tätigkeit des unteren Organismus etwas ein, das als Kräftigung des gesamten Organismus und der eigenen Lebensbefindlichkeit erlebt wird.

Doch es kann sich diese Geistsubstanz zusätzlich auch der geistigen Kraft selbst, wie sie im Kopfpol innerlich wirksam ist, mitteilen. Dann kann es durchaus sein, daß bei ausschließlicher Arbeit mit den Gliedern zwar viel an Geistsubstanz ausgebildet wird, gleichzeitig aber ein Hinderungsgrund entsteht, geistige Kraft, also Bewußtsein auszubilden. Dadurch entsteht ein herabgedämpfter Bewußtseinszustand – verbunden mit zum Teil körperlicher Überforderung, insbesondere bei reiner Taktarbeit. In ausgeglicheneren Zeiten wurden derartige Extremlagen vermieden. Da war die Arbeit, insbesondere die rhythmisch vollzogene, zugleich gefühlsgesättigt, sie gab dem Menschen innere Zufriedenheit. Immer trat zugleich im rhythmischen Wechsel ein höheres Prinzip, eine geistige Kraft hinzu, die Geistsubstanz ergreifend, vor allem in der religiösen Kultur mit Kulten und Festen. Das Stadtbild des Mittelalters zeigt dies äußerlich bildhaft. In den einzelnen Gewerbegassen fand die Berufsarbeit statt, die Werkstätten lagen rings um die Kirche. Sechs Tage der Woche waren bestimmt von erlebnisreicher

Berufsarbeit, der Sonntag hingegen erhielt seine Form und Kraft vom kultisch-religiösen Leben.

So wie der Mensch in seinem Organismus elementare Geistsubstanz erzeugt, so benötigt er ein Wissen, gleichsam eine geistige Kraft, die diese Substanz selbst geistig durchdringt und erhellt. Dieses Wissen kommt dem Bewußtsein als Kraft zu. Es besteht darin, «daß man sich konkrete Vorstellungen über die geistigen Welten zu machen in der Lage sein wird».[733] Ohne diese Erkenntnis-Aufhellung bleibt die in der Arbeit erzeugte Geistsubstanz etwas, was der Körperlichkeit dient, aber dem Bewußtsein entzogen bleibt und damit die Menschwerdung keineswegs fördert. In dem Maße, wie die Arbeit sich in spezialisierte Vollzüge auflöst, wird die Herstellung beider Pole – der Bewußtseinsbildung und der Geistsubstanz – eine allgemeine Kulturaufgabe, die nicht instinktiv gesichert abläuft.

Da während des Lebens Leib und Seele immer – auch während des Schlafes – zusammenhängen, taucht die Seele im Schlaf sogar tiefer in die Leibvorgänge ein und genießt sie. Widerspiegelungen dieses Eintauchens können chaotische Träume sein. Betrachtet man im Schlaf vom Astralleib und Ich aus den zurückbleibenden physischen Leib, dann erscheint er – also das, was am Tage als materiell und handgreiflich stofflicher Leib vorhanden ist – für die herausgetretenen Wesensglieder wie ein Hohlraum. Nur muß man bei diesem Anblick beachten, daß ja der Mensch wirklich heraus ist während des Schlafes. Daher sieht er den Hohlraum umsäumt von der Aura. Nicht wahr, der Mensch ist nicht in sich, sondern er ist außen und sieht so hin. Er sieht also das, was in der Mitte mehr oder weniger hohl ist. Es ist natürlich konfiguriert, mehr oder weniger hohl. Es ist nicht einfach ein Hohlraum ... So daß der Mensch natürlich so konfiguriert erscheint, wie er ist, wenn man ihn von außen anschaut, so wie es das Tagesbewußtsein gibt. Aber man sieht ihn außerdem umgeben von einem aurischen Nebel ... Man sieht nicht ganz deutlich auf ihn hin, sondern so, daß man diesen aurischen Nebel erst durchdringen muß.» In der Vergangenheit sah man «den Menschen in einer spirituellen Kleidung. Die Aura war nämlich die Kleidung ... Das ist der Ursprung der Bekleidung: Der Ersatz der Aura durch das Gewand.»[734]

c) Karma

Im zweiten Schlafzustand tritt das Erlebnis der Zerrissenheit und Ängstlichkeit auf, bereits darin wird nun das Geflecht des Karma erlebt. Während in diesem Zustand die Seele die bedrückende Ängstlichkeit nur dadurch überwinden kann, daß sie «eine äußere kosmische Hilfe» erhält, wird auf dem weiteren Weg zur höchsten Geisthöhe, der dritten Schlafstufe,[735] der Christus zu ihrem Führer:[736] Er ist der Herr des Karma.[737] Wenn wir die dritte Stufe betreten, haben wir ein Durcheinanderwirbeln von Fixsternkonstellationen des Tierkreises und Planetenbewegung. Es ist «eine uns verwirrende Welt,»[738] in die Christus Ordnung bringt.[739] Mit der Erlösungstat ist das Verzeihen verbunden. Beim rücklaufenden Erleben der Tagesgeschehnisse, insofern sie in Handlungen und Tätigkeiten, nicht in Gedanken oder Gefühlen bestanden, ist das Erleben von Verschuldung und Verstrickung unvermeidlich. Wenn in der dritten Schlafstufe der Mensch seinem Tatengeflecht des Vortages begegnet, dann wirkt er unvermeidlich am Schicksalsgewebe: rückblickend und vorausschauend. Allerdings übersteigt das die eigene Kraft, und so wirken hierarchische Wesen bei diesem Blick mit – unter Führung des Christus.

Zu dieser Wahrnehmung des Karma gehört wohl auch die Tatsache, daß dieses in der Regel mit anderen Menschen zu tun hat. So müßte es denn auch zu einer irgendwie gearteten Begegnung mit anderen Menschen im Geistigen kommen. Und so ist es auch. Für diese im Geist stattfindenden Begegnungen ist es entscheidend, welche Beziehung zwischen den Seelen besteht und welche Gestaltung geschaffen werden kann. «Die Seele bekommt ein deutliches Erleben von allen den Beziehungen zu Menschenseelen, die sie jemals in den verschiedenen Erdenleben gehabt hat. Wir haben ja in unserem Inneren die ‹Zeichen› von allen den Beziehungen, die wir jemals in den aufeinanderfolgenden Erdenleben zu Menschenseelen gehabt haben ... Die Menschenseele lebt sich also während des Schlafes auch hinein in ein reiches Netz von Beziehungen zu den Menschenseelen, zu denen sie solche Beziehungen angeknüpft hat.»[740]

Darin hat sich geschichtlich ein Wandel vollzogen, indem die ganze Seelenverfassung der Menschen eine andere geworden ist: In vorchristlicher Zeit schliefen die Menschen anders, sie wachten auch anders, weil sie ein viel genaueres Bewußtsein von ihrem Leibe und dessen physiologischen Prozessen hatten. So erlebte der Grieche im Denken eine Gabe der Sonne und in der Nahrung eine solche der Erde. Der Gegenwartsmensch ist an die Oberfläche der Erscheinungen und an abstrakte Begriffe gebunden, er benötigt darum ein tieferes Eindringen in den Geist, das heißt auch einen tieferen Schlaf, der ihn in Verbindung mit der Geistigkeit der Welt bringt. So kommt es zur Begegnung mit dem Christus, er «ist auf der Erde, aber das, was ihn umgibt, das ist in der Welt der höheren Hierarchien».[741] Er wird zum Helfer der Menschen: seinem eigenen Schicksal gegenüber und dem Schicksal der Menschheit, damit sie nicht ihren Ursprung verliere. Wer schon im Tagesbewußtsein eine Begegnung mit dem Mysterium von Golgatha und dem Christus Jesus anstrebt, erreicht die innere Verbindung zu dem Christus Jesus in der Nacht leichter, und er hilft sich selbst, jene Ängstlichkeit zu überwinden, die jede Seele in der Nacht bedrückt. Der Weltenheiland hilft. Irreligiosität kann insofern die Gespaltenheit der Seele erhalten und befördern sowie die damit eingepflanzte Ängstlichkeit in das Tagesleben herübertragen.

Der Vorgang der Schicksalsbildung ist zwar in der dritten Schlafstufe konzentriert, insgesamt bildet er aber einen Prozeß, der sich über die ganze Schlafenszeit mit allen ihren Stadien erstreckt.

«Wenn wir einschlafen, dann gehen wir mit unserem Ich und mit unserem astralischen Leib aus unserem physischen und Ätherleib heraus in die geistige Welt hinein. Da bleibt noch die Nachwirkung dessen, was wir bei Tag durchgemacht haben. Aber es bleiben nicht die Gedanken in der Form, wie wir sie denken, auch nicht in der Form von Worten. Alles das bleibt nicht. Ich möchte sagen, es hängt nur wie Reste noch daran an diesem astralischen Leib, wenn er da hinausgeht.

Und sogleich beginnt, wenn dieser astralische Leib aus dem Menschen herausgeht, sogleich beginnt das Karma sich zu bilden, wenn auch zunächst eben bildhaft. Das Karma beginnt sich zu bilden. Dasjenige, was wir bei Tage vollbracht haben an Gutem und Bösem, was wir zunächst in den uns gewohnten Vorstellungen überschauen, es fängt sogleich an, wenn wir einschlafen, sich in die karmische Entwickelungsströmung umzusetzen. Und das dauert eine Weile nach dem Einschlafen. Da übertönt dieses Umsetzen in das Karma alles übrige, was an Tatsachen während des Schlafens mit uns geschieht.

Dann aber beginnt, wenn man weiter den Schlaf führt, das Untertauchen des Menschen zunächst in diejenigen Erlebnisse, die einem vorigen Erdenleben angehören, dann weiter, die einem zweitletzten Erdenleben angehören, dann weiter einem drittletzten und so weiter. Und wenn der Mensch am Aufwachen ist, dann ist er auch vorbeigegangen an seinem ersten individuellen Erdenleben. Da kommt er noch in dasjenige Erleben, wo er noch nicht abgeschieden ist vom allgemeinen Weltenall, wo er das noch mitmacht, wo noch von individuellem Erdenleben nicht gesprochen werden kann. Und erst wenn er so weit ist, kann er wiederum zurückgehen in seine physische Organisation, in seine Ätherorganisation.»[742]

«Was einem vor allen Dingen vor das Seelenauge an Erlebnissen während des Schlafes tritt, das ist das neu sich bildende Schicksal. Wenn wir in das Schlafen hinunterleuchten, das im Wollen liegt während des Wachens, dann kommen wir auf das Karma, welches aus früheren Erdenleben hereinwirkt. Wenn wir anfangen, die Erlebnisse zwischen dem Einschlafen und Aufwachen zu durchschauen, dann schauen wir hin, wie sich aus unseren freien Handlungen, die wir gegenwärtig verrichten, zusammenwebt das Karma, das sich erst wiederum im nächsten Erdenleben verwirklicht.»[743]

Dieser Tatbestand wird durch unser Denken, das sich während des Tages auf anderes – nämlich die Außenwelt und ihre Gegebenheiten – richtet, verhüllt.

«Ganz besonders interessant ist für die Karmabeobachtung die Zeit der allerersten Kindheit des Menschen. Die Entschlüsse des Kindes erscheinen uns ganz willkürlich, dennoch sind sie nicht willkürlich. Oh, es ist schon so, daß diese Willensentschlüsse des Kindes dasjenige nachahmen, was in der Umgebung des Kindes vor sich geht ... Aber es erlebt jede Geste, jede Bewegung mit der moralischen Bedeutung ... Und das Kind erlebt in den feinsten Bewegungen, die der Mensch in seiner Umgebung macht, die Gedanken, die der Mensch hat ... Aber was das Merkwürdige, das, ich möchte sagen, im erhabenen Sinne Interessante ist, ist, daß das Kind nicht alles nachahmt, sondern daß es eine Wahl trifft ... Während des Schlafes trifft nun das Kind die Wahl. Dasjenige, was es aufnehmen will, sendet es aus seiner Seele in seinen Leib, in seinen Körper hinunter. Dasjenige, was es nicht aufnehmen will, stößt es während des Schlafes in die ätherische Welt hinaus, so daß das Kind nur dasjenige in seine Körperlichkeit aufnimmt, wozu es schicksalsmäßig vorbestimmt ist durch sein Karma.»[744]

«Karma als menschliches Karma ist erst möglich geworden, als die Menschen ihre Hände zur Arbeit verwendeten. Vorher schafft man kein individuelles Karma ... Durch die Hände erfüllt der Mensch die Umwelt mit Taten, durch die Sprache erfüllt er sie mit Worten. Wenn der Mensch gestorben ist, so bleibt das leben, was er an Taten und Worten in der Umwelt verrichtet hat ... Was ich mit meinen Händen tue, kann bloß meine Tat sein; was ich spreche, spreche ich als Glied eines Volkes.»[745]

Ein wesentliches Element innerhalb des Tatengeflechtes stellt die Arbeit dar; auch sie hat immer Wirkungen, die sich dem Bewußtsein entziehen, und diesen Wirkungen begegnen nun Astralleib und Ich während der Nacht, ohne aber – da es sich zum Teil um menschheitliche Wirkungen handelt – selbst die Folgen der Taten angemessen bewältigen zu können. Gerade deshalb bedarf in dieser

Region der Mensch der Hilfe, und zwar höherer geistiger Wesenheiten, insbesondere der das Schicksal lenkenden Christus-Kraft, um zur angemessenen ersten Bearbeitung der tiefsten Kräfte des eigenen Seins zu gelangen. Wieweit nun der Mensch in der Lage ist, durch das Untertauchen in höhere geistige Wesenheiten heilende Impulse zu empfangen, hängt unmittelbar sowohl von seinen persönlichen Lebenseinstellungen als auch von dem Tagestun ab. Dem Seelisch-Geistigen des Menschen kann es hier begegnen, daß die im Tagestun und -verhalten ausgebildete Kraft nur zureicht, um die Wirksamkeit geistiger Wesen aus verschiedenen Regionen des planetarischen Raumes zu erleben. Dann bildet sich aus der Astralsubstanz der Welt etwas in die Seelensubstanz des Menschen ein, was die verschiedenen Wirkens- und Kraftrichtungen der Welt markiert. Das Seelisch-Geistige des Menschen ist dann aber innerlich förmlich zerrissen. Erst wenn es mit göttlicher Hilfe ‹erhoben› wird, sich also im Übergang zur Fixsternwirksamkeit befindet, verdeutlicht sich dem Erleben, daß der eben durchlaufenen unterschiedlichen Hingaberichtung ein Übergeordnetes zugrunde liegt: die hierarchisch-harmonische Ordnung der Sphären. Wird nun ahnungsweise erlebt, wie sich diese Sphären zueinander verhalten, wie die gegenseitigen Verhaltensordnungen der höheren Hierarchien beschaffen sind, so dringt der Mensch mit seinem Seelisch-Geistigen in den Weisheitskosmos des Universums ein.[746]

«Kurz, was gewordenes Schicksal des Menschen ist, stellt sich in diesem Stadium des Schlafes vor die Seele hin.»[747] Diese Begegnung erneuert allmählich in geist-realer Weise das, was während des Tages an Beziehungen zwischen mir und anderen Menschen aufgebaut oder zerstört wurde; sie webt somit das Geflecht schon vorhandener Beziehungen weiter, fügt ihm neue Muster ein, ohne daß die vorangegangenen dadurch verschwänden. Allerdings, wie in einem Gemälde sich alle Farben durch einen neuen Ton, der hinzugesetzt wird, verändern und anders klingen, so fügt das vorangegangene Tagestun einen neuen Klang, eine neue Tönung hinzu.

d) Rückwirkungen auf das Tagesleben

Um das Tagesseelenleben wieder aufzunehmen, benötigt der physische Leib den «Anstoß, der aus dem Erleben eines Nachbildes des planetarischen Kosmos in der Nacht kommt».[748] Dieser wird über die Astralsubstanz in den physischen Organismus hereingetragen, und der Mensch fühlt sich anderntags nicht nur erfrischt, sondern ganz neu «impulsiert». Dadurch daß dieses Nachterlebnis in den Tag hereinragt, wird es dem Menschen möglich – indem der Astralleib aus seiner Substanz auf Äther- und physischen Leib wirkt –, daß er in seinem Stoffwechsel die Nahrungssubstanzen dem Irdischen entreißt und sie dem Seelischen, das heißt der menschlichen Intention zugänglich macht. Ohne dieses Erlebnis würden die Substanzen in die Schwere, ins Irdische fallen, den Menschen an seiner Willensentfaltung hindern und «den ganzen menschlichen Organismus in Unordnung bringen».[749]

Durch das Fixsternerlebnis erhält der Mensch noch weit bedeutsamere Impulse als aus dem Planetenerleben. Von da bekommt er nämlich «die Durchfeuerung des Atmungsprozesses und des Blutzirkulationsprozesses; daß aber diese Prozesse substantiell sind, daß sie durchsetzt werden von dem, was sie brauchen von Substanz, daß also diese Prozesse fortwährend Ernährungsprozesse des Organismus auch sind, dieses Forttreiben der Nahrungsmittel durch den Organismus, das ja scheinbar das Materiellste ist, das aber aus höheren Kräften heraus ist als die bloße Bewegung der Blutzirkulation – dieses Erlebnis beruht in seiner Anfeuerung für das Tagesleben auf einem Nachwirken des Fixsternerlebnisses. Wie wir als physische Menschen abhängig sind in unserem Geistig-Seelischen von der Art und Weise, wie diese oder jene Stoffe in uns zirkulieren, das hängt, wenn ich mich so ausdrücken darf, mit höchsten Himmeln zusammen, das hängt damit zusammen, daß wir als geistig-seelische Wesen im dritten Stadium des Schlafes in uns fühlen Nachbilder der Fixsternkonstellationen.»[750]

Die Erlebnisreste des vorigen Tages vereinigen sich mit dem

ursprünglichen Erlebnis der Nacht, und «dann strahlt in das neue Tagesleben des nächsten Tages die erfrischende Kraft in den Organismus hinein».[751] Je nachdem, wie die Auseinandersetzungen des zweiten Schlafstadiums in Moralität und Ängstlichkeit gelingen, werden wir «uns glücklich oder unglücklich im dumpfen Innendasein fühlen ... uns frisch oder ermattet fühlen».[752]

Es durchlebt der Mensch in der Nacht jene Ausatmungsbewegung, die ihn innerlich in einen Zusammenhang bringt mit der göttlichen Weltensubstanz, indem er sich in dieser Astralsubstanz ausbreitet. Als Grundempfindung hiervon bleibt ihm die Tatsache, daß er sich bis in die Leiblichkeit hinein erfrischt fühlt.

Geschehnis 3. Schlafphase	*Tag*	*Nacht*	*Tag*
	Eigentätigkeit, körperliche Arbeit	Begegnung mit moralischen Mächten	Kraft, den physischen Organismus von der Seele aus zu beherrschen
Fixsternregion	Entbindung geistiger Substanz aus dem Leibe	Christus als Führer in verwirrenden Zuständen: Karmabeziehungen	Einstrahlende Moralität
		Fixsternerlebnis wirkt harmonisierend und impulsierend.	Initiativkräfte. Nahrungsmittel werden angefeuert. Erkraftung und Erfrischung.

Literaturverzeichnis

A. Werke von Rudolf Steiner:

Angegeben ist jeweils die Bibliographie-Nummer der im Rudolf Steiner Verlag, Dornach, erscheinenden Gesamtausgabe (GA). Ferner wird die Auflage genannt, nach der jeweils zitiert wurde.

GA 1 b: J. W. Goethe, Naturwissenschaftliche Schriften. Mit Einleitungen, Fußnoten und Erläuterungen im Text herausgegeben von Rudolf Steiner. Zweiter Band. 1975.
GA 3: Wahrheit und Wissenschaft. ^{5}1980.
GA 4: Die Philosophie der Freiheit. ^{14}1978.
GA 9: Theosophie. ^{23}1973.
GA 10: Wie erlangt man Erkenntnisse der höheren Welten? ^{24}1993.
GA 12: Die Stufen der höheren Erkenntnis. ^{6}1979.
GA 13: Die Geheimwissenschaft im Umriß. ^{29}1977.
GA 15: Die geistige Führung des Menschen und der Menschheit. ^{10}1987.
GA 17: Die Schwelle der geistigen Welt. Taschenbuchausgabe 1972.
GA 21: Von Seelenrätseln. ^{5}1983.
GA 27: (zusammen mit Ita Wegman) Grundlegendes für eine Erweiterung der Heilkunst. ^{5}1977.
GA 28: Mein Lebensgang. ^{8}1982.
GA 34: Luzifer-Gnosis, 1903-1908. Grundlegende Aufsätze zur Anthroposophie und Berichte aus der Zeitschrift ‹Luzifer› und ‹Lucifer-Gnosis›. ^{1}1960.
GA 38: Briefe I, 1881-1890. ^{3}1985.
GA 52: Spirituelle Seelenlehre und Weltbetrachtung. ^{1}1972.

GA 60: Antworten der Geisteswissenschaft auf die großen Fragen des Daseins. [1]1959.
GA 67: Das Ewige in der Menschenseele. Unsterblichkeit und Freiheit. [2]1992.
GA 72: Freiheit – Unsterblichkeit – Soziales Leben. [1]1990.
GA 73: Die Ergänzung heutiger Wissenschaften durch Anthroposophie. [2]1987.
GA 79: Die Wirklichkeit der höheren Welten. [1]1962.
GA 93a: Grundelemente der Esoterik. [2]1976.
GA 94: Kosmogonie. [1]1979.
GA 99: Die Theosophie des Rosenkreuzers. Ausgabe 1955.
GA 100: Menschheitsentwickelung und Christus-Erkenntnis. [1]1967.
GA 101: Mythen und Sagen. Okkulte Zeichen und Symbole. [1]1987.
GA 102: Das Hereinwirken geistiger Wesenheiten in den Menschen. [2]1974.
GA 103: Das Johannes-Evangelium. [11]1995.
GA 118: Das Ereignis der Christus-Erscheinung in der ätherischen Welt. [2]1977.
GA 119: Makrokosmos und Mikrokosmos. [2]1962.
GA 122: Die Geheimnisse der biblischen Schöpfungsgeschichte. [6]1984.
GA 131: Von Jesus zu Christus. [5]1974.
GA 137: Der Mensch im Lichte von Okkultismus, Theosophie und Philosophie. [4]1973.
GA 141: Das Leben zwischen dem Tode und einer neuen Geburt im Verhältnis zu den kosmischen Tatsachen. [4]1983.
GA 143: Erfahrungen des Übersinnlichen. [2]1974.
GA 145: Welche Bedeutung hat die okkulte Entwickelung des Menschen für seine Hüllen und sein Selbst? [4]1976.
GA 146: Die okkulten Grundlagen der Bhagavad Gita. [4]1992.
GA 153: Inneres Wesen des Menschen und Leben zwischen Tod und neuer Geburt. [5]1978.
GA 154: Wie erwirbt man sich Verständnis für die geistige Welt? [1]1973.
GA 156: Okkultes Lesen und okkultes Hören. [1]1967.
GA 157: Menschenschicksale, Völkerschicksale. Schicksalsbildung und Leben nach dem Tode. [2]1960.
GA 159: Das Geheimnis des Todes. [1]1967.

GA 163: Zufall, Notwendigkeit und Vorsehung. [1]1975.
GA 170: Das Rätsel des Menschen. [2]1978.
GA 172: Das Karma des Berufes des Menschen. [3]1974.
GA 174: Zeitgeschichtliche Betrachtungen. Das Karma der Unwahrhaftigkeit – Zweiter Teil. [1]1966.
GA 174a: Mitteleuropa zwischen Ost und West. [1]1971.
GA 175: Bausteine zu einer Erkenntnis des Mysteriums von Golgatha. [2]1982.
GA 181: Erdensterben und Weltenleben. [2]1967.
GA 182: Der Tod als Lebenswandlung. [2]1976.
GA 184: Die Polarität von Dauer und Entwickelung im Menschenleben. [1]1968.
GA 191: Soziales Verständnis aus geisteswissenschaftlicher Erkenntnis. [2]1972.
GA 193: Der innere Aspekt des sozialen Rätsels. [3]1977.
GA 201: Entsprechungen zwischen Mikrokosmos und Makrokosmos. [2]1987.
GA 202: Die Brücke zwischen der Weltgeistigkeit und dem Physischen des Menschen. [2]1980.
GA 203: Die Verantwortung des Menschen für die Weltentwickelung. [1]1978.
GA 205: Menschenwerden, Weltenseele und Weltengeist. Erster Teil. [1]1967.
GA 206: Menschenwerden, Weltenseele und Weltengeist. Zweiter Teil. [1]1967.
GA 207: Anthroposophie als Kosmosophie. Teil I. [1]1972.
GA 208: Anthroposophie als Kosmosophie. Teil II. [1]1972.
GA 209: Nordische und mitteleuropäische Geistimpulse. [1]1968.
GA 210: Alte und neue Einweihungsmethoden. [1]1967.
GA 211: Das Sonnenmysterium und das Mysterium von Tod und Auferstehung. [2]1986.
GA 212: Menschliches Seelenleben und Geistesstreben im Zusammenhange mit Welt und Erdenentwickelung. [1]1978.
GA 213: Menschenfragen und Weltenantworten. [1]1969.
GA 214: Das Geheimnis der Trinität. [2]1980.
GA 215: Die Philosophie, Kosmologie und Religion in der Anthroposophie. [2]1980.

GA 218: Geistige Zusammenhänge in der Gestaltung des menschlichen Organismus. [2]1976.
GA 219: Das Verhältnis der Sternenwelt zum Menschen und des Menschen zur Sternenwelt. [4]1976.
GA 220: Lebendiges Naturerkennen. Intellektueller Sündenfall und spirituelle Sündenerhebung. [1]1966.
GA 222: Die Impulsierung des weltgeschichtlichen Geschehens durch geistige Mächte. [3]1976.
GA 223: Der Jahreskreislauf als Atmungsvorgang der Erde – Die Anthroposophie und das menschliche Gemüt. [4]1976.
GA 224: Die menschliche Seele in ihrem Zusammenhang mit göttlich-geistigen Individualitäten. [1]1966.
GA 225: Drei Perspektiven der Anthroposophie. [2]1990.
GA 226: Menschenwesen, Menschenschicksal und Weltentwickelung. [4]1978.
GA 227: Initiations-Erkenntnis. [3]1982.
GA 228: Initiationswissenschaft und Sternenerkenntnis. [1]1964.
GA 230: Der Mensch als Zusammenklang des schaffenden, bildenden und gestaltenden Weltenwortes. [5]1978.
GA 234: Anthroposophie. Eine Einführung. [4]1974.
GA 236: Esoterische Betrachtungen karmischer Zusammenhänge. Bd. II. [5]1977.
GA 238: Esoterische Betrachtungen karmischer Zusammenhänge. Bd. IV. [4]1974.
GA 239: Esoterische Betrachtungen karmischer Zusammenhänge. Bd. V. [2]1975.
GA 240: Esoterische Betrachtungen karmischer Zusammenhänge. Bd. VI. [3]1977.
GA 243: Das Initiaten-Bewußtsein. [5]1993.
GA 257: Anthroposophische Gemeinschaftsbildung. [2]1974.
GA 275: Kunst im Lichte der Mysterienweisheit. [2]1980.
GA 276: Das Künstlerische in seiner Weltmission. [2]1961.
GA 283: Das Wesen des Musikalischen und das Tonerlebnis im Menschen. [2]1975.
GA 293: Allgemeine Menschenkunde als Grundlage der Pädagogik. [7]1973.
GA 302: Menschenerkenntnis und Unterrichtsgestaltung. [3]1971.

GA 302a: Erziehung und Unterricht aus Menschenerkenntnis. [2]1977.
GA 303: Die gesunde Entwickelung des Menschenwesens. [3]1978.
GA 312: Geisteswissenschaft und Medizin. [5]1976.
GA 313: Geisteswissenschaftliche Gesichtspunkte zur Therapie. [3]1963.
GA 327: Geisteswissenschaftliche Grundlagen zum Gedeihen der Landwirtschaft. [6]1979.
GA 341: Nationalökonomisches Seminar. [2]1973.
GA 347: Die Erkenntnis des Menschenwesens nach Leib, Seele und Geist. Über frühe Erdzustände. [1]1976.
GA 349: Vom Leben des Menschen und der Erde. Über das Wesen des Christentums. [2]1980.
GA 350: Rhythmen im Kosmos und im Menschenwesen. Wie kommt man zum Schauen der geistigen Welt? Ausgabe 1962.

B. Andere Autoren:

Aschoff, J. (1970):Circadiane Periodik als Grundlage des Schlaf-Wach-Rhythmus, in: Baust 1970, S. 59-93.
Aubry, Octave (o.J.): Napoleon privat, Erlenbach-Zürich.
Baust, W. (1970, Hg.): Ermüdung, Schlaf und Traum, Stuttgart.
Baust, W. (1970): Die Phänomenologie des Schlafes, in: Baust 1970, S. 99–144.
Becker-Carus, Christian (1977): Wer träumt, schläft besser. Ergebnisse der modernen Schlafforschung. Stuttgart.
Beiträge zur Rudolf Steiner Gesamtausgabe, Dornach.
Nr. 31, 1970: Notizbucheintragungen Rudolf Steiners zu den Lehrerkursen 1919–21.
Nr. 111, 1993: »Wissen ist Macht, Macht ist Wissen» – Rudolf Steiner als Lehrer an der Arbeiterbildungsschule in Berlin und Spandau 1899–1904.
Benninghoff/Goerttler: Lehrbuch der Anatomie des Menschen. Hg.: H.Ferner/G. Staubesand (1975):
Bd. 1: Allgemeine Anatomie, Cytologie und Bewegungsapparat, 11. Aufl. München/Berlin/Wien.

Bd. 2: Eingeweide und Kreislauf, München/Berlin/Wien.
Bd. 3: Nervensystem, Haut Sinnesorgane, 9. Aufl. München/Berlin/Wien.

Berlucci, G. (1970): Mechanismen von Wachen und Schlafen, in: Baust 1970. S. 145–204.

Birbaumer, Niels/Obert F. Schmidt: Biologische Psychologie, 2. Aufl. Berlin/Hamburg/New York 1991.

Borbély, Alexander (1984): Das Geheimnis des Schlafs – neue Wege und Erkenntnise der Forschung, Stuttgart.

Bothmer, Fritz Graf v. (1989): Gymnastische Erziehung. Hrsg. v. G. Husemann, 3. Aufl. Stuttgart.

Brentano, Franz [1874]: Psychologie vom empirischen Standpunkt, hg. v. Oskar Kraus, (Philos. Bibliothek 192), 3. Aufl. Hamburg 1973.

Bubner, Rudolf (1984): Evolution, Reinkarnation, Christentum, Frankfurt/M.

Bücher, Karl (1924): Arbeit und Rhythmus, 6Leipzig.

Cartwright, R. D. (1978): Night Life. Englewood, N.J.

Chenu, M. D. (1956): Die Arbeit und der göttliche Kosmos, Versuch einer Theologie der Arbeit, Mainz.

Comroe, J. H. (1968): Physiologie der Atmung, Stuttgart.

Dement, W.C./N.Kleitman (1957): Cyclic Variations in E.E.G. During Sleep to Dream Activity – An Objective Method for the Study of Dreaming. J. Exp. Psy. Ass. J., 8, 400–405.

Dionysius (Pseudo-) Areopagita: Über die himmlische Hierarchie. Über die kirchliche Hierarchie, eingel., übers., mit Anmerk. vers. v. G.Heil, Stutgart 1986.

Holm, P. (1970): Der pharmakologisch induzierte Schlaf, in: Baust 1970, S. 247–294.

Eadie, Betty J. (1994): Licht am Ende des Lebens. Bericht einer außergewöhnlichen Nah-Todeserfahrung, München.

Engel, Peter (1973): Das Auge als Bewegungsorgan – Versuch einer geisteswissenschaftlichen Annäherung an die am okkulomotorischen System neu entdeckten Phänomene, in: Beiträge zu einer Erweiterung der Heilkunst nach geisteswissenschaftlichen Erkenntnissen, S. 77–82 und 134–149.

Erke, Heiner (1966): Der Traum, in: Handbuch der Psychologie – Allgemeine Psychologie, Bd. 1., Göttingen.

Fichte, Immanuel Hermann [1833]: Grundzüge zum System der Philosophie, Bd. 1: Das Erkennen als Selbsterkennen, Heidelberg, Nachdruck Aalen 1969.
Fichte, Immanuel Hermann [1876]: Anthropologie, Leipzig.
Fichte, Immanuel Hermann [1859]: Zur Seelenfrage.
Frunder, Horst (1988): Physiologische Chemie, 2. Aufl. Berlin.
Ginsburg, Herbert/Sylvia Opper (1975): Piagets Theorie der geistigen Entwicklung, 5. Aufl. Stuttgart.
Hagemann, Ernst (1973): Weltenäther – Elementarwesen – Naturreiche, Freiburg/B.
Hahn, Herbert (1969): Der Weg, der mich führte. Stuttgart.
Herrmann (1972): Olympia – Heiligtum und Wettkampfstätte, München.
Herder [1791]: Ideen zur Philosophie der Geschichte der Menschheit, Bd. 4. Herders Werke, Bibliothek Deutscher Klassiker, Weimar/Berlin 1982.
Hierholzer, Klaus/Robert F. Schmidt (1991, Hg.): Pathophysiologie des Menschen, Weinheim.
Höcht, Johannes Maria (1986): Träger der Wundmale Christi. Eine Geschichte der Stigmatisierten, hg. und ergänzt v. A. Guillet, 4. Aufl. Stein am Rhein.
Hopf, A. (1970): Neuroanatomische Einführung, in: Baust 1970, S. 31–38.
Husemann, Fr./Wolff, O. (1991): Das Bild des Menschen als Grundlage der Heilkunst. 5. Aufl. Stuttgart.
Jovanovic, Uroš J. (1988): Methodik und Theorie der Hypnose. Psychobiologische Grundlagen. Hypnosetechnik. Phänomenologie. Mechanismen, Stuttgart/New York.
Jouvet, Michel (1994): Die Nachtseite des Bewußtseins. Warum wir träumen. Reinbek.
Julius, Frits H. (1970): Das Tier zwischen Mensch und Kosmos. Neue Wege zu einer Charakteristik der Tiere. (2. Aufl. 1981).
Julius, Frits H. (1991): Die Bildersprache des Tierkreises und der Aufbau eines neuen Gemeinschaftslebens. 8. Aufl. Stuttgart.
Karni, Avi/Dov Sagi vom Weizmann-Institut (Rehovot, Israel), zit. n. Wissenschaftsbeilage der Süddeutschen Zeitung vom 29.9.94.
Kemper, Werner (1955): Der Traum und seine Bedeutung, Hamburg [rde 4].

Kierkegaard, Sören (1992): Der Begriff der Angst. Stuttgart.
Kischnik, Rudolf (1985): Was die Kinder spielen, 7. Aufl. Stuttgart.
Kischnik, Rudolf (1989)/Wil van Haren: Der Plumpsack geht rum, Stuttgart.
Kischnik, Rudolf (1989): Leibesübung und Bewußtseinsschulung, 2. Aufl. Basel.
Klüncker, Wolf-Ulrich (Hg. 1992): Rudolf Steiner: Geistige Wesen in der Natur, Themen aus dem Gesamtwerk 18, Stuttgart.
Koella, Werner (1973): Physiologie des Schlafes, Stuttgart u. a.
Leber, Stefan (1975): Von der Wirklichkeit in Wolframs Parzival. Ein Beispiel. Mitteilungen aus der anth. Arbeit, Nr. 114, S. 292–301.
Leber, Stefan (Hg. 1986): Das soziale Hauptgesetz. – Beiträge zum Verhältnis von Arbeit und und Einkommen. (Sozialwissenschaftliches Forum Bd. 1). Stuttgart.
Leber, Stefan (1987): « ... es mußten neue Götter hingesetzt werden» – Menschen in der Entfremdung: Marx und Engels, Cieszkowski, Bauer, Hess, Bakunin und Stirner, Stuttgart.
Leber, Stefan (1993): Die Menschenkunde der Waldorfpädagogik. Anthropologische Grundlagen der Erziehung des Kindes und Jugendlichen. Menschenkunde und Erziehung 61. Stuttgart.
Leonhardt, Helmut (1974): Histologie, Zytologie und Neuroanatomie des Menschen, [4]Stuttgart.
Lernen im Schlaf, Süddeutsche Zeitung, Wissenschaftbeilage vom 29.9.94.
Loebell, Peter: Der Schlaf als Aufgabe in der Waldorfpädagogik. In: Lehrerrundbrief, 53, März 1995, 5–15.
Lurija, Alexander R. (1993): Einführung in die Neurophysiologie, Reinbek.
Matussek, N. (1970): Biochemie des Schlafes, in: Baust 1970, 1970, S. 205–216.
Marti, Ernst (1990): Die vier Äther. Zu Rudolf Steiners Ätherlehre. Element – Äther – Bildekräfte. 4. Aufl. Stuttgart.
Moltke, Helmut v. (1993): Dokumente zu seinem Leben und Wirken 1848-1916, hg. v. Thomas Meyer, Bd. 2, Basel.
Moody, Raymond A. (1977): Leben nach dem Tode. Reinbek.
Moody, Raymond A. (1978): Nachgedanken über das Leben nach dem Tode, Reinbek.

Müller, Dagobert (1968): Neurologische Untersuchungen und Diagnostik im Kindesalter, Wien u. a.
Mücke, Johanna/Alwin Alfred Rudolph (1979): Erinnerungen an Rudolf Steiner und seine Wirksamkeit an der Arbeiterbildungsschule in Berlin 1899-1904, Basel.
Nietzold, Jochen (1978): Geistige Stukturen sinnvollen Turnens. Grundlagen praktischer Turnarbeit. Eine Wesenskunde, Stuttgart.
Otter, H. P. (1970): Die Pathologische Physiologie des Schlafes, in: Baust 1970, S. 217–246.
Poppelbaum, Hermann (1974): Entwicklung, Vererbung und Abstammung – wie sie Rudolf Steiner sehen lehrte. 2. Aufl. Dornach.
Raschen, Klaus (1987): Der Schlaf. Eine pastoralmedizinische Studie, Stuttgart.
Rauber/Kopsch (1987–88, Hrsg. H. Leonhardt, B. Tillmann, G. Töndury, K. Zilles.): Anatomie des Menschen. Stuttgart/New York.
Bd. 1: Bewegungsapparat.
Bd. 2: Innere Organe.
Bd. 3: Nervensystem, Sinnesorgane
Bd. 4: Topographie der Organsysteme, Systematik der peripheren Leitungsbahnen.
Rein/ Schneider (1971): Einführung in die Physiologie des Menschen, 16. Aufl. Berlin/Heidelberg/NewYork.
Rohen, Johannes W. (1977): Funktionelle Anatomie des Menschen, 3. Aufl. Stuttgart/New York.
Rohen, Johannes W. (1978): Funktionelle Anatomie des Nervensystems, 3. Aufl. Stuttgart/New York.
Schaeffer, H. (1970): Ermüdung und Müdigkeit, in: Baust 1970, S. 1–30.
Schmidt, R.F./G.Thews (1987, Hg.) Physiologie des Menschen, 23. Aufl. Berlin, Heidelberg u.a.
Schroeder, Hans-Werner (1990): Der Mensch und das Böse. Ursprung, Wesen und Sinn des Bösen, 3. Aufl. Stuttgart.
Thews, Gerhard/Peter Vaupel (1990): Vegetative Physiologie, 2. Aufl. Berlin, Heidelberg u.a.
Thomas, Klaus (1955): «Jesu Leiden und Sterben in ärztlicher Sicht», in: Wege zum Menschen. Monatsschrift für Seelsorge, Psychotherapie und Erziehung, H. 4, Jg. 7, Göttingen, S. 108–115.
Vester, Frederic (1975): Denken, Lernen, Vergessen. Was geht in unserem

Kopf vor, wie lernt das Gehirn, und wann läßt es uns im Stich? Stuttgart.
Wachsmuth, Günther (1952): Erde und Mensch – ihre Bildekräfte, Rhythmen und Lebensprozesse, 2. Aufl. Konstanz.
Wever, R. (1972): Ein mathematisches Modell für biologische Schwingungen. Z. f. Tierpsych. 21, 359.
Wever, R. (1979): The Circadian System of Man. Berlin, Heidelberg, New York.
Wegman, Ita (1927/28): Wie bewertet geisteswissenschaftlich orientierte Medizin Erscheinungen wie die von Konnersreuth? In: Natura, 2. Jg., S. 94 – 108.
Wiesberger, Hella (1975): Rudolf Steiners Lebenswerk in seiner Wirklichkeit ist sein Lebensgang. In: Beiträge zur Rudolf Steiner Gesamtausgabe, Nr.49/50.

Anmerkungen

1 Steiner, GA 293, 21.8.1921, S. 25.
2 Steiner, GA 302, 14./15.6.1921.
3 Teile dieser Arbeit wurden bereits Anfang der 70er Jahre niedergeschrieben.
4 Steiner, GA 236, 22.6.1924, S. 258.
5 Baust 1970, S. 101.
6 Koella 1973, S. 139.
7 Die Literatur ist unübersehbar geworden und umfaßt Abertausende von Titeln, so daß wir uns auf Handbücher und Übersichtsdarstellungen abstützen müssen.
8 Baust 1970, S. 102.
9 Birbaumer/Schmidt 1991, S. 462 ff.
10 Die Einteilung der Schlafstadien in A, B … geht auf Loomis 1936, die nach 1, 2 … auf Kleitman 1957 zurück.
11 Jovanovic 1988, S. 768.
12 Jovanovic 1988, S. 768.
13 Das Schlafwandeln aus geisteswissenschaftlicher Sicht wird in Teil 2, S. 146 ff. dargestellt.
14 Otter 1970, S. 230.
15 Otter 1970, S. 231.
16 Jovanovic 1988, S. 794 f.
17 Jovanovic 1988, S. 763.
18 Birbaumer/Schmidt 1991, S. 515.
19 Erke, S. 1105.
20 Jouvet 1994, S. 72f.
21 Allerdings wurde auch nachgewiesen, daß beim Menschen keineswegs REM-Aktivität mit der Traumbildungsphase gleichzusetzen ist. So durch David Foulkes und Inge Strauch nach W. Leuschner in: Spektrum der Wissenschaft 9/1995.

22 Jouvet 1994, S. 96ff.

23 Darunter werden aktive Zellkomplexe im Pons (Brücke), im Corpus geniculatum laterale sowie im Occiput (Hinterhaupt) verstanden.

24 Jouvet 1994, S. 19.

25 Erke, S. 1109.

26 Auch bei Säugetieren wird der REM-Schlaf beobachtet. Er ist bei der Katze, einem beliebten Untersuchungsobjekt, schon äußerlich wahrnehmbar. Während sie sonst eingerollt schläft, streckt sie während des REM-Schlafes alle Viere von sich, der Kopf liegt auf dem Boden – Zeichen für die völlige Erschlaffung der Muskulatur.

27 Baust, S. 21. Der Tag hat 1440 Minuten, werden diese durch einen 90-Minuten-Rhythmus geteilt, so gelangt man zur 16. harmonischen Schwingung.

28 Koella 1973, S. 71.

29 Borbély 1984, S. 194.

30 Vgl. Otter 1970, S. 241

31 Koella 1973, S. 74. – Alle heute gebräuchlichen Schlafmittel (Barbiturate und Benzodiapzepine) verkürzen den REM-Anteil am Schlaf, dies gilt auch für den Alkoholkonsum, dabei nehmen die Zwischenzustände in den Schlafphasen zu (Birbaumer/Schmidt 1991, S. 523).

32 Vgl. Koella 1975, 73 ff. und Holm 1970, S. 247.

33 Leonhardt 1974, S. 205.

34 Koella 1973, S. 25 f.

35 Birbaumer/Schmidt 1991, S. 523.

36 Cartwright 1978.

37 Vester 1975.

38 Untersuchungen von Avi Karni und Dov Sagi vom Weizmann-Institut (Rehovot, Israel), zit. n. Wissenschaftsbeilage der Süddeutschen Zeitung vom 29.9.94.

39 Birbaumer/Schmidt 1991, S. 524. – Das Lernen im Schlaf, wie es von der Hypnopädie angeboten wird, führt nur zu Behaltensleistungen, wenn auch Alpha-Rhythmen nachgewiesen werden können. Zwar werden auch im Schlaf Eindrücke aufgenommen, aber ihre Konsolidierung gelingt schwer.

40 Otter 1970, S. 235.
41 Otter 1970, S. 236.
42 Otter 1970, S. 227.
43 Otter 1970, S. 227.
44 Schmidt/Thews 1995, S. 152.
45 Schmidt/Thews 1995, S. 152.
46 Koella 1975, S. 71.
47 Steiner, GA 191, 18.10.1919, S. 168.
48 Koella 1975, S. 89.
49 Koella 1975, S 90.
50 Diese aufgeworfenen Zusammenhänge werden erst im 3. Teil genauer untersucht.
51 Einige Bausteine zur Antwort finden sich auf S. 68, 110 f., 185.
52 Vgl. S. 265.
53 Vgl. S. 89, 103.
54 Vgl. S. 81 ff.
55 Vgl. S. 103.
56 Steiner, GA 146, 1.6.1913, S. 79.
57 Steiner, GA 146, 1.6.1913, S. 79 f.
58 Arnold Rudolf Karl Fortlage (1810-1881): Acht psychologische Vorträge, Jena 1869, S. 34, zit. bei Steiner, GA 72, Vortrag v. 18.11.1917, S. 18.
59 Dieselbe Wendung gebraucht Jahre später Scheler: 1991, S. 79f.: «Das Gehirn scheint ... das eigentliche Todesorgan zu sein», denn großgehirnlose Pferde und Hunde können noch Leistungen vollbringen.
60 Bubner 1984. – Steiner, GA 9; GA 13.
61 So in den Paulusbriefen, oder in der Bildsprache der Apokalypse. Wir beziehen uns hier auf Luthers Wendungen.
62 Dionysius (Pseudo-) Areopagita 1986. – Vgl. dazu S. 9
63 Steiner, GA 3, S. 11 f.
64 Steiner: GA 1b, S. IV.
65 Steiner, GA 4, S. 95.
66 Steiner, GA 4, S. 146.
67 Steiner, GA 9, S. 51.
68 Gemeint ist dies im Sinne Diltheys im Gegensatz zur naturwissenschaftlichen Erkenntnis mit ihren eindeutigen Phänomenen.

69 Steiner, GA 214, 30.8.1922, S. 173 und 175.
70 Lurija 1993.
71 Steiner, GA 209, 27.11.1921, S. 31.
72 Steiner, GA 13, S. 58.
73 Steiner, GA 9, S. 58. Diese sprachliche wie begriffliche Trennung hält Steiner in der *Theosophie* sorgfältig durch, in Vortragszusammenhängen indessen nicht, hier faßt er beide Bedeutungen unter dem einen Begriff Astralleib zusammen.
74 Weitere Einzelheiten vgl. S. 222 ff.
75 Steiner, GA 219, 22.12.1922, S. 110 f.
76 Der Ausdruck «Bilder» läßt sich so verstehen, daß es sich um Gestaltungskräfte handelt, um geformte, gebärdenhafte Kräfte, denn Kräfte sind immer konkrete Wirksamkeiten, sie haben – in ihrer Konkretheit aufgefaßt – bildhaften Charakter.
77 Das Wort Weltall kann auch durch Kosmos ersetzt werden, eine Welt der Ordnung, der Intelligenz oder Weisheit, der Gestaltungskräfte. Theologisch wird von den Himmeln oder auch von Gott gesprochen.
78 Im einzelnen wird von Steiner verschiedentlich der Zusammenhang der Leibesgestalt etwa mit den Kräften des Tierkreises untersucht, so in GA 137. – Vgl. auch Julius 1981, 1991.
79 Steiner, GA 13, S. 87 f.
80 Steiner, GA 175, 13.3.1917, S. 115 f.
81 Dies wird eingehend dargestellt und begründet in: Steiner, GA 13.
82 Unveröffentlichter Vortrag, 29.12.1903. Zitiert nach Wiesberger 1975, S. 27.
83 Steiner, GA 172, 6.11.1916, S. 56.
84 Steiner, GA 163, 28.8.1915, S. 55.
85 So die Darstellung in GA 4 und GA 9.
86 Steiner, GA 10. – Vgl. auch S. 53 f.
87 Steiner, GA 236, 22.6.1924, S. 259 f.
88 Steiner, GA 236, 22.6.1924, S. 260 f.
89 Steiner, GA 239, 14.6.1924, S. 240.
90 Steiner, GA 239, 14.6.1924, S. 241.
91 Steiner, zit. n. Wiesberger 1975.
92 Leber 1993, S. 424 ff.
93 Steiner, GA 239, 14.6.1924, S. 241.

94 Wie das Geistige im einzelnen in die Leibvorgänge einzugreifen vermag, wird erst im 3. Teil dargestellt.
95 Steiner, GA 239, 14.6.1924, S. 242 f.
96 Davon wird auf einer bestimmten Stufe der Nah-Tod-Erfahrung berichtet: Moody 1978, S. 24 f.: «Es war, als ob ich für eine Sekunde sämtliche Geheimnisse aller Zeiten verstanden hätte, alle Rätsel des Universums, die Sterne, den Mond ...»
97 Antwort Steiners in einem Brief, Moltke 1993, S. 52. – Unter astralen Sinnen werden die ‹Lotosblumen› oder ‹Chakra› verstanden, sie sind in GA 10 als «Sinnesorgane der Seele» bezeichnet und werden in ihrer Bedeutung und Wirkung genauer beschrieben (S. 90 ff.).
98 Unveröffentlichter Vortrag, 29.12.1903. Zitiert nach Wiesberger 1975, S. 27.
99 Steiner, GA 102, 11.6.1908, S. 217.
100 Steiner GA 201, 1.5.1920, S. 161.
101 Steiner, GA 119, 24.3.1910, S. 104.
102 Steiner, GA 119, 24.3.1910, S. 104 f.
103 Steiner, GA 119, 24.3.1910, S. 105 f.
104 Steiner, GA 119, 24.3.1910, S. 106.
105 Steiner, GA 211, 24. 3. 1922, S. 35.
106 Steiner, GA 12, S. 79.
107 Steiner, GA 211, 24.3.1922, S. 35-42
108 Steiner, GA 283, 3.12.1906, S. 27.
109 Steiner, GA 214, 30.8.1922, S. 175.
110 Steiner, GA 218, 5.11.1922, S. 113.
111 Steiner, GA 214, 30.8.1922, S. 178 f.
112 Steiner, GA 119, 24.3.1910, S. 99.
113 Steiner, GA 60, 24.11.1910, S. 133.
114 Leber 1993, S. 190.
115 Steiner, GA 119, 24.3.1910, S. 99.
116 Steiner, GA 118, 12.4.1910. S. 209 f.
117 Steiner, GA 218, 5.11.1922, S. 113: «Tatsächlich macht jeder Mensch während der Nacht ein ätherisches Vorstadium in Weltenangst und Gottessehnsucht durch.»
118 Steiner, GA 236, 22.6.1924, S. 262.
119 Steiner, GA 218, 4.12.1922, S. 272.
120 Steiner, GA 236, 22.6.1924, S. 263.

121 Steiner, GA 10, GA 12.
122 Steiner, GA 218, 4.12.1922, S. 273.
123 Steiner, GA 236, 22.6.1924, S. 258.
124 Steiner, GA 224, 21.6.1923, S. 59.
125 Steiner, GA 226, 16.5.1923, S. 12.
126 Steiner, GA 236, 22.6.1924, S. 262.
127 Steiner, GA 226, 16.5.1923, S. 15. – Die darin enthaltene Problematik ist eingehender erörtert in: Leber 1993, S. 154ff.
128 Steiner, GA 219 22.12.1922, S. 115.
129 Steiner, GA 214, 20.8.1922, S. 137.
130 Die Rückwirkung auf den Leib wird erst weiter unten im 3. Teil behandelt.
131 Steiner, GA 9. – Leber 1993, S. 186.
132 Steiner GA 119, 23.3.1910, S. 109.
133 Steiner GA 119, 28.3.1910, S. 171.
134 Steiner, GA 293, 25.8.1919, S. 62.
135 Steiner GA 119, 28.3.1910, S. 173.
136 Steiner, GA 293, 25.8.1919, S. 71.
137 Ein Ausdruck, den C.G. Jung gebraucht, aber auch Steiner, z. B. in GA 10, Kap: Die Spaltung der Persönlichkeit.
138 Vgl. S. 88.
139 Steiner, GA 175, 20.2.1917, S. 54.
140 Es werden an dieser Stelle ausführlicher Plutarch und Paracelsus zitiert.
141 Steiner GA 175, 20.2.1917, S. 54 f. und 57. – Die beiden anderen Begegnungen mit den Zukunftskräften und den sie tragenden höheren hierarchischen Wesen hängen mit dem Jahreslauf und der Mitte des Lebenslaufes (zwischen 28. und 42.Jahr) zusammen; sie werden hier nicht weiter ausgeführt.
142 Steiner, GA 193, 13.9.1919, S. 127.
143 Steiner, GA 193, 13.9.1919, S. 127.
144 Steiner, GA 209, 27.11.1921, S. 31.
145 Steiner, GA 209, 27.11.1921, S. 32.
146 Steiner, GA 175, 27.2.1917, S. 76.
147 Steiner, GA 175, 27.2.1917, S. 77.
148 Steiner, GA 205, 17.7.1921, S. 235.
149 Steiner, GA 205, 17.7.1921, S. 235.

150 Steiner, GA 240, 24.8.1924, S. 258 ff.
151 Steiner, GA 240, 24.8.1924, S. 261.
152 Steiner, GA 184, 7.9.1918, S. 31.
153 Steiner, GA 184, 7.9.1918, S. 32.
154 Steiner, GA 211, 24.3.1922, S. 34.
155 Steiner, GA 208, 22.10.1921, S. 32.
156 Steiner, GA 224, 28.4.1923, S.119.
157 Steiner, GA 156, 12.12.1914, S. 92.
158 Steiner, GA 222, 11.3.1923, S. 14.
159 Steiner, GA 222, 11.3.1923, S. 16.
160 Leber 1993, S. 486.
161 Steiner, GA 156, 12.12.1914, S. 92 f.
162 Diesen Gedanken, der karmisch große Bedeutung hat, entwickelt Steiner wiederholt: GA 156, 12.12.1914, S. 94f. – GA 157, 28.11.1914. – GA 159, 7.5.1915. – GA 174 a, 13.12.1914.
163 Steiner, GA 224, 6.4.1923, S. 14 f. und 18.
164 Steiner, GA 224, 6.4.1923, S. 30.
165 Steiner, GA 224, 6.4.1923, S 19. – Für den Beobachter zeigt sich am Erwerb des Gleichgewichts und des Gehens, welche Kräfte der Liebe oder des Hasses ausgebildet wurden. Es offenbart sich der Zusammenhang des Geistigen mit dem Physischen.
166 Steiner, GA 224, 6.4.1923, S. 16.
167 Steiner, GA 226, 18.5.1923, S. 55 f.
168 Steiner, GA 219, 22.12.1922, S. 105.
169 Steiner, GA 219, 22.12.1922, S. 107.
170 Steiner, GA 219, 22.12.1922, S. 107.
171 Steiner, GA 219, 22.12.1922, S. 108.
172 Steiner, GA 219, 22.12.1922, S. 109. – Diese Darstellung beruht auf einer genaueren Analyse der Tätigkeit der oberen Sinne, wie sie von Steiner in den Jahren ab 1917 wiederholt vorgenommen und in seiner Sinneslehre dargestellt wurde. Sie war ihm so wichtig, daß er sie in die Neuauflage 1918 der *Philosophie der Freiheit* (GA 4) als ersten Anhang aufnahm.
173 Steiner, GA 219, 22.12.1992, S. 109.
174 Steiner, GA 175, 6.3.1917, S. 97.
175 Steiner, GA 175, 20.2.1917, S. 68.
176 Steiner, GA 175, 6.3.1917, S. 96.

177 Diese Darstellungen finden sich alle im Verlaufe des Jahres 1922, zunächst ausgehend von der Gliederung der Seele nach Denken, Fühlen und Wollen (vgl. S. 75).
178 Steiner, GA 214, 30.8.1922, S. 175.
179 Steiner, GA 215, 10.9.1922, S. 81.
180 Steiner, GA 215, 10.9.1922, S. 81.
181 Steiner, GA 214, 30.8.1922, S. 178.
182 Steiner, GA 226, 18.5.1923, S. 45.
183 Steiner, GA 207, 1.10.1921, S. 65.
184 Steiner, GA 207, 1.10.1921, S. 70.
185 Beim ersten Ansatz seiner Darstellungen, am 30.8.1922 (GA 215), in London, unterscheidet Steiner nur zwei Stufen, 11 Tage später, am 10.9.1922 (GA 215), in Dornach, behandelt er drei Sphären, Stufen oder Stadien. Diese Darstellung behält er dann nachfolgend bei. Dieser Wandel der Darstellung zeigt, daß die Ergebnisse nicht fertig vorliegen, sondern sich mit der eingehenderen Beschäftigung erweitern, verändern, vertiefen – ein sprechender Einblick in Steiners fortschreitendes Forschen. Die scheinbaren Widersprüche heben sich in der jeweils neugewonnenen Perspektiven-Erweiterung auf.
186 Steiner, GA 215, 10.9.1922, S. 83.
187 Im ersten Ansatz (vgl. Anm. 185) wird von Ängstlichkeit bereits im ersten Stadium gesprochen (London), kurz darauf in Verbindung mit dem zweiten Stadium (Dornach).
188 Steiner, GA 214, 30.8.1922, S. 177.
189 Steiner, GA 215, 10.9.1922, S. 83.
190 Steiner, GA 215, 10.9.1922, S. 85.
191 Steiner, GA 214, 30.8.1922, S. 175.
192 Steiner, GA 214, 30.8.1922, S. 175 f.
193 Steiner, GA 215, 10.9.1922, S. 85.
194 Steiner, GA 214, 30.8.1922, S. 176 f.
195 Steiner, GA 226, 18.5.1923, S. 46 f.
196 Steiner, GA 214, 30.8.1922, S. 178.
197 Steiner, GA 214, 30.8.1922, S. 177.
198 Steiner, GA 207, 1.10.1921, S. 66 f.
199 Steiner, GA 215, 10.9.1922, S. 84.
200 Steiner, GA 215, 10.9.1922, S. 84.
201 Steiner, GA 214, 30.8.1922, S. 180.

202 Steiner, GA 214, 30.8.1922, S. 180.
203 Steiner, GA 214, 30.8.1922, S. 181.
204 Steiner, GA 214, 30.8.1922, S. 181.
205 Steiner, GA 226, 18.5.1923, S. 50 ff.
206 Steiner, GA 215, 10.9.1922, S. 85.
207 Steiner, GA 240, 24.8.1924, S. 263.
208 Steiner, GA 215, 10.9.1922, S. 88.
209 Steiner, GA 214, 30.8.1922, S. 179.
210 Steiner, GA 214, 30.8.1922, S. 179.
211 Steiner, GA 215, 10.9.1922, S. 89 f.
212 Steiner, GA 214, 30.8.1922, S. 179.
213 Steiner, GA 215. 10.9.1922, S. 88.
214 Steiner, GA 214, 30.8.1922, S. 179.
215 Steiner, GA 214, 30.8.1922, S. 179 f.
216 Steiner, GA 215, 10.9.1922, S. 90.
217 Steiner, GA 218, 9.10.1922, S. 26.
218 Steiner, GA 218, 9.10.1922, S. 26.
219 Steiner, GA 218, 5.11.1922, S. 113.
220 Steiner, GA 214, 30.8.1922, S. 182 f.
221 Steiner, GA 215, 10.9.1922, S. 90.
222 Steiner, GA 102, 11.6.1908, S. 218.
223 Steiner, GA 202, 1.10.1921, S. 80.
224 Steiner, GA 228, 2.9.1923, S. 143.
225 Raschen 1987, S. 45.
226 Steiner, GA 218, 5.11.1922, S. 113.
227 Steiner, GA 218, 5.11.1922, S. 113.
228 Kemper 1955, S. 46 f.
229 Raschen 1987, S. 48 f.
230 Raschen 1987, S. 108.
231 Steiner, GA 208, 13.11.1921, S. 196.
232 Von ihnen spricht Steiner in GA 293, 23.8.1919, S.48 f. im Anschluß an Platons Darstellung im *Timaios.*
233 Diese Analyse führt durch P. Engel 1973, S. 77–82 und 134–149.
234 Engel 1973, S. 140.
235 Steiner, GA 243, 14. 8. 1924, S. 89.
236 Engel 1973, S. 142 f.
237 Steiner, GA 218, 5.11.1922, S. 113.

238 Steiner, GA 218, 4.12.1922, S. 272.
239 Steiner, GA 159, 14.3.1914, S. 128–130.
240 Steiner, GA 208, 12.11.1921, S. 178.
241 So etwa begründet Friedrich Schiller in seiner Dissertation den anthropologischen Tatbestand: *Versuch über den Zusammenhang der thierischen Natur des Menschen mit seiner geistigen.* Stuttgart 1780 (Faksimile-Nachdruck, Ingelheim a. Rhein 1959).
242 Steiner, GA 208, 12.11.1921, S. 179 f.
243 Steiner, GA 208, 12.11.1921, S. 179.
244 Steiner, GA 208, 12.11.1921, S. 181.
245 Steiner, GA 208, 12.11.1921, S. 182 ff.
246 Steiner, GA 208, 12.11.1921, S. 184.
247 Steiner, GA 208, 12.11.1921, S. 180.
248 Steiner, GA 208, 12.11.1921, S. 181.
249 Steiner, GA 208, 12.11.1921, S. 185.
250 Steiner, GA 208, 12.11.1921, S. 185 f.
251 Steiner, GA 208, 12.11.1921, S. 186.
252 Steiner, GA 15, Kap. I.
253 Steiner, GA 15, Kap. I.
254 Steiner, GA 226, 18.5.1923, S. 56.
255 Steiner, GA 15, Kap. I.
256 Steiner, GA 226, 18.5.1923, S. 56 f.
257 Steiner, GA 224, 28.4.1923, S. 120.
258 Steiner, GA 15, Kap. I.
259 Steiner GA 206, 7.8.1921, S. 97.
260 Steiner, 220, 26.1.1923, S. 148–150.
261 Steiner, GA 293, 21.8.1919, S. 25.
262 Steiner, GA 222, 11.3.1923, S. 13 f.
263 Steiner, GA 201,1.5.1920, S. 149.
264 Berlucchi 1975, S. 147.
265 Leber, 1993, S. 251 ff.
266 Piaget, der genetische Entwicklungspsychologe, spricht vom Übergang der präoperativen in die konkreten Operationen; Ginsburg/Opper, S. 204 ff.
267 Vgl. auch 3. Teil, S. 222 ff.
268 Otter 1975, S. 222.
269 Steiner GA 206, 7.8.1921, S. 99 f.

270 Steiner nennt diesen Übergang von einer Seelenverfassung in eine andere auch Rubikon.
271 Steiner GA 206, 7.8.1921, S. 102 f.
272 Steiner GA 201, 1.5.1920, S. 150.
273 Steiner 212, 26.5.1922, S. 127.
274 Steiner, GA 224, 6.4.1923, S. 10 f.
275 Steiner, GA 224, 6.4.1923, S. 13.
276 Steiner, GA 222, 11.3.1923, S. 13.
277 Steiner, GA 222, 11.3.1923, S. 14.
278 Steiner, GA 222, 11.3.1923, S. 15.
279 Dies hat Steiner wiederholt dargestellt, so in GA 9. Vgl. ferner: Das Leben nach dem Tod und sein Zusammenhang mit der Welt der Lebenden, 10 Vorträge ausg. u. hg. v. F. Teichmann, Stuttgart 1988. – Die Schilderung deckt sich auch mit den Nah-Tod-Erlebnissen, die Moody referiert.
280 Steiner: GA 9, S. 111.
281 Steiner: GA 157, 16. 11. 1915, S. 312. – Weitere Darstellungen finden sich in: GA 206, 7.8.1921, S.103f. – GA 157, 16.11.1915, S. 311 ff. – 18.11.1915, S. 330 – 20.11.1915, S. 351 ff.
282 Steiner: GA 206, 7.8.1921, S. 103.
283 Steiner GA 201, 1.5.1920, S. 162.
284 Steiner, GA 214, 30. 8.1922, S. 174.
285 Steiner, GA 312, 1.4.1920, S. 229.
286 Steiner, GA 313, 14.4.1921, S. 64.
287 Der Vortrag hat den Titel: Nervosität und Ichheit, in: GA 143, 17.1.1912.
288 Steiner, GA 313, 15.4.1921, S. 95.
289 Birbaumer/Schmidt 1991, S. 189.
290 Steiner, GA 146, 30.5.1913, S. 80 (Ausg. 1962).
291 Steiner, GA 224, 11.7.1923, S. 102.
292 Steiner, GA 224, 11.7.1923, S. 102.
293 Aubry, o.J.
294 Otter 1975, S. 239 f.
295 Vgl. 1. Teil, S. 41.
296 Steiner, GA 349, 9.4.1923, S. 152 f.
297 Steiner, GA 52, 7.3.1904, S. 259.
298 Steiner GA 119, 22.3.1910, S. 60 f.

299 I. H.Fichte 1859.
300 Ebd., S. 79.
301 In diesem Sinne ist Fichte das Denken Offenbarung des menschlichen Geistes, und die Reflexion auf das Denken ist der höchste Zustand des Geistes. In der Reflexion des Denkens auf sich wird erst jener menschliche Zustand erreicht, «wodurch es sich zum Denken seiner selbst vollendet». Der höchste zu erringende Standpunkt: «die Selbsterkenntnis des Bewußtseins» (I. H. Fichte 1833, S. 82).
302 Ebd., S. 83.
303 Ebd., S. 82.
304 Ebd., S. 89.
305 Ebd., S. 90.
306 Ebd., S. 92.
307 Steiner, GA 67, 21.3.1918, S. 226 ff.
308 Steiner, GA 67, 21.3.1918, S. 229 und 231.
309 I. H. Fichte 1833, S. 98.
310 I. H.Fichte, 1876, S. 623.
311 Steiner, GA 72, 23.11.1917, S. 118.
312 Steiner, GA 13, Kap.: Die Erkenntnis der höheren Welten.
313 G. Spiker: Am Wendepunkt der christlichen Weltperiode [1910], zit. n. Steiner: GA 72, 18.10.1917, S. 33 f.
314 Steiner, GA 28, S. 13.
315 Steiner schreibt schon als Zwanzigjähriger an einen Freund: «Ich verfolge ein ganz bestimmtes Ziel, ein ideales Ziel, die Erkenntnis der Wahrheit. Nun kann man diese aber keineswegs im Sprunge erhaschen» (GA, 38, S. 17).
316 Steiner, GA 67, 21.3.1918, S. 237 f.
317 Steiner, GA 60, 24.11.1910, S. 150.
318 Steiner, GA 227, 22.8.1923, S. 82.
319 Steiner, GA 146, 30.5.1913, S. 43 f.
320 Steiner, GA 146, 30.5.1913, S. 47- 49.
321 Steiner, GA 146, 30.5.1913, S. 49 f.
322 Steiner, GA 146, 30.5.1913, S. 52 f.
323 Steiner, GA 227, 22.8.1923, S. 92.
324 Steiner, GA 214, 30. 8. 1922, S. 176.
325 Steiner, GA 225, 22.7.1923, S. 174.

326 Steiner, GA 225, 22.7.1923, S. 175.
327 Steiner, GA 349, 9.4.1923, S. 144.
328 Steiner, GA 349, 9.4.1923, S. 146.
329 Steiner, GA 225, 22.9.1923, S. 187.
330 Steiner, GA 257, 4.3.1924, S. 185.
331 Steiner, GA 257, 4.3.1924, S. 190.
332 Kemper 1955, S. 152.
333 Ebd., S. 91 f.
334 Steiner, GA 94, 28.5.1906, S. 32.
335 Vgl. hierzu die von Kemper 1955 gegebenen Analysenbeispiele.
336 Steiner, GA 303, 25.12. 1921, S. 57.
337 Steiner, GA 303, 25.12. 1921. S. 57.
338 Steiner, GA 99, 26. 5. 1907, S. 30.
339 Steiner, GA 73, 7.11.1917, S. 43.
340 Steiner, GA 302, 13.6.1921, S. 33.
341 Herder 1982, S. 31.
342 Julius 1970, S. 28.
343 Steiner GA 119, 22.3.1910, S. 57 f.
344 Steiner, GA 79, 28.11.1921, S. 94 f.
345 Steiner, GA 79, 28.11.1921, S. 97–99.
346 Steiner, GA 79, 28.11.1921, S. 100.
347 Steiner GA 119, 22.3.1910, S. 60.
348 Steiner, GA 9, S. 40.
349 Steiner, GA 9, S. 41.
350 Steiner, GA 9, S. 39.
351 I. H. Fichte [1833], § 161.
352 Steiner, GA 60, 24.11.1910, S. 130 f. – Dies ist die erste Darstellung Steiners über die Einschlafvorgänge.
353 Steiner, GA 154, 5.5.1914, S. 45.
354 Steiner, GA 154, 5.5.1914, S. 47.
355 Steiner GA 119, 28.3.1910, S. 171.
356 Steiner, GA 10, Kap.: Leben und Tod. Der große Hüter der Schwelle.
357 Ebd.
358 Steiner, GA 210 19.1.1922, S. 55 f.
359 Steiner, GA 79, 28.11.1921, S. 96.
360 Steiner, GA 79, 28.11.1921, S. 99.
361 Steiner, GA 215, 10.9.1922, S. 90.

362 Steiner, GA 60, 24.11.1910, S. 136 f.
363 Steiner, GA 175, 20.2.1917, S. 68.
364 Steiner, GA 210 19.1.1922, S. 57.
365 Steiner, GA 119, 21.3.1910, S. 48.
366 Steiner, GA 119, 23.3.1910, S. 78.
367 Steiner, GA 119, 23.3.1910, S. 78.
368 Steiner, GA 119, 23.3.1910, S. 78.
369 Steiner, GA 201, 1.5.1920, S. 161.
370 Steiner, GA 141, 10.12.1912, S. 75.
371 Steiner, GA 119, 23.3.1910, S. 78 f. und 81.
372 Steiner, GA 119, 23.3.1910, S. 85.
373 Steiner, GA 219,15.12.1922, S. 64.
374 Steiner, GA 119, 23.3.1910, S. 88 ff.
375 Steiner, GA 119, 24.3.1910, S. 109.
376 Steiner, GA 193,12.6.1919, S. 96 f.
377 Er bringt sie in GA 210, 1.1.1922, mit den Widersacher-Kräften zusammen, wobei das Einschlafen unter der Herrschaft der luziferischen, das Erwachen unter der der ahrimanischen Macht steht.
378 Steiner, GA 181, 5.2.1918, S. 53.
379 Steiner, GA 174 a, 14.2.1918, S. 210 f.
380 Steiner, GA 203, 27.2.1921, S. 236.
381 Steiner, GA 203, 27.2.1921, S. 236.
382 Steiner, GA 208, 12.11.1921, S.178 f.
383 Steiner, GA 211, 31.3.1922, S. 79.
384 Steiner, GA 349, 21.4.1923, S. 201.
385 Steiner, GA 239, 14.6.1924, S. 237.
386 Steiner, GA 239, 14.6.1924, S. 242.
387 Steiner, GA 350, 18.7.1923, S. 197 f.
388 Steiner, GA 219, 22.12.1922, S. 112.
389 Steiner, GA 219, 22.12.1922, S. 113.
390 Steiner, GA 214, 30.8.1922, S. 173.
391 Zwei Drittel war er Gott, ein Drittel Mensch, heißt die Charakterisierung im Gilgamesch-Epos.
392 Steiner, GA 222, 12.3.1923, S. 27.
393 Steiner, GA 222, 12.3.1923, S. 28.
394 Steiner, GA 222, 18.3.1923, S. 78.
395 Steiner, GA 182, 9.10.1918, S. 140.

396 Steiner, GA 182, 9.10.1918, S. 140–142 und 145.
397 Steiner, GA 182, 9.10.1918, S. 149.
398 Bei dieser rätselhaft prophetischen Darstellung kann vielleicht an den Zusammenhang mit der Immunschwäche und Autoaggression sowie an die gesellschaftliche Wirkung von AIDS gedacht werden.
399 Steiner, GA 182, 9.10.1918, S. 150.
400 Steiner, GA 182, 9.10.1918, S. 151. – Man ist geneigt, hier an die soziale Wirkung der Psychopharmaka, die sich seit dem Vietnam-Krieg in einem ungeahnten Umfang verbreitet haben, zu denken.
401 Steiner, GA 182, 9.10.1918, S. 151. – Bei dieser Darstellung kann in verschiedener Richtung gedacht werden: an die sogenannte friedliche Nutzung der Radioaktivität zur Energiegewinnung, an die virtuelle Realität, die durch elektronische Datentechnik geschaffen wird, wie Cyberspace. – Zeitlich liegt Steiners Darstellung lange vor diesen inzwischen eingetretenen Tatbeständen.
402 Steiner, GA 34, S. 119.
403 Steiner, GA 34, S. 116.
404 Steiner, GA 34, S. 122.
405 Steiner, GA 34, S. 133.
406 Vielfältig in: Steiner, GA 34, S. 110-137 beschrieben («Von der Aura des Menschen»).
407 Steiner, GA 94, 26.2.1906, S. 202.
408 Steiner, GA 141, 10.12.1912, S. 76 ff.
409 Steiner, GA 9, S. 50.
410 Steiner, GA 67, 20.4.1918, S. 350.
411 Steiner, GA 67, 5.2.1918, S. 54.
412 Steiner, GA 228,2.9.1923, S. 63.
413 Vgl. Leber 1993, S. 22.
414 Steiner, GA 175, 6.3.1917, S. 100.
415 Steiner, GA 27, S. 36.
416 Vgl. weiter unten S. 203 ff.
417 Steiner, GA 293, 27.8.1919, S. 100.
418 Steiner, GA 293, 27.8.1919, S. 99.
419 Steiner, GA 293, 27.8.1919, S. 99.
420 Steiner, GA 27, S. 51.
421 I. H. Fichte 1876, S. 274.
422 I. H. Fichte 1876, S. 330.

423 Steiner, GA 153, 9.4.1914, S. 85 f.
424 Als Geistmensch bezeichnet Steiner in GA 9 das geistige Formprinzip des physischen Leibes oder dessen Vergeistigung; davon hat der Mensch heute nur Anlagen.
425 Steiner, GA 208, 13.11.1921, S. 205 f.
426 Anhand von Michelangelos Weltgericht und dem Bild des Opferlammes verdeutlicht Steiner den Vorgang. Siehe GA 208, 13.11.1921, S. 207 f.
427 Steiner, GA 208, 12.11.1921, S. 176.
428 Steiner, GA 227, 22.8.1923, S. 96.
429 Steiner, GA 227, 22.8.1923, S. 96 f.
430 Schroeder 1990.
431 Vgl. hierzu Steiner, GA 13.
432 Damit ist auf einen Vorgang verwiesen, bis zu dem Erde und Mond evolutiv noch eine Einheit bildeten. Um einen neuen Impuls in die Erdenentwicklung zu bringen, trat, impulsiert durch hohe Schöpfermächte, eine Trennung des einheitlichen Körpers in die Erde und ihren Trabanten, den Mond, auf, so daß fortan zwei Entwicklungstempi für geistige Wesenheiten gegeben sind. Aus Steiners Darstellung in der *Geheimwissenschaft*, GA 13, ergibt sich, daß äußere Erscheinungen, also auch die Planeten, Ausdruck für innere geistige Vorgänge und Wesenheiten bilden. Auf diesen Zusammenhang wird in dem zitierten Text verwiesen.
433 Dies vollzog sich in geologisch weit zurückliegenden Zeiten, die möglicherweise dem frühen Mesozoikum entspechen. Vgl. die Schilderung in GA 13.
434 Steiner, GA 219, 3.12.1922, S. 49.
435 Herder 1982, S. 64.
436 Vgl. zur Begründung Schroeder 1990.
437 Steiner, GA 225, 22.7.1923, S. 150.
438 Steiner, GA 225, 22.7.1923, S. 151.
439 Steiner, GA 225, 22.7.1923, S. 151.
440 Thews/Vaupel 1990, S. 73 ff.
441 Schmidt/Thewes 1987, S. 665.
442 Steiner, GA 102, 4.6.1908, S. 204.
443 Steiner, GA 102, 4.6.1908, S. 204.
444 Steiner, GA 228, 2.9.1923, S. 65.

445 Steiner, GA 175, 6.3.1917, S.102.
446 Steiner, GA 175, 6.3.1917, S. 102.
447 Steiner, GA 175, 6.3.1917, S. 102 f.
448 Steiner, GA 154, 5.5.1914, S. 45.
449 Darauf gehen wir weiter unten ein.
450 Steiner, GA 172, 6.11.1916, S. 58.
451 Steiner, GA 172, 6.11.1916, S. 59. – Vgl. auch GA 174, 14.1.1917, S. 125 ff.
452 Rohen 1978, S. 79–82.
453 Rohen 1978, S. 277.
454 Rohen 1978, S. 278.
455 Rohen 1978, S. 279.
456 Rohen 1978, S. 309.
457 Schmidt/Thews 1978, S. 747.
458 Vgl. 2. Teil, S. 111 ff.
459 Steiner, GA 218, 9.10.1922, S. 26.
460 Wachsmuth 1952, S. 385.
461 Wachsmuth 1952, S. 330 ff. Eine derartig starke Korrelation hat sich in jüngeren Untersuchungen nicht reproduzieren lassen, vielmehr hält die Leber gerade den Blutzuckerspiegel konstant (Klaus Frisch in: Tycho-de-Brahe-Jahrbuch 1995). – Dennoch sind tagesperiodische Verläufe für mehr als 100 Meßgrößen von inneren Organen und physiologischen Funktionen signifikant nachgewiesen: Wever 1979.
462 Frunder 1988, S. 419.
463 Steiner, GA 218, 5.11.1922, S. 111.
464 Steiner, GA 13, S. 58.
465 Steiner, GA 52, Vortrag vom 23.3.1905, S. 166. – Es handelt sich um einen Vortrag, den Steiner – zusammen mit weiteren – zur Zeit der Arbeit an der *Theosophie* gehalten hat.
466 Steiner, GA 52, Vortrag vom 23.3.1904, S. 166 f.
467 Steiner, GA 9, S. 97.
468 Steiner, GA 13, Kap.: Die Weltentwickelung und der Mensch.
469 Steiner, GA 145, 26.3.1913, S. 120.
470 Steiner, GA 208, 12.11.1921, S. 176.
471 Steiner, GA 9, S. 40.
472 Steiner, GA 9, S. 41.

473 Steiner, GA 13, S. 87.

474 Der umgekehrte Vorgang findet beim Tod statt. Er wird in den Nah-Tod-Erlebnissen Reanimierter vielfältig beschrieben; es ist, als ob der Astralleib in sein Reich zurückgerissen würde: «Ich wurde sanft nach oben gezogen, hinein in eine riesige schwarze Masse. Es war so, als sei ich von einem riesigen Tornado verschluckt worden ... Diese Schwärze war mehr als die Abwesenheit von Licht ... doch inmitten dieser dunklen Masse fühlte ich mich unsäglich geborgen ... Ich bewegte mich liegend mit den Füßen nach vorne, den Kopf leicht angehoben» (Eadie 1994, S. 55 f.). Am Ende des ‹Tunnels› folgt dann eine Erfahrung der Überfülle des Lichts, das niemals blendet, mit einer eindringlichen Wesensbegegnung (Moody 1977, 1. Kap.).

475 Steiner, GA 13, S. 87.

476 Steiner, GA 21. Skizzenhafte Erweiterungen: Die physischen und die geistigen Abhängigkeiten der Menschen-Wesenheit.

477 Ebd.

478 Steiner kennt auch sieben Lebens*prozesse*: 1. Atmung, 2. Wärmung, 3. Ernährung, 4. Absonderung, 5. Erhaltung, 6. Wachstum, 7. Reproduktion (Steiner, GA 170, 12.8.1916). Die Lebens*stufen* charakterisieren die Vorgänge unter einem etwas anderen Gesichtspunkt als die Lebensprozesse.

479 Steiner, GA 208, 29.10.1921, S. 86.

480 Steiner, GA 208, 29.10.1921, S. 87.

481 Steiner, GA 208, 29.10.1921, S. 87 f.

482 Diesen Zusammenhang im einzelnen zu begründen und zu entfalten, würde den Rahmen unserer Darstellung sprengen. Vgl. Hagemann 1976.

483 Vreede 1980.

484 Steiner, GA 224, 11.7.1923, S. 103.

485 Steiner, GA 224, 11.7.1923, S. 104.

486 Steiner, GA 99, 26.5.1907, S. 33.

487 Steiner, GA 99, 26.5.1907, S. 32.

488 Steiner, GA 191, 18.10.1919, S. 159.

489 Steiner, GA 172, 6.11.1916, S. 59 f. – Vgl. auch GA 174, 14.1.1917, S. 125 ff.

490 Schmidt/Thews 1987, S. 147, wo die Meßwerte von freilaufenden

Rhythmen bei in Höhlen oder Bunkern Eingeschlossenen wiedergegeben werden, die sich allesamt auf einen Rhythmus von etwas mehr als 24 Stunden einpendeln.

491 Steiner, GA 212, 5.5.1922, S. 54-56.
492 Comroe 1968, S. 117 f.
493 Steiner, GA 99, 26.5.1907, S. 33 f.
494 Husemann/Wolff 1991, Bd. II, S. 290.
495 Steiner, GA 208, 13.11.1921, S. 193 f.
496 Steiner, GA 170, 28.8.1916, S. 224.
497 Steiner, GA 174, 14.1.1917.
498 Leber 1993, S. 441 ff.
499 Steiner, GA 293, 27.8.1919, S. 98.
500 Steiner, GA 208, 13.11.1921, S. 197.
501 Steiner, GA 208, 13.11.1921, S. 195. – Entsprechend GA 293, 22.8.1919.
502 Steiner, GA 208, 13.11.1921, S. 194 f.
503 Steiner, GA 208, 13.11.1921, S. 195-198.
504 Steiner verweist mit dem Begriff der Elementarreiche auf seine Darstellung in der *Theosophie* (GA 9), wo im Kapitel «Die physische Welt und ihre Verbindung mit Seelen- und Geisterland» die geistigen Grundlagen der Naturreiche abgehandelt werden (S. 145 ff.).
505 Steiner, GA 94, 26.2.1906, S. 202.
506 Steiner, GA 228, 2.9.1923, S. 65.
507 Steiner, GA 228, 2.9.1923, S. 64.
508 1. Mose, 2, 17.
509 1. Mose, 3, 4 f.
510 Genaue Werte bei Schmidt/Thews 1987, S. 635.
511 Steiner, GA 102, 4.6.1908, S. 204.
512 Steiner, GA 102, 4.6.1908, S. 204.
513 Davon wurde schon gehandelt, vgl. S. 174 u. 180.
514 Steiner, GA 218, 5.11.1922, S. 124.
515 Steiner, GA 208, 12.11.1921, S. 188.
516 Steiner, GA 208, 13.11.1921, S. 204 f.
517 Steiner, GA 211, 31.3.1922, S. 79.
518 Steiner, GA 141, 10.12.1912, S. 80.
519 Steiner, GA 208, 12.11.1921, S. 177-182.
520 Steiner, GA 208, 12.11.1921, S. 184-185.

521 Steiner, GA 101, 21.10.1907, S. 53.
522 Steiner, GA 141, 10.12.1912, S. 73.
523 Steiner, GA 141, 10.12.1912, S. 73. – Erst nachtodlich ändert sich das.
524 Steiner, GA 208, 13.11.1921, S. 203.
525 Steiner, GA 214, 30.8.1922, S. 176.
526 Steiner, GA 214, 30.8.1922, S. 176
527 Steiner, GA 191, 8.11.1919, S. 233.
528 Steiner, GA 99, 26.5.1907, S. 35.
529 Steiner, GA 94, 29.6.1906, S. 135 und 137.
530 Steiner, GA 227, 22.8.1923, S. 94 f.
531 Steiner, GA 227, 22.8.1923, S. 96.
532 Vgl. 3. Teil, S. 169 ff.
533 Steiner, GA 239, 14.6.1924, S. 237.
534 Steiner, GA 239, 14.6.1924, S. 242.
535 Steiner, GA 313, 14.4.1921, S. 64.
536 Was hier am Beispiel des Stickstoffs für den Schlaf und das Empfindungsleben verdeutlicht wird, exemplifiziert Steiner natürlich auch für andere Stoffe, die am Bau und an den Funktionen des Lebens mitwirken.
537 Steiner, GA 312, 1.4.1920, S. 230.
538 Steiner, GA 312, 1.4.1920, S. 231.
539 Steiner, GA 302a, 16.10.1923, S. 134.
540 Steiner, GA 327, 11.6.1924, S. 71.
541 Steiner, GA 327, 11.6.1924, S. 72.
542 Schmidt/Thews 1987, S. 710.
543 Steiner, GA 302a, 16.10.1923, S. 132.
544 Steiner, GA 213, 2.7.1922, S. 89.
545 Steiner, GA 213, 2.7.1922, S. 90.
546 Steiner, GA 213, 2.7.1922, S. 94 f.
547 Steiner, GA 34, S. 315.
548 Steiner, GA 9, S. 35.
549 Steiner, GA 9, S. 37.
550 Poppelbaum 1974, S. 10.
551 Steiner, GA 208, 13.11.1921, S. 199.
552 Steiner, GA 60, 24.11.1910, S. 146.
553 Steiner, GA 100, 17.7.1907, S. 199.

554 Steiner, GA 214, 20.8.1922, S. 129.
555 Steiner, GA 208, 13.11.1921, S. 197 f.
556 Steiner, GA 208, 13.11.1921, S. 199.
557 Steiner, GA 208, 13.11.1921, S. 199.
558 Zum Gedächtnis vgl. Steiner, GA 9, S. 65 ff.
559 Steiner, GA 208, 13.11.1921, S. 199.
560 Steiner, GA 208, 13.11.1921, S. 200 f.
561 Steiner, GA 118, 13.3.1910, S. 133.
562 Steiner, GA 208, 13.11.1921, S. 204.
563 Steiner, GA 218, 12.11.1922, S. 131.
564 Steiner, GA 222, !2.3.1923, S. 30.
565 Marti 1990.
566 Vgl. dazu S. 205.
567 Steiner, GA 218, 12.11.1922, S. 132 f.
568 Leber 1993, S. 252 ff.
569 Steiner, GA 218, 12.11.1922, S. 133.
570 Steiner, GA 212, 5.5.1922, S. 59.
571 Steiner, GA 312, 23.3.1920, S. 66.
572 Steiner, GA 13, S. 341 f.
573 Steiner, GA 27, S. 27.
574 Steiner, GA 27, S. 11 f.
575 Steiner, GA 224, 2.5.1923, S. 34 f.
576 Steiner, GA 224, 2.5.1923, S. 35.
577 Steiner, GA 224, 2.5.1923, S. 36.
578 Steiner, GA 224, 2.5.1923, S. 36 f.
579 Steiner, GA 224, 2.5.1923, S. 37-39.
580 Steiner, GA 224, 2.5.1923, S. 39.
581 Steiner, GA 224, 2.5.1923, S. 39.
582 Steiner, GA 224, 2.5.1923, S. 40.
583 Steiner, GA 234, 3.2.1924, S. 103.
584 Steiner, GA 103, 23.5.1908, S. 95. – Das Geisterland oder Devachan ist nach sieben unterschiedlichen Eigenschaften qualitativ gegliedert (vgl. GA 9). Eine etwas größere Perspektive faßt die Stufen 1 bis 3 als unteres Devachan zu einer Einheit zusammen; es ist vornehmlich das Wirkensfeld der dritten Hierarchie.
585 Steiner, GA 228, 2.9.1923, S. 64.
586 Steiner, GA 193, 12.6.1919, S. 97.

587 Steiner, GA 214, 5.8.1922, S. 77.
588 Steiner, GA 13, Kap.: Wesen der Menschheit, S. 52 f.
589 Steiner, GA 9, S. 34.
590 Steiner, GA 13, Kap.: Wesen der Menschheit, S. 52.
591 Steiner, GA 211, 31.3.1922, S. 79.
592 Steiner, GA 211, 31.3.1922, S. 78.
593 Steiner, GA 224, 2.5.1923, S. 33 f.
594 Steiner, GA 293, 3.9.1919, S. 180 ff.
595 Steiner, GA 293, 3.9.1919, S. 173. – Vgl. ferner: GA 167, 25.4.1916.
596 Steiner, GA 211, 31.3.1922, S. 80.
597 Steiner, GA 219, 3.12.1922, S. 50.
598 Steiner, GA 103, 23.5.1908, S. 95.
599 Über die Elementarreiche vgl. Steiner, GA 93a, 27.10.1905.
600 Steiner, GA 94, 26.2.1906, S. 202.
601 Steiner, GA 219, 3.12.1922, S. 46 f.
602 Steiner, GA 208, 13.11.1921, S. 201.
603 Steiner, GA 208, 13.11.1921, S. 204.
604 Steiner, GA 228, 2.9.1923, S. 65.
605 Steiner, GA 218, 12.11.1922, S. 131.
606 Steiner, GA 219, 22.12.1922, S. 112.
607 Steiner, GA 224, 2.5.1923, S. 42 f.
608 Steiner, GA 208, 12.11.1921, S. 188.
609 Hierzu hat Steiner sehr grundlegende erkenntniswissenschaftliche Ausführungen gemacht, zum Beispiel in GA 35, S. 139 ff.
610 Steiner, GA 293, 22.8.1919, S. 38.
611 Steiner, GA 218, 20.10.1922, S. 53.
612 Steiner, GA 206, 12.8.1921, S. 122.
613 Steiner, GA 302, 15.6.1921, S. 60.
614 Steiner, GA 302, 14.6.1921, S. 46.
615 Thews/Vaupel 1990, S. 237.
616 Steiner, GA 302, 14.6.1921, S. 46. – Die Wendung, daß das Kind außer sich komme, verstehen wir im Sinne der angesprochenen zu starken Inanspruchnahme der Stoffwechseltätigkeit.
617 Vgl. dazu auch S. 244.
618 Steiner, GA 302, 15.6.1921, S. 60.
619 Zum Geschichtsunterricht vgl. Steiner, GA 302, 14.6.1921, S. 48 f. und 52 f.

620 Steiner, GA 302, 15.6.1921, S. 60.
621 Steiner, GA 302, 15.6.1921, S. 60.
622 Steiner, GA 206, 14.8.1921, S. 157.
623 Steiner, GA 302, 12.6.1921, S. 16.
624 Steiner, GA 302, 12.6.1921, S. 21.
625 Steiner, GA 302, 12.6.1921, S. 21.
626 Steiner, GA 302, 12.6.1921, S. 24.
627 Steiner, GA 302, 12.6.1921, S. 24.
628 Schmidt/Thews 1987, S. 406.
629 Schmidt/Thews 1987, S. 408.
630 Schmidt/Thews 1987, S. 418.
631 Steiner, GA 302, 13.6.1921, S. 33.
632 Steiner, GA 212, 5.5.1922, S. 65.
633 Steiner, GA 218, 22.10.1922, S. 85.
634 Steiner, GA 214, 5.8.1922, S. 73.
635 Steiner, GA 214, 5.8.1922, S. 74 f.
636 Steiner, GA 214, 5.8.1922, S. 75.
637 Steiner, GA 206, 12.8.1921, S. 126 f.
638 Steiner, GA 212, 5.5.1922, S. 62-64.
639 Steiner, GA 347, 9.8.1922, S. 50.
640 Gehirnsand oder Acervulus läßt sich in der Epiphyse oder Zirbeldrüse (Corpus pineale), einem zapfenförmigen Organ im Zwischenhirnbereich, nachweisen. Fehlt der Sand völlig, ist auch zumeist die Hormonbildung beeinträchtigt, es kommt zur Verblödung , der Pubertas praecox (Benninghoff 1975, Bd. 3, S. 229). – Für den entwickelten Zusammenhang ist der Begriff Gehirnsand wohl nicht nur wörtlich, sondern als Ausdruck für einen allgemeinen Prozeß der Verfestigung, der Sklerotisierung, zu nehmen.
641 Steiner, GA 347, 9.8.1922, S. 50-58.
642 Steiner, GA 347, 9.8.1922, S. 61.
643 Steiner, GA 93a, 12.10.1905, S. 129.
644 Birbaumer/Schmidt 1991, S. 166f.
645 Birbaumer/Schmidt 1991, S. 170ff.
646 Steiner, GA 227, 26.8.1923, S. 155 f.
647 Steiner, GA 227, 26.8.1923, S. 157-159.
648 Steiner, GA 206, 12.8.1921, S. 123 f.
649 Steiner, GA 206, 12.8.1921, S. 125.

650 Steiner, GA 218, 20.10.1922, S. 57 f.
651 Steiner, GA 302, 15.6.1921, S. 69.
652 Steiner, GA 218, 22.10.1922, S. 72.
653 Steiner, GA 218, 22.10.1922, S. 75.
654 Steiner, GA 302, 12.6.1921, S. 11.
655 Steiner, GA 302, 12.6.1921, S. 12 f.
656 Steiner, GA 302, 14.6.1921, S. 47.
657 Steiner, GA 302, 14.6.1921, S. 48.
658 Steiner, GA 302, 14.6.1921, S. 48 f.
659 Steiner, GA 302, 14.6.1921, S. 48. – Damit ist das ganze Erinnerungs- und Fähigkeitsgefüge bezeichnet. In GA 293, 30.8.1919, S. 134 ff. spricht Steiner vom Schließen als einer Gesamtlebenstätigkeit, wobei die Begriffe im Unbewußten leben.
660 Steiner, GA 223, 28.9.1923, S. 111.
661 Steiner, GA 223, 28.9.1923, S. 112 und 114.
662 Steiner, GA 172, 12.11.1916, S. 84.
663 Steiner, GA 172, 12.11.1916, S. 85 und 87.
664 Steiner, GA 122, 21.8.1910, S. 100. – Der Aufbauprozeß ist daran gebunden, daß er in der Zeit des Dunkels geschieht.
665 Steiner, GA 9, Kap. Wiederverkörperung des Geistes und Schicksal.
666 Steiner, GA 276, 1.6.1923, 35 f.
667 Steiner, GA 302, 12.6.1921, S. 16 f.
668 Steiner, GA 218, 22.10.1922, S. 72.
669 Steiner, GA 341, 3.8.1922, S. 59.
670 Steiner, GA 341, 3.8.1922, S. 60.
671 Chenu 1956, S. 59.
672 Chenu 1956, S. 60.
673 Chenu 1956, S. 73 f.
674 Steiner, GA 172, 12.11.1916, S. 93.
675 Vgl. den Aufsatz *Geisteswissenschaft und soziale Frage.* In: Steiner, GA 34, S. 191 ff.
676 Steiner, GA 172, 12.11.1916, S. 94.
677 Steiner, GA 212, 26.5.1922, S. 120 f.
678 Vgl. Leber 1987.
679 Steiner, GA 172, 12.11.1916, S. 87.
680 Steiner, GA 172, 6.11.1916, S. 73.
681 Steiner, GA 172, 12.11.1916, S. 93.

682 In einem sehr umfänglichen Sinn wirken die Tageserlebnisse im Schlaf nach, wie wir auch umgekehrt «vom Aufwachen bis zum Einschlafen die Nachwirkungen der Nachterlebnisse in uns» tragen (GA 218, 9.10.1922, S. 15).
683 Steiner, GA 302, 14. 6.1921, S. 43.
684 Steiner, GA 302, 14. 6.1921, S. 43.
685 Steiner, GA 302, 14. 6.1921, S. 43.
686 Steiner, GA 276, 2.6.1923, S. 42.
687 Steiner, GA 302, 14.6.1921, S. 43 f.
688 Steiner, GA 302, 14.6.1921, S. 44 f.
689 Steiner, GA 224, 21.6.1923, S. 53.
690 Raschen 1987, S. 145 f.
691 Steiner, GA 218, 9.10.1922, S. 15.
692 Steiner, GA 218, 9.10.1922, S. 16.
693 Steiner, GA 218, 9.10.1922, S. 16.
694 Steiner, GA 218, 5.11.1922, S. 109 f.
695 Steiner, GA 214, 30.8.1922, S. 175.
696 Steiner, GA 203, 27.2.1921, S. 236.
697 Steiner, GA 275, 28. 12. 1914, S. 18f.
698 Steiner, GA 214, 30.8.1922, S. 178.
699 Steiner, GA 302, 13.6.1921, S. 39.
700 Steiner, GA 214, 30.8.1922, S. 178. – Hierbei ist zu erwähnen, daß in dem zitierten Vortrag nur zwischen zwei Phasen unterschieden wird, in anderen Vorträgen dagegen zwischen drei Phasen oder Sphären, auch die Zuordnung der Ereignisse differiert zuweilen. Das wird verständlich, wenn die Methode geistiger Forschung vergegenwärtigt wird, die sich nicht auf das Gedächtnis abstützen kann: «Derjenige, der wirklich übersinnliche Wahrheiten entwikkelt, muß sie eigentlich immer in dem Momente, wo er sie entwikkelt, erzeugen» (GA 214, 20.8.1922, S. 132). Dadurch erhalten die Aussagen lebensvolle Variationen, wenn auch die Systematik beeinträchtigt wird. Diese ist wiederum, wenn die Vielfalt der Aussagen zusammengeschaut wird, ohne weiteres zu gewinnen. In diesem Sinne verfährt unsere Darstellung synoptisch und systematisch.
701 Steiner, GA 218, 9.10.1922, S. 17.
702 Steiner, GA 218, 9.10.1922, S. 17 f.
703 Steiner, GA 218, 5.11.1922, S. 113.

704 Vgl. Bücher 1924.
705 Steiner, GA 302, 15.6.1921, S. 62.
706 Steiner, GA 9, S. 120.
707 Steiner, GA 230, 21.10.1923, S. 45 f.
708 Steiner, GA 230, 21.10.1923, S. 46 f.
709 Steiner, GA 218, 5.11.1922, S. 112.
710 Steiner, GA 218, 5.11.1922, S. 112.
711 Steiner, GA 218, 5.11.1922, S. 110 f.
712 Steiner, GA 214, 30.8.1922, S. 177 f.
713 Steiner, GA 227, 27.8.1923, S. 171.
714 Steiner, GA 227, 27.8.1923, S. 171.
715 Steiner, GA 350, 18.7.1923, S. 197.
716 Vgl. S. 211
717 Kierkegaard, Sören (1992): Der Begriff Angst, (Reclam) Stuttgart, S. 181 f.
718 Mayers Enzyklopädie.
719 Steiner, GA 17, Tb. S. 97 f.
720 Vgl. S. 88.
721 Steiner, GA 234, 2.2.1924, S. 89.
722 Steiner, GA 215, 10.9.1922, S. 85.
723 Steiner, GA 218, 9.10.1922, S. 26.
724 Steiner, GA 218, 5.11.1922, S. 113.
725 Steiner, GA 218, 14.10.1922, S. 36.
726 Steiner, GA 218, 12.11.1922, S. 130 f.
727 Steiner, GA 218, 12.11.1922, S. 131.
728 Steiner, GA 9, S. 120.
729 Steiner, GA 230, 21.10.1923, S. 47.
730 Steiner/Wegman, GA 27, S.42.
731 Steiner, GA 157, 9.3.1915, S. 184.
732 Steiner, GA 157, 9.3.1915, S. 185 f. und 192.
733 Steiner, GA 172, 12.11.1916, S. 90.
734 Steiner, GA 163, 27.8.1915, S. 35 f.
735 Vgl. S. 111.
736 Steiner, GA 214, 30.8.1922, S. 181.
737 Steiner, GA 131, 14.10.1911, S. 215.
738 Steiner, GA 214, 30.8.1922, S. 181.
739 Steiner, GA 214, 30.8.1922, S. 180.

740 Steiner, GA 215, 10.9.1922, S. 85 f.
741 Steiner, GA 203, 27.2.1921, 239.
742 Steiner, GA 236, 22.6.1924, S. 262.
743 Steiner, GA 226,19.5.1923, S. 64.
744 Steiner, GA 226,19.5.1923, S. 65 f.
745 Steiner, GA 93a, 11.10.1905, S. 124 f.
746 Steiner, GA 218, 9.10. 1922; S. 21 ff. – Vgl. auch GA 237, 8. 8.1924.
747 Steiner, GA 215, 10.9.1922, S. 86.
748 Steiner, GA 218, 9.10. 1922, S. 22.
749 Steiner, GA 214, 30.8.1922, S. 178.
750 Steiner, GA 218, 9.10.1922, S. 24 f.
751 Steiner, GA 218, 9.10.1922, S. 20.
752 Steiner, GA 215, 10.9.1922, S. 87.